TRAITÉ

DES DROITS DE QUINT,

LODS ET VENTES,

REQUINT, REVENTONS, MI-LODS, &c.

Selon le Droit commun du Royaume, tant des Pays de Coutume, que des Pays régis par le Droit Ecrit.

DÉDIÉ A MONSEIGNEUR LE MARQUIS DE CASTRIES.

Par Me. BENOIT-LÉON MOLIERES FONMAUR, Avocat au Parlement de Toulouse.

TOME PREMIER.

A CARCASSONNE,

De l'Imprimerie de RAYMOND HEIRISSON, Imprimeur du Roi.

M. DCC. LXXVIII.

AVEC APPROBATION ET PRIVILEGE DU ROI.

A très-haut & très-puiſſant Seigneur CHARLES-
EUGENE-GABRIEL DE LACROIX DE
CASTRIES, Marquis de Caſtries, Comte de
Charlus, Baron de Montjouant & de Lezignan,
Seigneur de Saigne, Taurés, Sainte-Sauve, Murat,
la Rabbe, & autres lieux; Comte d'Alais, premier
Baron des Etats du Languedoc, Gouverneur de
Montpellier, & des Ville & Port de Cette, &
Forts en dépendans; Lieutenant-Général des Ar-
mées du Roi & des Provinces de Lyonnois & de
Forez, Chevalier Commandeur des Ordres du Roi,
Meſtre-de-Camp Général de la Cavalerie légere
de France & étrangere, Commandant-Général de
la Gendarmerie de France.

MONSEIGNEUR,

LES Arts aimables de la paix ſont pour vous un
délaſſement des travaux de la guerre; & vous aſſociez
à toutes les vertus civiles & militaires les connoiſſances
qu'on peut puiſer dans un ſiecle éclairé. Ce Traité de
Lods & Ventes ne pouvoit donc paroître ſous des
auſpices plus heureux. Je n'oſe pourtant eſpérer,
MONSEIGNEUR, qu'il puiſſe avoir place parmi

les lectures de toute espece qui remplissent vos loisirs ; mais je suis sûr de votre suffrage , s'il peut contribuer au repos & au bonheur de la société , & à fixer un des droits les plus importans des Seigneurs sur leurs Censitaires & sur leurs Vassaux : puissiez-vous aussi l'agréer comme un témoignage du zele & du profond respect avec lesquels je suis ,

MONSEIGNEUR,

Votre très-humble & très-obéissant serviteur ,
FONMAUR.

PRÉFACE.

Nous n'avons, jufqu'à ce jour, aucun traité complet des lods & ventes, c'eft-à-dire, de la plus variée, la plus étendue, la plus ufuelle, & prefque la plus difficile des matieres feigneuriales, même la plus importante ; parce que le droit de lods eft le plus confidérable des profits féodaux, & prefque des droits cenfuels. Aurai - je trop préfumé de mes forces en m'impofant cette tâche ? C'eft au Public à me juger.

Le droit de lods eft une des principales branches de ce chêne antique dont les racines vont fe confondre avec les premiers monumens de notre Hiftoire & de notre Droit ; & cette branche n'eft pas une greffe étrangere, quoique je ne fache pas qu'on eût encore apperçu fa dépendance originelle & fondamentale de l'ancien tronc.

Mais, en pouffant jufqu'à fon dernier terme l'analyfe des principes feigneuriaux fur cet objet, j'ai prouvé & établi aux numéros 13 & fuivans de ce Traité, 1°. qu'avant le dixieme fiecle nos peres ne connoiffoient ni lods, ni aucuns droits de mutation des bénéfices, qu'on commençoit d'appeller fiefs, ni des biens tributaires qu'on appelloit, comme à préfent, rotures ou biens cenfuels : 2°. que fous la premiere & la deuxieme Race, & jufqu'au Capitulaire de Kierfy, de 877, les bénéfices immédiats ou médiats n'étoient tenus qu'à vie ; & que, tant le bénéfice que l'arriere-bénéfice, étoient réverfibles au Roi par le décès du vaſſal immédiat : 3°. que le vaſſal ne pouvoit être dépouillé de ſon vivant ſans cauſe, & que réciproquement il ne pouvoit quitter ſon Seigneur ſans ſon aveu : 4°. que par cet ordre les bénéfices immédiats ou médiats ne pouvoient être dans le commerce, ſoit parce que c'étoient de ſimples conceſſions à vie, que l'une & l'autre prenoit fin par le décès du vaſſal immédiat, & encore l'arriere-bénéfice par le décès de l'arriere-vaſſal ; ſoit parce que le vaſſal ne pouvoit quitter ſon Seigneur ſans ſon aveu, & que l'arriere-vaſſal étoit dans le même cas vis-à-vis du vaſſal immédiat. 5°. A l'égard des biens tributaires, quoiqu'ils fuſſent héréditaires, il étoit défendu de même au colon & au ſerf tributaire de quitter ſon Seigneur ſans ſon agrément : 6°. enforte que les obligations de l'homme tributaire & du vaſſal étoient plus perſonnelles que réelles, puiſqu'ils ne pouvoient s'en décharger en aliénant la glebe d'où dérivoient ces obligations : 7°. & de là vient cette Loi fondamentale du gouvernement féodal, que le vaſſal ni le cenſitaire ne pouvoient vendre leur fief ni leur teneure ſans la permiſſion du Seigneur, & qu'il fut attaché à cette permiſſion une finance qu'on appella lods, conſeil, &c.

Ainſi les lods dérivent primitivement de la défenſe faite au vaſſal & à l'homme tributaire, de quitter ſon Seigneur ſans ſon aveu ; parce que cette défenſe a produit celle de vendre ſon fief ou ſa roture ſans ſon conſentement, & par voie de ſuite, l'impoſition de la finance attachée à ce conſentement.

En difcutant cette matiere felon l'étendue de mes forces, j'ai tâché de donner à mon Ouvrage toute la furface & toute la profondeur dont il eft fufceptible : j'ai traité fucceffivement, & dans la plus grande étendue, tous les objets qui font entrés dans chaque partie de mon plan, en partant des premiers principes propres à chaque objet, pour parcourir graduellement la chaîne des conféquences immédiates ou éloignées qui en réfultent ; enforte que ce Traité joint aux avantages d'un Livre élémentaire ceux d'un Traité méthodique & complet fur chaque objet.

Toutefois l'analyfe des menus objets ne m'a pas empêché de jetter un coup d'œil philofophique fur tout ce qu'embraffe cette matiere, & d'en examiner l'enfemble en la voyant en grand.

Or, toute cette partie de la morale qui a pour objet la théorie du droit pofitif, tient en partie aux principes généraux de toute juftice, & en partie aux obligations accidentelles qu'il a plu aux hommes de s'impofer ; conféquemment le droit féodal dérive des Loix pofitives, en tant qu'il impofe aux hommes & aux biens des charges dont la combinaifon & l'enfemble forment le lien feigneurial : ce droit dérive encore de l'équité naturelle & du fentiment intérieur, qui eft la pierre angulaire de toute la théorie du Droit ; parce que c'eft la Loi naturelle & le cri de la confcience qui nous impofent l'obligation de remplir nos engagemens, comme l'empire de la raifon en détermine l'étendue, & celle des conféquences immédiates ou éloignées de ces engagemens.

En appliquant ce que nous venons de dire à la matiere des lods & ventes, il eſt évident qu'elle roule
eſſentiellement ſur trois pivots : 1°. les principes arbitraires du droit poſitif, ſoit qu'ils émanent des conventions volontaires de l'eſprit national ou des uſages
anciens : 2°. les regles inaltérables du droit naturel,
dont nulle puiſſance humaine ne peut effacer les droits ;
parce que les vérités morales ſont éternelles & im-
muables, comme l'Etre ſuprême, qui en eſt le principe & la fin : 3°. les conſéquences immédiates ou
médiates réſultant de ces principes combinés ; &
comme l'eſſence des choſes eſt immuable, ces conſéquences le ſont auſſi.

J'obſerve à ce propos qu'une différence preſque im-
perceptible dans le fait en produit quelquefois de très-
conſidérables dans le Droit (*a*) : on en voit pluſieurs
exemples dans la Loi Romaine (*b*) : on en trouve de
même un bien frappant dans ce Traité ; puiſque la
conſtitution ou la vente de l'uſufruit eſt exempte des
lods, quoiqu'il dure communément plus de dix ans,
tandis que la vente des fruits pour dix ans ne jouit
pas de cette exemption (*c*).

Dans le premier cas on conſidere l'uſufruit comme
une ſervitude perſonnelle totalement diſtincte de la
propriété, & conſéquemment exempte ; & dans le
deuxieme, on conſidere la vente des fruits comme le
tranſport de la poſſeſſion pour plus de dix ans : or,

(*a*) Dumoulin, ſur la Coutume de Paris, §. 55, *hodiè* 78, Gl. 1, n°. 164.
(*b*) L. 31, *ff. de excuſationibus tutorum.* L. 52, §. 2, *per totum, ff. ad L.*
Aquiliam. L. 86, *ff. de legatis* 3°.
(*c*) *Infrà* n°. 169, 530.

le

le changement de main pour dix ans eſt ſujet aux lods.

Il en eſt de la ſcience du Droit, comme de toutes les connoiſſances abſtraites : dans celle - ci l'équité fournit les premieres regles, qui ſont de la derniere évidence ; & la Juriſprudence les compare pour en tirer les réſultats : mais à meſure qu'on s'éloigne des regles fondamentales, la chaîne des conſéquences réſultant de chacune, devient preſqu'inviſible ; & les yeux les plus fins & les mieux exercés ont peine à l'appercevoir : de là vient la difficulté de fixer les bornes, & de déterminer l'étendue de chaque principe fondamental, pour former un enſemble, dont les maximes, au lieu de ſe croiſer par des diſparates, s'étayent & s'affermiſſent par leur accord mutuel.

D'après ces réflexions je ne me ſuis pas diſſimulé les difficultés de mon travail ; difficultés réſultant de la bigarrure de nos anciens uſages, & de l'impoſſibilité de les concilier à bien des égards ; difficultés réſultant de l'inſuffiſance de nos monumens anciens, jointe à l'étendue des recherches & à la profondeur des méditations néceſſaires pour déterrer dans d'immenſes volumes un petit nombre de vérités ; difficultés cauſées par l'inapplication ou les contradictions des Auteurs qui ſe copient ſans examen, ou qui ſe croiſent ſans raiſon ; difficultés provenant de la contrariété des Arrêts ; ce qui dérive de la ſingularité des hypotheſes, bien ou mal entendues ; de l'ignorance des Arreſtographes, de la mauvaiſe défenſe des Parties, ou enfin des autres inconvéniens attachés à tout ce qui paſſe par les mains des hommes ; difficultés même dans le Droit Romain, où l'on trouve par fois gravée l'empreinte des foibleſſes de l'humanité. En effet, en admirant dans les collections de ce Droit, l'analyſe la plus exacte, & le développement le plus parfait des regles du Droit privé, l'on ne peut ſe diſſimuler que les ſubtilités d'une dialectique trop rafinée ne forment des ombres qui déparent ces précieuſes collections.

Mais, après trente ans d'étude & de combinaiſons de toute eſpece ſur les matieres ſeigneuriales & domaniales, j'oſe haſarder ce Traité, qui n'eſt le fruit que d'une petite partie de mon travail : j'en rédigerai ſucceſſivement d'autres lambeaux, ſi ma poſition & mes forces me le permettent, & que le Public ſoit content de mon Traité (*).

J'ai conſulté les monumens anciens que j'ai pu me procurer. Quiconque traite les matieres ſeigneuriales ſans cette étude, eſt un Architecte qui bâtit ſur le ſable, un aveugle qui marche à tâtons. Autant que la matiere l'a comporté, j'ai pris pour baſe les principes du Droit Romain : je n'ai pas négligé les déciſions des Coutumes, ni la Juriſprudence des Arrêts, ſur-tout des anciens Arrêts rendus ſur le déclin du gouvernement féodal, & dans le ſeizieme ſiecle, qui fut éclairé par les plus grands Juriſconſultes François : j'ai recueilli de même les autres Arrêts rendus ſur - tout en grande connoiſſance dans les cauſes majeures.

(*) *Nota.* Au moment de ſon impreſſion je travaille à un Traité des Chaſſes, qui contiendra des choſes curieuſes & intéreſſantes ſur nos anciens uſages : je n'ai trouvé ſur cette matiere que des collections, des commentaires & des matériaux découſus ; mais point de traité méthodique, point d'analyſe des monumens de notre Droit, point de combinaiſons.

En affociant & mettant en œuvre ces différens matériaux, j'ai tâché de former un corps de doctrine
dont toutes les Parties foient dans la plus exacte fym-
métrie, & où les vérités connues fervent de fondement, de proche en proche, à celles qu'on a peine à
faifir : c'eft en fuivant cette méthode que les Jurifconfultes Romains ont fait du corps du Droit une fcience
vraiment intéreffante pour un Jurifconfulte Philofophe (d) ; & qu'à l'aide d'un petit nombre d'axiomes,
la Géométrie a fi immenfément reculé les bornes de
l'efprit humain.

Dumoulin, Dargentré, Boiffieu, Loifeau, Coquille, Chopin, Livoniere, & tant d'autres qu'il feroit trop long de nommer, ont été mes guides ordinaires ; enfin, tous ceux qui ont heureufement affocié
la connoiffance de notre Droit pofitif avec les regles
du Droit naturel.

Je dois les principaux progrès de mon travail aux
travaux de ces grands hommes qui m'ont éclairé dans
ma marche ; & j'avoue que fans leurs lumieres je n'au-
rois pu fournir la carriere dans laquelle j'ai couru de
mon mieux : je me fuis pourtant par fois écarté de
leur route ; parce qu'après les droits de la raifon, de
la juftice & de l'équité naturelle, je n'ai pris pour
regle que la Loi pofitive, publique ou privée ; c'eft-
à-dire, les engagemens des Citoyens, les ufages an-

(d) *Nota.* A Dieu ne plaife que j'aie en vue cette fauffe Philofophie funefte,
fruit de la corruption du cœur, & dont l'irréligion & l'orgueil ofent braver
l'être fouverain : je parle de celle qui captive l'homme fous le joug de la foi.
L'abus du titre de Philofophe qu'affectent exclufivement les efprits forts, oblige
un Ecrivain Chrétien & Catholique à prévenir toute équivoque à ce fujet.

ciens qui ont acquis force de Loi, la Jurifprudence conftante, & les Coutumes légalement rédigées, chacune dans fon territoire, ou les Ordonnances Royaux ; & lorfque je me trouve forcément en contradiction avec mes Maîtres, je m'en rapporte à la fagacité de mes Lecteurs, & fur-tout aux lumieres des Cours Souveraines, qui doivent nous juger fans appel ; & j'invoque, à l'occafion de mon infuffifance, cette parole de l'Empereur Juftinien : *Sed neque ex multitudine authorum quod melius & æquius eft judicatote, cùm poffit & forfitàn deterioris fententia & multas & majores in aliqua parte fuperare* (e).

Il feroit bien à fouhaiter qu'à l'égard des queftions intéreffantes & difficiles fur lefquelles la Jurifprudence de certaines Cours eft incertaine & vacillante, ou celle des différens Tribunaux, contradictoire, ces Tribunaux en propofaffent certain nombre à traiter chaque année aux plus laborieux de leurs membres, & qu'après l'examen du travail de ces Commiffaires dans des affemblées de Chambres, il fût fait des reglemens fur ces objets : rien au monde ne feroit plus propre à améliorer la Jurifprudence, & à nourrir l'émulation dans ces Cours.

Au refte, en relifant mon Manufcrit, je me fuis apperçu que dans la chaleur de la compofition j'avois quelquefois négligé d'exprimer des vérités acceffoires, dont j'ai fuppofé mes Lecteurs inftruits : ma négligence rendra ces endroits difficiles à entendre pour les perfonnes novices ; mais il n'étoit plus tems de réparer cette faute lorfque je l'ai remarquée.

(e) L. 1 , §. 6 , *Codice de veteri jure enucleando.*

TABLE
DES CHAPITRES
ET DES SECTIONS.
PREMIERE PARTIE.

Nota. *Cette Table indique les numéros du Traité, & non les pages de l'impression.*

PRINCIPES GÉNÉRAUX.

DEUXIEME PARTIE.

QUELLES choſes ſont ſujettes aux lods & ventes?

TROISIEME PARTIE.

Des contrats qui peuvent donner ouverture aux lods.

QUATRIEME PARTIE.

DE la restitution des lods & des réformations ou résolutions forcées ou volontaires des contrats.

Tome I.

CINQUIEME PARTIE.

DES ventilations & estimations.

SIXIEME PARTIE.

Du dol & de la fraude qu'on peut pratiquer contre la perception des lods ou l'exercice des retraits.

SEPTIEME PARTIE.

DE l'obligation d'énoncer la dépendance & les droits des Seigneurs dans les actes ; de l'exhibition desdits actes & des amendes pour lods recélés.

Fin de la Table des Chapitres.

TRAITÉ

DES DROITS DE QUINT,

LODS ET VENTES,

REQUINT, REVENTONS, MI-LODS, &c.

Selon le Droit commun du Royaume, tant des Pays de Coutume, que des Pays régis par le Droit Écrit.

PREMIERE PARTIE.

PRINCIPES GÉNÉRAUX.

CHAPITRE PREMIER.

ESSENCE, Etymologie, & différentes dénominations du droit de lods & ventes, & de quelques droits analogues.

I. Lods en général.
II. Définition.

III. Lods & Ventes.
IV. V. Quint & Requint.
VI. Venterolles & Réventons.
VII. Etymologie.
VIII. Dénominations diverses.
IX. Arriere-Lods & Drouilles.
X. Saisine seigneuriale.
XI. Ensaisinement royal.
XII. Relief ou rachat, & acapte.

I.

Lods en général. DAns la signification la plus étendue, le terme *Lods* est une expression générique qui comprend tout ce qu'on paye au Seigneur directe, féodal, ou censuel au renouvellement d'investiture ; & en ce sens, il comprend le droit de relief ou rachat, & le droit de saisine (*a*), parce que, selon le dire d'un ancien Praticien, cité par Charondas, « c'est la droiture dont le Sei- »gneur accorde avec son sujet pour le saisir & vêtir (*b*).

I I.

Définition. Mais dans la signification propre & naturelle on donne le nom de lods & ventes à la prestation pécuniaire dûe au Seigneur féodal ou censier, à raison de la vente, & en considération de la permission de vendre le bien féodal ou censuel.

I I I.

Lods & ventes. Dans l'usage ordinaire, les expressions *lods & ventes* sont synonimes : toutefois dans la rigueur des termes, & en suivant l'exactitude grammaticale, dans les Coutumes où les lods sont

---

(*a*) Dumoulin, sur la Coutume de Paris, §. 53, *hodiè* 76, n°. 1.
(*b*) Charondas, observations du Droit Français, *Verbo* Lods.

dûs même de l'échange, ou à toute mutation, ils different comme le genre & l'espece (c) ; puisque les lods sont attachés dans ces Coutumes à toute sorte de mutations, au lieu que les ventes sont taxativement attachées au contrat de vente.

I V.

A Paris on les appelle quint, quand ils sont dûs à raison des fiefs (d), & ventes pour les rotures (e) : il est évident que le quint est le cinquieme du prix. *Quint.*

V.

1°. Selon l'article 23 de l'ancienne Coutume de Paris, & selon quelques autres Coutumes, le quint étoit à la charge du vendeur ; & lorsqu'il vendoit à francs deniers, l'article 24 de la même Coutume chargeoit l'acquéreur de payer en outre le requint. *Requint.*

L'acquéreur devoit le quint du prix de la vente, parce que c'est le taux fixé par la Coutume pour les fiefs ; & le requint, ou le quint du quint, parce qu'en prenant sur son compte le payement du quint, il retranchoit sur le prix de son achat le montant de cette obligation, dont il se chargeoit d'acquitter le vendeur.

Par exemple, si le prix de la vente étoit de 100 livres, & que l'acquéreur se chargeât du quint qui revenoit à 20 liv., il est évident que le prix de la vente revenoit à 120 livres en total, puisque l'acquéreur devoit payer 20 livres à la décharge du vendeur, & c'est pour cela qu'il devoit le quint des 100 liv. emboursées par celui-ci, & le requint des 20 liv. payées à sa décharge : au reste, s'il y avoit une remise sur le quint, le requint diminuoit dans la même proportion.

2°. L'art. 23 de la nouvelle Coutume de Paris, & l'art. 1 de

***

(c) Dumoulin, sur la Coutume de Paris, §. 53, *hodiè* 76, n°. 4.
(d) Dumoulin, sur la Coutume de Paris, §. 53, *hodiè* 76, n°. 14.
(e) Coutume de Paris, art. 78, 79, 80, 81, 83, 84, 87.

celle d'Orléans, en chargeant l'acheteur du paiement du quint, ont aboli le requint qui dérivoit de l'obligation accidentellement contractée par l'acheteur, au lieu que la réformation de ces Coutumes a attaché cette charge à sa personne.

Cette innovation a opéré une diminution effective dans la quotité du quint, puisqu'il n'est plus que de 20 livres, à raison d'une vente au prix de 100 livres, au lieu qu'il revenoit à 24 liv. lorsque l'acquéreur se chargeoit volontairement du quint : ce changement est pourtant plein de sens & de raison (*f*), aussi a-t-il été suivi pour les fiefs du Languedoc, qui sont régis par la Coutume de Paris.

V I.

Venterolles & reventons.

Du mot *ventes* dérivent ceux de *venterolles & reventons*, comme le requint dérive du quint ; parce que, dans les Coutumes où le droit de lods est à la charge du vendeur, si la vente est faite à *francs deniers*, & que l'acquéreur s'oblige de l'acquitter des ventes, il les doit comme représentant le vendeur ; & les ventorelles ou reventons qui sont la quotité proportionnelle des ventes, comme le requint est la quotité proportionnelle du quint (*g*).

V I I.

Etymologie.

On dit *lods*, & en latin, *laudimium* ou *laudativum*, qui sont dérivés de *laudare*, parce que c'est le prix du consentement donné par le Seigneur à la vente, ou du mot *lot*, parce qu'il se regle sur le prix de la vente (*h*) : il peut dériver encore du mot *leudes* ou *loyaux*, parce que c'est le nom que donnoient anciennement les Seigneurs à leurs sujets (*i*).

V I I I.

Dénominations diverses.

On appelle encore ce droit *consilium*, conseil, approbation ;

(*f*) *Infrà*, n°. 25, 26, & 27.
(*g*) Dumoulin, sur la Coutume de Paris, §. 53, *hodiè* 76, n°. 6.
(*h*) Loiseau, du déguerpissement, liv. 1, chap. 5, n°. 4.
(*i*) Dargentré, sur la Coutume de Bretagne, art. 59, *nota* 2, n°. 1.

ou *accordemens*, parce qu'en quelques endroits il étoit arbitraire, auquel cas il devoit être reglé par des vues d'équité (*k*). Bouteiller, qui vivoit dans le quinzieme fiecle, l'appelle *droiture* (*l*) ; on l'appelloit de même, *faveur* (*m*), *honneur* (*n*), *iſſues* (*o*), ou *paix* (*p*) : dans le Bazadois & dans le Béarn, on l'appelle *capſols* ou *capſouls*, *capiſolita*, le Droit accoutumé : dans d'autres endroits, *foriſcape*, parce qu'il eſt pris hors du prix de la vente (*q*) : *ventes & gants*, c'eſt-à-dire, lorſqu'on inveſtiſſoit le Vaſſal avec un gant (*r*) : enfin, la Coutume de Normandie l'appelle treizieme, tant pour les fiefs que pour les rotures, avec cette différence qu'en cas de vente des fiefs il y a ouverture au relief & au treizieme : la même Coutume le fixe pourtant au douzieme effectif (*s*) ; enforte qu'on ne peut l'appeller treizieme qu'autant qu'on joint le montant du treizieme au prix de la vente, auquel cas le produit total revient exactement au treizieme du prix, & du treizieme ablotés.

I X.

1°. Les Châtelains Royaux du Foreſt ont perçu un droit appellé arriere-lods, ſur le pied de 3 ſ. 4 den. par livre en ſus du montant des lods ; car c'eſt ainſi qu'il eſt fixé par un Arrêt du 27 Août 1639 (*t*).

2°. Un Arrêt du 8 Janvier 1611 en décharge les habitans de la ville de Saint-Germain-Laval, parce qu'ils jouiſſent de

*Arriere-lods &
deouilles.*

(*k*) Chopin, ſur la Coutume d'Anjou, liv. 1, art. 1. n°. 2.

(*l*) Bouteiller, liv. 1, tit. 72.

(*m*) Galand, ch. 6, pag. 55, 56.

(*n*) Coutume de Poitou, art. 21. Galand, ch. 6, p. 59, 60.

(*o*) Dargentré de *laudimiis*, cap. 1, *in principio*.

(*p*) Coutume de Touloufe, partie 4, tit. 1, n°. 9. Maynard, liv. 4, ch. 45, n°. 1.

(*q*) Galand, ch. 6, p. 60, 61.

(*r*) Galand, ch. 6, p. 61. Maynard, liv. 4, ch. 45, n°. 2.

(*s*) Coutume de Normandie, art. 71, 73, 74.

(*t*) Henrys, liv. 3, queſt. 31, n°. 7.

l'affranchissement des lods , & que l'accessoire ne peut subsister sans le principal (*u*).

3°. Un autre Arrêt du 22 Février 1684, défend à tous Seigneurs , & à leurs Officiers , de lever le droit d'arriere-lods s'ils n'ont titre valable pour l'établir (*v*).

Enforte qu'il n'a eu lieu de droit commun que dans les directes du Roi , & dans celles seulement où Sa Majesté est fondée à percevoir les lods.

4°. Même dans celles-ci Bretonnier prétend que pas un Châtelain du Forest ne jouit du droit d'arriere-lods , mais seulement du droit de drouilles , qui est fort peu de chose ; parce que , selon l'art. 23 des statuts de la Bresse & du Bugey , le droit de drouilles est l'étrenne qu'on donne aux Officiers du Seigneur en sus du prix de la vente (*x*).

5°. Pour revenir aux arrieres-lods dûs aux Châtelains Royaux du Forest , ils étoient attachés à une espece d'enregistrement qu'on faisoit à leur Greffe de l'achat, selon un Arrêt du 11 Juillet 1626 (*y*) ; enforte que l'arriere-lods étoit l'émolument de cet enregistrement.

Ainsi ce droit peu favorable & incertain dans sa fixation ne peut plus subsister au profit des Châtelains Royaux depuis que le Roi a assujetti ses Censitaires & ses Vassaux à une autre espece d'enregistrement , auquel il a été attaché un émolument onéreux (*z*) ; mais il subsiste au profit des Seigneurs ou de leurs Officiers , lorsqu'ils sont fondés en titre pour le percevoir , suivant l'Arrêt de 1684 , ci-devant cité.

X.

Saisine seigneuriale.

L'art. 55 de l'ancienne Coutume de Paris assujettissoit tout nouveau Possesseur au droit de saisine sur le pied de 12 deniers

---

(*u*) Henrys , liv. 3 , quest. 31 , n°. 1 & 4.
(*v*) Bretonnier , liv. 3 , quest. 31 , n°. 18.
(*x*) Henrys , liv. 3 , quest. 31 , n°. 10.
(*y*) Henrys , liv. 3 , quest. 31 , n°. 2 & 6.
(*z*) *Infrà* , n°. 11,

une fois payés, indépendamment du droit de lods en cas de vente, enforte que les feuls héritiers teftamentaires ou *ab inteftat* étoient difpenfés de la faifine, à caufe de la maxime : *le mort faifit le vif* (a).

L'art. 82 de la nouvelle Coutume, en laiffant fubfifter le droit de faifine fur le même pied, difpenfe de cette preftation tout nouveau poffeffeur qui ne voudra pas être enfaifiné.

X I.

1°. Pendant le regne de Louis XIV il fut établi « un droit » d'enregiftrement de tous les titres tranflatifs de propriété des » biens tenus en fief ou en roture ; tant des fiefs & terres qui » font dans les mains du Roi, que de ceux qui ont été engagés » ou aliénés par Sa Majefté, autrement qu'à titre d'échange ; » même des déclarations des héritiers en ligne directe ou colla- » térale.

Enfaifinemens Royal.

2°. Ce droit eft attribué par l'article 5 de l'Edit de Décembre 1701, aux Receveurs & Contrôleurs généraux du domaine qui le perçoivent à leur profit & fans en compter, & qui doivent recevoir ces déclarations, ou enregiftrer ces titres de propriété : le montant en eft fixé ; favoir, pour les biens de 100 livres, & au-deffous, à 1 liv. 10 f. au-deffus de 100 liv. jufqu'à 1000 liv. à 4 liv. 10 fols, au-deffus de 1000 liv. à 10000 liv. à 9 liv., & au-deffus de 10000 liv. à 30 liv.

L'objet de cet établiffement eft celui de conferver les mouvances & directes du Roi, en fuivant la trace des poffeffeurs jufqu'au renouvellement des terriers de Sa Majefté (b).

3°. Ainfi le droit d'enfaifinement eft une impofition établie pour la confervation du domaine de la puiffance tutélaire ; mais cet établiffement n'a rien moins que rempli fon objet, à caufe de l'impoffibilité d'établir dans la geftion des Receveurs & Con-

---

(a) Dumoulin, fur la Coutume de Paris, §. 55, *hodiè* 78, gl. 6, n°. 1, 2 ; & §. 56, *hodiè* 82, n°. 17, 18, 19.

(b) V. le Dictionnaire du Domaine, *verbo* Enfaifinement.

trôleurs généraux un ordre, au moyen duquel on puiſſe faire la deſcendance des biens & domaines tenus dans la cenſive ou dans la mouvance du Roi.

Il a été accordé en différens tems à ces Officiers des délais pour faire des états qui rectifient cette partie de leur geſtion ; mais ç'a été toujours en vain (c), parce que les diviſions ou les réunions fortuites des biens qui ſont dans la directe du Roi y mettent un obſtacle invincible ; qu'en ſuppoſant la perception exacte de l'enſaiſinement dans chaque généralité, les regiſtres de cette perception dans l'intervalle d'un renouvellement à l'autre des papiers terriers du Roi, formeroient des volumes immenſes, & qu'en faiſant les Tables les plus amples & les plus exactes, même des biens qui n'auroient été ni diviſés ni réunis, ce laborieux méchaniſme ſeroit ſans fruit par l'immenſité des détails.

Nous avons vu travailler au renouvellement du papier terrier du Roi en Languedoc, par des commiſſions établies dans chaque Dioceſe, en exécution d'un Arrêt de la Chambre des Comptes de Montpellier, de 1752. Nous avons vu depuis, en vertu de commiſſions particulieres, faire le renouvellement complet de quatre terres dépendantes de la Vicomté de Narbonne, & tenues en engagement de Sa Majeſté ; ſavoir, Courſan, Cuxac, & Ouveilhan, par M. le Prince de Conty ; & Puiſſerguier, par le ſieur Marquis de Bermond ; mais dans ces différentes opérations on ne s'occupa pas plus des regiſtres de l'enſaiſinement, que s'il n'y en avoit jamais eu.

Au reſte, ce ſont communément les Commis au Contrôle des actes de Notaire qui levent le droit d'enſaiſinement, moyennant une remiſe, & qui, ſeuls, peuvent le faire avec quelque exactitude, parce que tous les titres de mutation leur ſont préſentés ; enſorte que les fonctions des Receveurs & des Contrôleurs généraux du Domaine ſe bornent à recevoir les comptes & le montant de la recette de ces Commis, & que par le fait, les Officiers ſuſdits font lever à leur profit, depuis le commencement de ce ſiecle, une impoſition onéreuſe aux redevables, & qui s'é-

---

(c) V. le Dictionnaire du Domaine, verbo Domaine. §. 6, n°. 2 & 3.

tend

tend même dans les domaines engagés & dans les appanages, sans aucun avantage pour le Domaine royal, & sans aucune charge effective sur ces Officiers.

X I I.

1°. A l'égard du droit de relief ou rachat, *relevamentum à relevando, id est liberando seu solvendo* (*d*), à part quelques Coutumes exhorbitantes du Droit commun ; c'est le droit qu'on paye au Seigneur féodal *pour les changemens de main*, autres toutefois qu'en ligne directe, ou par vente (*e*) : certains monumens anciens lui donnent le nom d'*annate* (*f*), parce qu'il est communément fixé au revenu d'une année du fief servant.

2°. Le droit d'acapte, de plait, ou de relief de cher denier, est parallele au relief, hors qu'il est fixé pour l'ordinaire au doublement de la censive qu'il est dû, même en ligne directe, & quelquefois par le changement de main du Seigneur, comme par celui de censitaire.

Relief ou rachat & acapte.

CHAPITRE II.

ORIGINE & source productive des Lods & du Relief.

(*d*) *Ut in lege* 24 , *ff. de solutionibus.*
(*e*) Dumoulin sur la Coutume de Paris, §. 22, *hodiè* 33, Gl. 1, n°. 1.
(*f*) Galand, ch. 11, p. 170, 171.

B

XX. *Fausse origine du relief.*
XXI. *Vraie origine du relief.*
XXII. *Attache des lods & du relief.*

XIII.

Division des biens, sous la premiere & seconde Race.

Sous la premiere & seconde Race de nos Rois il y avoit trois sortes de biens en France ; 1°. Les alleus ou propriétés dont les possesseurs n'étoient assujettis à aucune espece de redevance (*g*), mais seulement au service militaire (*h*) & à la fourniture des voitures aux Ambassadeurs étrangers , & aux Envoyés du Roi (*i*) : il n'existe presque plus de cette sorte de biens dans toutes les parties du Royaume où l'on admet la maxime *nulle terre sans Seigneur* ; & cette maxime fait notre Droit commun.

2°. Les bénéfices immédiats ou médiats qu'on appella dans les suites fiefs & arrieres-fiefs, qui étoient réputés amovibles, quoiqu'on ne pût les ôter sans cause (*k*). Charles le Chauve, au commencement de son regne , en conféra quelqu'un à titre d'hérédité (*l*) , & nous trouvons de même , dans des circonstances particulieres, des Duchés & des Comtés accordés héréditairement même sous la premiere Race (*m*) ; mais à part ces événemens rares & contraires au Droit commun ancien, les bénéfices immédiats ou médiats , ainsi que les offices des

---

(*g*) Capitulaire de 815 , pour les Espagnols , ch. 1 & 5. Baluze, tom. 1, pag. 549 , 551. Formules de Marculphe , liv. 2 , form. 1. Baluze , tome 2 , p. 400.

(*h*) Capitulaire de 815 , pour les Espagnols , ch. 1. Baluze , tom. 1 , p. 549 , Capitulaire de Kiersi , tit. 53 , ch. 10. Baluze , tom. 2 , p. 204.

(*i*) Même Capitulaire de 815 , ch. 1.

(*k*) Ducange , *verbo , beneficium* , p. 1117 , deuxieme Capitulaire de 813 , ch. 20. Baluze , tom. 1 , p. 510 ; la pratique contraire furla cause du supplice de la Reine Brunehaut , Esprit des Loix , liv. 31 , ch. 1. Histoire du Languedoc , tom. 1 , pr. p. 42 , 43.

(*l*) Don d'un bénéfice héréditaire en 843 , hist. du Lang. tom. 1 , pr. p. 77 , & au texte , p. 586.

(*m*) V. hist. du Lang. tom. 1 , p. 337 , 338 , pr. p. 85 , 86. Journal du Palais , Arrêt du 3 Septembre 1668 , propos. 2 & 3.

Ducs & des Comtes, ne devinrent héréditaires qu'en vertu du Capitulaire de Kiersi, de 877 ; dont l'art. 3 prépara la révolution du gouvernement féodal, en accordant aux Ducs, aux Comtes & aux Vassaux médiats ou immédiats, l'hérédité de leurs offices & de leurs bénéfices (n).

3°. Enfin les biens tenus à charge d'un cens œconomique & privé au profit du Roi, de l'Eglise, ou de tout autre Seigneur (o), formoient la troisieme espece ; ceux-ci ne pouvoient communément être possédés que par des serfs proprement dits, ou au moins par des colons, dont la servitude étoit bornée au service de la glebe, & qu'on appelloit hommes tributaires (p) : ces sortes de biens sont ce que nous appellons biens censuels.

4°. Nous n'avons pas mis au rang des biens possédés par les sujets du Roi sous la premiere & deuxieme Race, les Duchés & Comtés, parce que c'étoient de purs offices conférés gratuitement par le Roi ; de façon que les vasselages & les biens & droits attachés à ces offices appartenoient au Roi, & non au Duc ou au Comte, qui n'étoient que simples Officiers.

X I V.

Avant le Capitulaire de Kiersi, de 877, les bénéfices médiats ou immédiats ne pouvoient être dans le commerce ; 1°. parce qu'ils étoient simplement à vie (q), & que tant le bénéfice que l'arriere-bénéfice étoient réversibles de plein droit au fisc, par le décès du Vassal immédiat (r). 2°. Parce qu'alors les bénéfices

Origine primitive des lods.

(n) Baluze, tom. 2, p. 269, 270.

(o) Deuxieme Capit. de 805, ch. 10. Baluze, tom. 1, p. 498. Capit. de 630, ch. 22. Baluze, tom. 1, p 60 & p. 100, 101. Esprit des Loix, l. 30, ch. 14, 15. Glossaire de Lindembrok, *verbo*, *tributarius*, p. 1491.

(p) Capit. de 630, ch. 22. Baluze, tom. 1, p. 63. Capit. liv. 3, ch. 36, & liv. 5, ch. 284. Loi Salique, tit. 45, art. 8. *Idem*, Capit. de 630, ch. 14, art. 1---6. Dans Baluze, t. 1, p. 100, 101. Ducange, *verbo*, *colonus*, p. 773---775.

(q) Capit. de 757, art. 6. Baluze, tom. 1, p. 182. *Idem*, Ducange, *verbo*, *beneficium*, p. 1116.

(r) Capit. de Compiegne, ch. 6 ; de 806, ch. 10 ; & de 837, ch. 6. Baluze, tom. 1, p. 182, 443 & 687.

B ij

étoient plus perſonnels que réels, & que le Vaſſal ne pouvoit quitter ſon Seigneur ſans ſon aveu (ſ), comme celui-ci ne pouvoit dépouiller ſon Vaſſal ſans cauſe, comme on l'a vu au numéro précédent.

3°. A l'égard des biens tributaires, les Serfs & les Colons avoient la liberté de les vendre à des perſonnes de la même condition (t), quoiqu'il y en eût qu'il étoit défendu de vendre, donner ou changer ſans le conſentement du Seigneur (u).

4°. Quoiqu'il en ſoit, il eſt toujours conſtant que l'obligation des Serfs & des Colons, ainſi que celle des Vaſſaux, étoit plus perſonnelle que réelle, puiſqu'il leur étoit expreſſément défendu de quitter leur Seigneur ſans ſon aveu (v); enſorte qu'à partir même des textes qui donnent aux Serfs & aux Colons la liberté de vendre, ce ne pouvoit être qu'avec l'agrément de leur Seigneur, qu'il leur étoit défendu de quitter : & l'on trouve des veſtiges de cet uſage dans les Coutumes de Simon de Montfort, de 1212, dont l'article 26 « défend au Mortaillable libre de » quitter ſon Seigneur ſans lui laiſſer tous ſes immeubles, & tous » ſes meubles en ſus s'il eſt Serf (x).

5°. Toutefois on ne trouve dans les Capitulaires la trace d'aucun droit établi pour les ventes, ni pour les autres aliénations, ſoit à l'égard des bénéfices, ſoit à l'égard des biens tributaires; mais il eſt toujours vrai de dire que la défenſe primitivement faite au Vaſſal & à l'homme Tributaire de quitter ſon Seigneur ſans ſon aveu, entraîna la prohibition de vendre ſans ſon conſentement les biens féodaux ou cenſuels, lorſqu'ils furent dans le commerce. (*Infrà* n°. 16.)

(ſ) Capit. de 806, ch. 8. Baluze, tom. 1, p. 443, & de 837, ch. 4. *Ibidem* p. 586.

(t) Cinquieme Livre de la Loi des Viſigoths, tit. 7, art. 6. Deuxieme Livre de la Loi des Lombards, tit. 32, art. 36. Capit. liv. 3, ch. 36, & liv. 5, ch. 284.

(u) Formule vingtieme de Lindembrok. Baluze, tom. 2, p. 517.

(v) Capit. de 803, ch. 15, & de 857, tit. 24. Baluze, tom. 1, p. 400, & tome 2, p. 96.

(x) Catel, Comtes de Touloufe, p. 171.

X V.

La révolution qui fuivit la décadence de la maifon de Char- *Epoque de l'af-*
lemagne, établit avec le gouvernement féodal les principaux *fujettiffement.*
droits féodaux ou cenfuels qui fubfiftent depuis, entr'autres le
droit de lods en cas de vente.

Le plus ancien monument que nous ayons de l'affujettiffement
aux lods, felon Galand, eft tiré du Chartulaire de Marmoûtier
en 1079 (*y*) ; mais l'Hiftorien du Languedoc nous a donné
un échange de 956, qui fait remonter de plus d'un fiecle la
perception de ce droit (*a*) : auffi ce favant & profond Anti-
quaire fixe-t-il au 10ᵉ. fiecle l'époque de cet affujettiffement (*b*).

Il eft inutile de dire que dans le fixieme fiecle l'Empereur
Juftinien avoit ordonné qu'en cas de vente du bien emphitéotique
il feroit payé le cinquantieme du prix ou de l'eftimation (*c*) au
Seigneur.

X V I.

A l'égard du principe & de la caufe productive du droit de *Principe de cette*
lods, plufieurs Auteurs ont cru qu'il eft dû à raifon de l'invef- *obligation.*
titure que donne le Seigneur au nouvel acquéreur ; & Chopin,
quoique verfé dans nos antiquités, a adopté cette erreur (*d*).

Nous difons que c'eft une erreur, 1°. parce que le nouveau
Vaffal avoit le plus grand intérêt à être reçu à la foi & hommage
qui eft la vraie inveftiture (*e*) ; & cependant la preftation de la
foi & hommage n'a jamais affujetti aux lods (*f*). 2°. Tout nouveau poffeffeur avoit befoin d'inveftiture (*g*), fans qu'elle tirât à

(*y*) Galand, ch. 6, p. 64. Ducange; *verbo*, *laudare*, p. 14.
(*a*) Hift. du Lang. tom. 2, pr. p. 98.
(*b*) Hift. du Lang. tom. 2, p. 109.
(*c*) *L. 3. Cod. de jure emphiteutico.*
(*d*) Chopin fur la Coutume d'Anjou, liv. 1, art. 4, n°. 2.
(*e*) *V.* ci-après, n°. 21. Dumoulin fur la Coutume de Paris, §. 5, *hodiè* 8, n°. 1.
(*f*) Dargentré *de laudimiis*, *cap.* 1, §. 44.
(*g*) Hift. du Languedoc, tom. 3, p. 413 ; Galli, queft. 162 ; Guy-Pape,
queft. 46, *leg. imperialem*, §. *præterea feudorum*, lib. 2, tit. 53.

conséquence pour les lods. 3°. L'art. 55 de l'ancienne Coutume de Paris assujettit tout nouvel acheteur en censive au paiement des lods, & à douze deniers pour la saisine ou investiture dont tout nouveau possesseur avoit besoin; au lieu que les lods n'étoient dûs que par l'acquéreur, à titre d'achat (h) : donc les lods n'étoient pas dûs pour l'investiture, dont le prix étoit distinct & dû par des personnes exemptes des lods. 4°. L'Auteur du grand Coutumier distingue de même le droit dû pour les ventes, d'avec le droit attaché à la saisine (i). 5°. L'art. 82 de la nouvelle Coutume de Paris dispense de la saisine ceux qui ne veulent pas être ensaisinés, quoiqu'aucun acquéreur par achat ne soit exempt des lods. 6°. Dans plusieurs Coutumes les lods sont en tout, ou en partie, à la charge du vendeur; & tel est le droit commun en matiere de fiefs, selon Dumoulin (k) : ils ne sont donc pas dûs pour l'investiture de l'acquéreur. 7°. Dans les derniers tems un Arrêt de reglement du Conseil du 19 Avril 1699, rendu pour la Provence, fait la distinction expresse de l'investiture d'avec le paiement des lods (l), ainsi que l'Edit de Mai 1710 (m). 8°. Enfin, dans les pays & dans les cas où l'investiture est usitée, la réception des lods ne peut jamais en tenir lieu (n).

XVII.

Reste à se fixer sur la source & sur le vrai principe de cette obligation; c'est qu'autrefois on ne pouvoit vendre les fiefs qu'avec le consentement du Seigneur, & que ce consentement n'étoit souvent accordé qu'à prix d'argent (o).

(h) Dumoulin, sur la Coutume de Paris, §. 55, *hodiè* 78, Gl. 6, n°. 1.
(i) Grand Coutumier, l. 4, ch. 5, p. 530.
(k) Dumoulin, sur la Coutume de Paris, §. 23, *hodiè* 33, Gl. 2, n°. 6.
(l) Matieres féodales de Provence, tit. du retrait, n°. 13.
(m) *Infrà*, n°. 83, verf. 2.
(n) Lemaître, sur la Coutume de Paris, tit. 2, p. 108; Arrêt du Conseil du 19 Avril 1689, pour la Provence, dans les matieres féodales de Provence, tit. du retrait, n°. 13; & Edit de Mai 1710, *infrà* n°. 83, v. 2.
(o) Potier, sur la Coutume d'Orléans, introduction au tit. des fiefs, n°. 119.

2°. On trouve différentes preuves de cette assertion dans des actes du onzieme siecle, rapportés par Galand (*p*). L'Ordonnance de 1250, rendue pour les Sénéchaussées de Carcassonne, de Beaucaire, & Nismes, « défend aux Vassaux du Roi de » vendre leurs fiefs sans son consentement, s'il n'y a coutume » contraire, que le Roi se réserve d'examiner (*q*). Autrefois, » dit M. Laroque, un Gentilhomme ne pouvoit vendre de ses » fiefs sans la permission du Roi ; la preuve en est à la Chambre » des Comptes ; & entr'autres exemples il fut permis à Guy de » Tournebu, Chevalier Sire de Maisi & de Laise (en 1292, » registre 68), de vendre de ses terres jusqu'à une certaine » somme (*r*).

Un Arrêt de 1269 prononce la commise de certains prés tenus du Roi, & donnés à l'Eglise sans son consentement ; & la peine fut prononcée, quoique le donateur voulût les reprendre, parce qu'il les avoit mis en mains-mortes sans l'agrément du Roi (*s*).

Chopin & Coquille attestent de même qu'autrefois on ne pouvoit vendre les fiefs sans le consentement du Seigneur (*t*).

3°. Les fiefs & les rotures sont devenus héréditaires dans le Dauphiné, qui dépendoit de l'Empire, beaucoup plus tard que dans le Royaume (*u*). Or, Gui-Pape, qui vivoit dans le quinzieme siecle, atteste que de son tems on ne pouvoit aliéner les fiefs ni les rotures qu'avec l'agrément du Seigneur (*v*). « Du » tems de Guy-Pape, dit M. Salvaing, on ne pouvoit vendre les » fiefs en Dauphiné sans le consentement du Seigneur, qui le re- » fusoit quelquefois, comme il conste par un Arrêt du 1 Avril

---

Origine des amortissemens, Delauriere, p. 29 & 30. Ordonnance de Louis IX, dans Ferriere, sur la Coutume de Paris, tit. 1, §. 1. n°. 5, V. *suprà* n°. 14.

(*p*) Galand, ch. 6, p. 55, 56, 64.

(*q*) Dans Bellamy, p. 212.

(*r*) Laroque, de la Noblesse, ch. 25.

(*s*) Delauriere, origine des amortissemens, pr. p. 19.

(*t*) Chopin, sur la Coutume d'Anjou, liv. 1, art. 4, p. 93, 94. Coquille, Institutions au Droit François, ch. des fiefs.

(*u*) En 1343, selon M. Boissieu, ch. 1, p. 9.

(*v*) Gui-Pape, question 46 & 162.

« 1382. Le premier Arrêt que j'aie vu qui refuſe la commiſe
» pour avoir aliéné ſans ce conſentement, eſt du 25 Septembre
» 1514 (*x*) ». De même, ſelon l'art. 148 de la Coutume de la
Marche, & des articles 95 & 96 de celle du Comté de Bourgogne, « l'homme de main-morte ne peut vendre l'héritage
» tenu en ſervitude, ni en diſpoſer ſans le conſentement du
» Seigneur.

4°. Il eſt donc vrai que les lods étoient le prix du conſentement donné par le Seigneur à la vente du fief ſervant ; il en
eſt de même des rotures qui, de tous les tems, ont ſuivi le
ſort des fiefs ; & la néceſſité de ce conſentement dérive, dans
l'origine, de la défenſe faite au Vaſſal & à l'Homme tributaire
de quitter ſon Seigneur ſans ſon agrément (*y*) ; enſorte qu'on
doit regarder cette défenſe & la perſonnalité primitive des bénéfices & des biens tributaires, comme la ſource & le premier
principe de l'aſſujettiſſement aux lods.

5°. Nous ne devons pourtant pas diſſimuler que quoique, par
le Droit Romain, l'Emphitéote ne pût vendre ſes améliorations,
ſans avoir requis l'agrément du Seigneur, les lods étoient pourtant attachés non à cette permiſſion, mais à l'inveſtiture qu'il
donnoit au nouvel acquéreur (*z*).

X V I I I.

Cette origine du droit de lods nous mene juſqu'à la ſource
& à la racine des principaux uſages & des regles fondamentales
relatives à ce devoir ; de là vient, 1°. que le vendeur en étoit
communément chargé (*a*), parce qu'il eſt attaché à la permiſſion
que lui donne le Seigneur de vendre, quoique, par la nature de
la choſe, cette charge dût regarder l'acheteur. (*infrà* n°. 26)

(*x*) Salvaing, ch. 2, p. 16, 17.
(*y*) *Suprà* n°. 13 & 14.
(*z*) *L. 3. per totum cod. de jure emphit.*
(*a*) Dumoulin atteſte que le vendeur en eſt chargé de droit commun en
matiere de fiefs, s'il n'y a convention contraire. Dumoulin, ſur la Coutume
de Paris, §. 23, *hodiè* 33, Gl. 2, n°. 6.

2°.

2°. Qu'on a toujours dit *lods & ventes*, & non pas *lods & achats*, parce que la vente étant l'ouvrage de deux parties, la prestation des lods est attachée au fait du vendeur, & non au fait de l'acheteur (*b*). 3°. Que certaines Coutumes, ainsi que Philippe de Beaumanoir & l'Auteur du Grand Coutumier, les appellent simplement *ventes* (*c*). 4°. Que le droit de lods est plus cher que le relief ou rachat, auquel les mutations à titre gratuit donnent ouverture; parce que la vente est l'exercice le plus plein de la parfaite patrimonialité. 5°. De là vient que c'est une portion du prix que reçoit le vendeur, & dont il profite, & non de ce qu'il en coûte à l'acquéreur pour les étrennes, frais de proxenetes & loyaux-couts. 6°. Enfin, c'est par cette raison que les échanges des biens de même directe, sont communément exempts de lods; parce qu'au moyen de la subrogation des biens échangés, la dépendance seigneuriale demeure la même, & qu'on n'avoit pas conséquemment besoin du consentement du Seigneur pour ces traités (*d*).

X I X.

A l'égard du droit de relief que les Coutumes accordent au Seigneur immédiat dans le cas de mutation du fief vassal à titre de succession, ou à tout autre titre gratuit, les plus anciens monumens que nous en connoissons ne dattent que du onzieme siecle : ils sont rapportés par Galand (*e*). La Charte de 1155 pour la Normandie (*f*), & le reglement qui prohibe les parages, en 1210 (*g*), en font pareillement mention; ainsi que Philippe de Beaumanoir (*h*), qui vivoit sur la fin du 13e. siecle.

Epoque du re-
lief.

(*b*) Par exemple, dans un contrat dans lequel le bailleur donne, quoique l'acquéreur achette. *V.* ci-après, n°. 463, 464.

(*c*) Coutume de Paris, art. 78, 79, 80, 81, 83, 84, 87. Grand Coutumier, liv. 2, ch. 25, pages 169, 170, 172. Beaumanoir, ch. 30, p. 152.

(*d*) *Infrà* n°. 320.

(*e*) Galand, ch. 6, p. 6.

(*f*) Brussel, pr. p. 4, n°. 3, 4, 41.

(*g*) Bellamy, p. 197.

(*h*) Beaumanoir, ch. 27, p. 137, 138.

Tome I.   C

X X.

Fauſſe origine du relief. Il eſt donc faux, quoiqu'en aient dit Loiſeau & Guyot (i), dont le premier avoit une connoiſſance très-réfléchie de notre ancien Droit, & le ſecond n'en avoit pas la moindre notion ; il eſt faux que le relief ait été ſubſtitué à l'ancienne réverſion des fiefs, puiſqu'il étoit abſolument inconnu dans le tems des Capitulaires, lorſque les bénéfices étoient à vie, ni depuis ; puiſqu'en introduiſant l'hérédité des offices & des bénéfices en 877, le Capitulaire de Kierſi (k) n'établit aucun droit en repréſentation de la perte du droit de conférer le bénéfice à volonté à la mort du Vaſſal ; enſorte que le relief n'étoit connu, ni lorſque les bénéfices étoient purement à vie, & reverſibles au Seigneur par le décès du Vaſſal, ni au moment qu'ils ceſſerent d'être reverſibles par l'acquiſition de l'hérédité.

X X I.

Vraie origine du relief. 1°. Ainſi le droit de relief a pris naiſſance dans le gouvernement féodal ; & voici le motif de cet établiſſement, ſelon Delauriere & ſelon Bruſſel : « c'eſt que le Roi, ou autre Seigneur » immédiat, ne donnoit l'inveſtiture des terres & fiefs tenus de » ſa mouvance, que moyennant de groſſes ſommes d'argent, » principalement lorſque le droit du prétendant étoit douteux, » c'eſt ce qui arriva ſouvent dans le onzieme ſiecle, à cauſe de » l'incertitude des regles ſur la ſucceſſion aux fiefs (l).

Cet uſage dérivoit des privileges de l'inveſtiture du Seigneur, inveſtiture qui n'eſt autre choſe que la réception de ſon Vaſſal à la foi & hommage rendue par celui-ci ; parce que cette réception de la part du Seigneur eſt le vrai renouvellement de l'in-

---

(i) Loiſeau, des Offices, liv. 3, ch. 3, n°. 26. Guyot du relief, ch. 1, n°. 3, 4.

(k) Capitulaire de Kierſi, de 877, ch. 3. Baluze, tom. 2, p. 269, 270.

(l) Delauriere, origine des amortiſſemens, pages 29, 30. Bruſſel, liv. 2, ch. 32, p. 403, 404.

veſtiture & du lien féodal (*m*). Or, dans les cas litigieux ou équivoques, elle donnoit la poſſeſſion légale & civile excluſive à celui des contendans qu'il avoit plu au Seigneur d'inveſtir.

2°. En 1211 Simon de Montfort, nouveau poſſeſſeur des Domaines des Trincavels, Vicomtes de Carcaſſonne, de Beziers, &c. & deſtructeur illuſtre des plus anciennes & des plus puiſ-ſantes maiſons du Languedoc, par une guerre de religion (*infrà* n°. 141,) obtint par grace ſa réception à la foi & hom-mage du Roi d'Aragon, comme Comte de Carcaſſonne ; cette réception avoit été précédée de pluſieurs ſuppliques, & d'autant de refus (*n*).

Dans des circonſtances critiques le fils unique, ſeul héritier d'un grand fief, réclamoit quelquefois cette inveſtiture pour s'aſſurer la poſſeſſion du fief paternel, & pour jouir des droits & du rang attachés à ce fief, témoin le trait d'hiſtoire que nous allons rapporter.

Le Roi Philippe Auguſte expulſa les Anglois du Royaume, en exécution du jugement prononcé par ſa Cour des Pairs en 1202, contre Jean, ſans terre, Roi d'Angleterre, ſon Vaſſal : ce juge-ment condamne à mort le Roi Jean, pour crime de félonie, & pour le meurtre d'Artus, ſon neveu, & prononce la confiſca-tion des domaines immenſes dont il jouiſſoit en France dans la mouvance du Roi (*o*). Depuis cette fameuſe époque, la Maiſon Comtale de Toulouſe étoit la plus illuſtre & la plus puiſſante Maiſon du Royaume, après la Maiſon regnante (*p*). Dans cet état, & en 1225, Raimond VII, dit le jeune, foible & dernier rejetton de cette illuſtre tige, après avoir chaſſé de ſes domaines Amauri, fils de Simon de Montfort, (*infrà* n°. 141, verſ. 5),

---

(*m*) Dumoulin, ſur la Coutume de Paris, §. 5 , *hodiè* 8 , n°. 1. Dargentré, *de laudimiis* , *cap.* 1 , §. 4 ; & ſur la Coutume de Bretagne, art. 332, n°. 13, *Feudorum* , *lib.* 2 , *tit.* 4.

(*n*) Hiſtoire du Languedoc, tom. 3 , p. 183, 203.

(*o*) On peut voir le détail de cet événement tiré de l'hiſtoire de Mathieu, de Paris, dans Chantereau, Lefebvre, preuves par les actes, p. 21.

(*p*) On peut s'aſſurer de l'étendue de leurs domaines & de leur puiſſance dans l'hiſtoire du Languedoc, tom. 2 , p. 508 , n°. 69.

follicitoit avec inftance fa réception à la foi & hommage du Roi, *parce qu'autrement*, difoit-il, *mes Pairs ne voudroient pas me re-connoître pour leur Pair* (*q*).

En 1216 la Comteffe de Champagne foutint à la Cour des Pairs, compofée des grands Vaffaux & des grands Officiers de la Couronne, " que par l'ufage de France quand un Vaffal eft „ faifi de fon fief par fon Seigneur, celui-ci ne doit recevoir au- „ cun autre homme à raifon du fief, *tant que le premier eft faifi* „ *& prêt à faire & pourfuivre droit à la Cour de fon Seigneur*; & la Cour des Pairs jugea en conformité (*r*). La Supplique de la Comteffe de Champagne fournit la preuve des avantages atta-chés à l'inveftiture, & le jugement de fes Pairs eft un témoi-gnage authentique des engagemens que contractoit le Seigneur envers le nouveau Vaffal invefti.

Enfin, en 1269 Alphonfe, Comte de Poitiers, frere de Saint Louis, réduifit au revenu d'une année le relief à merci qu'il per-cevoit dans fon Comté (*s*); enforte que jufqu'alors les Comtes de Poitiers n'avoient pas voulu mettre des bornes au prix qu'ils mettoient à l'inveftiture de leurs Vaffaux.

3°. Il eft donc vrai que le relief étoit le prix de l'inveftiture du nouveau Vaffal, fur-tout lorfque fon droit pouvoit être équi-voque, parce qu'en toute occafion il avoit le plus grand intérêt d'obtenir cette inveftiture, au point que par la Jurifprudence des Arrêts même, dans le quinzieme, & en partie dans le feizieme fiecle, l'acquéreur, invefti par fon Seigneur, étoit maintenu en poffeffion, de préférence à l'acquéreur plus ancien, mais qui n'a-voit pas été invefti (*t*): nouvelle preuve que l'inveftiture du Sei-gneur donnoit la poffeffion civile & légale, au lieu que de droit commun la préférence entre deux acquéreurs eft accordée à ce-lui qui a la poffeffion réelle & effective, quoique fon acquifition foit poftérieure (*u*).

(*q*) Ducange, *verbo Par*, pag. 143. Hiftoire du Languedoc, t. 3, p. 349.
(*r*) Dutillet, recueil des rangs des Grands, p. 28, 29.
(*s*) Galand, ch. 6, p. 67, 68, 69: on y trouve la Charte de cette converfion.
(*t*) Guy-Pape, queft. 46. Maynard, liv. 2, ch. 61.
(*u*) *L.* 15, *cod. de rei vendicatione.*

4°. Il résulte de ce dessus, que les successeurs en ligne directe ont dû être exempts du relief, soit à cause de la faveur attachée à leur naissance, soit parce que le droit des enfans ne pouvoit être douteux dès qu'il s'agissoit de succéder aux fiefs de leurs parens. On voit dans Bouteiller des preuves de la faveur attachée à ces mutations par rapport aux profits, (*infrà* n°. 199).

5°. Il en résulte encore que le relief n'a pas dû être établi dans les pays régis par le Droit Ecrit ; assertion qui demande que nous prenions les choses de plus loin. Dans l'état primitif, les loix étoient personnelles chez les peuples barbares du Nord de l'Europe, même après que les Conquêtes des Romains les eurent forcés de se réunir & de se mêler : *la patrie étoit commune*, dit l'illustre Montesquieu, *& la république particuliere ; le territoire étoit le même, & les nations diverses :* cette personnalité subsista encore après que des essains de ces barbares eurent subjugué le midi de l'Europe, & formé différens Etats, dans cette partie, des débris de l'Empire Romain (*v*) : la continuité de cet usage dérivoit de la grande liberté dont jouissoient des peuples qui n'étoient pas encore asservis par l'attache à leur glebe, & qui n'avoient consenti à se soumettre à des loix que par les avantages toujours présens qu'ils trouvoient dans cette soumission, au lieu qu'ils n'auroient pas voulu reconnoître l'empire de loix territoriales, étrangeres à leurs usages & à leurs mœurs. Par une suite du même esprit, ces Peuples, simples, braves, & magnanimes, laisserent vivre les Romains selon la loi Romaine (*x*) ; ensorte que les loix devinrent personnelles à leur égard, comme à l'égard des peuples conquérans : en conséquence, dans les contestations entre des hommes de diverses nations, après leur mélange dans ces nouveaux Etats, chacun étoit jugé par sa loi & par des Juges de sa nation. L'Historien du Languedoc rapporte un Jugement de 918, rendu par des Juges

____

(*v*) Esprit des Loix, liv. 28, ch. 2. Ducange, *verbo Feudum comparare.* Histoire du Languedoc, tom. 1, p. 379, 418. Capitulaire de 793, ch. 37. Baluze, t. 1, p. 542. Loi des Lombards, liv. 2, tit. 57.

(*x*) Capitulaire de Clotaire II, de 560, art. 4. Baluze, tom. 1, p. 7. Loi des Lombards, liv. 2, tit. 57.

Goths, Romains, & Saliens (*y*) : de même dans un Procès entre deux Romains le Comte du peuple vainqueur prenoit un Jurisconsulte Romain pour assesseur (*z*). Cependant l'Edit de Pistes de 864 distingue les pays où l'on jugeoit selon la loi Romaine d'avec ceux où l'on ne jugeoit pas selon cette loi, & ces pays étoient les mêmes qu'aujourd'hui (*a*) : la personnalité des loix subsistoit pourtant encore lors de l'Edit de Pistes, puisque cinquante-quatre ans après, & en 918, le Goth, le Romain & le franc Salien étoient jugés chacun par des Juges de sa nation, conséquemment selon sa loi.

Cependant les pays régis par le Droit Ecrit étoient, dans le neuvieme siecle, les mêmes qu'aujourd'hui, comme on l'a dit & comme il résulte de l'Edit de Pistes; parce que la Loi Romaine, quoique personnelle dans ces pays, comme toute autre, depuis la conquête des Barbares, y devint territoriale à la longue, & par accident; c'est-à-dire, par l'habitation d'un plus grand nombre de Citoyens vivant sous le Droit Romain (*b*); & comme la maniere de succéder a toujours été fixe & immuable selon la Loi Romaine, le droit de relief a dû être inconnu dans les pays régis suivant cette Loi.

6°. Au reste, il est des Coutumes, en petit nombre, qui assujettissent au relief même les mutations en ligne directe, comme il y a des pays régis par le Droit Ecrit dans le Ressort du Parlement de Paris, où ce droit est établi; c'est ainsi qu'on trouve sans cesse dans notre jurisprudence féodale, des disparates qui dérivent principalement des désordres du gouvernement féodal, des différens degrés de puissance des Seigneurs, ou de résistance de leurs Vassaux ou Sujets; enfin, indépendamment de cette cause générale, les préjugés des hommes & leur différente façon de voir, suffisent souvent pour établir des différences qui ne sont fondées sur rien.

(*y*) Histoire du Languedoc, tom. 1, p. 379, 380. Preuves, p. 56.

(*z*) Histoire du Languedoc, tom. 1, p. 379, 380.

(*a*) Edit de Pistes de 864, ch. 12 & 16. Baluze, tom. 2, p. 180. Esprit des Loix, liv. 28, ch. 4.

(*b*) Histoire du Languedoc, tom. 2, p. 211, 244, 245. Esprit des Loix, liv. 28, ch. 4.

XXII.

Il nous reste à remarquer, d'après Dumoulin & Guyot, que *Attache des lods & du relief.*
les lods sont dûs non par le changement de main, qui est la
suite & l'exécution de la vente, mais par le contrat qui forme
l'engagement des parties ; & dès le jour du contrat (*c*), au lieu
qu'il y a ouverture au relief, non par le fait du contrat, mais
par le changement de main, plein & effectif du côté de l'ancien
& du nouveau possesseur : *ex parte utriusque extremi*, & dès le
jour de ce changement (*d*) ; de là vient que nos Coutumes &
nos Auteurs disent, en parlant des lods, *qu'ils sont dûs de tout
contrat de vente ou équipollent à vente*, au lieu qu'en parlant
du relief ils l'attachent, non au contrat, mais au changement de
main (*e*).

CHAPITRE III.

QUI doit les Lods & Ventes ? Changement fait au Droit ancien.

(*c*) Dumoulin, sur la Coutume de Paris, §. 22, *hodiè* 33, Gl. 1, n°. 50,
& §. 13, *hodiè* 20, gl. 3, n°. 12. Guyot, du relief, ch. 3, n°. 4, 5, & des
lods, ch. 1, n°. 3---9. Auvergne, ch. 16, art. 1.

(*d*) Dumoulin & Guyot, *ibidem.*

(*e*) Art. 33, de la Coutume de Paris ; & *V.* la conférence sur cet article dans
Fortin & dans Ferriere.

XXIII.

Bigarrure des Coutumes.

Certaines Coutumes chargent le vendeur du paiement des lods ; par exemple, la Coutume de Senlis : & tel est l'usage de la Flandre (*f*), & le droit commun, par rapport aux fiefs, selon Dumoulin (*g*) : d'autres Coutumes partagent cette charge entre l'acheteur & le vendeur (*h*).

XXIV.

Droit commun.

Mais il est de regle que l'acheteur ou autre, en faveur de qui se passe le contrat, en doit les lods & toutes les charges attachées à cette passation. (*V. infrà* n°. 26.)

Tel est le droit commun actuel du Royaume (*i*), & la disposition de la plûpart des Coutumes (*k*) ; telle est aussi la Jurisprudence des Parlemens régis par le Droit Ecrit.

XXV.

Abolition du requint.

1°. Cette Jurisprudence est si bien établie, qu'au lieu que les articles 23 & 24 de l'ancienne Coutume de Paris chargeoient le vendeur du quint. L'art. 23 de la nouvelle Coutume le met à la charge de l'acheteur ; même changement par l'article 1 de la nouvelle Coutume d'Orléans : de même l'art. 71 de l'ancienne Coutume de Bretagne chargeoit le vendeur des deux tiers des lods, au lieu que l'art. 74 de la nouvelle Coutume les met en entier sur l'acheteur.

(*f*) Senlis, art. 235. Chopin, sur la Coutume d'Anjou, liv. 1, art. 4, n°. 5, & sur la Coutume de Paris, liv. 1, tit. 3, n°. 13.

(*g*) Dumoulin, sur la Coutume de Paris, §. 23, *hodiè* 33, gl. 2, n°. 6.

(*h*) *V.* l'ancienne Coutume de Bretagne, art. 71, & la conférence sur l'art. 77 de la nouvelle Coutume de Paris.

(*i*) Dumoulin, sur la Coutume de Paris, §. 23, *hodiè* 33, gl. 2, n°. 7. Dargentré, sur la Coutume de Bretagne, art. 71, note 1, n°. 1, *& de Laudimiis*, capite 3.

(*k*) *V.* la conférence sur l'art. 77 de Paris. Chopin, sur la Coutume d'Anjou, liv. 1, art. 4, n°. 5.

A

2°. A l'égard des terres & fiefs du Languedoc qui font régis par la Coutume de Paris, quant aux droits féodaux, un Arrêt de la Chambre des Comptes de Montpellier, du 18 Juin 1712, au rapport de M. Bonefons (dans le tems que cette Cour connoiſſoit ſeule des matières domaniales en Languedoc, en vertu d'un Edit du mois de Novembre 1690), porte " que la Cour " faiſant droit ſur les concluſions de M. le Procureur Général, " décharge du requint le fief de la Lande tenu nuement du Roi, " & ordonne que ce droit demeurera abrogé & aboli en Langue- " doc à l'égard des terres aſſujetties aux us & coutumes de la " Vicomté de Paris, conformément à la nouvelle coutume.

XXVI.

1°. Ces changemens ſont pleins de juſtice & de ſageſſe ; & ſi les anciens principes de la Juriſprudence ont fait aſſujettir le vendeur au paiement des lods (*l*), la parfaite patrimonialité des fiefs & des rotures, établie par la Juriſprudence actuelle, & l'ordre des choſes bien entendu, doivent les faire mettre ſur le compte de l'acheteur.

Fondemens du Droit commun.

2°. En effet, la vente eſt un marché dans lequel une partie ſe dépouille de ſon bien pour ſe procurer de l'argent : donc l'acheteur, qui fournit les eſpeces, doit payer toutes les charges qui conſiſtent en argent, au lieu que le vendeur qui s'exproprie, ne doit pas payer les frais de ce dépouillement, ſouvent douloureux.

3°. D'ailleurs le Seigneur a communément l'option des lods ou du retrait : or le retrait eſt eſſentiellement à la charge de l'acheteur, & totalement étranger au vendeur qui s'eſt dépouillé : donc les lods doivent l'être pareillement, puiſque ces deux droits ſont paralleles & alternatifs ; au lieu qu'en laiſſant les lods à la charge du vendeur, ſi le Seigneur exerce le retrait, le vendeur eſt déchargé des lods par cette option.

4°. S'il a vendu à francs deniers, le Seigneur retrayant doit lui

_____

(*l*) Suprà n°. 17 & 18.

faire raifon des fufdits lods ; puifque, par l'événement, ils ne font pas dûs, & que le vendeur en a laiffé le montant dans les mains de l'acquéreur ; enforte que l'exercice du retrait lui procureroit un avantage réel en le déchargeant de fait des lods.

5°. Enfin, le Seigneur peut exercer contre l'acheteur l'action hypothéquaire pour le paiement des lods, lors même qu'ils font dûs par le vendeur, & du chef de celui-ci (*m*) ; enforte que l'acheteur eft obligé de retenir dans fes mains de quoi fe refaire du montant de cette obligation : il eft donc plus fimple de mettre fur fon compte une preftation dont il eft toujours hypothécairement tenu.

X X V I I.

Quid ? aux décrets forcés.

Il réfulte de ce deffus que dans les décrets forcés les lods font effentiellement à la charge de l'acheteur, même dans les Coutumes où le vendeur en eft tenu de droit commun (*n*), foit parce qu'il feroit trop dur d'affujettir le débiteur faifi à payer les lods de la vente qu'on fait malgré lui de fon bien, foit parce qu'il ne lui refte quelquefois aucun autre bien, & que l'adjudicataire feroit toujours hypothécairement tenu de cette preftation (*o*).

X X V I I I.

Vente à francs deniers ou au contraire.

1°. Si dans les Coutumes où le vendeur les doit il vend à francs deniers, c'eft-à-dire, en jettant cette charge fur l'acquéreur ; en ce cas, celui-ci doit les lods tant fur le prix de l'achat que fur les lods de cet achat ; puifque le montant de ces lods augmente par le fait le prix de l'achat à concurrence de fa valeur (*p*) : telle eft l'origine des venterolles & du requint.

(*m*) Dumoulin, fur la Coutume de Paris, §. 23, *hodiè* 33, gl. 2. n°. 4, 5. Dargentré, fur la Coutume de Bretagne, art. 17, note 1, n°. 6, & fur l'art. 231, note 2, n°. 2.

(*n*) Livoniere, liv. 3, ch. 4, fect. 2, p. 136. Chopin, fur la Coutume de Paris, liv. tit. 3, n°. 3. Dumoulin, fur l'art. 235 de la Coutume de Senlis.

(*o*) Dumoulin, fur la Coutume de Paris, §. 23, *hodiè* 33, gl. 2, n°. 4, 5. Dargentré, fur la Coutume de Bretagne, art. 71, note 1, n°. 6, & art. 231, note 2, n°. 2.

(*p*) Suprà n°. 5 & 6.

2°. Mais si l'on prend le contre-pied, & que le vendeur se charge volontairement des lods dans les Coutumes où ils sont à la charge de l'acheteur, en ce cas il faudra faire un retranchement proportionnel à cette charge pour la fixation des lods ; par exemple, si les lods sont au douzieme, & que le prix de la vente soit de 1300 livres, en ce cas les lods reviennent exactement à 100 livres, comme si l'acheteur avoit payé 1200 livres pour la valeur du fonds, & 100 liv. pour les lods, dont le vendeur s'oblige de le faire tenir quitte (q).

CHAPITRE IV.

Montant des Lods & Ventes font-ils partie du prix ?

XXIX.

Comme les lods sont dûs à raison de la vente, & non à raison de la mutation, ils ont dû être fixés non sur la valeur de   *Fixation sur le prix.*

(q) Dumoulin, sur la Coutume de Paris, §. 55, gl. 2, hodiè 78, n°. 1, 2, 3. Chopin, sur la Coutume de Paris, liv. 1, tit. 3, n°. 13.

la chofe, mais fur le prix de la vente qui y donne ouverture (*r*); au lieu que le relief qui eft dû pour la mutation fe prend communément fur le revenu du bien fujet.

Ainfi les regles les plus triviales rendent hommage à nos principes (*s*) ; parce que, dans les vérités morales, comme dans les vérités mathématiques, il eft une chaîne de principes & de conféquences que l'étude & la méditation développent; au lieu que faute de trouver cette chaîne, on eft forcé de créer des principes arbitraires & ifolés, & l'on marche perpétuellement à tatons.

X X X.

Fraude dans le prix.

Mais s'il y a fraude dans la fixation du prix ; par exemple s'il eft augmenté dans une contre-lettre, en ce cas le Seigneur peut demander les lods même fur l'augmentation (*t*), & quelquefois une peine felon l'exigence des cas.

Un Arrêt du Parlement de Touloufe, du 13 Août 1733, ordonne que, fans avoir égard au prix porté par le contrat, pour les caufes réfultant du Procès, le Seigneur qui demandoit le retrait, rembourfera l'acquéreur fur le pied de l'eftimation, fi mieux il n'aime prendre les lods fur le même pied (*u*).

Mais cet Arrêt ne doit pas tirer à conféquence, à caufe des inconvéniens de l'exercice du retrait, & parce que les Seigneurs ne font pas toujours fondés à le demander.

D'ailleurs la modicité du prix ne fuffit pas pour convaincre les contractans de fraude ; mais dans le cas où elle eft prouvée, l'acquéreur doit être condamné quelquefois à des peines, felon les circonftances, comme nous l'établirons dans notre traité du dol.

(*r*) Dumoulin, fur la Coutume de Paris, §. 53, *hodiè* 76, n°. 34. Dargentré, *de laudimiis*, *cap.* 5 ; & fur celle de Bretagne, art. 71, n°. 5.

(*s*) *Suprà* n°. 17, 18 & 22.

(*t*) Guyot, des lods, ch. 2, n°. 1, 2. Dumoulin, fur la Coutume de Paris, §. 55, *hodiè* 78, gl. 5, n°. 3.

(*u*) Nouveau Journal du Palais de Touloufe, tom. 5. Arrêt 246, n°. 3.

XXXI.

La Coutume d'Auvergne donne au Seigneur, dans certaines Châtellenies, le droit de ſurjet, c'eſt-à-dire, le droit de faire augmenter le prix en faiſant publier le bien aux encheres (*v*). S'il ſe préſente un ſurjettant, le Seigneur l'inveſtit, & rend le prix de la vente au premier acquéreur, & le ſurplus ou ſurjet appartient au Seigneur (*x*).

Droit de ſurjet.

Mais cet uſage eſt injuſte de pluſieurs façons. 1°. Sur quoi fonder le droit de ſurjet, & l'expoliation de l'acquéreur, s'il n'y a pas preuve de fraude dans le contrat ? 2°. Si quelqu'un a intérêt de ſe procurer un certain bien, il eſt évident qu'il ſera ſurjettant ; & le Seigneur, indépendamment de la perception des lods, vendra de fait tous les biens dépendans de ſa directe, en s'appropriant la partie du prix qui ſera attachée à la convenance du ſurjettant.

3°. Ce droit de ſurjet diminue conſidérablement la valeur du bien dans les mains du vendeur, qui n'eſt pas le maître d'en transporter la propriété incommutable à qui & comme il trouve bon ; enſorte que le ſurjet produit, par accident, un effet directement contraire à ſon inſtitution. 4°. Il faut indemniſer l'acquéreur des loyaux-couts, indépendamment du prix de l'achat.

XXXII.

Quoique le prix de la vente ſoit payable en or ou en argent, on a pourtant la liberté de payer les lods en monnoie, & tel eſt l'uſage (*y*).

Prix en or ou en argent.

Mais s'il réſultoit un changement effectif de cette différence par rapport à la valeur intrinſeque du paiement ; par exemple, ſi une certaine eſpece étoit menacée d'un décri, ou ſi d'autres circonſtances en diminuoient la valeur, il faudroit payer ès

---

(*v*) Coutume d'Auvergne, ch. 23, art. 9. Guyot, des lods, ch. 2, n°. 1, 2.
(*x*) Gloſſaire du Droit Français, *verbo*, ſurjet.
(*y*) Dumoulin, ſur la Coutume de Paris, §. 55, *hodiè* 78, gl. 5, n°. 1.

mêmes especes portées par le contrat pour rendre les lods pro-
portionnels au prix ; & c'est ainsi qu'on en use s'il y a terme
pour le paiement (*z*).

XXXIII.

Prix en denrées. Si le prix de l'achat est en denrées ou en services appréciables, le Seigneur ne sera pas tenu de recevoir par exemple,
un tonneau de vin, ce qui seroit ridicule, & souvent impraticable ; mais il recevra sa quotité de l'estimation de ces choses
proportionnellement à leur valeur (*a*).

XXXIV.

Principes de la fixation de la quo-tité. A l'égard de la quotité des lods & ventes, on doit consulter,
pour en fixer le montant, 1°. le titre, qui est la loi domestique
que les parties se sont imposée (*b*). 2°. A défaut du titre, l'usage
bien constaté du fief ou de la Seigneurie ; image toujours subsistante des titres anciens. 3°. Le Statut municipal, ou la Coutume
légalement rédigée, s'entend celle de la situation des biens,
parce que les Coutumes sont réelles (*c*). 4°. Dans le conflit
entre la Coutume du fief dominant & celle du fief servant, c'est
cette derniere qu'on doit consulter, parce qu'elles sont sans autorité hors de leur territoire, & que la Coutume du fief dominant ne sauroit affecter les biens d'un territoire étranger (*d*).
5°. S'il n'y a point de Coutume écrite, il faut suivre l'usage

---

(*z*) *Infrà*, n°. 106.

(*a*) Dumoulin, sur la Coutume de Paris, §. 55, Gl. 5, *hodiè* 78, n°. 1.

(*b*) Dumoulin, sur la Coutume de Paris, §. 5, *hodiè* 8, n°. 92. Dargentré, sur la Coutume de Bretagne, art. 277, note 1, n°. 5. *Id sequimur
quod actum est*, leg. 34, *ff. de regulis juris.*

Quid tam congruum fidei humanæ, quàm ea quæ inter eos pacta erunt servare,
leg. 1. *ff. de pactis.*

(*c*) Loisel, liv. 2, tit. 4, regle 4. Dumoulin, sur la Coutume de Paris,
§. 55, *hodiè* 76, n°. 10.

(*d*) *Bene* Potier, du retrait, n°. 563. *Extra territorium jus dicenti impunè
non paretur*, l. 20, *ff. de jurisdictione.*

local (e), c'eſt-à-dire, l'uſage de la Contrée, ou celui de la Province. Nous renvoyons à ce ſujet aux n°. 121 & ſuivans, dont les principes ſont communs à la fixation de la quotité des lods.

XXXV.

Mais ſi l'uſage eſt équivoque ou incertain, il faut ſuivre le moindre taux, ſelon la Loi (f). Dumoulin fixe ce moindre taux au douzieme (g), & c'eſt ainſi qu'il fut fixé dans un cas hypotétique par un Arrêt du 23 Avril 1674 (h) : en Anjou & au Maine, c'eſt de même au douzieme (i), ainſi qu'en Normandie, ſelon l'art. 174 de la Coutume : il en eſt de même dans le Toulouſain ; cependant Dargentré rejette cette fixation au douzieme, en tant qu'on voudroit la regarder comme formant une eſpece de droit commun (k) : & abſtraction faite de toute coutume & de tout uſage, il paroît qu'il a raiſon ; parce qu'en partant des principes de la Loi, on doit, dans le doute, ſuivre le moindre taux du pays où doit être fixé le montant des lods ; au reſte, le taux ordinaire des fiefs dans les pays de Coutume, eſt le quint, ſelon Chopin (l).

Uſage incertain.

XXXVI.

1°. Mais doit-on prendre les lods en-dedans ou en-dehors du

En-dehors du prix.

(e) Arrêts des 25 Janvier 1530, & 21 Juillet, 1531. Chopin, ſur la Coutume d'Anjou, liv. 1, art. 4, n°. 7.

Autre du 6 Septembre 1576. Charondas, obſervations du Droit François, verbo Droits.

Quod in regione in qua actum eſt frequentatur, leg. 34, ff. de regulis juris.

Ea enim quæ ſunt moris & conſuetudinis in bonæ fidei judiciis debent venire, leg. 31, 20, ff. de ædilitio edicto.

(f) Ad minimùm redigenda ſumma eſt, leg. 34, ff. de reg. juris.

(g) Dumoulin, ſur la Coutume de Paris, §. 53, hodiè 76, n°. 10.

(h) Graverol, des droits ſeigneuriaux, ch. 38, art. 1.

(i) Livoniere, liv. 3, ch. 1, p. 138.

(k) Dargentré, ſur la Coutume de Bretagne, art. 59, note 2, n°. 10.

(l) Chopin, ſur la Coutume d'Anjou, liv. 1, art. 4, n°. 7.

prix ? Un Arrêt de 1581 les fixe en-dedans ; enforte que le tiers denier revient de fait à la moitié ; & divers regiftres de la Chambre des Comptes de Grenoble atteftent le même ufage (*m*). La Coutume de Nivernois, au titre des Bordelages, art. 23, les fixe de même au tiers en-dehors, c'eft-à-dire, à la moitié en-dedans : nous difons à la moitié, parce que le prix de la vente étant par exemple, de 100 livres, fi l'on y ajoute 50 liv de lods, le prix total fera de 150 livres, dont les 50 livres de lods font le tiers en-dedans ; mais ces fixations font énormes, & la maniere de les entendre eft exhorbitante : pareils biens ne font prefque pas dans le commerce.

2°. Ainfi, nonobftant ces deux exemples, qui font fans conféquence, il eft de regle que la fixation des lods doit s'entendre de façon que le contingent du Seigneur fe prenne hors du prix ; enforte que le quint de 100 livres revienne à 20 livres ; & c'eft ainfi qu'on le pratique par-tout, même en Dauphiné (*n*) : il faut donc fe conformer à cet ufage, parce qu'il eft feul analogue à l'expreffion grammaticale, & qu'il eft général, indépendamment de la faveur de la libération.

XXXVII.

Si le vendeur attaque la vente par lézion, les lods qu'a payé l'acheteur n'entrent pas dans le compte du prix, à l'effet d'en groffir le montant, parce que les lods ne cedent pas au profit du vendeur, & qu'ils font dûs par l'acheteur, comme un des loyaux-couts & une charge de fon achat (*o*). Or, le vendeur eft lézé à concurrence de ce qu'il a reçu au-deffous de la valeur de l'objet de la vente, fans s'occuper des dépenfes extrinfeques dont eft tenu l'acheteur.

Ils ne font pas
partie du prix.

(*m*) Boiffieu, ch. 79, p. 394.

(*n*) Boiffieu, ch. 79, p. 395---399. Dargentré, fur la Coutume de Bretagne, art. 59, note 2, n°. 3.

(*o*) Arrêts du 8 Août 1557, & du mois de Septembre 1542. Charondas, obfervations du Droit François, *verbo* Lods. *Idem* Maynard, liv. 4, ch. 31 n°. 37.

XXXVIII.

XXXVIII.

Par la raison inverse, si les lods sont à la charge du vendeur, *S'ils sont à la charge du vendeur.* il faut distraire le montant desdits lods, du prix de l'achat, à l'effet d'opérer la lézion, suivant un Arrêt du 8 Janvier 1592, rendu, les Chambres consultées (*p*), dans un tems plein d'un savoir que la Philosophie moderne n'a pas remplacé, & nonobstant l'avis contraire de M. Maynard (*q*).

Car, quoique régulierement les lods soient à la charge de l'acheteur, cependant, dans le conflit des considérations attachées à sa personne, ou à celle du vendeur, c'est la personne de ce dernier dont on doit s'occuper, parce qu'il est le principal agent de la vente, en transférant la propriété de son bien : de là vient qu'il impose la loi (*r*) ; ainsi le vrai prix de la vente est celui qui revient de fait au vendeur, & non ce qu'il en coûte à l'acheteur. Par exemple, si le prix de la vente est de 100 livres, & que le paiement du quint soit sur le compte du vendeur, il ne profite de fait que de 80 livres : il suffit donc, pour opérer la lézion, que la valeur du bien vendu soit au-dessus de 160 livres, qui sont le double du prix effectif.

XXXIX.

Si le Seigneur vend son fief avec réservation de la foi, auquel *En vente par le Seigneur.* cas il fait de son fief sa teneure censuelle, ou un arriere-fief ; en ce cas il ne peut, pour vérifier la lézion, déduire le montant des lods qu'il auroit pu percevoir si tout autre que lui avoit vendu, parce que sa propre vente en est exempte, par la nature de la chose, comme nous le dirons ci-après, & qu'on ne peut imputer sur le prix, le montant d'un droit qui n'étoit pas dû (*s*).

(*p*) Charondas, liv. 3. réponse, 42, n°. 1. Chopin, sur la Coutume de Paris, liv. 1, tit. 2, n°. 32 ; & tit. 3, n°. 13.

(*q*) Maynard, liv. 4, ch. 31.

(*r*) L. 39, *ff. de pactis*; *idem in simili.* Dumoulin, sur la Coutume de Paris, §. 25, *hodie* 33, Gl. 2, n°. 36 & 37.

(*s*) Maynard, liv. 4, ch. 31. Chopin, sur la Coutume d'Anjou, liv. 1, art. 4, n°. 3, en marge.

CHAPITRE V.

NATURE de l'action personnelle ou hypotécaire, pour le paiement des lods & for de ces actions.

XL. *Droit réel & casuel.*
XLI. *Action seulement.*
XLII. *Personnelle & hypothécaire.*
XLIII. *Etendue de l'action réelle.*
XLIV. *Contre l'acquéreur.*
XLV. *Si le Maître rentre.*
XLVI. *Solidité de l'hypotheque.*
XLVII. *For de l'action.*
XLVIII. *Juges de privilege.*

X L.

Droit réel & personnel.

Quoique le droit de lods & ventes dérive du statut municipal ou de l'usage, cette prestation est pourtant réelle & fonciere dans son essence, parce qu'elle a son fondement primitif dans la concession, lors de laquelle le Seigneur est censé avoir imposé cette loi au bail de son bien ; cependant quelques Auteurs ont cru qu'on n'avoit que l'action personnelle pour le paiement des lods (*t*) ; & voici la source de leur erreur : c'est que cette prestation est accidentelle & casuelle, & qu'elle n'est pas précisément attachée au fief comme fief, ou à la teneure censuelle comme telle, mais au fait de l'homme, dont la vente y donne ouverture, sans que cette attache nuise à la foncialité. „ Ce n'est pas „ une charge *réelle* (*mâle*), attachée à la directe comme le

____

(*t*) Dans Livoniere, liv. 3, ch. 8, p. 357, 358.

„ cens, dit Ferriere, mais un accident & un profit cafuel (*u*).

De là vient ; 1°. qu'au lieu que, fuivant l'Edit de Novembre 1563, & la plûpart des Coutumes, le Seigneur cenfier peut ufer de faifie cenfuelle fur les fruits du bien cenfuel, pour les arrérages de cenfive qui lui font dûs des trois dernieres années (*v*) ; il ne le peut pour les lods & ventes qui fe pourfuivent par action feulement (*x*). 2°. Que le tiers - acquéreur ne prefcrit l'hypotheque pour les arrérages de la cenfive, que dans trente ans, au lieu qu'il prefcrit dans dix ans l'hypotheque des ventes dues du chef de fon Auteur (*y*). 3°. Qu'il eft des cas où il y a ouverture aux lods, quoique le bien vendu ne demeure pas affecté pour cette obligation (*z*). 4°. Que quoique tous les biens dépendans de la même conceffion foient folidairement affectés pour le paiement des droits ordinaires, il n'y a que les biens vendus qui foient affectés pour le paiement des lods (*a*). 5°. Enfin, nous difcuterons ci-après la queftion de la préférence dans le concours des cenfives avec les lods. (*Infrà* n°. 55, verfet 4 & 5).

X L I.

1°. Dans les pays de Coutume & dans ceux de Droit Ecrit *Action feulement.* qui dépendent du Parlement de Paris, le Seigneur féodal a droit de faifie féodale, & de faire les fruits fiens, *par faute d'homme, droits, & devoirs non faits & non payés* (*b*).

Cette faifie eft des anciens Francs, felon Dumoulin, & elle eft ufitée de même dans toutes les Gaules, en Allemagne, en Lombardie, en Sicile, & en Angleterre (*c*).

(*u*) Ferriere, fur l'art. 81 de la Coutume de Paris. Gl. 1, n°. 1.

(*v*) Bellamy, p. 281, art. 8, de la Coutume de Paris ; & *V*. la Conférence, *ibidem*. Beaumanoir, ch. 30, p. 152.

(*x*) *Infrà*, n°. fuivant.

(*y*) *Infrà*, n°. 85.

(*z*) *Infrà*, n°. 45.

(*a*) *Infrà*, n°. 46 & 57.

(*b*) *V*. l'art. 1 de la Coutume de Patis, à la conférence fur cet article dans Ferriere & dans Fortin.

(*c*) Note de Dumoulin, fur l'art. 1 de l'ancienne Coutume de Paris.

2°. Elle n'a pourtant pas régulierement lieu dans les pays de Droit Ecrit ; ce qui eſt conforme aux uſages anciens du Milanois (*d*).

4°. Quoique le Roi puiſſe en uſer pour ſes mouvances dans tout le Royaume, ſuivant l'article 18 de l'Edit de Février 1566.

4°. Mais la réception de l'hommage même, avec réſervation des droits, exclut l'uſage de la ſaiſie féodale, faute de paiement d'iceux ; parce que l'ouverture du fief & le défaut d'homme eſt la cauſe principale & productive de la ſaiſie féodale ; au lieu que le défaut de paiement des droits n'en eſt qu'une cauſe acceſſoire & ſubordonnée (*e*).

Enſorte que l'ouverture du droit de lods conſidéré en lui-même, & indépendamment de l'ouverture du fief, ne donne pas au Seigneur le droit de ſaiſie & de main-miſe, faute de paiement du ſuſdit droit ; mais ſeulement la voie d'action, comme toute autre dette (*f*) : & tel eſt le droit commun.

5°. Cependant, ſuivant l'Auteur du Grand Coutumier, qui vivoit dans le quinzieme ſiecle, « le Seigneur pouvoit arrêter, » & mettre le gazon de l'héritage en ſa main, pour ventes non » payées ; ou ſi c'étoit une maiſon, il pouvoit mettre les huis » hors des gonds, juſqu'à ce qu'il en fût payé (*g*) ; il pouvoit de même, uſer de ſaiſie cenſuelle, par l'ancienne Coutume de Bretagne, pour lods non payés (*h*) ; mais ces uſages exhorbitans du droit commun ont été abolis ; ſavoir, l'uſage atteſté par l'Auteur du Grand Coutumier, qui écrivoit ſuivant la très-ancienne Cou-

---

(*d*) *Feudorum , tit. de feudo defuncti , lib.* 2 *, tit.* 26 ; & §. 1. *Quæ fuit prima cauſa , lib.* 2 *, tit.* 24 ; & §. 1. *Quo tempore miles , lib.* 1 *, tit.* 22.

(*e*) Livoniere, liv. 1 , ch. 8 , ſect. 1 , pages 46 , 47 , art. 66 de la Coutume d'Orléans, & Lalande, *ibidem* , n°. 1 & 2.

(*f*) Art. 81 de la Coutume de Paris, qui eſt ajouté. Dargentré, *de laudimiis,* cap. 6. Dumoulin, ſur la Coutume de Paris, §. 52 , *hodié* 74 ; Gl. 1 , n°. 2. *Argumento , lib.* 13 *, ff. quod metus cauſa, l.* 9 *, cod. de execucione rei judicate.*

(*g*) Grand Coutumier, liv. 2 , ch. 25 , p. 172 ; & liv. 4 , chap. 5 , p. 530.

(*h*) Art. 67 de la Coutume de Bretagne, & Dargentré, *ibidem* , note 1 , n°. 2, 3, 4, & note 2, n°. 1.

tume de Paris, par la Coutume rédigée en 1510, & réformée en 1580 ; & celui de l'ancienne Coutume de Bretagne, par la nouvelle Coutume de cette Province.

X L I I.

Mais quelle forte d'action donne la loi pour le paiement des lods & ventes ?

Perfonnelle & hypothécaire.

1°. L'action purement perfonnelle contre le vendeur, qui s'eft dépouillé de fon bien, ou contre fes héritiers, dans les Coutumes où il en eft chargé (i). 2°. Au lieu que dans ces Coutumes on ne peut exercer la même action perfonnelle contre l'acheteur, quand même il s'en feroit chargé à la décharge du vendeur (k), parce qu'alors il ne paye qu'en vertu de la délégation de celui-ci, & non en vertu d'aucune obligation qu'il ait contractée envers le Seigneur. 3°. Même action perfonnelle contre l'acheteur & contre fes héritiers, lorfque les lods font à fa charge ; auquel cas fon obligation dérive de la convention ou de la loi municipale, ou de l'ufage qui a force de loi (l). 4°. Si l'acheteur, perfonnellement obligé, ou fes hértiers univerfels, font encore en poffeffion du bien vendu, le Seigneur peut exercer contre eux l'action perfonnelle ou l'action réelle, à fon choix (m) ; puifqu'ils font perfonnellement obligés en vertu du contrat, & réellement tenus comme détenteurs. 5°. Puifque c'eft le bien qui doit les droits réels tels que celui-ci (n), le Seigneur peut exercer contre le tiers détemteur, l'action hypotécaire pour les lods & ventes dûs du chef de fon auteur (o). 6°. Il peut l'exercer, à plus forte raifon, contre l'acheteur, pour

---

(i) Dumoulin, fur la Coutume de Paris, §. 25, *hodiè* 33, Gl. 2, n°. 4.

(k) Dargentré, fur la Coutume de Bretagne, art. 71, note 1, n°. 6.

(l) Livoniere, liv. 5, ch. 8, p. 258.

(m) Loifeau, du déguerpiffement, liv. 2, ch. 9, n°. 1. *Argumento, liv. 14, cod. de obligat.*

(n) L. 7, ff. de publicanis.

(o) Dumoulin, fur la Coutume de Paris, §. 52, *hodiè* 74, Gl. 2, n°. 18——28. Dargentré, fur celle de Bretagne, art. 71, note 1, n°. 6.

les droits auxquels son achat donne ouverture, même dans les Coutumes où ils sont à la charge du vendeur (*p*), puisque l'obligation primitive & fondamentale des lods est attachée au bien vendu ; au lieu que l'obligation personnelle du vendeur, chargé par la coutume du paiement de ce droit, n'exclut pas l'action hypothécaire & réelle attachée au fonds sujet (*q*).

XLIII.

Étendue de l'action réelle.

Quoique les lods soient dûs par le fait de l'homme, ils sont pourtant attachés au fonds, dont la vente y donne ouverture (*r*); de là vient que le Seigneur peut agir directement contre le tiers-acquéreur, quand même les précédens acquéreurs seroient solvables, & qu'ils offriroient caution (*s*).

De là vient encore que le Seigneur peut agir contre le vendeur qui rentre en possession de son bien, faute de paiement du prix, dans le cas où la vente a donné ouverture aux lods (*t*), parce que celui-ci doit s'imputer d'avoir suivi la foi de l'acquéreur.

Il en est de même du nouveau Bénéficier, les biens du bénéfice étant affectés pour les droits dûs par son prédécesseur, nonobstant l'avis contraire de Ferriere (*u*); parce que le droit du Seigneur est plus privilégié que le service du bénéfice, qui n'a pu être établi que depuis la concession.

(*p*) Dumoulin, sur la Coutume de Paris, §. 23, *hodiè* 33, Gl. 2, n°. 4 & 5. Dargentré, sur celle de Bretagne, art. 71, note 1, n°. 6 ; & art. 231, note 2, n°. 2.

(*q*) *Vide* le n°. suivant.

(*r*) Dumoulin, sur la Coutume de Paris, §. 52, *hodiè* 74, Gl. 2, n°. 18---22 ; & §. 54, *hodiè* 77, n°. 28. Dargentré, sur celle de Bretagne, art. 71, note 1, n°. 6. Loiseau, du déguerpissement, liv. 1, ch. 10, n°. 5.

(*s*) *Argumento*, *l*. 7, §. 2, *ff. de censibus.* Dumoulin, sur la Coutume de Paris, §. 22, *hodiè* 33, Gl. 1, no. 123 ; & §. 55, *hodiè* 63, n°. 23. Henrys, liv. 3, quest. 62, no. 1---6.

(*t*) Guyot, des lods, ch. 4, sect. 4, no. 22 & 23.

(*u*) Arrêt du 7 Août 1667, dans Cattellan, liv. 1, ch. 55. *Idem* Henrys & Bretonnier, liv. 3, quest. 62, n°. 7---10---15---17, contre l'avis de Ferriere, sur la Coutume de Paris, art. 1, Gl. 2, n°. 27.

XLIV.

1°. Quoique de droit commun dans la France coutumiere, le *Contre l'acqué-* Seigneur féodal puisse mettre le fief servant en sa main, par *reur investi.* faute d'homme, droits, & devoirs non faits & non payés (*v*), cependant l'investiture qu'il donne au Vassal, en le recevant à la foi, le prive du droit d'user de saisie féodale, parce que la cause principale & productive de la saisie féodale est le défaut d'homme; au lieu qu'elle n'est attachée que par accident & par concomitance au défaut de paiement des droits (*x*). Nous avons établi cette vérité au n°. 41.

Cependant, en admettant le Vassal à la foi & hommage, avec la réservation des droits, le Seigneur conserve l'action hypothécaire contre cet acquéreur investi, parce que la réservation de sa créance emporte de plein droit celle de son hypotheque (*y*).

2°. De même la réception du Vassal à la foi & hommage, sans réservation des droits pécuniaires, n'en emporte pas la remise (*z*); non plus que la réception des droits de la derniere mutation, sans réservation des anciens droits (*a*). Or, dans ces deux cas, l'hypotheque subsiste contre le tiers-acquéreur, ou autre détemteur, pour raison des anciens droits non réservés, puisque c'est une suite & une dépendance de l'action que donne la créance de ces droits.

X L V.

1°. Si le possesseur injuste a vendu le fief ou la teneure, dans *Si la Maitre retire.*

(*v*) *V.* Part. 1 de la Coutume de Paris, & la Conférence sur cet article dans Ferriere & dans Fortin.

(*x*) Dumoulin, sur la Coutume de Paris, §. 2, *hodiè* 3, Gl. 5; & §. 1, Gl. 9, n°. 27---32---37. Ferriere, sur celle de Paris, art. 1, Gl. 2, n°. 13---26. Livoniere, liv. 1, ch. 8, sect. 1, p. 46 & 47.

(*y*) Dumoulin, sur la Coutume de Paris, §. 1, Gl. 9, n°. 27--32, 36. Ferriere, *ibidem*, art. 1, Gl. 2, n°. 36.

(*z*) *Infrà* n°. 95.

(*a*) Ferriere, sur la Coutume de Paris, art. 1, Gl. 2, n°. 28.

le cas où cette vente peut donner ouverture aux lods , &
que le Maître rentre dans sa propriété , le Seigneur ne peut , en
aucun cas , exercer contre celui-ci l'action hypothécaire , pour
raison des susdits lods , ni pour raison d'aucun autre droit casuel,
ouvert du chef du possesseur évincé , parce que ce possesseur n'a
pu aliéner ni hypothéquer le bien au détriment du Maître , &
que le Seigneur doit s'imputer de n'avoir pas eu l'œil sur son
fief ; sauf à lui l'exercice de l'action personnelle contre le débiteur des susdits droits ; ensorte que dans cette espece , l'obligation personnelle subsiste sans affectation du fonds (*b*). 2°. Il en
est de même si l'héritier grévé avoit vendu le bien substitué ;
car si la substitution est insinuée en la forme portée par l'Ordonnance , toute hypotheque établie par cet héritier, est de nul
effet (*c*).

3°. Nous avons appliqué & modifié ce principe aux n°°. 649
& 682.

XLVI.

Solidité de l'hy-
potheque.

L'hypotheque affecte solidairement chaque partie du bien hypothéqué (*d*) ; mais lorsque partie du bien dépendant d'une concession quelconque , a été vendue , la solidité ne s'étend pas sur
les autres biens dépendans de la même concession ; ce qui est
évident (*e*), quoique tout ce qui dépend d'une seule & unique
concession, soit solidairement affecté pour le paiement des droits
ordinaires , parce que les lods sont un droit mixte attaché au fait
de l'homme (*f*) ; au lieu que les charges ordinaires courent de
plein droit indépendamment du fait du possesseur.

(*b*) Dumoulin, sur la Coutume de Paris , §. 22 , *hodiè* 33 , Gl. 1 , n°. 121.
Lemaître , sur la Coutume de Paris , tit. 2 , p. 101 & 102.

(*c*) *L. fin.* §. 3 , *cod. communia de legatis* , *leg.* 29 , §. 1 , *ff. qui & à quibus.*
Dumoulin , sur la Coutume de Paris , §. 22 , *hodiè* 33 , Gl. 1 , n°. 121. *V.* d'autres exemples *infrà* n°. 700 , & suivants.

(*d*) *L. 6. cod. de distract. pignorum.* Dumoulin , sur la Coutume de Paris , §. 2 ,
hodiè 3 , Gl. 4 , n°. 54. Arrêt de 1602. Dans Lommeau , liv. 3 , maximes 295.-
298.

(*e*) Arrêt du 24 Août 1634. Henrys , liv. 3 , quest. 72 , n°. 3 , 4 , *suprà* n°.
40 , & *infrà* n°. 57.

(*f*) *Suprà* n°. 40.

XLVII.

XLVII.

1°. On demande devant quel Tribunal doivent être portées *For des actions.* ces différentes actions : il est certain que l'action pure personnelle contre celui qui n'est plus détenteur, doit être portée devant le Juge de son domicile (*g*), en vertu de la regle *actor sequitur forum rei.*

2°. Mais s'il est tout à la fois acheteur & détenteur, auquel cas la chose est obligée, ainsi que la personne, alors le Seigneur a l'option du Juge du domicile, ou de celui de la chose (*h*).

3°. A l'égard du tiers détenteur actionné pour les droits antérieurs à son acquisition, il ne peut l'être que devant le Juge territorial de la chose, parce qu'à son égard l'action est purement réelle (*i*); quoique, suivant le Droit Romain, l'action purement réelle puisse être intentée devant le Juge du domicile du possesseur, ou devant le Juge territorial de la chose, au choix du demandeur (*k*) : c'est à raison de cette réalité que l'Ordonnance de 1667 permet au Juge du Seigneur de connoître de ses droits ordinaires ou casuels, tant en fief qu'en roture, parce que le Seigneur peut intenter l'action réelle devant son propre Juge, lorsque le fonds du droit n'est pas contesté, quel que soit le domicile du détenteur (*l*).

XLVIII.

1°. Dans l'origine, les Requêtes du Palais ne pouvoient con- *Juges de privilege.* noître que des Offices & des Officiers de l'Hôtel du Roi, en

---

(*g*) Ferriere, sur l'art. 81 de la Coutume de Paris, Gl. 1, n°. 10.

(*h*) Grand Coutumier, liv. 2, ch. 25, p. 171, 172. Ferriere, sur Guy-Pape, quest. 257.

(*i*) Loisel, liv. 1, tit. 1, reg. 18, 19. Boutaric, Institut., liv. 4, tit. 6, §. 1. Rodier, sur l'Ordonnance de 1667, tit. 6, art. 1, quest. 1.

(*k*) *L.* 3, *cod. ubi in rem*; *L. unica cod. ubi de hereditate.*

(*l*) Ordonnance de 1667, tit. 24, art. 11. Loiseau, des Seigneuries, ch. 10, n°. 76, 77. Grand Coutumier, liv. 2, ch. 5, p. 171, 172, *V.* le n°. suivant, vers. 3.

action pure personnelle , en défendant , & non en demandant , selon l'Ordonnance de 1355 (*m*).

Tel étoit l'état primitif du privilege des Officiers de l'Hôtel du Roi ; privilege qui , dans les suites , a reçu des extensions de toute espece.

2°. Il suffit d'observer , à l'égard de ces privileges , & de tous les autres , qu'ils sont bien moins favorables lorsqu'ils sont donnés en faveur des Justiciables des Seigneurs , qu'en faveur de ceux du Roi (*n*) ; parce que Sa Majesté ne doit consulter que les regles de sa sagesse dans la concession des privileges , lorsqu'elle n'a pour objet que de restreindre la jurisdiction ordinaire de ses Officiers ; au lieu que sa justice doit conserver l'intégrité des Justices patrimoniales des Seigneurs : témoin les difficultés qu'essuya le premier établissement des Jurisdictions Consulaires , en tant que ces Tribunaux pouvoient connoître des causes dévolues aux Justices des Seigneurs (*o*).

3°. Mais , quoi qu'il en soit du privilege des Requêtes , qui est bien plus favorable & plus étendu que les protections des Juges Consuls , ou le privilege de Cléricature , en bonne regle il ne doit pas avoir lieu pour les causes réelles & hypothécaires , suivant un Arrêt du 19 Août 1530 (*p*) , & un autre du 21 Août 1613 (*q*) : c'est ce qui résulte aussi de l'Ordonnance du mois d'Août 1669 , tit. 4 , art. 1 & 24.

Dumoulin , qui mourut vers le milieu du seizieme siecle , se plaignoit « de l'abus attaché à la Pratique , d'attirer aux Requêtes » les choses foncieres & exploits domaniaux qui appartiennent à » la Justice fonciere , & en font partie (*r*).

En partant de ces principes , il semble qu'il n'y a pas lieu d'évoquer , devant les Juges de privilege , les causes d'entre le Seigneur & son Vassal ou Censitaire , lorsque le premier exerce l'ac-

---

(*m*) Rapportée dans le Grand Coutumier , liv. 1 , ch. 4 , p. 38.
(*n*) *V. fine* Loiseau , des Seigneuries , ch. 14 , no. 65 , 66.
(*o*) Loiseau , des Seigneuries , ch. 14 , n°. 64 , 65 , 67 , 68.
(*p*) Papon , liv. 4 , tit. 9. Arrêt 1.
(*q*) Chenu , question 29 , action 2.
(*r*) Dumoulin , note sur l'art. 23 de la Coutume de Sens.

tion réelle & hypothécaire ; ce qui dérive de l'usage ancien selon lequel toutes les causes concernant le fief se plaidoient à la Cour du Seigneur (s) ; cependant, par une Déclaration du 10 Août 1775, il a plu au Roi, en révoquant celle du 26 Février 1771, de rétablir le privilege de *committimus* dans les causes civiles, personnelles, possessoires, & mixtes.

4°. Mais si le Seigneur exerçoit l'action pure personnelle contre celui qui ne jouit plus du bien féodal ou censuel, alors le Juge de privilege a toujours été compétent pour en connoître, puisqu'il est établi précisément pour ces sortes de causes, & que l'exercice d'une action pure personnelle est incompatible avec la foncialité.

CHAPITRE VI.

Privilege des Lods sur les biens vendus. Hypotheque sur les autres biens du Débiteur.

XLIX. *Privilege des Lods.*
L. *Concours avec les améliorations.*
LI. *Avec les fraix funéraires, &c.*
LII. *Avec la dot & l'an de deuil de la femme.*
LIII. *Avec les fraix des criées.*
LIV. *Avec le vendeur qui rentre.*

(s) Esprit des Loix, liv. 28, ch. 28, §. 1, *de feudo gardia, lib. 2, tit. 94, tit. si de investitura feudi, lib. 1, tit. 4.* Assises de Jerusalem, ch. 218---223. Desfontaines, ch. 28, §. 35. Beaumanoir, ch. 67, p. 337. Arrêt de 1153, dans Brussel, liv. 2, ch. 14, p. 271--276. Etablissement de Philippe Auguste, dans Brussel, liv. 2, ch. 16, p 280. Réponse de Richard II, Duc de Normandie, dans Brussel, liv. 2, ch. 14, p. 260, 261. Arrêt de 1214, entre la Comtesse Champagne & Jean de Nesle Dutillet. Des rangs des Grands, p. 29, Brussel, liv. 2, ch. 14, p. 261.

LV. Avec les Tailles & les Censives.
LVI. Contre le tiers détenteur.
LVII. Sur les biens vendus.
LVIII. Quid ? sur les autres.
LIX. Sur les fruits.
LX. Sur les meubles du bien.
LXI. Sur tous les meubles.
LXII. Arrestation de sommes.
LXIII. Intérêts.
LXIV. Dépens.
LXV. Fermier.
LXVI. Acheteur qui a payé.

XLIX.

Privilege des lods. Les droits dûs au Seigneur féodal ou censuel sont réels, parce qu'ils affectent intimement le fonds auquel ils sont attachés, & qu'ils sont censé réservés lors de la concession de ce fonds : ainsi les droits de mutation qui sont partie de ces droits sont préférables à toute autre créance, même antérieure du vendeur & de l'acheteur, pour laquelle le bien féodal ou censuel ne seroit pas hypothéqué s'il n'étoit sorti de la main du Seigneur.

Telle est la disposition de l'article 358 de la Coutume de Paris, conforme au droit commun : telle est aussi la décision presque unanime des Auteurs & d'une foule d'Arrêts (t) : il y en a un du 23 Août 1678, rendu nommément contre les créanciers du vendeur (u).

(t) Dumoulin, sur la Coutume de Paris, §. 50, *hodiè* 59, n°. 4. Chopin, sur celle de Paris, liv. 1, tit. 3, n°. 2. Livoniere, liv. 4, ch. 8, p. 259. Faber, liv. 4, tit. 43, défin. 4. Arrêt de 1605, dans Despeisses, des droits Seigneuriaux, tit. 4, art. 3, sect. 3, n°. 31. Autres de 1467, 1543, & de 1657. Bretonier sur Henrys, liv. 5, quest. 123, n°. 6, 9.
(u) Ferriere, sur l'art. 358 de la Coutume de Paris, Gl. 2, n°. 4 & 5.

L.

Tout ce qu'on bâtit fur le fol en eft l'acceſſoire (*v*) : toute- *Concours avec*
fois on doit indemniſer le conſtructeur à raiſon de l'augmentation *les améliorations.*
de valeur réſultant de ſon amélioration (*x*).

Or, cette indemnité emporte deux choſes, 1°. le paiement
de l'augmention de valeur attachée à l'amélioration ; 2°. le privilege ſur la choſe améliorée, à concurrence de cette augmentation (*y*) ; au point que l'auteur de l'amélioration eft préféré au
bailleur d'héritages pour le montant des réparations néceſſaires
qui les ont conſervés ou rétablis (*z*). *Idem*, ſi elles ont été faites
d'autorité de Juſtice, parce que la Sentence du Juge n'eft cenſé
fondée que ſur les avantages de la réparation (*a*). En un mot,
toutes les fois que le bien a été amélioré ou rétabli, il eſt juſte
d'accorder aux fraix de cette réparation, la préférence ſur toute
autre créance, à concurrence de l'augmentation de valeur, dont
une tierce perſonne ne doit pas profiter ; & ſi elle a été faite
d'autorité de Juſtice, ſans fraude, on doit en adjuger le montant ſur le pié de l'adjudication.

L I.

1°. Les fraix funéraires qui ſont un devoir religieux, ſont pré- *Avec les fraix*
férés à toute autre créance du défunt, même au loyer ſur les *funéraires, &c.*
meubles du locataire (*b*) ; même privilege pour les fraix funéraires d'un tiers vis-à-vis de celui qui en eſt tenu (*c*) : & la Juriſ-

---

(*v*) §. 29. *Inſtit. de rerum diviſione.*

(*x*) *L.* 29. §. 2, *ff. de pignoribus.*

[*y*] *L.* 25, *ff. de rebus creditis* ; *l.* 1, *ff. de ceſſione bonorum.* Chopin, ſur la
Coutume de Paris, liv. 3, tit. 3, n°. 3.

[*z*] Arrêts dans Mornac, en ſes Arrêts, part. 2, Arrêt 3.

[*a*] Arrêt d'Août 1731, dans Lacombe, *V.* préférence, n°. 6.

[*b*] *L.* 14, §. 1, & *L.* 45, *ff. de religioſis.* Chopin, ſur la Coutume de Paris, liv. 3, tit. 5, n°. 3.

[*c*] *L.* 17, *ff. de rebus authoritate Judicis.* Chopin, ſur la Coutume de Paris,
liv. 3, tit. 3, n°. 3.

prudence a étendu ce privilege à la créance des Médecins, Chirurgiens, Apothicaires, & Garde à l'occasion de la derniere, & non des autres maladies du défunt (d).

2°. Mais ce privilege n'a lieu que sur les créanciers dont l'action est primitivement attachée à la personne, & non au fonds (e): de là vient qu'un Arrêt du 23 Juillet 1592 préfere la créance du Maçon sur la maison qu'il a réparée, à celle de l'Apothicaire (g): donc la créance des lods a le même privilege sur les biens vendus, par préférence aux frais funéraires, honoraires des Médecins, Chirurgiens, médicamens, & frais de Garde lors de la derniere maladie du défunt.

L I I.

Dot & an de deuil de la femme. 1°. La fameuse loi *assiduis* accorde à la dot des femmes le privilege sur presque toutes les créances antérieures personnelles dans leur principe (h). Nous observerons que cette loi fut publiée sous le nom de Justinien, & qu'il y a les plus violens soupçons de flatterie ou d'intérêt contre le Chancellier de cet Empereur : aussi Duperier atteste-t-il que ce privilege n'a lieu dans aucune Province du Royaume, hors dans le ressort du Parlement de Toulouse (i), où l'intérêt public & la sûreté du commerce devroient le faire abolir.

2°. La Jurisprudence du Parlement de Toulouse accorde le même privilege aux habits de deuil de la femme (k).

3°. Au reste, les frais funéraires sont préférés à la dot, puisque la Loi Romaine leur accorde la préférence sur toutes les au-

----

[d] Plusieurs Arrêts dans Charondas, en ses Réponses, liv. 7, Réponse 86. Maynard, liv. 2, ch. 47 & 48. Chopin, sur la Coutume d'Anjou, liv. 3, ch. 3, tit. 5, n°. 7.

[e] Godefroy, sur la Loi 17, *ff. de rebus author. Judicis.* Chopin, sur la Coutume de Paris, liv. 3, tit. 3, n°. 3.

[g] Chopin, sur la Coutume de Paris, liv. 3, tit. 3, tit. n°. 3.

[h] L. 12, cod. *quid potiores in pignore.*

[i] Duperier, en ses Questions, liv. 5, tit. de la dot, p. 479.

[k] Laroche, en ses Arrêts, liv. 2, tit. 6, art. 5. Catellan, liv. 6, ch. 26.

tres dettes perſonnelles ; au lieu qu'en parlant *des dots*, elle dit
ſur preſque toutes (*l*) : donc, à plus forte raiſon, les lods ſont
préférés à la dot & aux habits de deuil.

L I I I.

1°. Les arrérages des droits Seigneuriaux ſont préférés aux Avec les frais
des criées.
frais des criées, ſelon un Arrêt de 1447 (*m*), & ſelon Fer-
riere (*n*).

Mais cette déciſion ne peut avoir lieu que dans le cas où le
Seigneur a pu uſer, & qu'il a uſé en effet, de ſaiſie féodale ou
cenſuelle, parce que cette ſaiſie eſt préférée à toute autre (*o*) :
de là vient que, même au Parlement de Toulouſe, où les principes de la ſaiſie féodale ſont étrangers, & ceux de la ſaiſie cenſuelle peu développés, on permet au Seigneur cenſier d'uſer de
ſaiſie pour ſes droits cenſuels, nonobſtant l'inſtance de diſtribution (*p*), qui ne doit pas en retarder le paiement.

„ Ce qui doit être entendu de façon que les cenſives & rentes
„ de bail d'héritage ſoient exécutoriables par ſaiſie des biens ſu-
„ jets, ſans qu'on puiſſe avoir main-levée deſdites ſaiſies, qu'en
„ conſignant trois années d'arrérages (*q*) ; c'eſt-à-dire, les trois
dernieres années (*r*), indépendamment de celles qui courent
pendant la diſtribution.

2°. A l'égard du droit de lods, qui fait la matiere de notre
Traité, il ne peut être préféré aux frais des criées, que lorſque
le Seigneur a uſé de ſaiſie féodale ſur les fiefs proprement dits,

---

(*l*) L. 14, §. 1, & leg. 45, ff. *de religioſis*, *l*. 12, cod. *qui potiores in pignore.*

(*m*) Guenois, Conférences des Ordonnances, en trois volumes, liv. 10,
tit. 2, §. 54, en note ; & au Journal du Palais, Arrêt du 23 Août 1678.

(*n*) Ferriere, ſur la Coutume de Paris, art. 358, Gl. 2, n°. 6.

(*o*) Loiſel, liv. 4, tit. 3, reg. 27.

(*p*) Arrêt du 15 Juillet 1599, dans Laroche, liv. 2, *verbo Décret*, Arrêt
18 ; autre du 7 Juillet 1714, dans le nouveau Journal du Palais, tom. 3,
Arrêt 209.

(*q*) Selon l'Edit de Novembre 1563, qui fut adreſſé à tous les Tribunaux du
Royaume, dans Bellamy, p. 281.

(*r*) Loiſel, liv. 4, tit. 1, reg. 20.

& non sur les rotures, que dans plusieurs Provinces nous appellons abusivement fiefs.

Et ce droit de saisie n'a lieu qu'autant qu'y ayant ouverture du fief, le Seigneur peut saisir primitivement faute d'homme qui ait rendu la foi & hommage, & accidentellement faute de paiement des droits ; car il ne le peut jamais dans le cas seul de défaut de paiement des droits (s).

Mais hors le cas de cette saisie, la Jurisprudence constante du parlement de Toulouse alloue tous les frais de criées depuis la saisie, jusqu'à l'adjudication du décret, avant toutes les autres créances (t) ; ce qui est plein de justice, puisque tous les créanciers opposans profitent du prix de la vente judiciaire, qu'on ne peut faire sans frais (u).

LIV.

Dès que la perception des lods donne un privilege qui dérive du bail, il est évident qu'ils ont la préférence sur le prix de l'aliénation qui y a donné ouverture, puisqu'il n'auroit pas pu vendre ni se réserver le précaire sans la concession qui renferme la réservation implicite des lods ; telle est la bonne doctrine fondée en raison, & appuyée sur plusieurs Arrêts (v), nonobstant quelques Arrêts contraires qu'on n'auroit pas dû recueillir.

LV.

1°. Dans les pays où la taille est personnelle, il est évident qu'elle est allouée après les lods qui sont une charge du fonds.

2°. A l'égard de ceux où elle est réelle, autrefois il n'y avoit de privilege que pour la taille de la derniere, & ensuite des trois

---

(s) Selon les Auteurs cités ci-devant n°. 41 & 44.

(t) Maynard, liv. 7, ch. 70.

(u) *Argumento*, l. 1, *ff. de lege Rhodia de jactu*.

(v) Ferriere, sur la Coutume de Paris, art. 358, Gl. 2, n°. 5 Bretonnier, l. 5, quest. 123, n°. 6, & liv. 5, quest. 62, n°. 12--14. Nouveau Journal du Palais de Toulouse, tom. 3, Arrêt 239.

dernieres

dernieres années (*x*) ; mais aujourd'hui le privilege est incontestable sur toute autre créance pour tous les arrérages de la taille, même pour les dépens exposés à cette occasion (*y*).

3°. Et ce privilege a lieu même dans les pays dépendans du ressort du Parlement de Paris, où la taille est réelle (*z*), même pour les impositions municipales de la Communauté, parce que la taille communique son privilege à ces impositions (*a*).

Même sur tous les biens appartenans aux redevables, quoiqu'assis dans un taillable étranger (*b*).

Toutefois, dans le concours entre les Collecteurs, celui du taillable des biens sujets est préféré au Collecteur du taillable étranger (*c*).

4°. A l'égard du concours des censives avec les lods, lorsque cette double créance ne réside pas sur la même tête, il nous paroît qu'il faut suivre la regle du Droit Romain en matiere de privilege : *privilegia non tempore æstimantur, sed ex causâ ; etsi ejusdem tituli fuerint concurrant, licet diversitates temporis in his fuerint* (*d*) ; parce que le privilege étant le même, ces différentes créances doivent être allouées au même rang.

5°. Avec cette différence, que le créancier de la censive est préféré même aux fraix des criées pour les trois dernieres années échues au moment de sa demande ; à raison desquelles il peut user de saisie censuelle, ainsi que pour celles qui courent pendant la distribution : il est donc préféré, à plus forte raison, à cet égard, à la créance des lods & des censives antérieures. (*Suprà* n°. 52, *susé*).

(*x*) Albert, *verbo* taille, Arrêt 2. Catellan, liv. *6*, ch. 9. Despeisses, des tailles, tit. 4, sect. 3, no. 49.

(*y*) Catellan, livre 6, ch. 9. Nouveau Journal du Palais de Toulouse, tom. 6, Arrêt 209. Déclaration du Roi du 20 Janvier 1736, qui regle les Jurisdictions en Languedoc, art. 42. L. 1, *cod. qui potiores in pignore.*

(*z*) Henrys, liv. 3, quest. 61, n°. 5.

(*a*) Despeisses, des tailles, tit. 4, sect. 3, n°. 15, en matiere de compensation.

(*b*) L. 1, *cod. si propter publicas pensit.* Despeisses, des tailles, tit. 4, sect. 3, n°. 14, 15.

(*c*) Despeisses, des tailles, tit. 4, sect. 3, n°. 15.

(*d*) L. 32, *ff. de rebus author. Judicis.*

Tome I.   G

6°. De même les lods étant moins favorables que la censive, (*infrà* n°. 85), si l'ouverture en étoit postérieure à l'échéance desdites censives, j'allouerois les censives avant les lods ; parce qu'un droit ouvert par le fait libre & volontaire du possesseur, ne peut concourir avec la censive échue auparavant ; & dans ce cas, je m'en tiendrois à la regle *qui prior est tempore, potior est jure* (*e*).

L V I.

Contre le tiers détenteur.

Le privilege des lods est le même contre le tiers acquéreur, que contre son vendeur, lorsqu'ils sont dûs du chef de celui-ci ; parce que le bien passe sur la tête du tiers-possesseur, avec l'hypotheque dont il est affecté (*f*).

L V I I.

Sur les biens vendus.

Le privilege des lods n'a lieu taxativement que sur les biens dont la vente y a donné ouverture (*g*), & non sur les autres biens du débiteur, pas même sur ceux qui dépendent de la même concession (*h*) ; parce que les lods sont une charge casuelle & attachée à la vente fortuite du fonds sujet : il n'y a donc que ce même bien qui soit affecté au privilege de ce droit.

L V I I I.

Quid ? sur les autres biens.

1°. Le Seigneur a une hypotheque tacite sans privilege sur les biens du débiteur, autres que ceux qui sont sujets aux lods, si la vente a été faite d'autorité de Justice, ou par contrat ; parce que l'obligation personnelle des lods emporte l'hypotheque tacite, lorsqu'elle dérive d'un contrat ou d'un jugement ; au lieu que le

(*e*) *I*. 4 , *cod. qui potiores in pignore.*

(*f*) Arrêt du 21 Avril 1678 , Journal du Palais. Catellan, liv. 1 , ch. 55. Livouiere , liv. 3 , ch. 8 , pag. 259.

(*g*) Loiseau, du déguerpissement , liv. 2 , ch. 9 , n°. 4. Supplément d'Henrys, liv. 1 , ch. 12 , n°. 15. Catellan , liv. 6 , ch. 9.

(*h*) Henrys, liv. 3 , quest. 72 , n°. 3 , 4. *suprà* n°. 46.

Seigneur n'a nulle hypotheque sur ces biens étrangers, si c'est une vente privée, puisque le vendeur n'en a pas non plus.

2°. Dans le cas même où il y a hypotheque tacite, elle est subordonnée aux autres créances personnelles, qui sont privilégiées, telles que les frais funéraires, & autres, dont on a ci-devant parlé, & aux hypotheques antérieures; s'entend toujours sur les biens, autres que ceux qui sont sujets aux lods.

L I X.

La Loi Romaine ayant décidé que le bailleur à ferme a, de plein droit, & sans stipulation, une hypotheque spéciale sur les fruits de son bien (*i*); en partant de ce principe plein de justice, notre Jurisprudence accorde à la censive sur les fruits provenant du bien censuel, soit qu'ils aient été cueillis ou non, le même privilege que sur le fonds (*k*); & ce privilege s'étend aux autres droits seigneuriaux (*l*), qui sont censés pareillement dériver de la concession.

Sur les fruits

L X.

Des Arrêts de 1364 & de 1591 ont étendu ce privilege sur les meubles qui se trouvent dans le bien censuel (*m*); & Potier décide la même chose en fait de ventes foncieres (*n*).

Sur les meubles du bien.

Nous croyons pourtant que les censives & droits seigneuriaux ne donnent nul privilege, pas même sur les meubles des maisons censuelles.

D'abord la Loi Romaine, qui donne une hypotheque tacite au Maître de maison sur les meubles de son locataire, ne la donne pas de même en fait de bail à ferme d'héritage (*o*).

(*i*) *L.* 7, *ff. in quibus caufes pignus*, *L.* 24, §. 1. *ff. Locati conducti.*

(*k*) Loix civiles, liv. 3, tit. 1, sect. 5, n°. 12. Potier, des ventes, n°. 103, 104. Papon, liv. 18, tit. 5, Arrêt 20.

(*l*) Dumoulin, sur la Coutume de Paris, §. 52, *hodie* 74, Gl. 1, n°. 28; & Gl. 2, n°. 13.

(*m*) Chopin, sur la Coutume de Paris, liv. 1, tit. 3, n°. 4.

(*n*) Potier, des ventes, n°. 103 & 104.

(*o*) *L.* 4, *ff. in quibus caufis pignus.*

D'ailleurs, c'est un principe convenu que celui qui reconnoît l'assujettissement à une rente ou à une censive, n'est tenu d'hypothéquer que les biens sujets (*p*).

La raison ultérieure de ce principe est celle-ci : que l'obligation du redevable est réelle dans son essence, & personnelle par accident, puisqu'elle est attachée à la possession accidentelle du bien sujet : donc elle ne peut assujettir des biens dont la possession & la propriété sont distinctes de la dépendance seigneuriale : il ne doit donc pas obliger ses meubles, qui sont totalement étrangers au bail.

L X I.

Sur tous les meubles.

1°. En fait de saisie de meubles, la préférence est accordée au premier saisissant, dont la diligence a mis le débiteur dans l'impossibilité de les aliéner (*q*), parce qu'ils n'ont point de suite par hypotheque, dès qu'ils cessent d'être dans sa main.

2°. Les Auteurs ajoutent une modification à cette préférence ; c'est qu'elle n'a pas lieu lorsque le créancier saisissant ne les a pas déplacés (*r*).

L X I I.

Arrestation de sommes.

Il en est de l'arrestation des sommes dûes au débiteur saisi, comme des saisies mobiliaires ; puisque la sûreté des créanciers du saisi dépend de leur activité à les faire arréter, & que sans cette précaution, le saisi pourroit les céder ou en recevoir le paiement.

C'est pour cela que les Arréts du Parlement de Toulouse accordent la préférence au premier saisissant, nonobstant un Arrêt

---

(*p*) Dumoulin, sur la Coutume de Paris, §. 51, *hodiè* 73, Gl. 3, n°. 10. Masuer, tit. 25, n°. 29, 30. Laroche, des droits seigneuriaux, chap. 1, Arrêt 30.

(*q*) Arrêts dans Louet & Brodeau, lettre M. somm. 10, n°. 1, 12 ; & dans Catellan, liv. 6, ch. 28.

(*r*) Dumoulin, note sur la Coutume de Montargis, ch. 20, art. 11. Nivernois, ch. 31, art. 14 ; & Coquille, *ibidem*.

contraire rapporté par M. de Catellan (*s*). On peut citer en faveur de cette assertion, le contenu au n°. 785.

LXIII.

1°. La Jurisprudence du Parlement de Paris, & de celui de Bordeaux, alloue les intérêts au même rang que le capital (*t*); parce que toute obligation emporte au moins implicitement, l'assujettissement aux dommages, en cas d'inexécution de l'engagement: ils ont donc la même hypotheque que l'obligation principale, dont ils sont l'accessoire; & la Loi Romaine, qui renferme le développement le plus parfait des principes relatifs à la matiere des contrats, est la source où l'on a puisé cette décision (*u*).

2°. Cependant le Parlement de Toulouse n'alloue qu'au dernier rang les intérêts des créances, qui n'emportent que l'hypotheque sans privilege (*v*), à cause de la défaveur des intérêts; même Jurisprudence pour l'Auvergne, quoique du ressort du Parlement de Paris (*x*).

Toutefois s'il y a une condamnation au paiement des Intérêts, ils sont alloués du jour du jugement qui l'a prononcée (*y*).

3°. Mais à l'égard des lods & des autres créances privilégiées, l'excellente regle de la Loi Romaine est par-tout en vigueur, notamment au Parlement de Toulouse, qui en alloue les intérêts au même rang que le capital (*z*); ensorte que la Jurisprudence des différens Tribunaux est conforme, à cet égard, aux principes du Droit Romain.

Intérêts.

(*s*) Catellan, liv. 6, ch. 28; & Vedel, *ibidem*. Boutaric, Institutes, liv. 3, tit. 15, §. 4, p. 435.

(*t*) Plusieurs Arrêts dans Louet & Brodeau, lettre D. somm. 42, n°. 1---6. Dolive, liv. 3, ch. 25, aux additions.

(*u*) L. 18, ff. *quid potiores in pignore.*

(*v*) Maynard, liv. 2, ch. 32. Catellan, liv. 5, ch. 31. Dolive, liv. 3, chap. 25, aux additions.

(*x*) Brodeau, lettre D, somm. 42, n°. 7.

(*y*) Art. 53 de l'Ordonnance de Moulins. Dolive, liv. 4, ch. 21.

(*z*) Nouveau Journal du Palais de Toulouse, tom. 1, Arrêt 169; & tom. 5, Arrêt 35.

L X I V.

Dépens.

1°. A l'égard des dépens exposés à l'occasion d'une dette quelconque, la Jurisprudence du Parlement de Paris & de celui de Grenoble, les alloue au même rang que le capital ; parce qu'on en considere la dette comme un dédommagement dont l'engagement primitif renferme l'obligation (*a*).

Mais Chopin & Dumoulin sont d'un avis contraire, & qu'on ne doit les allouer que du jour de la condamnation, parce que les créanciers intermédiaires ne doivent pas porter la peine des chicanes & de la témérité de leur débiteur, dont les mauvaises contestations occasionnent cette condamnation ; au lieu que les intérêts sont un dédommagement attaché à la simple inexécution de l'engagement primitif (*b*).

Aussi le Parlement de Toulouse n'alloue en these les dépens, que du jour que la condamnation en est prononcée relativement à l'art. 53 de l'Ordonnance de Moulins (*c*) ; & c'est l'opinion que nous adoptons.

2°. Mais en fait de censives de lods, & autres droits seigneuriaux, les dépens ont, sur les biens sujets à ces droits, le même privilege que le capital, même au Parlement de Toulouse (*d*) ; ce qui dérive sans doute de ce qu'on considere le fief ou la teneure censuelle comme sortis de la main du Seigneur ; de façon que les autres créances sont subordonnées à tout ce qui dérive de celle-ci : c'est ainsi que le privilege de la taille réelle se communique aux dépens exposés par le Collecteur (*e*).

(*a*) Brodeau, lettre D, somm. 42, n°. 1--6, 9 & 10. Despeisses, des droits seigneuriaux, tit. 4, art. 3, sect. 3, n°. 31.

(*b*) Chopin, sur la Coutume d'Anjou, liv. 3, ch. 3, tit. 3, n°. 3. Dumoulin, copié par Brodeau, lettre D, somm. 42, n°. 1.

(*c*) Maynard, liv. 7, ch. 70.

(*d*) Arrêts dans Catellan, liv. 6, ch. 9 ; & dans le nouveau Journal du Palais de Toulouse, tom. 5, Arrêt 209.

(*e*) *Suprà* n°. 55.

LXV.

La cession faite au Fermier des droits du Seigneur seroit im- *Fermier.*
parfaite si les privileges attachés à leur exercice ne faisoient pas
partie de cette cession : il est donc juste d'accorder au Fermier
ces privileges (*f*) ; & la question a été jugée de même par
un Arrêt du Parlement de Toulouse, du 6 Mars 1733 (*g*),
nonobstant un Arrêt contraire de 1707, que l'Arrestographe
improuve avec raison (*h*).

LXVI.

1°. L'acheteur qui a payé les créanciers de son vendeur, *Acheteur qui a*
est subrogé de plein droit à leur privilege & hypotheque, *payé.*
parce qu'il est présumé avoir payé pour conserver son acquisition (*i*).

2°. Par la même raison, celui qui a payé les lods de son achat
a le même privilege que le Seigneur, pour ces lods qu'il a payés ;
parce qu'il étoit tenu de faire ce paiement : ce qui emporte la
subrogation tacite aux droits du Seigneur (*k*) : ceci doit s'entendre dans le cas où les lods sont dûs malgré l'éviction que souffre
cet acquéreur.

3°. Nous expliquerons avec un peu plus d'étendue, l'exercice
de cette action. (*Infrà* n°. 696).

____

(*f*) Faber, liv. 4, tit. 43, défin. 59.
(*g*) Style des saisies de Toulouse, ch. 12, sect. 1, n°. 9, pr. 108.
(*h*) Vedel, liv. 6, ch. 9.
(*i*) L. 3, *cod. de his qui in priorum creditorum.* Dolive, liv. 4, ch. 14.
(*k*) Arrêts dans Catellan, liv. 3, ch. 31.

CHAPITRE VII.

A qui sont dûs les Lods & Ventes ? & à qui peut-on les payer ?

LXVII.

Seigneur immé-
diat.

Les lods sont dûs au Seigneur immédiat, & non au Seigneur médiat, qui, selon le langage de Dargentré, ne peut exercer ses droits sur son arriere-Vassal, dont il est séparé par le Vassal immédiat, comme l'œil ne peut voir un objet dont il est séparé par un mur (*l*).

LXVIII.

Bail à rente ou
à sur-cens.

Mais si le censitaire a baillé le bien censuel à rente ou à sur-cens, il ne peut percevoir les lods ni les autres droits domaniaux sur le preneur; parce qu'il ne peut, par ce sous-bail, éloigner le bien censuel de la dépendance immédiate du Seigneur censier, & que le bail censuel est le dernier terme de la dépendance seigneuriale des biens féodaux (*m*). Par une suite de cette

---

(*l*) Loisel, liv. 4, tit. 2, regle 5. Faber, liv. 4, tit. 41, défin. 73. Dumoulin, sur la Coutume de Paris, §. 30, *hodiè* 43, n°. 23. Dargentré, sur la Coutume de Bretagne, art. 49, note 2, n°. 1; & art. 68, Gl. 2, n°. 1; *idem*, art. 69 & 70 de celle de Bretagne; & Dargentré, *ibidem.*

(*m*) Dargentré, sur la Coutume de Bretagne, art. 68, note 2, n°. 4, 5.

immédiateté

immédiateté, le Seigneur percevra les lods tant sur la rente, lorsqu'elle sera vendue, que sur le domaine du preneur, lorsqu'il sera dans le même cas (n). Cette question sera envisagée sous un autre point de vue, au n°. 531.

LXIX.

S'il y a plusieurs Seigneurs immédiats, chacun prendra les lods à proportion de sa portion de Seigneurie seulement (o), quand même ils seroient Seigneurs par indivis (p), sans pouvoir exercer ni percevoir les droits des propriétaires du surplus (q); mais s'ils ont baillé solidairement le fief, & que la directe soit conséquemment solidaire, chacun peut les percevoir en total (r), parce que le créancier solidaire est censé l'être de l'entiere dette, & qu'il libere totalement le débiteur en la recevant (s). Il résulte de ce dessus, qu'autre chose est, être Seigneur par indivis; & autre chose, de l'être solidairement (t) : au reste, la solidité active ni passive ne se présume pas (u).

Coseigneurs.

LXX.

Si le fief dominant est tenu en usufruit, les lods sont dûs à

Fief en usufruit.

Dumoulin, sur la Coutume de Paris, §. 55, *hodiè* 78, Gl. 1, n°. 185--190. Charondas, observations du Droit François, *verbo* Lods.

(n) Cambolas, liv. 5, ch. 32, & 41, liv. 6, ch. 7. Dumoulin, sur la Coutume de Paris, §. 51, *hodiè* 73, Gl. 1, n°. 19, 20, 21. Dolive, liv. 2, ch. 15. Livoniere, liv. 3, ch. 6, sect. 7, §. 1, p. 234.

(o) Cambolas, liv. 3, ch. 10. Dargentré, sur la Coutume de Bretagne, art. 68, note 2, n°. 67. Dumoulin, sur la Coutume de Paris, §. 55, *hodiè* 78, Gl. 4, n°. 36.

(p) Dumoulin, sur la Coutume de Paris, §. 55, *hodiè* 78, Gl. 4, no. 38.

(q) Cambolas, liv. 3, ch. 10, n°. 3. Dumoulin, sur la Coutume de Paris, §. 55, *hodiè* 78, Gl. 4, n°. 37 & 38. Dargentré, sur la Coutume de Bretagne, art. 68, note 2, n°. 7.

(r) Dumoulin, sur la Coutume de Paris, §. 55, Gl. 4, *hodiè* 78, n°. 38.

(s) L. 2 & 16, ff. de duobus reis, §. 1, Instit. eodem.

(t) Molinæus extricatio labirinthi dividui & individui, partie 3, n°. 312; & no. 11; & partie 2, n°. 222. Potier, des oblig. n°. 287--384.

(u) I. 11, §. 2, ff. de duobus reis. Potier, des oblig. n°. 258, 259, 264.

l'usufruitier qui se trouve en possession au moment de l'ouverture (*v*).

LXXI.

Héritier grévé.   L'héritier grévé perçoit de même les lods échus avant la remise du fidéicommis (*x*).

LXXII.

Fermier.   Le Fermier jouit du droit de lods s'il fait partie de son bail, parce qu'il exerce les droits du Seigneur (*y*).

***

CHAPITRE VIII.

Assujettissement aux intérêts.

LXXIII. Dans quel cas ?
LXXIV. Restitution des Lods non dûs.
LXXV. Répétition en vente annullée.
LXXVI. En vente avec clause d'exemption.

LXXIII.

Dans quel cas ?   1°. Nous avons parlé au n°. 63 , du privilege attaché au paiement des intérêts des lods ; ce qui suppose la dette de ces intérêts dans certains cas.

En effet, selon la Loi Romaine , précieuse collection des principes du droit naturel & de leurs conséquences , les plus exactes sur la matiere des contrats , les intérêts d'une ferme

---

(*v*) Faber , liv. 4 , tit. 43 , défin. 46. Guy-Pape, quest. 477 , n°. 1 & 2. Dargentré , *de laudimiis* , *cap.* 2.

(*x*) Faber , liv. 3 , tit. 24 , défin. 6.

(*y*) Dargentré , *de laudimiis* , *cap.* 2. Faber , lib. 4 , tit. 43 , défin. 78.

font dûs du jour de l'interpellation (*z*), parce que le prix d'une ferme ou d'un louage est une dette principale & subsistante par elle-même (*a*) : par la même raison, les arrérages d'un loyer ou d'une rente peuvent être convertis en capital de constitution de rente (*b*) ; au lieu qu'une dette accessoire à une autre dette telle que la restitution des fruits d'un bien dont le délaissement est ordonné (*c*), ou les intérêts d'une somme dont la condamnation est prononcée, ne peuvent porter intérêt, en vertu de la regle pleine de justice & de bon sens : *accessio accessionis non est.*

2°. En partant de ces principes, la créance des lods doit porter intérêt du jour de l'interpellation, parce que c'est une dette principale & subsistante par elle-même ; cependant la Jurisprudence du Parlement de Toulouse n'est pas bien affermie sur ce point : nous nous contenterons de citer un Arrêt de ce Parlement, du 27 Mai 1757, au rapport de M. de Boissy, qui condamne Me. Cornuscle à payer au Comte de Brion les intérêts des lods depuis le 23 Juin 1754, jour de la demande.

3°. Nous avons même vu au Parlement de Toulouse former cumulativement la demande alternative, au choix du Seigneur, du retrait ou des lods, avec les intérêts ; mais cette demande est évidemment injuste, parce que les intérêts ne sont dûs que par la demeure du débiteur (*d*), & du jour qu'il y est constitué par une assignation : or, la demande alternative des lods ou du retrait ne peut constituer le redevable en demeure de payer les lods, puisque celle du retrait met obstacle à ce paiement & à l'offre & consignation qu'il pourroit faire des susdits lods (*e*) ; d'ailleurs, nul ne peut payer une dette illiquide : or, une dette

---

[*z*] *L.* 54, *ff. locati conducti.* Vedel, l. 6, ch. 6.

[*a*] Acte de notoriété du Châtelet de Paris, du 18 Avril 1705. Potier, du louage, n°. 138.

[*b*] Dumoulin, *in tractatu contractuum usurar. quest.* 24. Potier, des rentes constituées, n°. 39.

[*c*] *L.* 15, *ff. de usuris.*

[*d*] *L.* 32, §. 2, *ff. de usuris : usura enim non propter lucrum petentium, sed propter moram non solventium, infliguntur, l.* 17, §. 3, *ff. eodem.*

[*e*] *Obsignatione totius debitæ pecuniæ solemniter factâ liberationem contingere manifestum est, l.* 9, *cod. de solutionibus.*

alternative est illiquide relativement à la partie qui n'a pas le choix (*f*).

LXXIV.

Restitution des lods non dûs.

A plus forte raison le possesseur, qui a induement payé les lods, peut-il les répéter avec les intérêts du jour de la demande en restitution ; mais s'il a forcément payé les lods, les intérêts courent du jour du paiement (*g*).

LXXV.

Répétition en vente annullée.

1°. Si l'acquéreur du bien vendu en est évincé, & qu'il ait payé les lods, dans le cas où ils ne peuvent être répétés sur le Seigneur, il doit être alloué sur la vente séparée de l'objet de son achat, pour les lods qu'il a payés avec les intérêts ; ce qui est plein de justice, & confirmé par un Arrêt du 7 Juin 1663 (*h*).

Il est vrai que cet Arrêt n'alloue les intérêts qu'au dernier rang ; mais c'est une contradiction avec les vrais principes & avec la Jurisprudence constante que nous avons ci-devant rapporté (*i*) ; parce que l'acquéreur est subrogé de plein droit au privilege du Seigneur (*k*).

2°. Mais les intérêts susdits ne courent que du jour du trouble effectif qui l'empêche de jouir utilement de son achat (*l*).

LXXVI.

En vente avec clause d'exemption.

Si l'acheteur du bien vendu avec la clause d'exemption des

[*f*] *L.* 75, § 4 & 8, *ff. de verborum obligationibus.*

[*g*] Arrêt du 25 Janvier 1677, Journal des Audiences, tom. 3, liv. 4, ch. 3. Autre du 6 Juillet 1764, (*infrà* n°. 564, vers. 3). Serres, Institutes, liv. 31, tit. 15, § 1. Lacombe, *verbo* Intérêts, n°. 9.

[*h*] Catellan, liv. 6, ch. 5.

[*i*] *Suprà* n°. 63.

[*k*] *L.* 17, *ff. qui potiores in pignore*, *l.* 3, *cod. de his qui in priorum creditorum.*

[*l*] *Infrà*, n°. 696, vers. 3, & n°. 76.

lods, ou avec clause d'allodialité, a été obligé de payer les lods de cette vente, on demande de quel jour courent les intérêts de ce paiement contre le vendeur.

M. de Catellan rapporte un Arrêt de Décembre 1669, qui les lui adjuge du jour du paiement desdits lods, fondé sur ce que l'acheteur n'a pas pleinement joui de son achat, puisqu'il n'a pas joui de l'exemption convenue, & qu'il doit lui être fait raison de la non-jouissance de l'exemption du jour de cette non-jouissance (*m*); c'est ainsi qu'il devroit de plein droit, & sans interpellation, les intérêts du prix; & c'est à quoi il faut s'en tenir, conformément aux principes du Droit Romain & à la doctrine de Duperier, nonobstant un Arrêt du 5 Novembre 1690, qui refuse l'intérêt des lods & du *quanti minoris* en pareil cas (*n*). 1°. L'acheteur doit être pleinement indemnisé de la non-jouissance de l'exemption (*o*): il doit donc être remboursé des lods avec les intérêts. 2°. Mais il ne doit percevoir ces intérêts que du jour qu'il les a payés, ou le capital des lods; puisque ce n'est que de ce jour qu'il a cessé de jouir de l'intégrité de son achat (*p*); & que jusqu'alors il a joui du fait de l'exemption portée par son contrat.

Au reste, ces intérêts courent sans demande judiciaire, parce que les obligations du vendeur, & celles de l'acheteur, sont réciproques; & que, comme les intérêts qui sont le dédommagement du vendeur, courent de plein droit, & sans interpellation, par le défaut de paiement total ou partiel du prix; de même le dédommagement dû à l'acquéreur court de plein droit par l'inexécution totale ou partielle des engagemens du vendeur.

[*m*] Catellan, liv. 6, ch. 5.

[*n*] Vedel, liv. 6, ch. 5. Nouveau Journal du Palais de Toulouse, tome 1, Arrêt 33.

[*o*] L. 4 & 10, *cod. de actionibus empti.*

[*p*] Duperier, liv. 4, ch. 13.

CHAPITRE IX.

PRESCRIPTION des Lods de la quote de l'hypotheque contre le Roi, l'Eglise, les Mineurs, &c.

LXXVII.

Prescription des lods échus. On prescrit dans trente ans contre la dette des lods échus (q); s'entend, à compter du jour du contrat qui y donne ouverture (r).

LXXVIII.

En vente conditionnelle. En vente conditionnelle d'une condition suspensive, comme l'action pour le paiement des lods, n'est ouverte que du jour de

---

(q) Maynard, liv. 4, ch. 46. Ferron, sur la Coutume de Bordeaux, titre des fiefs, art. 15.
(r) Supplément d'Henrys, liv. 1, ch. 12, n°. 27.

l'événement de la condition, la prescription ne commence à courir que du même jour (*s*) ; parce qu'elle ne court pas contre celui qui ne peut agir (*t*) ; mais si la condition est simplement résolutive, en ce cas il y a ouverture au droit, du jour du contrat : telle est la vente à faculté de rachat ; conséquemment la prescription court de ce même jour, tant pour les lods, que pour les retraits (*u*).

LXXIX.

La prescription court de même contre le Seigneur pendant Procès sur la propriété du fief dominant ; parce que le possesseur du susdit fief a pu agir, & que le non-possesseur a pu interrompre la prescription (*v*).

Pendant procès.

Mais s'il y a Procès sur la propriété du fief servant, & que celui dont l'acquisition pourroit y donner ouverture, n'en ait pas la possession, le Seigneur ne peut lui en demander les lods (*x*), parce qu'ils courent sur la tête du possesseur, comme nous le dirons ci-après (*y*).

LXXX.

La prescription des lods est acquise dans trente ans contre l'Eglise, parce que les droits ordinaires ou casuels appartiennent non au bénéfice, mais au Bénéficier (*z*).

Contre l'Eglise.

LXXXI.

La prescription trentenaire court pareillement contre les pu-

Contre les pupilles & les mineurs.

(*s*) Dargentré, sur la Coutume de Bretagne, art. 276, *verbo* ne préscrivent, & *verbo* eu égard au tems, *l.* 7, §. 4, *cod. de præscript.* 30, *vel* 40 *ann.*

(*t*) *L.* 1, §. 2, *cod. de annali except.*

(*u*) Tiraqueau, du retrait lignager, §. 1, Gl. 10, n°. 44, 47, 57.

(*v*) Dargentré, sur la Coutume de Bretagne, art. 276, *verbo* eu égard au tems.

(*x*) Arrêt du 12 Mars 1605. Charondas, liv. 1, réponse 103.

(*y*) *Infrà* n°. 100.

(*z*) Maynard, liv. 6, ch. 30, n°. 5, 6 & 7. Chopin, du Domaine, liv. 3, tit. 9, n°. 8. Ferriere, sur la question 416 de Guy-Pape.

pilles, pour ce qui concerne les droits ordinaires ou cafuels. Chopin rapporte deux Arrêts de 1559 & de 1595, qui confirment cette doctrine (*a*) : elle eft atteftée de même par Me. Maynard (*b*).

Par la même raifon, elle court contre les mineurs, fans efpoir de reftitution (*c*), quoique l'Avocat Ferriere ait prétendu le contraire (*d*) ; tant il eft vrai qu'on voit prefque par-tout le pour & le contre, & que les erreurs qu'on trouve fans ceffe dans la carriere des fciences, ne font pas une des moindres difficultés qu'il faut dévorer.

LXXXII.

Dots & douaires. La prefcription de trente ans court contre les femmes pour leurs dots & douaires (*e*).

LXXXIII.

Contre le Roi,
même mineur. 1°. Il en eft de même des lods dûs au Roi, qui fe prefcrivent dans trente ans, fuivant un Arrêt du 4 Mai 1551 (*f*) ; & c'eft ainfi que la queftion fut folemnellement décidée par les rédacteurs de l'art. 12 de la nouvelle Coutume de Paris, nonobftant l'oppofition du Procureur du Roi (*g*). 2°. La minorité du Prince ne change rien à cette décifion, fuivant le fufdit Arrêt du 4 Mai 1551 (*h*), parce que les Procureurs de Sa Majefté,

---

(*a*) Chopin, fur la Coutume de Paris, liv. 2, tit. 8, n°. 3.

(*b*) Maynard, liv. 6, ch. 31, n°. 4 & 5.

(*c*) Maynard, liv. 6, ch. 46 ; & liv. 7, ch. 76. Laroche, des droits feigneuriaux, ch. 6, Arrêt 1. Charondas, liv. 2, réponfe 7.

(*d*) Ferriere, fur la Coutume de Paris, art. 12, Gl. 3, n°. 4.

(*e*) Maynard, liv. 6, ch. 31, n°. 5.

(*f*) Chopin, du Domaine, liv. 3, tit. 9, n°. 8. *Idem* Ferriere, fur la queftion 416 de Guy-Pape. Dumoulin, fur la Coutume de Paris, §. 7, *hodie* 12, n°. 16.

(*g*) Fortin, fur l'art. 12 de la Coutume de Paris ; & Ferriere, *ibidem*, Gl. 3, n°. 2.

(*h*) Chopin, du Domaine, liv. 3, tit. 9, n°. 8.

&

& maintenant les Receveurs-Généraux de ses domaines sont établis pour y veiller.

3°. Tel étoit l'état des choses lors de l'Arrêt du Conseil du 23 Avril 1665, portant que les trente ans ne courent que du jour de la remise du contrat aux archives du Roi (i) : disposition changée par l'Edit de 1710, dont nous allons parler. Un Arrêt unique & isolé, du Parlement de Toulouse, du 5 Août 1570, avoit précédemment jugé que la prescription ne court contre un Seigneur quelconque, que du jour de la notification & requisition d'investiture de l'acquéreur (k).

Conformément à ces principes, l'Edit de Mai 1710, relatif aux fonctions des Receveurs-Généraux des domaines & bois (l), porte expressément « que les acquéreurs & nouveaux possesseurs » des fiefs & héritages mouvant du Roi, ne pourront acquérir » aucune prescription que du jour de l'enregistrement & ensaisi- » nement de leurs titres de propriété ès registres des Receveurs- » Généraux des domaines & bois » ; en conséquence un Arrêt du Parlement de Paris, du 2 Août 1749, a jugé que la réception, à la foi & hommage par les Officiers du Roi, ne met pas obstacle au retrait seigneurial, si le contrat n'a pas été ensaisiné (m).

4°. Mais quelle prescription a lieu dans le cas de défaut d'ensaisinement ? L'Arrêt du Conseil du 3 Août 1665, porte qu'à défaut de remise du titre de propriété aux archives du Roi, la prescription est prorogée à quarante ans (n) ; & quoique l'Edit de Mai 1710 n'en parle pas, nous croyons que c'est à ce terme qu'on doit la borner ; 1°. parce que l'Edit de 1710 est censé se référer à l'Arrêt du Conseil de 1665, dès qu'il n'y déroge pas formellement (o). 2°. Il seroit dur d'étendre à la prescription centenaire, qui a la force de titre constitutif (infrà n°. 128,

---

(i) Lafaille, annales de Toulouse, tome 2, pr. p. 10, 19.

(k) Laroche, des droits seigneuriaux, ch. 38, Arrêt 9.

(l) Au recueil du Domaine, sous sa date.

(m) Dictionnaire du Domaine, verbo ensaisinement, n°. 11.

(n) Lafaille, annales de Toulouse, tom. 2, pr. p. 10, 19.

(o) L. 28, ff. de legibus.

verſ. 1), celle d'un droit caſuel, & dont, à toute rigueur, la perte ne ſauroit nuire à la conſervation de l'intégrité du Domaine royal. 3°. Les Receveurs-Généraux des domaines ne rendent pas compte du produit de l'enſaiſinement : rien n'empêche que leurs livres de recette ſoient mal tenus, d'autant mieux que cette recepte eſt ordinairement livrée à des Commis, qui peuvent l'alléger par négligence ou par mauvaiſe foi, & qu'on peut avoir égaré l'expédition du contrat, à ſuite duquel on couche ordinairement les quittances des lods & de l'enſaiſinement. 4°. Enfin, le Droit Romain appelle la preſcription quarantenaire, vétuſté (*p*); & elle borne à ce terme toute action publique ou privée qui n'eſt pas nommément compriſe dans ſes diſpoſitions (*q*).

L X X X I V.

Preſcription de l'hypotheque par le poſſeſſeur.

Nous avons dit, en parlant de l'action accordée au Seigneur pour le paiement des lods, qu'il peut exercer l'action perſonnelle contre l'acheteur ou ſes héritiers, ou l'action réelle ſur les biens achetés, & qui ſont encore dans leurs mains, à ſon choix : reſte à remarquer que celle-ci ſe preſcrit dans trente ans, même dans les Coutumes qui prorogent cette preſcription à quarante ans ; parce que la diſpoſition de ces Coutumes n'a lieu que pour l'hypotheque contractuelle, c'eſt-à-dire, celle qui a été expreſſément & formellement contractée par une obligation ; mais autre choſe eſt l'hypotheque coutumiere & tacite, que le ſtatut municipal attache en faveur du Seigneur au contrat de vente paſſé entre l'ancien & le nouveau poſſeſſeur (*r*).

L X X X V.

Au profit du tiers-acquéreur.

1°. Par le Droit Romain, le tiers-acquéreur preſcrit dans dix

---

[*p*] *L.* 2, *cod. Theodoſ. de longi temporis preſcript.*
[*q*] *L.* 4, *cod. de preſcript.* 30, *vel* 40 *ann.*
[*r*] Dumoulin, note ſur la Coutume de Paris, ch. 2, Arrêt 32. Dargentré, ſur la Coutume de Bretagne, art. 296, *verbo* & par trente ans ; & *verbo* qui n'échéent dans un an, n°. 10.

ou vingt ans, l'hypotheque établie par son fonds, du chef de son auteur, quand même il seroit donataire, ou autrement, acquéreur à titre lucratif (*s*). 2°. Dans le ressort du Parlement de Paris, le tiers-possesseur prescrit l'hypotheque des lods dûs du chef de son auteur, dans dix ans (*t*). 3°. Et en Anjou & au Maine, dans trente ans seulement (*u*). 4°. A l'égard du Parlement de Toulouse, sa Jurisprudence borne cette prescription au terme de dix ans (*v*); & c'est le bon avis, puisqu'il est fondé sur les principes de la Loi Romaine, & qu'il ne donne pas à un droit fortuit & attaché au fait de l'homme (*x*), tel que les lods, le même privilege qu'à la censive, qui est inhérente au fonds, indépendamment du fait du possesseur.

L X X X V I.

Par la Loi Romaine, la prescription de dix ans ne court pas contre l'Eglise (*y*); mais elle est prorogée à quarante ans; elle ne court pas non plus contre les pupilles (*z*): de là vient que les articles 113 & 118 de la nouvelle Coutume de Paris disent: entre âgés & non privilégiés.

Contre l'Eglise, les mineurs, & le Roi.

Mais à l'égard des droits féodaux ou censuels dûs à l'Eglise, la prescription de dix ans court contr'elle comme contre un particulier (*a*); d'où il résulte qu'il en est de même en pareil cas, de la prescription qui court contre le pupille ou contre le mineur; car, quoique de droit commun, la prescription de trente ni de dix ans ne courre pas contre le premier, & que le

---

(*s*) *L.* 11 *&* 12, *cod. de prescript. longi temp.*

(*t*) Plusieurs Arrêts dans Henrys & Bretonnier, liv. 3, quest. 72, n°. 4, 5, 6, 7, 8, 9, 10; & dans Fortin, sur l'art. 73, de Paris. *Ibidem*, Ferriere, sur la Coutume de Paris, art. 12, Gl. 3, n°. 9 & 10.

(*u*) Livoniere, des fiefs, liv. 3, ch. 8, p. 259.

(*v*) Catellan, liv. 7, ch. 14; & Vedel, *ibidem*.

(*x*) *Suprà* n°. 17.

(*y*) *Authentica quas actiones. Cod. de sacrosanctis ecclesiis*, Nov. 131, cap. 6.

(*z*) *L.* 3, *Cod. quibus non objicitur*, *L.* 5, *Cod. in quibus causis*.

(*a*) Ferriere, sur la Coutume de Paris, art. 123, Gl. 2, n°. 4 & 5. Bretonnier sur Henrys, liv. 3, quest. 72, n°. 10.

second soit relevé même de la prescription de dix ans dans les dix ans de sa majorité (*b*), il en est autrement en fait de droits ordinaires ou de droits casuels, à l'égard desquels le pupille & le mineur ne sont pas plus favorables que l'Eglise : c'est ainsi que l'on prescrit la libération des lods contre l'Eglise ; les pupilles, & les mineurs, dans trente ans (*c*) ; parce que la prescription passive des profits du fief n'intéresse pas leur propriété.

Pour ce qui concerne le Roi en partant des termes de l'Edit de 1710, rapportés au n°. 83, & de nos positions au même endroit, nous ne croyons pas que le tiers-possesseur puisse acquérir la prescription de l'hypotheque avant quarante ans, lorsque le premier contrat n'a pas été ensaisiné.

Si cependant l'achat du tiers-acquéreur avoit été ensaisiné, il auroit prescrit l'hypotheque dans dix ans, à compter de l'ensaisinement, en partant du texte de cet Edit.

LXXXVII.

Prescription de la quotité.

Les redevables peuvent prescrire la quotité des lods, & acquérir par cette voie, la diminution de cette quotité (*d*) ; & cette prescription, comme toute autre, peut être acquise dans trente ans, pourvu qu'elle soit établie par des actes multipliés, & bien exprès ; autrement, il faudroit recourir aux principes relatifs aux prescriptions fondées sur une possession discontinuée.

Toutefois on ne peut prescrire la quotité contre le Roi, dont le Domaine est imprescriptible & inaliénable.

(*b*) Arrêt du 5 Novembre 1698, dans Catellan, liv. 7, ch. 20.

(*c*) *Supra* n°. 80 & 81.

(*d*) Despeisses, des droits seigneuriaux, tit. 4, sect. 5, part. 4, n°. 2. Ferriere, sur la Coutume de Paris, art. 12, Gl. 3, n°. 14.

CHAPITRE X.

De la remise expresse ou présumée totale ou partielle
des Lods.

Section premiere.

De la remise expresse.

L X X X V I I I.

Les Seigneurs sont dans l'usage de faire une remise sur les *Origine du dépri.*
lods, principalement lorsqu'on compose avec eux avant l'acquisition ; & cette composition s'appelle dépri, à cause de la priere
qu'on leur fait d'y consentir ou d'atermoyer : ces remises ont
pour objet, de faciliter les ventes ; elles sont analogues à la nature & à l'institution primitive des fiefs dont les droits doivent
être exercés avec bénignité (e) ; parce que le bail à fief a pour
principe, la bienfaisance, & que son essence consiste dans la
fidélité ; & l'obligation contractée par l'acheteur, en faisant le
dépri, est valable, quoiqu'il dépende de lui de ne pas acheter,

____

(e) Livoniere, liv. 3, ch. 7, p. 249, 250.

puisqu'il ne peut le faire sans être assujetti aux engagemens qu'il contracte par le dépri (*f*), même indépendamment de l'obligation attachée à son achat.

LXXXIX.

1°. Si le Seigneur ou le Fermier ont ajouté à la promesse de la remise, la condition de payer à un certain terme, on doit s'en tenir scrupuleusement à la loi qu'ils ont imposée à cet acte de bienfaisance ; & la remise ne vaut qu'autant qu'on a payé au terme susdit, conformément aux principes du Droit Romain (*g*) & à nos usages (*h*).

2°. Mais on demande si la déchéance de la remise a lieu de plein droit & sans interpellation, au terme imposé ? Un Arrêt du 3 Juillet 1606 jugea pour l'affirmative, dans le cas d'une grande remise ; & cependant cet Arrêt fut trouvé rigoureux par quelques-uns (*i*).

Quant à nous, hors le cas de circonstances favorables, nous croyons qu'il faut littéralement s'en tenir à une condition inhérente à la promesse de la remise, & qu'on ne peut, directement ni indirectement, donner à cette promesse aucune extension ; d'autant mieux que la Loi Romaine, dont on ne sauroit assez respecter les décisions dans tout ce qui a rapport aux contrats, ne parle pas d'interpellation.

3°. Au reste, dans le cas d'une remise pour l'avenir, avec clause qu'à défaut de paiement à un certain terme, elle ne vaudra pas, le défaut de paiement au terme, n'invalide l'abonnement que pour les ventes dont on est en retard (*k*).

[*f*] *L.* 3, *ff. de legatis.* 2°. Potier, des obligations, n°. 48 & 205, *infrà* n°. 358.

[*g*] *L.* 47, *ff. de pactis. L.* 1, §. 3, *ff. de pignoribus.*

[*h*] *Idem in simili.* Potier, des rentes constituées, n°. 88. Nouveau Journal du Palais de Toulouse, tom. 2, Arrêt 250 & 203.

[*i*] Mornac, recueil d'Arrêts, quatrieme partie, ch. 92.

[*k*] *Argumento, L.* 12 & 17, *ff. de evictionibus ; idem in simili,* Dumoulin, *in tractatu de usuris, quest.* 26.

X C.

Il résulte de ce que nous avons dit sur le motif & les prin- *Par les admi-*
cipes de cette remise ; 1°. Que les Administrateurs ou Procu- *nistrateurs ou tu-*
reurs fondés, avec pouvoir de recevoir les lods, sont autorisés à *teurs, le mineur,*
faire la remise ordinaire & usitée ; car ils ne pourroient pas faire *le pere à son fils.*
une remise extraordinaire sans un pouvoir spécial ou un mandat
exprès. 2°. Il en est à peu près de même des tuteurs, quoique
leur administration soit plus libre & plus étendue que celle d'un
Syndic ou Procureur fondé ; & qu'étant quelquefois de l'intérêt
du pupille qu'ils fassent des relâchemens plus considérables pour
faciliter de plus grosses ventes ; cet intérêt, bien entendu, doive
autoriser ces relâchemens de leur part, sans abus & sans fraude.
3°. Le mineur n'est pas non plus relevé de la remise ordinaire ;
& son administration étant encore plus libre & plus indépendante
que celle d'un tuteur, il peut, à plus forte raison, se prêter à
des relâchemens toutes les fois qu'il n'y a pas une lézion effective
dans l'abonnement qu'il a fait. 4°. A l'égard de la remise faite
par un pere à son fils, elle n'est pas sujette au rapport, quand
même elle excéderoit la remise ordinaire ; s'entend, dans le cas
où il seroit vraisemblable que le pere auroit fait cette augmentation de remise à un étranger (*l*), & non autrement.

X C I.

Dans les terres & fiefs du Domaine Royal, la remise étoit an- *Receveurs-Gé-*
ciennement du tiers, selon les Lettres-Patentes de Novembre *néraux du Do-*
1566 (*m*) : Dargentré dit, seulement du quart, à la charge, ajout- *maine.*
t-il, d'acquitter les lods dans trois mois (*n*) ; & telle est la disposition expresse d'un Arrêt du Conseil du 19 Juin 1736, art.

[*l*] V. sur-tout ci-dessus, Livoniere, liv. 3, ch. 7, p. 250 & 251 ; & Che-
pin, sur la Coutume d'Anjou, liv. 1, art. 4, n°. 11.

[*m*] Boissieu, ch. 86, p. 425.

[*n*] Dargentré, *de laudimiis, cap.* 3.

11, conformément à des Lettres-Patentes du 1 Février 1723 (*o*). Il a été fait depuis, à ce sujet, un reglement par Arrêt du Conseil du 16 Juin 1771 : l'article 2 porte : 1°. que lorsque les droits dûs au Roi à cause des mutations dans ses mouvances & directes, ne seront que de 1000 livres, & au-dessous, il ne sera fait aucune remise. 2°. Qu'au-dessus de 1000 livres, jusques & compris 7000 livres, il sera fait remise d'un sixieme sur ce qui excédera 1000 liv. 3°. Au-dessus de 7000 livres, jusques & compris 12000 livres, outre les remises ci-dessus, il sera fait remise d'un cinquieme sur ce qui excédera 7000 liv. 4°. Au-dessus de 12000 livres, jusques & compris 24000 livres, outre les remises ci-dessus, il sera fait remise d'un quart sur ce qui excédera 12000 liv. 5°. Au-dessus de 24000 livres, outre les remises ci-dessus, il sera fait remise de trois dixiemes de ce qui excédera 24000 livres, à quelque somme qu'il puisse être. 6°. N'auront néanmoins lieu, lesdites remises, qu'en cas de vente volontaire, & il n'en sera fait aucune dans les ventes forcées faites en Justice ou autrement, en vertu de contrats de cession ou d'abandon. 7°. Encore, pour jouir des différentes remises dans les autres cas, faut-il, suivant l'art. 3 du même Arrêt, exhiber les titres d'acquisition, & en remettre un extrait collationné au Receveur-Général du domaine, aux frais des acquéreurs, dans les trois mois des acquisitions ?

C X I I.

1°. Si le prétendant à une vente, a traité d'avance pour la remise des lods, & que la vente ait été faite à un autre, il paroît évident en these, que son traité est conditionnel, & qu'il ne doit avoir lieu que dans le cas où il eût acheté ; mais si son traité est pur & simple, avec cession ou don à son profit du montant de la remise, deux Arrêts des 9 Mars 1605 & 14 Juillet 1632, ont jugé que ce n'est pas le cas des Loix *per diversas & ab Anastasio, Cod. Mandati*; parce que cette cession n'est pas prohi-

____

(*o*) Bellamy, p. 492.

bée,

bée, & qu'autrement, dit *Brodeau*, il faudroit anéantir toutes
les Loix mises sous le titre *de hæreditate vel actione vendita* (*p*) :
toutefois l'Auteur convient « que cet acheteur d'actions n'est rien
„ moins que favorable, parce qu'il s'entremet dans les affaires
„ d'autrui pour profiter, au détriment d'un tiers, d'une remise
„ usitée à l'égard de tous les acheteurs. Or, en partant de ce
principe incontestable, que la conduite de ce tiers est messéante,
& sa prétention odieuse, il n'est pas possible que la Loi civile
autorise une cession que le sentiment & l'honnêteté désavouent.
Le même principe qui fait proscrire la cession d'un droit litigieux, doit faire condamner de même celle d'une remise dont
l'acheteur auroit profité sans la rapacité du cessionnaire ; & l'on
doit penser, selon nous, que la Loi Romaine, qui n'a pu tout
prévoir, l'auroit décidé de même si elle avoit pu statuer sur ce
cas. 2°. En adoptant nos principes, le véritable acheteur devroit
incontestablement rembourser au premier prétendant cessionnaire
des droits du Seigneur, les frais de cette cession, dont l'acquéreur susdit profiteroit ; c'est ainsi qu'en exerçant une espece de
retrait légal sur l'acheteur du droit litigieux, la partie intéressée est
tenue de lui rembourser les frais & loyaux-coûts de son achat (*q*).

X C I I I.

La remise faite par anticipation à la partie qui meurt avant
d'acheter, profite à son héritier si celui-ci fait l'acquisition (*r*) ;
parce que chacun est censé contracter pour soi & pour son héritier (*s*).

*Héritier de l'a-
bonné.*

X C I V.

1°. La ferme faite par le Seigneur, de ses droits casuels, a
l'effet d'un transport au profit du Fermier : or, le transport ne
saisit pas de plein droit le cessionnaire, qui ne peut être mis en

*Remise par le
maître du fief
baillé à ferme.*

(*p*) Brodeau, lettre C. som. 13, n°. 1. Livoniere, liv. 3, ch. 7, p. 252, 255.
(*q*) Potier, de la vente, n°. 597.
(*r*) Arrêt de 1602, Pelus, liv. 4, action 56.
(*s*) L. 9, ff. de probat. L. 8, §. 4, ff. de pignerat. actione.

possession que par la signification dudit transport au débiteur cédé ; comme la délivrance , met l'acheteur en possession du bien vendu ; ensorte que dans le concours de plusieurs cessionnaires , le plus diligent acquiert exclusivement la quasi-possession & la propriété de la dette cédée (*t*).

Il résulte de ce dessus , que le bail à ferme ne saisit pas de plein droit le Fermier , & que le redevable est valablement libéré en payant entre les mains du Seigneur ; & par voie de suite , qu'il peut valablement traiter avec lui , sauf le recours du Fermier contre ledit Seigneur.

2°. Mais si le redevable étoit instruit de la ferme , & que le Fermier en jouît publiquement , cette connoissance équipolleroit la signification du transport ; d'autant mieux qu'il y auroit du dol de la part de l'acheteur , de traiter avec le maître au préjudice de la ferme dont cet acquéreur seroit instruit : il faut donc restreindre , au cas de cette connoissance , l'avis de Livoniere & de Dargentré , qui décident que la remise faite ou promise par le Maître du fief affermé , ne vaut pas , & qu'il n'est pas même tenu de la faire valoir (*u*) ; parce que nul n'est tenu de garantir sa libéralité (*v*).

SECTION II.

DE la remise tacite ou présumée des Lods.

XCV. Réception en foi par le Seigneur.
XCVI. Réception des nouveaux droits.
XCVII. Admission en foi par les Officiers.
XCVIII. Acceptation de la reconnoissance.
XCIX. Réception des censives.

(*t*) Potier , de la vente , n°. 554 , & suivans , art. 108 de la Coutume de Paris ; & *V.* les Commentateurs , *ibidem.*

(*u*) Livoniere , liv. 3 , ch. 7 , p. 251 & 252. Dargentré , *de laudimiis , cap.* 1 , §. 26.

(*v*) *L.* 62 , *ff. de evict. L.* 19 , §. 3 , *ff. da donat.*

XCV.

1°. La réception en foi du Vassal, de la part du Seigneur, avec ou sans réservation des droits, le prive du droit de saisir féodalement pour cette mutation; parce que la cause productive & principale du droit de saisie féodale, est l'ouverture du fief & le défaut d'homme; au lieu que le défaut de paiement des droits n'est qu'une cause accessoire & concomitante de cette saisie : or, le fief n'est plus ouvert dès que le Vassal a été reçu en foi, même avec réservation des droits (x). Réception en foi par le Seigneur.

2°. Dans le cas de cette réservation, il est incontestable qu'ils sont dûs; puisqu'à raison d'iceux, l'hypotheque du Seigneur suit le fief, même dans les mains d'un tiers-possesseur (y).

3°. Mais dans le cas où la réception en foi est pure & simple, & sans réservation des droits, on demande si le Seigneur est censé en avoir fait la remise par cette réception en foi? L'art. 66 de la nouvelle Coutume d'Orléans décide pour l'affirmative ; & Lalande a adopté cette décision (z) : d'ailleurs, l'admission en foi est le vrai renouvellement d'investiture (a) : or, quoique les lods ne soient pas dûs pour l'investiture, il semble qu'on ne peut les demander à raison d'un achat dont on a investi l'acquéreur, sans faire de réservation. Enfin, l'offre de la foi est nulle, & elle ne met pas le fief à couvert si elle n'est accompagnée du paiement des droits, dans le cas où le Seigneur veuille investir celui qui demande d'être reçu en foi (b).

(x) Dumoulin, sur la Coutume de Paris, §. 2, *hodiè* 3, Gl. 5, & §. 1, Gl. 9, n°. 27---37. Ferriere, sur la Coutume de Paris, art. 1, Gl. 2, n°. 18, 26.

(y) Dumoulin, sur la Coutume de Paris, §. 1, Gl. 9, n°. 27---32---36. Ferriere, sur la Coutume de Paris, art. 1, Gl. 2, n°. 18---26.

(z) Lalande, sur la Coutume d'Orléans, art. 66, n°. 5---8.

(a) *Tit. feud. quid præcedere debeat*, lib. 2, *tit.* 4. Dumoulin, sur la Coutume de Paris, §. 5, *hodiè* 8, n°. 1.

(b) Dumoulin, sur la Coutume de Paris, §. 45, *hodiè* 63, n°. 26. Guyot, de la foi, ch. 5, n°. 2, verf. 6. Lalande, sur la Coutume d'Orléans, art. 66, n°. 3.

Nonobſtant ces raiſons, nous croyons que l'admiſſion en foi de la part du Seigneur, & ſans réſervation des droits, n'en emporte pas implicitement la remiſe ; 1°. parce que l'admiſſion en foi & la réception des droits ſont deux choſes diſtinctes dans la perception comme dans leur eſſence ; puiſque l'on peut recevoir l'un ſans l'autre ; & que comme la réception des lods n'emporte pas la décharge de la foi, par la même raiſon la réception en foi n'emporte pas la remiſe des lods ; 2°. parce qu'il n'y a dans le marché que ce que les parties y ont mis (c) ; moins encore doit-on préſumer la remiſe des lods dans un contrat intéreſſé, & qui n'a pour objet, que le renouvellement de la foi (d) ; 3°. parce que l'acceptation de la reconnoiſſance cenſuelle de la part du Seigneur, n'exclut pas la demande des lods dûs par le redévable qui reconnoît (*infrà* n°. 98), & qu'il y a pareille raiſon à l'égard de l'admiſſion à la foi : auſſi notre opinion eſt-elle adoptée par Guyot & Livoniere ; & Maynard ſemble être du même avis (e). 4°. Si cependant l'acte de réception à la foi & hommage contenoit quelque clauſe qui caractériſât la remiſe, ou dont on pût l'induire, comme s'il porte que le Seigneur a été payé des droits de la mutation, ou autre clauſe équipollante, il ne peut plus les demander (f).

X C V I.

Réception des nouveaux droits.

Il réſulte des principes énoncés au précédent article, que la réception faite par le Seigneur, des droits de la derniere mutation, ſans réſervation de ceux des précédentes, n'opere pas la préſomption de remiſe de ceux-ci, dont le Seigneur pouvoit n'être pas inſtruit (g), hors qu'il y ait clauſe dont on puiſſe induire cette remiſe.

(c) *Id ſequimur quod actum eſt* , L. 34 , *ff. de reg. Juris.*

(d) *Argumento* , L. 25 , *ff. de probat.* L. 15 , §. 4 , *ff. Locati conducti.* L. 131 , §. 1 , *ff. de verb. oblig.* L. 4 , §. 1. *ff. de reb. credit.*

(e) Guyot, de la foi, ch. 5 , n°. 3. Livoniere, liv. 1 , ch. 8 , ſect. 1 , p. 46. Maynard , liv. 6 , ch 32 , n°. 2 & 3.

(f) *Argumento* , L. 26 , *ff. de probat.* L. 69 , *ff. de jure dotium.* L. 14 , §. 9 , *de ædilit. edicto.*

(g) Ferriere , ſur la Coutume de Paris , art. 1 , Gl. 2 , n°. 28.

XCVII.

A plus forte raison, l'admission en foi du nouveau Vassal par
les Officiers du Roi ou du Seigneur, à la requête du Procureur
de Sa Majesté, ou du Procureur fiscal, ne prive pas le Roi, ni
tout autre Seigneur, même du retrait seigneurial : & la question
a été jugée au profit du Seigneur, par un Arrêt du 10 Mars
1717 (h) ; moins encore cette réception peut-elle priver le Seigneur des lods, parce que les Officiers du Roi ou du Seigneur
peuvent bien veiller à la conservation de ses droits ; mais leurs
fonctions sont de rigueur, comme celles de tout autre mandataire, dès qu'il s'agit de nuire aux intérêts de leur commettant.

*Admission en foi
par les Officiers.*

XCVIII.

L'acceptation de la reconnoissance du censitaire, de la part du
Seigneur, ne prive pas celui-ci de la demande des lods ; parce
que la reconnoissance a pour objet, non de faire la remise des
droits ordinaires ou casuels, mais de régler les obligations réciproques du censitaire & du Seigneur (i) : quoique Lalande, fidele
aux principes de sa coutume, ait prétendu le contraire (k).

*Acceptation de
la reconnoissance.*

XCIX.

Moins encore, la réception faite par le Seigneur, des censives courantes ou arréragées des mains du nouveau possesseur,
emporte-t-elle la remise des lods ni du retrait, conformément
aux principes ci-devant établis ; d'autant mieux que la censive est
dûe par toute sorte de possesseur, juste ou injuste, investi ou non
investi (l) ?

Réception du cens.

(h) Journal des Audiences, tom. 6, liv. 7, ch. 23. Potier, sur la Coutume
d'Orléans ; introduction au titre des fiefs, n°. 269.

(i) Faber, en son Code, liv. 4, tit. 43, définit 14. Despeisses, des droits
seigneuriaux, tit. 4, sect. 5, part. 5, n°. 26. *Vide suprà*, n°. 95.

(k) Lalande, sur la Coutume d'Orléans, art. 66, n°. 10.

(l) Dumoulin, sur la Coutume de Paris, §. 52, *hodiè* 74, *Glos.* 1, n°. 149
& 150. Lalande, sur celle d'Orléans, art. 66, n°. 11.

CHAPITRE XI.

ATTACHE des Lods à la possession.

C. Attache des Lods à la possession.
CI. Modification.

C.

*Attache des lods
à la possession.*

1°. Régulierement on considere les mutations du côté du possesseur, à l'effet de l'assujettissement aux lods (*m*) ; ensorte que c'est la vente ou la mutation du possesseur qui y donne ouverture, de même qu'au relief, sans s'occuper s'il a la propriété.

Cette position est fondée sur deux motifs évidens. 1°. Il faut que le Seigneur ait un redevable, sur la tête duquel il puisse exercer ses droits. 2°. Il n'est ni juste ni possible d'autoriser le Seigneur à exercer sur le maître dépossédé, des droits d'un fief ou d'une teneure dont celui-ci ne jouit pas (*n*) : on ne peut donc lui donner cette action que contre le possesseur (*o*) ; & de là vient la maxime attestée par le Docteur du droit féodal, *que le Seigneur a l'œil sur son fief, plus que sur son Vassal* (*p*).

En effet, depuis que les fiefs ne consistent plus qu'en prestations utiles, & que la foi & hommage n'est qu'une vaine formalité attachée à la possession du fief, c'est le fief, & non le Vassal, qui répond au Seigneur de ses droits, & sur lequel il

---

(*m*) Dumoulin, sur la Coutume de Paris, §. 22, *hodiè* 33, Gl. 1, n°. 62 & 63 ; & §. 55, Gl. 1, *hodiè* 78, n°. 16--19, 22--27. Dargentré, sur celle de Bretagne, art. 62, note 1 ; & art. 59, note 2, n°. 8, 9, 10 ; & *de laudimiis, cap.* 3.

(*n*) Dumoulin, sur la Coutume de Paris, §. 22, *hodiè* 33, Gl. 1, n°. 150. Dargentré, sur celle de Bretagne, art. 59, note 3, n°. 9, 10.

(*o*) Dumoulin, sur la Coutume de Paris, §. 22, *hodiè* 33, Gl. 1, n°. 149.

(*p*) Dumoulin, sur la Coutume de Paris, §. 45, *hodiè* 63, n°. 23.

peut asseoir sa main : on doit donc considérer par rapport au Seigneur, non la personne d'un Vassal titulaire, en qui le droit de propriété pourroit résider, mais celle du possesseur ; 1°. parce que le Seigneur ne peut exercer d'action utile, que sur la glebe de son fief, & conséquemment sur le possesseur de cette glebe qui lui répond de ses droits ; 2°. parce qu'on ne peut charger le maître sans possession, des droits ordinaires & casuels de ce dont il ne jouit pas ; 3°. parce qu'il n'est ni ne peut être vraiment Vassal, en vertu de la regle *non potest esse Vassallus sine feudo* (q): 4°. enfin, les lods sont attachés à la permission de vendre, suivant le n°. 17 ci-dessus : c'est donc à la permission de vendre le fief que le vendeur a dans sa main, & non à la propriété nue & dépouillée qui n'est pas le fief, & pour laquelle on n'a pas besoin de permission : de là vient que la vente d'actions est exempte de lods (*infrà* n°. 231).

2°. Bien entendu que l'expectative des lods ni du relief ne peut courir en même tems sur la tête du Maître qui ne possede pas, le Seigneur ne pouvant avoir deux vassaux à la fois, ni l'expectative des droits de deux côtés (r) ; ensorte qu'ayant un redevable en la personne du possesseur, il ne peut prendre les droits de mutation en sa personne & en celle du Maître dépouillé.

C I.

1°. Pour faire courir irrévocablement les lods & les autres profits de fief sur la tête du possesseur, il faut, 1°. qu'ils aient été payés, & que le Seigneur ait utilisé l'ouverture des droits, en ayant l'œil sur son fief, ou que le possesseur ait fait les fruits siens ; 2°. que la jouissance de ce possesseur ait duré au moins dix ans : c'est ainsi que nous avons modifié la doctrine de Dumou-

Modification.

(q) Dumoulin, sur la Coutume de Paris, §. 41, *hodiè* 51, Gl. 2, n°. 2 & 3. Chopin, sur celle d'Anjou, liv. 1, art. 6, n°. 14, en marge.

(r) Dumoulin, sur la Coutume de Paris, § 22, *hodie* 33, Gl. 1, n°. 149, 150, 151 ; & §. 55, Gl. 3, *hodie* 78, n°. 14.

lin, Dargentré & Boiffieu (*s*), confirmée par un Arrêt du 10 Juillet 1676 (*t*).

Mais dans l'une ou l'autre de ces deux efpeces, le droit eft irrévocablement acquis au Seigneur : vérité qui fera confirmée aux n°s. 610 & 649 ; de là vient que l'engagifte y eft irrévocablement fujet lorfqu'il fe trouve dans les mêmes circonftances, (*infrà* n°. 436) ; & il en eft de même de l'acheteur des fruits, (*infrà* n°. 157 & 530).

2°. Pour faire courir irrévocablement les droits fur la tête du poffeffeur, il faut 1°. qu'il les ait payés ou qu'il ait fait les fruits fiens ; 2°. que fa poffeffion ait duré au moins dix ans (*infrà* n°. 610, 436, 157, & 530). En effet, lorfqu'il les a payés, le Seigneur en a utilifé l'ouverture, en confirmant l'aliénation de la glebe, & en donnant l'inveftiture fur cette aliénation : il y a donc eu vente de la glebe, avec ouverture du fief de la part du Vaffal, & inveftiture de la part du Seigneur : la perception des droits eft donc légitime & irrévocable, *quia ille fuum recepit* (*u*) : & lorfque le poffeffeur a fait les fruits fiens, il y auroit une double injuftice à décharger ce poffeffeur utile, jufte ou injufte, des lods, pour les mettre fur le compte du Maître dépouillé de ce même fief, dont on lui feroit fupporter les charges (*v*).

3°. Mais fi le poffeffeur eft évincé avec reftitution des fruits depuis fon ufurpation, cette reftitution de fruits tient lieu de jouiffance effective au Maître qui profite de cette reftitution. Si donc les droits de mutation de toute efpece, arrivés depuis trente ans, ne font pas payés, il eft jufte de les faire courir fur la tête du Maître qui profite des fruits, & non fur celle du poffeffeur de mauvaife foi qu'il a évincé ; enforte que dans cette hypothefe il n'eft dû de droits que ceux qui ont couru par les ouvertures ou

---

(*s*) Dumoulin, fur la Coutume de Paris, §. 55, *hodiè* 78, Gl. 1, n°. 17, 18, 20, 27 ; & §. 22, *hodiè* 33, Gl. 1, n°. 33, 39. Dargentré, fur celle de Bretagne, art. 59, note 4, n°. 13 ; & art. 62, note 1, n°. 1. Boiffieu, ch. 89, p. 433.

(*t*) Sudre, fur Boutaric, droits feigneuriaux, tit. des lods, §. 13, n°. 32, p. 205.

(*u*) L. 12, §. 1, *ff. de novat.* L. 44, *ff. de condiĉt. in deb.*

(*v*) Dumoulin, fur la Coutume de Paris, §. 22, *hodiè* 33, Gl. 1, n°. 150.

par

par les mutations du Maître, & non par celles du possesseur dépouillé, avec restitution des fruits ; & le Seigneur a action contre le Maître rentré, pour tous les droits ouverts depuis trente ans sur sa tête ou sur celle de ses auteurs (x).

4°. Nous ne pouvons dissimuler que, selon Livoniere & Sudre, la durée de la possession ne dispense pas le Seigneur de la restitution des lods, lorsque le contrat est résolu ; parce que ce droit est, selon eux, une charge du fonds, & non des fruits (y) ; mais ils ont pris le change, parce que les lods & le relief sont attachés dans notre espece, non à l'aliénation ou à la mutation de la propriété nue & sans possession, puisque c'est une simple vente d'actions, exempte par conséquent de lods (*infrà* n°. 281) ; d'ailleurs, *les lods & le relief sont une charge, non de la nue propriété, mais de la possession : ils affectent, non le fonds, mais les fruits & la détention de la teneure ou du fief* (ż), dont les droits doivent courir sur la tête de quelqu'un. Or, ce ne peut être sur la tête du Maître dépouillé, contre lequel il seroit injuste de donner action au Seigneur à raison des droits d'un fief dont il ne jouit pas ; action qui pourroit d'ailleurs être vaine & illusoire : de là vient que la vente de l'action pour y rentrer est exempte de droits (a).

5°. Le trouble souffert par le possesseur ne le décharge pas de l'obligation de payer les droits qui courent sur sa tête tant qu'il se maintient dans sa possession (b).

6°. Si le possesseur a joui utilement, & avec gain, des fruits pendant trente ans (*infrà* n°. 695, vers. 3), il est irrévocablement tenu de tous les droits qui ont couru durant sa possession, soit qu'il les ait payés ou non, pourvu qu'ils ne soient pas pres-

---

(x) Dumoulin, sur la Coutume de Paris, §. 22, *hodiè* 33, Gl. 1, n°. 151.

(y) Livoniere, liv. 3, ch. 6, sect. 1, p. 107. Sudre, sur Boutaric, tit. des lods, §. 13, n°. 32, 33, 34, p. 205, 206.

(ż) Dumoulin, sur la Coutume de Paris, §. 55, *hodiè* 78, Gl. 1, n°. 17 & 18, *bene.*

(a) *Infrà*, n°. 281.

(b) Dumoulin, sur la Coutume de Patis, §. 22, *hodiè* 33, Gl. 1, n°. 150. *Infrà* n°. 666, vers. 4 & 5 ; & n°. 670.

Tome I. L

crits ; parce qu'une si longue jouissance, utile & effective, a dû faire courir sur sa tête des droits dont le Maître dépouillé ne pouvoit pas être tenu, & qui doivent courir sur la tête de quelqu'un, au profit du Seigneur (*).

7°. Dès que les lods ont irrévocablement couru sur la tête du possesseur avec gain des fruits, quoiqu'il soit évincé dans les suites, il est évident qu'après son éviction, le Seigneur a l'action personnelle contre lui pour le paiement des susdits droits, s'ils ne sont pas prescrits ; parce que le Seigneur avoit contre lui, pendant sa détention, l'action personnelle & l'action hypothécaire à son choix (c) : il lui reste donc l'action personnelle après l'éviction. Toutefois l'action hypothécaire ne suit pas le fonds sur la tête du Maître rentré (d).

CHAPITRE XII.

DE quel jour sont dûs les lods & ventes ?

CII. *Du jour du contrat.*
CIII. *Modification.*
CIV. *Différence du relief.*
CV. *Fruit civil instantané.*
CVI. *S'il y a terme pour le paiement.*
CVII. *Obligation d'exhiber.*
CVIII. *Dispense d'investir.*

(*) *Nota.* Il ne faut pas perdre de vue que Dumoulin, Dargentré, & Boissieu, cités au verset premier de ce numéro, font courir le lods sans aucune modification sur la tête du possesseur sans propriété, de même que l'Arrêt de 1676, cité au même endroit ; au point que Dumoulin & Lemaître (*suprà* n°. 41) affranchissent le propriétaire qui rentre, des lods qui ont couru sur la tête du possesseur injuste, évincé : à plus forte raison y a-t-il lieu de condamner définitivement celui-ci aux lods lorsqu'il a joui utilement pendant trente ans.

(c) *Suprà* n°. 42.
(d) *Suprà* n°. 45.

C I I.

Nous dirons ci-après, que les lods font dûs de tout contrat de vente ou équipollent à vente. Nous ajoutons ici, que c'est par le fait du contrat, & dès le jour du contrat, qu'ils font dûs, & non du jour de fon exécution : tel est l'avis de Dumoulin & de nos meilleurs Auteurs (*e*) ; parce que les lods font attachés, non au changement de main, mais au fait de la vente (*f*) ; & la raifon ultérieure en est, que cet affujettiffement dérive, dans fon origine, de la néceffité d'obtenir la permiffion du Seigneur pour être autorifé à vendre (*g*) : d'où il réfulte évidemment qu'il y a ouverture au droit, au moment qu'on exerce cette permiffion, depuis que la Loi l'a donnée, comme une fuite de la parfaite patrimonialité des fiefs & des biens cenfuels.

Au reste, Dargentré, qui fait perpétuellement proffeffion de contredire Dumoulin, a prétendu qu'ils font dûs par le changement de main (*h*) ; quoiqu'à tout prendre, ces deux opinions reviennent au même, à caufe de la modification de celle de Dumoulin, que nous allons rapporter au n°. fuivant. Nous verrons au n°. 620 & 633, les fuites de cette conformité.

C I I I.

Toutefois, les lods ne font dûs du jour du contrat, qu'autant que la vente a été exécutée ; une vente non exécutée n'étant pas

Du jour du contrat.

Modification.

(*e*) Dumoulin, fur la Coutume de Paris, §. 55, *hodiè* 78, Gl. 1, n°. 40, 92 ; & §. 13, *hodiè* 20, Gl. 3, n°. 10, à la fin. Guyot, des lods, ch. 1, n°. 3—9. Potier, fur la Coutume d'Orléans, tit. des fiefs, art. 13. Loifel, liv. 4, tit. 2, reg. 6. Ferriere, fur la queftion 101 de Guy-Pape. Bretonnier, fur Henrys, liv. 3, queft. 73, n°. 26. Charondas, liv. 13, réponfe 103. Papon, liv. 13, tit. 2, Arrêt 30. Lapeyrere, lettre V, n°. 20. Auvergne, ch. 16, art. 1.

(*f*) Dumoulin, *locis fuprà*.

(*g*) *Suprà* n°. 17.

(*h*) Dargentré, *de laudimiis in principio*, & §. 2 ; & fur Bretagne, art. 59, note 3, n°. 7, 9. Henris, liv. 3, queft. 26, n°. 4 ; & queft. 73, n°. 5.

réellement une vente ; parce que son objet n'est pas rempli , & que par le fait , elle est réduite à rien : d'où il résulte que l'ouverture des lods est résoluble comme la vente , si celle-ci ne sort pas à effet (*i*) ; mais , dans le cas contraire , son exécution a un effet rétroactif au tems du contrat ; & en mettant le sceau à la vente , elle assure l'ouverture des lods , opérée par le susdit contrat , à moins qu'elle ne soit infectée de quelque vice qui l'annulle , comme nous le dirons aux nᵒˢ. 648 , & suivans.

C I V.

Différence du relief.

Les lods sont dûs par le contrat , & dès l'instant de sa passation ; mais il en est autrement du relief qui n'est dû que par la mutation pleine du Vassal du côté de l'ancien & du nouveau possesseur , & par la délivrance réelle ou feinte qui opere cette mutation (*k*). En effet , on trouve communément , dans les Coutumes & dans les Auteurs , *que les lods sont dûs de tout contrat de vente , ou équipollent à vente ; que d'un contrat nul , ne sont dû lods* : au lieu qu'en parlant du relief , il y est dit , *qu'il est dû par le changement de main*. Le principe de cette différence dérive de la différente origine de ces deux droits , comme nous l'avons ci-devant établi (*l*) : on en verra les suites , à l'égard du relief , au vers. 3 du nᵒ. 689.

C V.

Fruit civil instantané.

Au reste , les lods & le relief sont des fruits civils qu'on seme , & qui se reproduisent dans le même instant (*m*) ; en quoi ils dif-

---

(*i*) Dumoulin , sur la Coutume de Paris , § 55 , Gl. 3 , *hodiè* 78 , nᵒ. 3. Anciens jugemens , dans Bouteiller , somme rurale , liv. 1 , tit. 72. Auvergne , ch. 16 , art. 1.

(*k*) Dumoulin , sur la Coutume de Paris , §. 22 , *hodiè* 33 , Gl. 1 , nᵒ. 30 ; & §. 13 , *hodiè* 20 , Gl. 3 , nᵒ. 12. Guyot , du relief , ch. 3 , nᵒ. 4 & 5 ; & des lods , ch. 1 , nᵒ. 3 , 19.

(*l*) *Suprà* nᵒ. 22.

(*m*) Dumoulin , sur la Coutume de Paris , §. 1 , Gl. 1 , nᵒ. 50---53 ; & §. 34 , *hodiè* 50 , nᵒ. 4. Duperier , abrégé des décisions de Dumoulin , nᵒ. 6.

ferent des autres fruits civils, tels que les loyers des maisons,
qui viennent successivement; ensorte que les lods & le relief sont
dûs en entier au possesseur de la Seigneurie, dès l'instant de l'ouverture de ces différens droits.

C V I.

Si le prix de la vente n'est payable qu'à terme ou à parcelles *S'il y a terme*
par la convention, en ce cas, quoique les lods soient dûs du *pour le paiement.*
moment du contrat, ils ne sont pourtant exigibles que lors de
l'échéance du terme ou des termes, & dans la même proportion; parce qu'un paiement actuel ou prochain est plus onéreux
qu'un paiement éloigné, en vertu de la regle *tempore plus sol-
vitur (n)*, & que le délai du paiement fait partie du marché (o):
ensorte que si les lods étoient exigibles sans le terme, ils ne seroient plus dans la proportion géométrique avec le prix (p).

2°. Si cependant les intérêts du prix courent au profit du
vendeur, ce qui a lieu de plein droit lorsque l'objet de la vente
porte des fruits naturels ou civils (q), en ce cas, les lods sont
exigibles du jour que le prix commence à porter intérêt; parce
qu'alors le terme n'a pas été donné précisément pour alléger
l'obligation de l'acquereur, mais en vûe de ces intérêts qui doivent
courir à sa charge (r); d'autant mieux que pour rétablir l'égalité, il faudroit faire courir l'intérêt des lods au profit du Seigneur, quoique par la nature de la chose ils ne puissent porter
intérêt qu'en punition de la demeure du débiteur (s).

(n) §. 33, *instit. de actionib.*; & §. 5, *de fide jussorib. ibidem.*
(o) *L.* 1, §. *editiones ff. de edendo.*
(p) Dumoulin, sur la Coutume de Paris, §. 55, Gl. 1, *hodiè* 78, n°. 42—
44; & §. 54, *hodiè* 77, n°. 34. Dargentré, sur la Coutume de Bretagne, art.
64, n°. 14.
(q) *L.* 13, §. 20 & 21, *ff. de action. empti.* Potier, de la vente, n°. 238.
(r) Dumoulin, sur la Coutume de Paris, §. 55, Gl. 1, *hodiè* 78, n°. 45,
46; & §. 58, *hodiè* 83, n°. 26.
(s) *L.* 17, §. 3; & *L.* 32, §. 2, *ff. de usuris.*

C V I I.

Obligation d'exhiber.

Dans le cas où les lods ne sont pas exigibles d'abord, à cause du terme gratuitement donné à l'acquereur pour le paiement du prix, il peut pourtant être actionné en exhibition du contrat, d'autant mieux que ce n'est que par cette exhibition qu'on peut s'assurer de la stipulation du terme ; ensorte qu'on peut demander contre lui cette exhibition actuelle (*t*).

C V I I I.

Dispense d'investir.

Au reste, dans le même cas où le redevable a un terme de droit pour l'acquittement des lods, le Seigneur n'est pas tenu de l'investir qu'il n'en ait été payé en entier (*u*) ; car, quoique les lods ne soient pas le prix de l'investiture, mais celui de la permission de vendre, comme nous l'avons prouvé, il n'est pourtant pas juste d'obliger le Seigneur à investir l'acquereur, lorsque les lods attachés à la vente lui sont dûs ; puisque l'investiture donnée sur une vente suppose la permission de la faire, ou qu'elle en tient lieu, sans opérer pourtant la décharge des lods (*suprà*, nº. 95 & 98).

C H A P I T R E X I I I.

Où sont payables les Lods ? Paiement par compensation ou par autrui.

CIX. *Au manoir dans le fief.*
Bis CIX. *Paiement par compensation ou par autrui.*
CX. *S'il n'y a point de manoir.*

(*t*) Dumoulin, sur la Coutume de Paris, §. 55, Gl. 1, *hodiè* 78, nº. 90.
(*u*) Dumoulin, sur la Coutume de Paris, §. 55, Gl. 1, *hodiè* 78, nº. 42···
46. Coutume de Toulouse, quatrieme partie, tit. des fiefs, nº. 15.

C I X.

1°. Les cenfitaires & les vaffaux font tenus, pour le renou- *Au manoir dans le fief.*
vellement de l'inveftiture & le paiement des droits, d'aller au
manoir du Seigneur; parce que l'un & l'autre devoir emportent
une marque d'honneur & de révérence de leur part (*v*). La Loi
Romaine avoit dit dans une efpece parallele, *potentiorumque
homines neceffitatem debitam penfionum, ut honeftas poftulat,
agnofcere moneantur* (*x*).

2°. S'entend que le manoir du Seigneur foit dans l'étendue
de fa feigneurie ou de fon fief; parce qu'il ne peut tranfporter
fon manoir hors de leur enceinte, en changeant la forme de
l'ancienne inveftiture; ni féparer les membres du chef lieu, en
tranfportant l'exercice de fes droits dans une autre feigneurie ou
dans un autre fief (*y*). Delà vient qu'un Arrêt du Parlement de
Touloufe du 4 Avril 1730, difpenfe les redevables de reconnoître hors de la feigneurie, quoiqu'ils l'euffent précédemment
fait (*z*). Toutefois nous modifierons ce principe au n°. 110.

Bis C I X.

1°. En partant du contenu au verfet premier du n°. précédent, *Paiement par*
la dette des lods ne fe compenfe pas de plein droit avec une *compenfation ou*
créance du redevable, pas même celle d'un autre droit de lods..... *par autrui.*
Si toutefois il va offrir la compenfation *au manoir du Seigneur*,
alors elle fe fait du jour de cette offre; puifqu'au moyen d'i-
celle, le redevable rempliffant fes devoirs d'honneur, de révérence & de reconnoiffance de la directe, il eft parfaitement ac-
quitté à cet égard (*a*), & que rien ne met obftacle à la compenfation.

(*v*) Dumoulin, fur la Coutume de Paris, §. 62, *hodiè* 85, n°. 3.

(*x*) L. 3. *Cod. de commerciis.*

(*y*) Dumoulin, fur la Coutume de Paris, §. 45, *hodiè* 63, n°. 6; & §. 62,
hodiè 85, n°. 4.

(*z*) Nouveau Journal du Palais, tome 5, Arrêt 13.

(*a*) Dumoulin, fur la Coutume de Paris, §. 62, *hodiè* 85, n°. 3, 32, 37,
38. Potier, des obligations, n°. 589, verf. 4.

2°. Par la même raison, on ne peut payer les lods malgré le Seigneur, à l'infçu du redevable, & fans l'aveu de celui-ci; 3°. mais fon Procureur fondé peut valablement les offrir au manoir, comme on peut les offrir pour un abfent, & comme le créancier hypothécaire le peut de même, pour conferver fon hypotheque & éviter l'amende ou la commife, s'il y a lieu (b); parce que la collufion ou la négligence de fon débiteur ne doit pas tourner à fon dam. (c).

C X.

S'il n'y a point de manoir.

1°. Si le Seigneur ne réfide pas dans fa feigneurie ou dans fon fief, & que d'ailleurs il n'ait point de manoir dans leur étendue, il femble que les lods foient portables à fon domicile, pourvu qu'il réfide dans la même Ville que le débiteur : car telle eft la regle que toute dette en argent eft portable avec cette modification (d); mais dans tout autre cas, on interprete dans le doute l'obligation en faveur du débiteur (e) : autrement un devoir de pure honnêteté lui deviendroit onéreux.

2°. A l'égard des droits feigneuriaux, nous croyons qu'il faut diftinguer; & que fi le Seigneur a un fief contigu d'une certaine étendue, ou une feigneurie, il faut s'en tenir fcrupuleufement à la regle (f); que comme il ne peut être tenu de recevoir fes droits hors de fa feigneurie ou de fon fief, quand même il fe trouveroit ailleurs au moment de l'offre qu'on lui en feroit, de même il n'eft pas en droit d'établir le lieu de fa récette hors de cette enceinte, par les raifons exprimées au n°. précédent.

3°. Mais fi c'eft un fief épars ou de peu d'étendue, auquel cas il eft toujours difficile & quelquefois impoffible au Seigneur de

---

(b) Dumoulin, fur la Coutume de Paris, §. 61, *hodiè* 85, n°. 79, & fuivans, jufqu'au n°. 91.

(c) L. 9, ff. *de liberali caufâ.*

(d) Dumoulin, fur la Coutume de Paris, §. 61, *hodiè* 85, n°. 104, & *in tractatu contract. ufur. quæst.* 9.

(e) Potier, des obligations, n°. 515.

(f) Art. 63 de la Coutume de Paris; & la conférence fur cet article. Ferriere, fur la queft. 123 de Guy-Pape. Loifel, liv. 4, tit. 5, regle 1.

fe

se procurer un lieu de recette dans son enceinte, nous croyons qu'il faut courber la regle par la raison d'équité, & que le Seigneur peut exiger les lods, la reconnoissance & les autres droits, hors des bornes de son fief; autrement la perception de ses droits lui seroit pour ainsi dire impossible, bien entendu pourtant, que cette condescendance ne sera pas onéreuse aux redevables (g).

CHAPITRE XIV.

DÉFAVEUR des Lods.

C X I.

C'est une maxime trop négligée, peut-être, quoique répétée en cent endroits dans le Droit Romain, que dans le doute & à *droit égal*, le Magistrat & la Loi, doivent se déterminer en faveur de la libération (h) ; & cet axiome est tout à la fois une regle de police & un précepte de morale.

En effet, par la nature des choses, le débiteur & le redevable sont trop souvent foulés par l'homme riche & puissant; d'où il résulte, 1°. que c'est un devoir d'humanité de tendre une main

Faveur de la libération.

***

(g) *Ut neque delicatus debitor, nec onerosus creditor audiatur, L. 25, in fine ff. de pigner. actione.*

(h) *LL. 67 & 99, ff. de obligat. & actionib. L. 26, de rebus dubiis. LL. 9 & 34, ff. de regulis Juris.*

In pari causâ, cap. 11, de reg. Jur. in-6°.

Tome I.   M

secourable au foible opprimé ; 2°. qu'une conduite contraire est directement opposée à une bonne police & à la maxime que *le salut du peuple est la suprême Loi* ; & qu'indépendamment des autres inconvénients politiques qui peuvent s'ensuivre, l'appauvrissement du foible, le met dans l'impuissance de contribuer aux charges de l'état.

L'autorité doit donc se roidir contre la propension contraire, & s'en méfier ; mais surtout elle ne doit jamais perdre de vûe que la partie pauvre & débitrice, est tout à la fois la plus foible, la plus nombreuse, la plus utile de la nation, & celle qui supporte presque toutes les charges personnelles, & grande partie des charges réelles du corps social.

Puissent ces vérités jetter les plus profondes racines dans tous les cœurs des citoyens.

C X I I.

Présomption d'exemption des lods.

A l'égard des lods & du relief, les Seigneurs féodaux ou censiers, ne sont fondés à les demander, qu'autant qu'ils y sont autorisés par le titre ou par la coutume des lieux, parce que c'est un assujettissement accidentel & contraire à la franchise, dont les biens fonds doivent naturellement jouir (*i*).

C X I I I.

Défaveur des lods.

Il résulte de ce dessus, que tout est de rigueur dès qu'il s'agit de prononcer en faveur des lods & du relief, & qu'il n'y a pas lieu d'étendre cet assujettissement défavorable à tous égards (*k*), soit parce qu'il est à la charge des redevables & des agriculteurs, dont l'intérêt est toujours précieux aux yeux de la politique &

(*i*) Dumoulin, sur la Coutume de Paris, §. 53, *hodiè* 76, n°. 11. Dargentré, sur celle de Bretagne, art. 62, note 2, n°. 3. L. 8, 9, & 11, *Cod. de servit. & aquâ.*

(*k*) Dumoulin, sur la Coutume de Paris, §. 23, *hodiè* 33, Gl. 2, n°. 3. Dargentré, sur celle de Bretagne, art 62, note 2, n°. 3.

de l'humanité, foit parce que cette charge dérive d'une loi positive, qui déroge à la franchife naturelle des biens fonds (*l*).

C X I V.

Delà vient que, felon l'expreffion de Dargentré, „ les Sei- „ gneurs ne font pas fondés à devenir fcrutateurs féveres des „ traités des redevables, ni à les efpionner & à gêner la liberté „ des contrats, & celle de difpofer arbitrairement de leur bien, „ quand même il en réfulteroit du déchet dans la perception „ des droits „ (*m*). C'eft par une fuite de cette liberté, qu'il eft permis au parties de donner à leurs traités une tournure qui les affranchiffe, au lieu de prendre la voie ordinaire qui donneroit ouverture aux droits (*n*) ; bien entendu pourtant, qu'il n'y ait ni fraude ni fimulation, & qu'on n'ait pas caché fous la forme & l'apparence d'un contrat exempt, les caracteres & l'effence d'un contrat fujet. Ce principe fera développé dans toute fon étendue au n°. 785 & fuivants.

Liberté de traiter. Curiofité des Seigneurs.

Bis C X I V.

La nature des fiefs confifte dans la bénignité, parce qu'ils font fondés fur la bienfaifance (*o*) ; enforte que le Seigneur contrediroit fon propre titre, s'il invoquoit la rigidité des regles contre fes redevables dans la perception de fes droits, & plus encore pour les étendre (*p*).

Bénignité dans la perception.

(*l*) L. 8, 9, & 11, *Cod. de fervit. & aquâ* ; L. 9, *ff. de fervit. præd. urban.*

(*m*) Dargentré, fur la Coutume de Bretagne, art. 73, note 4, n°. 3, & art. 59, note 2, n°. 7. Guyot, des licitations, ch. 4, pages 64 & 65.

(*n*) Dumoulin, fur la Coutume de Paris, §. 22, *hodiè* 33, Gl. 1, n°. 104 ; & §. 23, *hodiè* 33, Gl. 2, n°. 19, 20. Dargentré, fur celle de Bretagne, art. 73, note 4, n°. 3 & 4, & du partage des Nobles, queft. 40, n°. 3 & 4.

(*o*) Dumoulin, fur la Coutume de Paris, §. 22, *hodiè* 33, Gl. 1, n°. 83. Boiffieu, ch. 9 & ch. 10, p. 50 & 51.

(*p*) Dumoulin, *ibidem.* Boiffieu, ch. 10, p. 51.

CHAPITRE XV.

PREUVE des contrats contre le redevable.

CXV. *Preuve des contrats.*

C X V.

Pour terminer cette premiere partie, nous ajouterons que les contrats passés par le redevable ou par son auteur, font pleine & entiere foi contre lui, en tant qu'ils peuvent donner ouverture aux droits du Seigneur; quoique selon les circonstances, celui-ci puisse être reçu à prouver le contraire du contenu en ces contrats (*q*). Ce droit du Seigneur dérive de la Loi, qui, en lui donnant les droits de mutation, lui accorde tout ce qui est nécessaire pour les exercer : delà vient qu'il peut obliger le redevable à l'exhibition de ses titres de propriété (*r*).

(*q*) Dumoulin, sur la Coutume de Paris , §. 58 , *hodiè* 85 , n°. 60 & 61.

(*r*) *Argumento* , L. 2 , *ff. de jurisdict.* Dumoulin, sur la Coutume de Paris , §. 13 , *hodiè* 20 , Gl. 3 , n°. 3. Dargentré , sur celle de Bretagne , art. 140 , note 1 , n°. 1. & 2.

SECONDE PARTIE.

QUELLES choses sont sujettes aux Lods & Ventes ?

CHAPITRE PREMIER.

DES Lods & Ventes des immeubles, des biens censuels ou emphytéotiques des Offices fieffés, & des Péages ou des Courtages non inféodés.

CXVI. Immeubles seulement.
CXVII. Offices fieffés.
CXVIII. Péages, courtages, ponts & dépendances.
CXIX. Biens censuels.
CXX. Biens emphytéotiques.
V. les n°. 177, & suivans.

C X V I.

Il n'y a que les immeubles corporels ou incorporels, qui puissent être sujets aux lods & ventes (*s*) ; parce que les meubles sont par leur nature hors de la dépendance féodale ou censuelle, d'où il résulte qu'ils sont essentiellement exempts de tous profits de fief (*t*) ; & que dans le cas de vente d'iceux, confusément

Immeubles seulement.

____

(*s*) Dargentré, sur la Coutume de Bretagne, art. 59, note 3, n°. 1 & 2.
(*t*) Dargentré, *de laudimiis*, cap. 1, §. 32. Livonière, liv. 3, ch. 6, sect. 7, §. 8, p. 141, 242. Guyot des lods, ch. 9, n°. 1. Président Bouhier, sur la Coutume de Bourgogne, ch. 37, n°. 23, & suivans.

avec des immeubles sujets, il doit être fait une ventilation pour distinguer le prix de chacun.

C X V I I.

Offices fieffés. 1°. Mais, indépendamment des immeubles proprement dits, il en est de fictifs qui sont sujets à la dépendance féodale. Nous parlons des offices fieffés, c'est-à-dire, de ceux qui par leur nature n'auroient dû être exercés qu'en vertu des provisions de la puissance publique, qui seule est en droit de les conférer ; au lieu que par l'acquisition de l'hérédité, résultant de l'inféodation, l'Officier fieffé est en possession de son office, par la simple investiture du Seigneur.

Ce n'est pas ici le lieu de développer l'origine, les fonctions, la décadence & l'abolition de la plupart de ces offices, dont il y avoit plusieurs especes, témoin les dignités & les canonicats des Eglises, tenus en fiefs dans les dix & onzieme siecles (*u*), même les bas offices des Monasteres (*x*) ; mais comme cette matiere appartient à un autre traité, il suffit d'observer, relativement à ce dont il s'agit, qu'en Poitou, en Normandie, en Anjou, &c. il y a encore des sergenteries fieffées (*y*), anciennement possédées par des Gentilshommes, qu'on appelloit *Sergens Ecuyers, ou Varlets* (*z*), chargés par état d'exécuter les mandemens de la justice de leurs Seigueurs (*a*) : ils sont maintenant autorisés à faire faire ce service par un Vicaire (*b*), pourvu toutefois que ce Vicaire soit agréé par le Seigneur ou par le Baïlli, comme il résulte d'un Arrêt de 1288 (*c*).

(*u*) Histoire du Languedoc, tom. 2, p. 110, 181.

(*x*) *Bene*. Droit public de Bouquet, Avertissement, tom. 1, p. 11 & 12.

(*y*) Loiseau, des Offices, liv. 2, ch. 2, n°. 48, 49, 50, 55. Livoniere, liv. 1, ch. 3, p. 10.

(*z*) Brussel, liv. 2, ch. 6, p. 167, 168, 171, 172. Glossaire, du Droit François, *verbo* fief-ferme.

(*a*) Brussel, liv. 2, ch. 42, p. 665. Grand Coutumier, liv. 1, ch. 2, p. 9.

(*b*) Dargentré, sur la Coutume de Bretagne, art. 341, note 2, n°. 5 ; & art. 91 de la nouvelle Coutume de Bretagne.

(*c*) Brussel, liv. 3, ch. 6, p. 172.

2°. A l'égard des prestations auxquelles ces sergenteries sont sujettes, l'ancienne coutume de la Salle & de Lile, les assujettit à 30 sols de relief & à 30 sols de service (d). Ils sont sujets de même au relief, selon l'art. 17 de la Coutume de Chartres, & selon l'art. 4 de celle de Valenciennes ; mais l'art. 157 de celle de Normandie, les déclare sujets à l'hommage, avec exemption de relief (e).

3°. Quant à nous, abstraction faite de tout texte de Coutume, nous adoptons à tous égards les dispositions de celle de Normandie, & nous croyons les fiefs héterogenes exempts de lods & de relief, même dans les pays où les autres fiefs y sont indistinctement sujets ; parce que tout est de rigueur, dès qu'il s'agit d'étendre cette obligation (f), & qu'il n'y a pas lieu d'argumenter d'un cas à l'autre, sous prétexte de parité de raison ou d'analogie, selon le langage de Dargentré, pour leur imposer les charges pécuniaires de autres fiefs (g).

C X V I I I.

1°. Dès que la prestation des lods & ventes dérive de la qualité féodale ou censuelle du bien sujet, il résulte de cette regle, que tout ce qui n'est ni féodal ni censuel, est exempt de lods.

Péages, ponts, Courtages & dépendances.

Delà vient qu'un Arrét du mois de Mars 1619, rapporté par Lebret, déclare exempt des profits de fief contre les Religieux de S. Denis, le péage sur le Pont de Neuilli, établi au profit de ceux qui avoient fait les fraix de la construction de ce pont (h); & qu'un autre Arrét du 28 Juin 1640, prononce pareille exemption pour la vente du pont de Buq ; parce que, dit Livoniere, ce péage ni ce pont n'avoient pas été inféodés (i);

(d) Bouteiller, liv. 1, tit. 84, p. 493.
(e) Loiseau, des Offices, liv. 2, ch. 2, n°. 55, 56.
(f) *Suprà* n°. 113.
(g) Dargentré, sur la Coutume de Bretagne, art. 62, note 2, n°. 3.
(h) Lebret, notables quest. liv. 5, ch. 10.
(i) Livoniere, liv. 3, ch. 6, sect. 7, §. 10, p. 246.

& que les droits dont il s'agit ne dérivoient pas de la concession expresse ni présumée des Seigneurs.

2°. Mais à l'égard des ponts qui sont construits sur des rivieres navigables, ils sont dans la mouvance du Roi, de même que les péages qui y sont attachés (*k*); même les maisons bâties sur ces ponts, comme le tout étant inhérant au Domaine du Roi, & réputé dépendant de sa concession, suivant les Edits de Décembre 1593, & d'Avril 1713 (*l*), toutefois avec la modification énoncée au n°. 177, vers. 9 : de même les péages ordinaires & les droits de pontanage, sont sujets au lien féodal; parce que ce sont des droits fonciers attachés au fief vassal dont ils font partie (*m*).

Nous observons à ce propos, qu'il n'en est pas d'un pont établi sur les rivieres seigneuriales, comme d'un bac (*n*); parce que le bac ne flotte que par les eaux de la riviere; il est donc seigneurial comme la riviere dont il est dépendant : au lieu que les ponts n'existent que par l'industrie des hommes, indépendamment de la concession des Seigneurs.

3°. A l'égard des courtages, un Arrêt du Parlement de Toulouse du 3 Septembre 1707, au rapport de M. de Prohenques, décharge des lods celui de St. Jean de Fos, contre les Bénédictins de St. Guilhem-le-Désert, Seigneurs dudit lieu; & un Jugement des Trésoriers de France de Montpellier, du 5 Mai 1760, acquiescé par le Receveur-Général du Domaine, décharge contre lui Me. François Castanier, des lods & de l'ensaisinement du courtage de Magalas, & condamne le Receveur-Général aux dépens, qu'il paya. On rapportoit, lors de ce Jugement, trois

____

(*k*) Dictionnaire du Domaine, *verbo* péages, p. 426, 427. Laplanche, liv. 1, ch. 3, n°. 10. Bacquet, questions sur les boutiques du Palais, ch. 15, n°. 12, 13, & 14. Déclaration du mois d'Avril 1683, & Edit de Décembre 1693. Loix forestieres, tit. 1, art. 4.

(*l*) Laplanche, liv. 1, ch. 3, n°. 10. Edits susdits dans les Loix forestieres, tit. 1, art. 4.

(*m*) Bacquet, sur les baux des boutiques du Palais, ch. 15, n°. 21. Dictionnaire du Domaine, *verbo* péages. Livoniere, liv. 3, ch. 6, sect. 7, §. 10. Lebret, notables questions, liv. 5, ch. 10.

(*n*) Infrà n°. 177.

Ordonnances

Ordonnances de 1717, de M. de Basville, Intendant du Languedoc, qui déchargent du franc-fief les possesseurs des courtages de Belurga, de Vias & du Pouget, dans le Bas-Languedoc.

C X I X.

L'usage le plus général du Royaume, assujettit les biens censuels aux lods, quoiqu'un petit nombre de coutumes les en exempte, s'il n'y a titre pour les assujettir (*o*) ; mais ces coutumes sont contraires au droit commun, qui prononce leur assujettissement comme inhérant à la tenure censuelle, tant dans le pays de coutume, que dans le pays de Droit écrit (*p*). *Biens censuels.*

Nous parlerons dans la troisieme partie des biens baillés à surcens, à rente fonciere & à locaterie perpétuelle.

C X X.

Par la Loi Romaine, ils étoient dûs de droit commun, au cinquantieme denier en emphytéose, s'il n'y avoit titre contraire (*q*), quand même la concession auroit porté permission de vendre ; parce que cette permission ne dispense pas de l'investiture (*r*) ; & qu'au lieu que les lods sont attachés, selon notre Droit, à la permission de vendre, ils étoient dûs précisément & taxativement pour l'investiture, selon le Droit Romain (*s*). *Biens emphytéotiques.*

Au reste, quoique dans les pays de Droit écrit, notre commerce avec le Droit Romain nous ait fait adopter les expressions d'emphytéose & de prélation, le vrai est pourtant qu'il n'y a point de véritable emphytéose parmi nous, mais seulement des

---

(*o*) Dumoulin, sur la Coutume de Paris, §. 53, *hodiè* 76, no. 7.

(*p*) Loisel, liv. 4, tit. 2, reg. 6. Loiseau, du déguerpissement, liv. 1, ch. 5, n°. 4. Maynard, liv. 4, ch. 37. Arrêt du 6 Juillet 1735, dans le nouveau Journal du Palais, tome 6, Arrêt 301.

(*q*) L. 3, *Cod. de jure emphit.*

(*r*) Despeisses, des droits seigneuriaux, tit. 4, sect. 5, part. 3, n°. 8, p. 60. Supplément d'Henrys, liv. 1, ch. 12, n°. 10.

(*s*) L. 3, *vers. fin. Cod. de jure emph t.*

Tome I.   N

baux à cens, comme dans la France Coutumiere ; puisque le défaut de paiement du cens pendant trois ans, n'emporte pas la
commise comme en emphytéose (*t*) ; & que le Seigneur emphytéotique avoit *droit de préférence ou de prélation* du bien tenu
de lui, avant que l'emphytéote en eût fait la vente, dont il étoit
obligé de le prévenir (*u*) ; au lieu que dans notre usage, l'exercice de la parfaite patrimonialité, autorise le censitaire à vendre,
& le Seigneur n'a que le droit de retraire, c'est-à-dire, de retirer
des mains de l'acheteur, le bien censuel, avec obligation de lui
rendre le prix de son achat & les loyaux-coûts, dans les pays où
il a l'exercice du retrait ; au lieu que le Seigneur emphytéotique
ne pouvoit être sujet à aucuns loyaux-coûts, puisqu'il exerçoit la
prélation avant la vente.

Cependant l'emphytéose ressemble au bail à cens, en tant que
l'un & l'autre assujettit le redevable à une prestation annuelle, &
au droit de lods, en cas de vente : elle ressemble encore à quelqu'égard, aux baux à rente fonciere ou à locaterie perpétuelle,
dont nous aurons occasion de parler dans la troisieme Partie de
ce traité.

CHAPITRE II.

DE l'assujettissement des **Fiefs** aux Lods & Ventes.

SECTION PREMIERE.

ANALYSE des principes relatifs à cet objet.

CXXI. *Droit commun. Exemption des fiefs.*
CXXII. *Différence des Fiefs aux rotures.*
CXXIII. *Autre différence quant au retrait.*

[*t*] *L. 2 , vers. Sin autem , Cod. de jure emphit.*
[*u*] *L. 3 , vers. Sed ne hac , Cod. de jure emphit.*

C X X I.

» Le fief, dit Dumoulin, est la concession benevole, libre & *Droit commun.*
» perpétuelle d'un immeuble réel ou fictif, avec aliénation du *Exemption des fiefs.*
» domaine utile, rétention de la directe, & à la charge de la fidé-
» lité & des services du fief (*v*).

Cette définition ne peut se rapporter qu'à leur état primitif; puisqu'on fait depuis long-temps des concessions de fief à prix d'argent; que tout service militaire de fief est aboli hors à l'égard du Roi, & que dans plusieurs Provinces il y a réservation expresse ou tacite des profits.

Quoi qu'il en soit, en prescindant de tout statut ou usage local & de droit commun, les fiefs sont exempts de toute prestation pécuniaire, comme contraire à la gratuité de leur origine. Tel est l'avis unanime des Auteurs, tant dans les pays coutumiers, que des Parlemens du Droit écrit (*x*), confirmé par deux Arrêts du Parlement de Toulouse des 2 Février 1658 (*y*) & 14 Août

----

[*v*] Dumoulin, sur la Coutume de Paris, tit. 1, au préambule, n°. 114.

[*x*] Dumoulin, sur la Coutume de Paris, §. 23, *hodiè* 33, Gl. 2, n°. 3. Papon, liv. 13, tit. 1, Arrêt 3. Ferriere, sur la question 167 de Guy-Pape. Cambolas, liv. 4, ch. 3. Chopin, sur la Coutume de Paris, liv. 1, tit. 1, n°. 5. Albert, *verbo* Lods, Arrêt 2. Dargentré, sur la Coutume de Bretagne, art. 70, note 2, n°. 4.

[*y*] Catellan, liv. 3, ch. 22.

1708 (*z*). On trouve encore dans les annales de Laffaille, un certificat des Officiers du même Parlement, qui atteste cette exemption, indépendamment d'une foule d'autorités, rapportées au même endroit (*a*) ; & d'un autre Arrêt du 15 Février 1622 (*b*).

C X X I I.

Différence des fiefs aux rotures.

Il nous reste à examiner deux bizarreries de la Jurisprudence, que M. de Boutaric, célebre Professeur en Droit François, à Toulouse, a relevées ; & à résoudre les deux problémes qu'il a proposés à cette occasion (*c*).

On demande sur quoi peut être fondée l'exemption présumée des lods, à l'égard des fiefs ; tandis que la présomption contraire a lieu à l'égard des biens censuels, quoique les lods aient été originairement attachés à la permission de vendre (*d*), & que la nécessité de cette permission fût la même pour les fiefs comme pour les rotures.

C'est, selon nous, parce que les biens tributaires ou censuels ont été, de tous les tems, obligés à des prestations utiles envers leurs Seigneurs (*suprà* n°. 13, vers. 3), & d'ailleurs, exempts du service militaire ; parce que ces biens n'ont été possédés dans les premiere & seconde Race, que par des serfs (*e*) ; & que nos peres, ainsi que tous les anciens peuples de l'Europe, avoient dédaigné d'associer les serfs au service des armes (*f*) : de là vient sans doute que durant le gouvernement féodal, on n'accorda qu'à prix d'argent la permission de vendre aux Serfs & aux Vilains, ou *hommes de Poëste*, possesseurs des biens censuels ; & qu'on

---

[*z*] Nouveau Journal du Palais de Toulouse, tome 3, Arrêt 136.
[*a*] Lafaille, tome 2, pages 12, 21, 93.
[*b*] Cambolas, liv. 1, ch. 15.
[*c*] Boutaric & Sudre, des droits seigneuriaux, tit. 3 des Lods, §. 3, n°. 1.
[*d*] *Suprà* n°. 17.
[*e*] *Suprà* n°. 13.
[*f*] Art. 6 de la Charte de Charles-le-Gros, de 888, dans Brussel, liv. 1, ch. 4. Esprit des Loix, liv. 15, ch. 13. Loi des Wisigoths, liv. 5, tit. 7, §. 20 ; & liv. 9, tit. 2, §. 9.

regarda la perception de cette finance comme inhérente au bail censuel ; parce que ce bail ne donnoit au Seigneur, que des prestations en denrées ou en argent, & que la directe censuelle étoit un bien purement économique dans ses mains.

Au lieu que les biens féodaux étoient possédés par des Nobles, qui rendoient le service militaire à leurs Seigneurs, & le service des plaids dans leur Cour (g) ; ou par des Ecclésiastiques qui faisoient rendre ce double service par leurs avoués (h). Or, les dangers & les frais du service militaire, & de celui des plaids, faisoient plus que remplacer, au profit des Seigneurs, les prestations en argent ; au point que, pendant le gouvernement féodal, les hauts Seigneurs, épuisés, établirent des rentes sur leurs domaines en faveur des Nobles, qu'ils attacherent à leur service en leur donnant ces rentes en fief (i) : on a donc dû considérer le service & la fidélité comme les seuls & uniques droits inhérens au fief (k) ; & par voie de suite, les charges pécuniaires, comme contraires à son institution, & exhorbitantes de droit commun, même dans les pays où elles ont été établies par l'usage ou par convention.

C X X I I I.

1°. M. de Boutaric demande encore pourquoi le droit commun du Royaume exempte les biens censuels du retrait seigneurial, tandis qu'il y assujettit les fiefs. *Différence à l'égard du retrait.*

C'est à notre avis que, pendant le gouvernement féodal, lors duquel notre droit seigneurial fut établi, les Seigneurs de fief

---

(g) Esprit des Loix, liv. 3, ch. 3, 4, & 18. Capitulaires, liv. 3, ch. 70, 71 ; & liv. 5, ch. 288. Ducange, *verbo, Beneficium*, p. 1116 ; & *verbo, Hominum.* Brussel, liv. 1, ch. 4. Glossaire du Droit François, *verbo,* Service de Cour. Beaumanoir, ch. 28. Bouteiller, liv. 1, tit. 83, p. 485, 486. Histoire du Languedoc, tome 2, p. 98, 244.

(h) Art. 3 de la Charte de Charles-le-Gros, de 888, dans Brussel, liv. 1, ch. 4.

(i) V. des exemples de ces dons dans La Theumassiere, sur la Coutume de Berry, cinquieme partie, ch. 35. Loiseau, des Offices, liv. 2, ch. 5, n°. 58. Chantereau, pr. par les actes, page 108. Brussel, liv. 1, ch. 1, § 11 & 12.

(k) Selon la définition qu'en a donné Dumoulin, rapportée au n°. précédent.

avoient un grand intérêt à l'exercice du retrait féodal, soit pour n'avoir pas un Vassal désagréable (*l*), soit pour réunir à leur domaine, des fiefs qu'ils pouvoient avoir besoin de garder : or, ils furent les maîtres d'établir ce retrait dans un tems où leur droit d'investiture étoit si précieux, & où le seul refus d'investir l'acquéreur le mettoit dans la nécessité de consentir au retrait : telle est vraisemblablement l'origine du retrait féodal, dont on trouve l'existance dans les Livres des fiefs (*m*), qui furent écrits dans le douzieme siecle, vers le regne de l'Empereur Frédéric Barberousse (*n*), quoiqu'on n'y trouve pas la moindre trace des profits de fief.

2°. A l'égard des biens censuels, ils ne furent pas soumis au retrait seigneurial, parce que les Seigneurs censiers n'eurent nul intérêt de l'acquérir ; & qu'au contraire, son exercice auroit diminué leurs revenus censuels.

Ils n'eurent aucun intérêt de l'exercer, parce qu'il n'y avoit pas lieu de craindre l'acquisition d'un censitaire désagréable, tandis que les Serfs ou les Vilains, *& hommes de Poëste*, possesseurs des biens censuels, n'étoient rien ; au point que plusieurs Auteurs confondent l'homme de Poëste avec le Serf (*o*) : aussi Pierre Desfontaines, qui vivoit sous Saint Louis, faisoit cette semonce aux Seigneurs : « Saches-bien que selon Dieu tu n'as » mie pleniere poëste sur ton Vilain, dont si tu prends du sien, » tu le prends contre Dieu, & sur le peril de ton ame ; autre- » ment, n'averoir nulle différence entre Serf & Vilain ; mais » par notre usage, na il entre toy & ton Vilain, juge fors » Dieu (*p*).

D'ailleurs, l'exercice du retrait censuel auroit été désavantageux aux Seigneurs : en effet, ils auroient perdu, par cet exercice, les grosses rentes qu'ils percevoient sur leurs censitaires

---

(*l*) Laplanche, liv. 2, ch. 2, n°. 1.
(*m*) *Feudorum*, *lib.* 2, *tit.* 9, §. 1, *& suprà* n°. 21.
(*n*) *Feudorum*, *lib.* 2, *tit.* 27 *& tit.* 55.
(*o*) Boureiller, liv. 1, tit. 93, p. 528. Grand Coutumier, liv. 2, ch. 41, p. 170 & 171. Beaumanoir, ch. 45 & 48. Glossaire, du Droit François, *verbo*, Poëste.
(*p*) Desfontaines, ch. 21, §. 8.

dans un tems où les rentes en argent avoient une valeur immenſe, en comparaiſon de leur valeur actuelle. En effet, lors de l'établiſſement du gouvernement féodal, les monnoies n'avoient pas été déprétiées par le billon, comme elles l'ont été principalement depuis le regne de Philippe-le-bel : & durant ce gouvernement, les eſpeces devinrent fort rares dans l'Occident, par l'exportation immenſe qu'en firent les Croiſés dans la Grece, en Aſie & en Afrique (*) ; au lieu que la découverte du Nouveau Monde en a fait reſluer les tréſors dans l'Europe. Or, la valeur relative des eſpeces, comme de toutes choſes, dépend eſſentiellement de leur abondance ou de leur rareté ; d'où il réſulte que lors du gouvernement féodal, l'argent ayant été fort rare, les rentes en argent avoient beaucoup de valeur : conſéquemment, les Seigneurs auroient beaucoup perdu en les éteignant par l'exercice du retrait cenſuel ; & c'eſt pour cela qu'ils ſe garderent bien de l'établir.

3°. Mais, ſelon les établiſſemens de Saint Louis, le Gentilhomme pouvoit obliger ſon cenſitaire, ou homme coutumier, à lui bailler par échange le fonds dont ce Gentilhomme avoit beſoin pour faire ſon étang, ſon moulin, ou autre hébergement (q) ; enſorte que l'intérêt des Seigneurs a principalement décidé de l'établiſſement de ce droit, comme de l'exemption du retrait cenſuel (**).

(*) *Nota.* Beaumanoir, qui vivoit ſous Saint Louis, évalue, ch. 27, p. 140, une corvée de deux chevaux, deux ſols ; d'un cheval, un ſol ; & d'un homme, quatre deniers. Et Bouteiller, qui vivoit un ſiecle & demi après, évalue, liv. 1, tit. 87, un chapon de rente, neuf deniers.

(q) Etabliſſemens, liv. 1, ch. 91.

(**) *Nota* 2°. L'hébergement étoit le logement, la maiſon, ſelon les Gloſſaires ; à ſuite des aſſiſes de Jeruſalem & de Beaumanoir, *verbo*, *Héberge* ; & à ſuite des Loix anciennes de Lindembrok, *verbo*, *Heribergare* ; & ſelon le Gloſſaire du Droit François, *verbo*, *Hebergement. Idem*, Dictionnaire de Nicod, *verbo*, *Heberge* ; & de là vient le mot *auberge*. Idem, art. 194 de la Coutume de Paris ; & Ferriere, *ibidem*, Gloſ. 2, n°. 1.

Nota 3°. Dans certains pays, les Seigneurs ſe ſont réſervé le retrait cenſuel, parce que les mêmes objets ſont ſouvent vus ſous des points de vue différens : il eſt même vraiſemblable que dans les pays de Droit Écrit il a pris ſa ſource dans la prélation emphytéotique du Droit Romain.

CXXIV.

Recours au bail.   Comme le Seigneur a pu, lors de la concession du fief, imposer au bail de son bien, telle loi qu'il trouveroit bon (*r*) ; & que l'acceptation qu'a fait le preneur du susdit bail, l'oblige d'en remplir les conditions, il en résulte que le bail est la suprême loi vis-à-vis des parties contractantes, & de leurs ayant-cause, & qu'il prévaut même sur le statut municipal (*s*), en vertu de la regle *semper in contractibus id sequimur quod actum est* (*t*), quand même il contiendroit des droits extraordinaires, & contraires tout à la fois à la Coutume écrite & au Droit général (*u*) ; de là vient que les rédactions des Coutumes portent la clause : *sans préjudice des conventions anciennes des fiefs* (*v*).

CXXV.

Usage passif du fief servant.   1°. Après le bail, on doit prendre pour regle les reconnoissances, prestations, & autres titres anciens qui déterminent l'usage passif du fief servant (*x*) ; parce qu'ils sont censés représenter le bail dont ils sont l'image & l'expression présumée que ce titre est la suprême Loi, *id sequimur quod actum est* (*y*) ; & que la possession ancienne est censée s'y référer (*z*) : de là vient l'usage d'insérer dans les rédactions des Coutumes, la clause, " sans

---

(*r*) *L.* 48, *ff. de pactis*, *L.* 13, *Cod. commun. præd*, *L.* 9, *Cod. de pactis inter emptorem.*

(*s*) Dumoulin, sur la Coutume de Paris, §. 5, *hodiè* 8, Gl. 1, n°. 92. Dargentré, sur celle de Bretagne, art. 277, Gl. 1, n°. 5. Henrys, liv. 3, quest. 38, n°. 6 ; & Bretonnier, *ibid.* nouv. observ. Salvaing, ch. 3, à la fin.

(*t*) *L.* 34, *ff. de reg. Jur.*

(*u*) Dumoulin, sur la Coutume de Paris, §. 2, *hodiè* 3, Gl. 6, n°. 1. Dargentré, sur celle de Bretagne, art. 277, Gl. 3, n°. 1, 2, & 3.

(*v*) Chopin, sur les Coutumes, premiere partie, quest. 5, n°. 1.

(*x*) Dargentré, sur la Coutume de Bretagne, art. 277, Gl. 1, n°. 4 & 5. Dumoulin, sur celle de Paris, §. 2, *hodiè* 3, Gl. 6, n°. 1, 2, & 3.

(*y*) *L.* 34, *ff. de reg. Jur.*

(*z*) Dargentré, sur la Coutume de Bretagne, art. 277, Gl. 1, n°. 4.

" préjudice

„ préjudice des conventions anciennes des fiefs & de la posses-
„ sion du Seigneur & du Vassal (*a*) „ : de là vient encore qu'il a
été jugé par un Arrêt du 3 Septembre 1578, que l'usage ancien
du fief déroge à la Coutume écrite (*b*) ; ce qui est conforme à
la doctrine des Auteurs cités au n°. précédent, qui attestent la
prépondérance du titre sur le statut municipal : de même un
Arrêt du 6 Septembre 1586, a déclaré sujets ceux qui, par longue possession, seroient prouvé l'être (*c*). Enfin, un autre Arrêt
du 8 Février 1560, ne condamne au paiement des lods du cher
denier, que ceux qui avoient accoutumé de le payer (*d*) : il en
est de même de celui du 20 Avril 1602 (*infrà* n°. 127).

2°. L'usage dont il s'agit n'a rien de commun avec la prescription (*infrà* n°. 128) ; & comme l'usage général n'est obligatoire, en faveur du Seigneur, qu'autant qu'il est ancien & bien
caractérisé, il en est de même, à plus forte raison, dans notre
espece ; parce qu'il est plus aisé de fouler ou de surprendre un
redevable, que plusieurs. Or, selon la remarque de Livoniere,
„ l'usage général doit être fondé sur une possession immémoriale ;
„ même cette possession n'est suffisante qu'autant qu'elle est bien
„ constatée, & qu'elle n'a nuls caractères d'usurpation ni d'exten-
„ sion „ (*e*) : c'est ainsi qu'un Arrêt du 14 Août 1708, déclare la
terre de Soumartre, dans le Bas-Languedoc, exempte de lods,
nonobstant un lausime de cette terre, de 1627, & des lausimes
de terres voisines (*f*). De même un Arrêt du Parlement de
Toulouse, du 3 Septembre 1756, au rapport de M. de Montfer-
rat, relaxe en grande connoissance de cause, le sieur Dauriac, de
la demande des lods de la terre de Labarthe en Astarac, contre
M. le Duc de Rohan-Chabot, Comte d'Astarac, quoique ce
Comté soit sujet aux lods au profit du Roi, & qu'environ un

(*a*) Chopin, sur les Coutumes, premiere partie, quest. 5, n°. 1.
(*b*) Chopin, sur les Coutumes, premiere partie, quest. 5, n°. 2.
(*c*) Chopin, sur la Coutume de Paris, liv. 1, tit. 3, n°. 5.
(*d*) Chopin, sur la Coutume d'Anjou, liv. 2, tit. des lods, n°. 2. Bouchel,
verbo, Cens.
(*e*) Livoniere, liv. 3, ch. 1, p. 138 & 139.
(*f*) Nouveau Journal du Palais de Toulouse, tom. 3, Arrêt 136. Boutaric &
Sudre, des droits seigneuriaux, tit. des lods, §. 3, n°. 6, p. 121, 122, 123.

tiers des Vaſſaux dudit Comté, même le ſieur Dubarri, auteur du ſieur Dauriac, les euſſent payés à M. le Duc de Rohan ou à ſes auteurs : ce Seigneur ſe pourvût au Conſeil en caſſation de l'Arrêt, & il y obtint un Arrêt d'aſſigné ; mais il y finit par un déſiſtement, & il paya les dépens.

C X X V I.

Uſage actif du fief dominant.

Après l'uſage paſſif du fief ſervant, on doit conſulter l'uſage général actif du fief dominant, parce que c'eſt celui-ci qui conſtitue l'aſſerviſſement des redevables ; s'entend, l'uſage général, & non celui d'un particulier, ou de quelques-uns (g).

C'eſt ce que dit Philippe de Beaumanoir, qu'on établit la Coutume par l'uſage général ancien, ou par des jugemens (h). De même, la Coutume d'Auvergne donne le droit de ſurjet aux Seigneurs dans certaines Châtellenies (ſuprà n°. 31) ; ce qui ſe refere aux titres ou à l'uſage de ces Seigneuries.

Si l'uſage en queſtion n'eſt pas bien conſtaté, en ce cas l'Arrêt du 3 Septembre 1756 (V. le n°. précédent), a prononcé l'exemption même du fief dont on avoit précédemment payé les droits, parce que l'uſage coté par le Seigneur fut jugé abuſif & mal établi.

Mais en theſe, il eſt de regle qu'on peut prouver l'établiſſement d'un droit extraordinaire & contraire à la Coutume, par l'uſage ancien général & bien conſtaté de la Seigneurie (i), dont nous fixerons ci-après les caracteres (infrà n°. 128, verſ. 2) ; & cet uſage l'emporte même ſur la Coutume écrite rédigée en conformité d'un uſage plus général : cette prépondérance eſt fondée ſur la regle in toto jure generi, per ſpeciem derogatur (k) ;

(g) Dargentré, ſur la Coutume de Bretagne, art. 277, verbo, en ſa Seigneurie, n°. 1 & 2 ; & verbo, ès lieux circonvoiſins, n°. 2. Vide le n°. ſuivant.

(h) Beaumanoir, ch. 24, p. 122.

(i) Art. 277 de la Coutume de Bretagne ; & Dargentré, ibidem, Gl. 3, n°. 4. Dumoulin, ſur celle de Paris, §. 2, hodiè 3, Gl. 6, n°. 2 & 3. Livoniere, l. 3, ch. 1, p. 138, 139.

(k) L. 80, ff. de reg. Jur.

parce que l'usage domestique du fief dominant affecte plus intimement les redevables, que l'usage de la contrée qu'ils voient dans le lointain ; c'est pour cela que lors de la rédaction des Coutumes on réserva les droits des Seigneurs particuliers (*infrà* n°. 128 *bis*); droits qui peuvent être établis par l'usage des redevables, suivant l'Arrêt du 8 Février 1560, cité au n°. suivant, & suivant celui du 3 Septembre 1578 (*suprà* n°. 125). Enfin, de là vient l'usage d'insérer dans le Procès-verbal de rédaction des Coutumes, la clause, « sans préjudice des conventions an» ciennes des fiefs & de la possession du Seigneur & du » Vassal (*l*).

C X X V I I.

Toutefois il est nécessaire d'observer, d'après les suffrages réunis de Dumoulin & de Dargentré, que l'usage d'un particulier ou de quelques-uns, ne peut obliger les autres (*m*) ; pas même l'usage du grand nombre, s'il n'y a titre ou usage ancien exprès & général (*n*) ; parce que le fait personnel d'autrui ne peut nuire à un tiers, ni le fait particulier de quelques-uns obliger le général (*o*) : c'est sur ce fondement qu'un Arrêt du 8 Février 1560, a jugé que l'assujettissement aux lods du cher denier n'avoit lieu que pour ceux qui avoient accoutumé de le payer, & non pour les autres (*p*) : de même un Arrêt du 20 Avril 1602 décharge un habitant de la bannalité du pressoir, nonobstant des reconnoissances, des sentences, & des déclarations d'amende, sauf les droits du Seigneur, contre les habitans condamnés, ou qui avoient reconnu (*q*). Enfin, un Arrêt du 6 Septembre 1586, ne déclare sujets que ceux qui, par longue

Usage du grand nombre.

[*l*] Chopin, sur les Coutumes, premiere partie, quest. 5, n°. 1.

[*m*] *Bene* Dargentré, sur la Coutume de Bretagne, art. 277, *verbo*, en sa Seigneurie, n°. 12 ; & *verbo*, ès lieux circonvoisins, n°. 2.

[*n*] Dumoulin, sur la Coutume de Paris, §. 2, *hodiè* 3, Gl. 6, n°. 6.

[*o*] Dumoulin, sur la Coutume de Paris, §. 53, *hodiè* 76, n°. 12--37, *bene*.

[*p*] Chopin, sur la Coutume d'Anjou, liv. 2, tit. des lods, n°. 2. Bouchel, *verbo*, Cens.

[*q*] Guyot, des bannalités, ch. 4, sect. 1, n°. 39 & 40.

O ij

poſſeſſion, ſeroient prouvé l'être (r). On peut y joindre l'Arrêt du 3 Septembre 1756 (ſuprà nº. 125).

La matiere que nous traitons eſt d'autant plus hériſſée d'épines, qu'après les difficultés de l'analyſe des principes, il reſte encore celles de l'application. Par exemple, nous venons de dire que l'uſage même du grand nombre eſt ſans conſéquence pour les autres; & nous établirons au nº. ſuivant, que l'uſage général d'une généralité morale, eſt obligatoire pour la totalité : c'eſt pour réſoudre cette contradiction apparente, qu'après avoir fixé au même endroit les caracteres de l'uſage général, nous ajouterons ceux qui ne conviennent qu'à l'uſage du grand nombre.

C X X V I I I.

Uſage général.
Preſcription.

1º. Nous avons dit que l'uſage *n'eſt réputé général*, & qu'il n'eſt obligatoire pour tout le monde, qu'autant qu'il eſt bien conſtaté : il nous reſte à en fixer les caracteres, afin qu'on ne prenne pas l'ombre pour le corps.

D'abord, cet uſage eſt différent de la preſcription, parce qu'on acquiert par preſcription le bien d'autrui ; au lieu que l'uſage fonde le droit commun légitimement établi (s).

Dargentré, qui a traité cette matiere à fonds, a prétendu qu'il ſuffiſoit de rapporter pluſieurs preſtations uniformes pendant dix ans (t) ; Dumoulin dit au moins pendant trente ans, s'il ne faut pas, ajoute-t-il, la poſſeſſion immémoriale (u) ; mais il a été jugé, ſelon Livoniere, que la poſſeſſion immémoriale ſuffit ; ce qui ſuppoſe la néceſſité de cette poſſeſſion, qui vaut titre conſtitutif (v). Encore, Livoniere n'admet-il la poſſeſſion centenaire ou immémoriale, qu'avec précaution, pour empêcher

---

[r] Chopin, ſur la Coutume de Paris, liv. 1, tit. 3, nº. 5.

[s] Dargentré, ſur la Coutume de Bretagne, art. 277, *verbo*, Accoutumé, no. 4, 10 & 11.

[t] Dargentré, ſur la Coutume de Bretagne, art. 277, note 3, nº. 8, 12, 13, & 14.

[u] Dumoulin, ſur la Coutume de Paris, §. 2, *hodiè* 3, Gl. 6, nº. 3 & 4.

[v] *L.* 3, § 4, *ff. de aquâ quotidianâ.*

les vexations & les extensions des droits des Seigneurs (*x*) ; & à
tous égards, il a raison, quant à la nécessité de la possession immémoriale. Il est évident qu'un usage moins ancien pourroit être
tortionnaire & abusif.

Pour revenir aux caracteres de cet usage, on établit la Coutume, dit Beaumanoir, par l'usage général ancien, ou par des
jugemens (*y*) ; c'est-à-dire, « lorsqu'il est établi par des actes ré-
» pétés ; de façon qu'il emporte la volonté générale de s'y confor-
» mer, non comme formant un droit acquis par prescription,
» mais comme faisant la preuve du droit établi par la Cou-
» tume (*z*) » ; ou comme dit la Loi, *quæ interpretationem certam
semper habuerunt* (*a*). Nous en avons un exemple dans une autre Loi, qui supplée la stipulation du double, omise dans la vente
d'un esclave malade, vicieux, ou fugitif ; parce que l'usage général avoit établi cette peine contre le vendeur, en pareil cas :
*quia assidua est duplex stipulatio ; idcirco placuit etiam ex empto
agi posse, si duplum venditor mancipii non caveat, ea enim quæ
sunt moris & consuetudinis* IN BONÆ FIDEI JUDICIIS DEBENT VE-
NIRE (*b*). En un mot, l'usage est obligatoire contre tout le monde,
lorsqu'il est établi par un consentement unanime (*c*), & qu'il paroît que le général s'y est assujetti, & non simplement certains
particuliers (*d*) ; autrement, il n'est obligatoire que contre ceux
qui s'y sont soumis (V. le n°. précédent).

2°. La matiere que nous traitons est de la derniere impor-
tance : entrons dans un plus grand détail pour l'éclaircir. 1°. Il
faut que l'usage soit établi par une possession centenaire & immémoriale, au moins, en fait de droits seigneuriaux, selon l'excellente regle de Livoniere ; encore n'admet - il cette possession

---

[*x*] Livoniere, liv. 3, ch. 1, p. 138 & 139.

[*y*] Beaumanoir, ch. 24, p. 122.

[*z*] Dargentré, sur la Coutume de Bretagne, art. 277, Gl. 3, n°. 10, *in fine.*

[*a*] L. 23, *ff. de legib.* L. 33--38, *eodem.*

[*b*] L. 31, §. 20, *de ædilitio edicto.*

[*c*] Dargentré, sur la Coutume de Bretagne, art. 277, Gl. 3, n°. 4, 6 ; &
verbo, en sa Seigneurie, n°. 6, 7, 8.

[*d*] Dargentré, sur la Coutume de Bretagne, art. 277, *verbo*, en sa Seigneurie,
n°. 1 & 2 ; & *verbo*, ès lieux circonvoisins, n°. 2.

qu'avec précaution, pour empêcher les usurpations & les extensions des droits seigneuriaux. 2°. Il faut que cet usage n'ait pas
été précédé d'un usage contraire, parce que, dans cette derniere
circonstance, il n'y auroit point d'usage, proprement dit, mais
prescription. Or, dans le cas où elle a pu être acquise, même
contre le très-grand nombre, elle ne peut nuire à quiconque a
conservé sa franchise (e). 3°. Il suffit d'un usage général, d'une
généralité morale, & non d'une généralité physique & absolue :
quod in regione, in qua actum est, frequentatur (f) ; autrement, il
seroit ridicule d'invoquer l'usage, s'il falloit établir en détail l'as-
servissement de chacun. C'est ainsi que le dispositif des Coutumes
est communément fondé sur l'usage général ; autrement, il auroit
été impossible, & d'ailleurs, inutile de consulter en détail les
titres de chaque Seigneur : de même, la Loi Romaine supplée la
stipulation du double dans la vente d'un esclave malade, vicieux,
ou fugitif ; parce tel étoit l'usage commun & général. Enfin, une
foule d'Arrêts, & tous nos Auteurs, font dépendre la question,
de l'usage (*infrà* n°. 130) ; ce qui suppose l'incertitude indivi-
duelle qui met dans la nécessité de recourir à l'usage général. 4°.
Il faut qu'il soit bien constaté en ce sens, qu'il doit l'être par la
notoriété publique ou par des titres possessoires ; ce qui dépend
de la nature de l'objet, & de l'étendue du pays dont on réclame
l'usage : d'où il résulte qu'il a plus ou moins de publicité. Nous
joignons à la notoriété publique, la pratique des Tribunaux (g) :
c'est ce qui donna lieu à l'usage des Enquêtes par Turbes, & de
recourir aux anciens Praticiens sur l'usage observé, soit en ju-
geant, soit en consultant : c'est ainsi que l'Arrêt de 1529 ordonne
une Enquête par Turbes, sur la perception des lods des fiefs dans
le Périgord (*infrà* n°. 135). 5°. Il faut que l'usage soit bien
constaté encore en ce sens, qu'il doit être *général* pour être obligatoire contre tous ; au lieu que l'usage même du grand nombre,
ne l'est pas (*suprà* n°. 127) ; & c'est un des caracteres distinc-

____

(e) L. 9 , *ff. de liberali causâ.*
(f) L. 34 , *ff. de reg. jur.*
(g) LL. 33--38 , *ff. de legibus.*

tifs de l'ufage du grand nombre, d'avec l'ufage général ; c'eft-à-dire, que pour fonder celui-ci, il faut une prépondérance bien décidée fur le petit nombre, dont l'ufage n'eft pas connu ; parce que l'ufage dont il s'agit fuppofe l'unanimité morale & l'afferviffement général ; au lieu que le fimple ufage du grand nombre n'emporte point d'unanimité ni de confentement général préfumé : de là vient fans doute que l'Arrêt de 1602 (*fuprà* n°. 127) n'affujettit à la bannalité, que ceux contre lefquels il y avoit des reconnoiffances, des déclarations d'amende, & des jugemens ; & que celui de 1586 (*fuprà* n°. 127), ne déclare affervis que ceux qui, par longue poffeffion, feroient prouvé l'être. Dans la Pratique, ce caractère eft difficile à fixer ; c'eft le cas de dire avec la Loi, *quæftiones quæ funt magis facti quàm juris, à juris autoribus decidi non poffunt* (h). 6°. Un autre caractère diftinctif de l'ufage général, obligatoire contre tous, d'avec l'ufage du grand nombre, qui ne l'eft pas ; c'eft que l'ufage même du très-grand nombre ne foit pas contredit par l'ufage contraire de quelques particuliers, à moins qu'ils rapportaffent un affranchiffement : c'eft ainfi que dans l'efpece de l'Arrêt de 1560 (*fuprà* n°. 127) on déclara exempts des lods du cher denier ceux qui étoient en poffeffion de ne pas les payer, parce qu'il conftoit par le fait & par l'ufage dans lequel ils s'étoient maintenus, qu'ils avoient joui de l'exemption de ce droit, & que l'afferviffement volontaire de tous leurs voifins, ne pouvoit nuire à leur poffeffion de franchife, ni la rendre fans effet (i).

3°. Au refte, à part la préfomption d'ufurpation des Seigneurs, qui n'eft pas réciproque de la part des redevables, l'ufage n'eft pas obligatoire contre les premiers, dès qu'il n'eft pas revêtu des caractères qui doivent affurer fon autorité. Il eft inutile de répéter ces caractères.

Bis C X X V I I I.

A l'égard des droits extraordinaires dont nous venons de par-   *Droits extraordinaires.*

(h) *L. 32, ff. de uſuris.*
(i) *L. 9, ff. de liberali cauſa.*

ler, & qui font fondés fur un ufage local, ils n'ont pas la faveur des droits autorifés par le ftatut municipal, lorfque le Seigneur eft fondé à les percevoir en vertu de l'ufage général de fa Seigneurie ; parce que le droit réfultant de la Coutume écrite eft plus confidérable, plus fort, & plus autorifé que celui qui réfulte des pactes entre particuliers (*k*) : ainfi le droit de lods & de relief du cher denier ayant été admis par l'art. 109 de la Coutume de Blois, comme établi en certains endroits, l'article fut rayé pour ce chef, en exécution d'un Arrêt du 13 Juin 1539, rendu fur les écritures de Dumoulin (*l*), toujours attaché à la pureté des principes, & toujours prêt à la maintenir : de là vient encore que certains Seigneurs ayant prétendu le relief en cenfive dans la Coutume de Chartres, l'article 48 de cette Coutume réferva fimplement leurs droits, & ceux des biens-tenans (*m*). Enfin, l'art. 53 & le Procès-verbal de l'ancienne Coutume de Paris réfervent les droits refpectifs des Parties à l'égard des lods prétendus par certains Seigneurs en cenfive au-deffus du douzieme denier (*n*).

Or, la preuve que les droits autorifés par le ftatut municipal, font plus folides & mieux établis que les droits extraordinaires, réfervés par convention, c'eft que le décret ou vente judiciaire ne purge pas les premiers, quoiqu'il purge les derniers au Parlement de Paris, felon une foule d'autorités & d'Arrêts (*o*).

C X X I X.

Coutume Écrite.　A défaut, 1°. du bail, 2°. de l'ufage paffif du fief fervant, 3°. & de l'ufage général actif du fief dominant, il faut confulter la Coutume ; s'entend, la Coutume légalement rédigée, qui a

---

[*k*] Dumoulin, fur la Coutume de Paris, §. 53, *hodiè* 78, n°. 18 ; & §. 22, *hodiè* 33, Gl. 1, n°. 125.

[*l*] Note de Dumoulin fur l'art. 109 de la Coutume de Blois.

[*m*] Art. 48 de la Coutume de Chartres : note de Dumoulin fur cet article.

[*n*] Dumoulin, fur la Coutume de Paris, §. 53, *hodiè* 76, n°. 12--23--33.

[*o*] Art. 355 & 357 de la Coutume de Paris ; & *fufè* Ferriere, fur ce dernier article, & fur l'art. 76, Gl. 1, n°. 11 & 12.

force

force de loi, & non l'usage des voisins, s'il y est contraire (*p*) ; bien entendu aussi que ce soit la Coutume du fief servant ; parce qu'elles n'ont autorité que dans leur territoire (*q*), & que la Coutume du fief dominant n'y peut être obligatoire pour des biens assis dans un territoire étranger, lorsque le fief dominant & le fief servant ne sont pas assis dans la même Coutume.

Quand même celle du fief dominant seroit moins onéreuse, cette circonstance ne pouvant infirmer l'autorité de la Coutume territoriale sur tous les fiefs assis dans son enclave.

C X X X.

1°. S'il n'y a point de Coutume écrite, ou qu'elle soit muette à l'égard des fiefs, comme dans presque tout le ressort du Parlement de Toulouse, alors il faut consulter d'abord l'usage de la contrée ou du pays, s'il est distingué par une dénomination propre & par des usages particuliers : tel est le Vexin-le-François, &c. & graduellement celui de la Sénéchaussée, &c. : en un mot, un usage plus général. Toutefois nous devons observer, 1°. que dans les pays du Droit Ecrit les fiefs sont réputé d'honneur, & qu'ils y jouissent pour l'ordinaire de la franchise inhérente à leur institution : c'est ce que nous verrons plus en détail dans la Section suivante. 2°. Si cependant l'usage de la Sénéchaussée ou de la contrée les y assujettit, il a force de Loi s'il est bien établi ; ensorte que les droits fondés sur cet usage ne sont pas réputé droits extraordinaires ; & que, formant le droit commun, ils n'ont pas besoin de l'appareil des preuves des droits extraordinaires, ni n'en ont la défaveur : de façon que l'expension de l'usage dans la Sénéchaussée ou dans la Province, lorsqu'il est bien prouvé, en enveloppe la totalité, & qu'il dispense des preuves de détail : *quod si non appareat quid actum est, erit consequens ut id sequamur quod in regione, in quâ actum est, frequentatur* (*r*).

(*p*) Dumoulin, sur la Coutume de Paris, §. 7, *hodiè* 12, n°. 35 & 36. Dargentré, sur la Coutume de Bretagne, art. 277, note 1, n°. 6, 9 & 10.

(*q*) L. 20, *ff. de jurisdict.*

(*r*) L. 34, *ff. de reg. Jur. Vide* les Loix rapportées au n°. 128.

Tome I.   P

C'eſt ainſi qu'avant la rédaction des Coutumes dans la France coutumiere, où les fiefs ſont ſujets aux lods & au relief, l'obligation de ces charges n'étoit fondée que ſur l'uſage général ; & cependant cette obligation fut confirmée dans ces Baillages & dans ces Provinces, lors de la rédaction, comme y formant le droit commun : ainſi l'art. 84 de la Coutume d'Anjou, & l'art. 97 de celle du Maine, admettent le relief à mutation de l'ayeul, au petit-fils : uſage inepte, ſelon la note de Dumoulin, ſur ce dernier article ; mais pourtant obligatoire dans ces Provinces, pour tous les Vaſſaux.

Il eſt donc vrai que l'uſage ancien & général de la Contrée ou de la Sénéchauſſée eſt obligatoire pour tous les fiefs enclavés dans l'une ou l'autre : c'eſt ce que dit Jacques Ferriere, que les fiefs ſont exempts des lods, de droit commun, *s'il n'y a titre ou Coutume contraire* (s) : ils ne ſont dûs que par titre ou par la Coutume des lieux, ſelon un Arrêt du 2 Février 1658 (t). Un autre Arrêt du 5 Mai 1649, les adjuge dans le Comté de Carcaſſonne, ſuivant l'uſage (u), ou plutôt, dans celui de Lodeve, (*Vide infrà* n°. 140). Un autre Arrêt de 1529 admet la preuve par Turbes, de l'uſage du pays (v) ; & M. Maynard dit, à propos de cet Arrêt, que pluſieurs ont renvoyé la définition de cette queſtion à la Coutume. (x) Les fiefs ſont exempts des lods, dit l'avocat Albert, s'il n'y a uſage contraire (y). Enfin, cette maxime eſt ſurabondamment confirmée par les principes ci-devant établis, & par les uſages dont nous rendrons compte à la Section ſuivante. Nous terminons cet article par le contenu en l'Arrêt du Conſeil du 22 Mai 1667, rendu contradictoirement entre le Syndic général de la Province du Languedoc, & le Fermier du Domaine, " portant que les poſſeſſeurs des fiefs, terres, „ & Seigneuries, en payeront les droits & devoirs au Roi, ſoit

---

(s) Ferriere, ſur la queſtion 167 de Guy-Pape.

(t) Catellan, liv. 3, ch. 22.

(u) Catellan, liv. 3, ch. 22 ; & *vide* la correction du texte de cet Auteur, n°. 140.

(v) Papon, liv. 13, tit. 1, Arrêt 3.

(x) Maynard, liv. 4, ch. 33.

(y) Albert, *verbo*, Lods, art. 32.

„ lods & ventes, rachats, & autres, *suivant l'usage & Coutume des lieux où ils sont assis* (7).

2°. A l'égard des caractères propre à la Coutume non écrite d'une contrée ou d'un pays enclavé dans une Province ou dans une Sénéchaussée, ils sont les mêmes que ceux de l'usage actif du fief dominant (*suprà* n°. 128) : & dès que ces caractères sont bien établis, c'est à cette Coutume qu'il faut s'en tenir.

Bis C X X X.

1°. Si la Sénéchaussée a plus d'étendue que la contrée ou le pays, il faut successivement recourir, 1°. à l'usage de ladite Sénéchaussée, s'il conste de cet usage ; 2°. à celui de la Province, lorsqu'elle est plus étendue que la Sénéchaussée ; 3°. à celui du ressort, s'il comprend plusieurs Sénéchaussées (a) ; 4°. au droit commun du Royaume. Nous avons fait cette gradation en vertu de la regle, *que l'espece déroge au genre* (b).

2°. Enfin, à défaut d'usage bien établi à ces différens égards, il faut décider en faveur de la libération, puisqu'il n'y a ni titre, ni usage valable sur lequel on puisse fonder un droit légitime (c).

Suite.

C X X X I.

1°. Dans le ressort du Parlement de Toulouse, la présomption de franchise subsiste contre les Seigneurs particuliers au profit de leurs Vassaux, lors même que le fief dominant, possédé par ces Seigneurs, est sujet aux lods au profit du Roi, quoique la possession de Sa Majesté, Seigneur primitif, fournisse une présomption en leur faveur. C'est ainsi que l'Arrêt du 3 Septembre 1756, rendu contre M. le Duc de Rohan-Chabot (d), prononce l'exemption de ses Vassaux, possesseurs des fiefs dans le Comté

Usage passif du fief dominant.

---

(7) Lafaille, Annales de Toulouse, tome 2, pr. p. 7. Recueil judiciaire de Toulouse, tome 2, p. 11.

(a) *Argumento*, *LL.* 33--38 , *ff. de legib.*

(b) *L.* 80 , *ff. de reg. jur. suprà* n°. 126.

(c) *Lege* 34 , *ff. de reg. jur. suprà* n°. 111.

(d) *Suprà* n°. 125.

d'Aſtarac, nonobſtant l'aſſujettiſſement de ce Comté aux lods &
ventes au profit du Roi, & les autres circonſtances qui paroiſ-
ſoient extrêmement favorables à la prétention de M. le Duc de
Rohan ; & la diſpoſition de cet Arrêt, eſt fondée ſur ce que l'u-
ſage du pays, qui a la force de Coutume territoriale, & qui admet l'exemption, eſt plus fort & plus puiſſant que l'uſage contraire, obſervé dans les mouvances immédiates du Roi : c'eſt le
cas de dire que l'uſage même du grand nombre n'eſt pas obligatoire pour le général (e), & que l'aſſujettiſſement des Vaſſaux
immédiats n'eſt pas obligatoire à l'égard des arriere-Vaſſaux (*).

SECTION II.

USAGE de différentes Provinces, par rapport aux
Fiefs.

CXXXII. *Pays de Coutume.*
CXXXIII. *Bourgognes , Auvergne , &c.*
CXXXIV. *Livres des Fiefs , Dauphiné.*
CXXXV. *Autres Pays de Droit Ecrit.*

(e) *Suprà* n°. 127.

(*) *Nota.* Pour prouver que l'arriere-fief eſt cenſé tenu aux mêmes charges
que le fief immédiat, on peut oppoſer que le Vaſſal n'a pu ſous-inféoder qu'aux
mêmes charges auxquelles il eſt tenu envers ſon Seigneur ; ſelon le §. 2, *verſ.*
Profecto feudorum , lib. 2, *tit.* 34 ; *le* §. 2, *lib.* 2, *tit.* 58 ; & l'avis de Dumoulin, ſur la Coutume de Paris, §. 35, *hodie* 51, Gl. 1, n°. 18, 23 ; & de Chopin, ſur celle d'Anjou, liv. 1, art. 6, n°. 13 ; mais cette objection porte à
faux, puiſqu'il eſt de regle que ſi le fief dominant & le fief ſervant ſont aſſis en
différentes Coutumes, on doit ſuivre, à l'égard des charges du fief ſervant, la
Coutume où il eſt aſſis, & non celle du fief dominant, ſoit que celle-ci ſoit
plus ou moins onéreuſe (*ſuprà* n°. 129) : il eſt donc faux que l'arriere-fief ſoit
cenſé baillé aux mêmes conditions que le fief immédiat, dont il eſt dépendant ;
& la préſomption de droit ſubſiſte en faveur de la Coutume territoriale de l'arriere-fief ; conſéquemment l'aſſerviſſement du fief dominant ne peut nuire à
l'arriere-fief, lorſque cet aſſerviſſement eſt contraire à la Coutume territoriale
de celui-ci. Cette queſtion ſera traitée avec plus d'étendue au n°. 565.

C X X X I I.

Communément dans les pays coutumiers, les fiefs sont sujets *Pays de Coutumes.*
au quint ou aux lods en cas de vente ; & au relief pour les mutations à titre gratuit, en ligne collatérale ; & même dans certaines
contrées, en ligne directe.

Selon Bouteiller, qui vivoit au commencement du quinzieme
siecle, & qui rapporte principalement les usages du Pays-Bas, il
étoit dû lods & ventes des échanges, des fiefs, & des engagemens, après trois ans, même en bail d'héritage du pere au fils,
dans certains cas (*f*), ainsi qu'il sera expliqué au n°. 199.

C X X X I I I.

Malgré le voisinage des pays de Coutume, ils ont conservé *Bourgognes, Au-*
leur exemption primitive & naturelle, 1°. dans les deux Bour- *vergne, &c.*
gognes (*g*), qui ont des Coutumes générales ; 2°. dans la Bresse,
à Metz, & à Thionville (*h*) ; 3°. dans le Lionnois, Foretz,
Beaujolois, Mâconnois, Auvergne, & autres pays régis par le
Droit Ecrit du Parlement de Paris ; & cette exemption a lieu
même du propre aveu de Galand (*i*), Avocat du fisc contre le

---

(*f*) Bouteiller, liv. 2, tit. 40, p. 865.
(*g*) Boissieu, ch. 3, p. 18. Bretonnier, sur Henrys, liv. 3, quest. 38, n°. 11.
édition de 1738.
(*h*) Bretonnier, *ibid.*
(*i*) Galand, ch. 9, p. 21. Salvaing, ch. 3, p. 18. Lafaille, tome 2, pr. p. 13.

franc-aleu du Languedoc : elle s'eft perpétuée fans doute, à la faveur de cette regle, du bon fens & du Droit Romain, *que les
biens font préfumé libres de toute efpece de charge , s'il ne confte
par titres valables de leur affujettiffement (k)*; comme fi cette
regle n'étoit pas pour tous les pays.

C X X X I V.

*Livres des fiefs,
& Dauphiné.*

1°. On trouve par-tout des bizarreries dans la Jurifprudence.
Par exemple, felon les Livres des fiefs, ils étoient exempts des
lods & ventes, & de toutes preftations en argent, dont on ne
trouve ni trace, ni veftige dans ces Livres, quoiqu'ils accordent
le retrait aux Seigneurs de fief (*l*). Mais quoiqu'on reconnoiffe
l'autorité de ces Livres en Dauphiné, autant qu'il n'y a pas été
dérogé par l'ufage (*m*); cependant, felon le droit commun de
cette Province, les fiefs y font de profit, & affujettis de droit
commun aux lods & ventes (*n*).

2°. Toutefois, M. Boiffieu admet cette modification, que s'ils
ont été reconnus en fiefs d'honneur, & fi le Seigneur n'eft pas
en poffeffion d'en percevoir les lods, moyennant la réunion de
ces circonftances, ils en font exempts (*o*). Cette modification
fera expliquée au n°. 143.

C X X X V.

*Autres pays de
Droit Ecrit.*

Ils font fujets aux lods, felon Galand, dans le Bordelois; &
la même chofe a été jugée pour les fiefs du Périgord, après une
Enquête par Turbes, par deux Arrêts des 14 Mars 1529, & 8

Bretonnier, fur Henrys, liv. 3, queft. 38, n°. 4, 5, 11, 12. Dumoulin, fur la
Coutume de Paris, §. 23, *hodiè* 33, Gl. 2, n°. 3.

(*k*) *LL.* 8 & 11, *Cod. de fervit. & aquâ*, *L.* 9, *ff. de fervit. præd. urban.*

(*l*) *Feudorum*, *lib.* 2, *tit.* 2, §. 1.

(*m*) Guy-Pape, queft. 299. Salvaing, ch. 2, p. 14. Dumoulin, fur la Coutume de Paris, Préface du tit. 1, n°. 112 & 113.

(*n*) Guy-Pape, queft. 415, n°. 3. Boiffieu, ch. 3, n°. 19 & 20.

(*o*) Boiffieu, ch. 3, p. 20.

Novembre 1599 (*p*). A l'égard des pays dépendans du reſſort
du Parlement de Toulouſe, ils y jouiſſent de la préſomption de
franchiſe que leur donne le droit commun, ſuivant une foule
d'autorités (*q*); ſauf, ſi cette préſomption eſt contredite par le
titre ou par l'uſage, ſelon les principes de la Section précédente.
Nous allons parcourir certains de ces pays.

CXXXVI.

Salvaing, & après lui Bretonnier, ont prétendu que les fiefs
étoient ſujets aux lods & ventes dans le Comté d'Armagnac (*r*);
mais cette aſſertion doit être modifiée par le contenu en l'Arrêt
du Conſeil, que nous allons citer, & qui, vraiſemblablement, y
a donné lieu.

Comté d'Arma-
gnac.

Ce grand fief, dont Lectoure eſt la Capitale, reçut des
accroiſſemens immenſes par la réunion ſucceſſive des Comtés de
Fezenſac, dont Auch eſt la Capitale; de Pordiac & de l'Iſle-
Jourdain, & Vicomté de Gimoés; des Vicomtés de Lomagne,
Auvilar, Fezenſaguet, Magnoac, & Brouillois; & des Seigneuries
d'Auzan, Riviere-Baſſe, Aure, Barrouce, & Neſtes (*s*); le tout
aſſis dans le reſſort du Parlement de Toulouſe.

Il eſt porté par un Arrêt du Conſeil du 3 Mai 1635, que les
Nobles des Vicomtés de Fezenſac, Fezenſaguet, & Lomagne,
y ſont exempts des lods pour le paſſé & pour l'avenir; & que
les autres poſſédant fiefs & terres nobles audit Comté d'Armagnac, payeront, le cas arrivant, les lods au Fermier du domaine,
pour le paſſé & pour l'avenir.

(*p*) Galand, ch. 10, p. 129 & 130. Maynard, liv. 4, ch. 33.

(*q*) Ferriere, ſur la queſtion 167 de Guy-Pape. Cambolas, liv. 4, ch. 30.
Albert, *verbo*, Lods, Arrêt 2; Certificat des Officiers du Parlement de Toulouſe, & pluſieurs autorités dans Lafaille; Annales de Toulouſe, tome 2. pr.
p. 12, 21, 93. Arrêt du 2 Février 1658, dans Catellan, liv. 3, ch. 22. Autre
du 15 Février 1622, Cambolas, liv. 1, ch. 15. Autre du 14 Août 1708, dans
le nouveau Journal du Palais, tom. 3, Arrêt 136. Autre du 3 Septembre 1756,
ſuprà n°. 125.

(*r*) Salvaing, ch. 3, p. 18. Bretonnier, ſur Henrys, liv. 3, queſt. 38, n°. 11.

(*s*) Recherches de Dupuy, *verbo*, Armagnac. Maynard, liv. 9, ch. 40, ſur
l'Armagnac.

Ainfi, fuivant cet Arrêt, les non Nobles font affujettis aux lods envers le Roi dans toute l'étendue du Comté d'Armagnac ; & à l'égard-des Nobles, ils en font déclaré exempts dans le Fezenfac, Fezenfaguet, & Lomagne : il refte pourtant un louche par rapport aux Nobles poffédant fiefs dans toute l'étendue dudit Comté, autre toutefois que le Fezenfac, Fezenfaguet, & Lomagne ; mais la queftion paroît décidée contre eux, puifque les non Nobles y font déclaré fujets dans tout le Comté, & que les Nobles n'y font exempts que dans une partie : ils font donc dans la même obligation que les non Nobles, dans tout le furplus, puifque l'exemption eft reftreinte, à leur égard, dans une partie du Comté. Nous n'avons pas été à portée de découvrir la caufe & l'origine de cette exemption.

A l'égard des Vaffaux des Seigneurs particuliers dans l'étendue dudit Comté, ils jouiffent de l'exemption que leur donne le droit commun, comme nous l'avons ci-devant expliqué au nº. 131.

C X X X V I I.

Ancienne Sénéchauffée de Touloufe.

1º. Le Comté de Touloufe, tel qu'il refta à Raymond VII, après le Traité de Paris de 1229, comprenoit prefque toute la Province Eccléfiaftique actuelle de ce nom, & la partie de l'Albigeois qui eft à la droite du Tarn : il étoit partagé en dix-fept Baillages, & *gouverné par un Sénéchal* (1) ; c'eft ce qui forme l'ancienne Sénéchauffée de Touloufe, dont partie fut diftraite du Languedoc, & réunie à la Guienne en 1469. Cette partie fera la matiere du contenu au nº. fuivant. La Sénéchauffée de Lauragais fut pareillement diftraite de celle de Touloufe, en 1477, en confervant fa dépendance des adminiftrations militaire, œconomique, & municipale du Languedoc ; enforte que la partie de l'ancienne Sénéchauffée, qui eft en Languedoc, comprend, indépendamment de fon étendue actuelle, la Sénéchauffée de Lauraguais.

En l'année 1694, il s'éleva un grand Procès au Confeil du

----

(1) Hiftoire du Languedoc, tom. 3, p. 523.

Roi,

Roi, entre le Fermier du Domaine & le Syndic général de la
Province de Languedoc, notamment sur l'assujettissement des
fiefs aux lods dans l'ancienne Sénéchaussée de Toulouse ; mais ils
en furent déclaré exempts par un Arrêt solemnel du 17 Avril
1694 : il est rapporté au long dans Lafaille, avec les instructions
pour & contre (*u*) : on y trouve que cette exemption fut véri-
fiée sur les comptes du Receveur du Domaine en Languedoc,
depuis 1343, jusqu'en 1574, extraits de la Chambre des
Comptes de Paris, quoiqu'on rapportât plusieurs ventes faites
dans cet intervalle, de fiefs assis dans cette Sénéchaussée (*v*) :
l'exemption avoit été pareillement attestée (*) par un certificat
du Sénéchal de Toulouse, du 20 Octobre 1683, & par deux
certificats des Trésoriers de France, de la même Ville, des 7
& 31 Octobre 1667, sur le vu des comptes déposés à ce Bureau (*x*). Enfin, on rapporta l'échange de la Jugerie de Lauragais, depuis érigée en Sénéchaussée, contre le Comté de Boulo-
gne, en 1477 ; échange dans lequel les moindres droits étoient
spécifiés : le Syndic de la Province rapporta de même différens
comptes de cette Jugerie, sans aucune expression ni recette des
lods des fiefs dans l'échange ni dans les comptes susdits (*y*).

Telles sont les pieces justificatives de cette exemption, indé-

---

(*u*) Lafaille, Annales de Toulouse, tome 2, pr. p. 97.

(*v*) Lafaille, tom. 2, pr. p. 14 & 15.

(*) *Nota*. Tout le monde sait que les Sénéchaux Royaux ont connu des matières domaniales dans leurs districts, jusqu'en 1627, que la connoissance en
fut donnée aux Trésoriers de France ; ensorte que le certificat du Sénéchal faisoit foi de l'usage antérieur à l'année 1627 : reste à remarquer que le Bureau
des Finances d'Auch a été démembré long-tems après 1667, de celui de Toulouse, & qu'il comprend entr'autres, dans son district, la partie de l'ancienne
Sénéchaussée de Toulouse, qui est en Guienne ; ensorte que les comptes de recette de cette partie, depuis 1574, avoient demeuré au Bureau de Toulouse
jusqu'au transport, qui en fut fait en exécution d'un Edit de 1590, au dépôt établi près la Chambre des Comptes de Montpellier ; conséquemment les certificats du Sénéchal & du Bureau des Finances de Toulouse, portent sur la partie
de l'ancienne Sénéchaussée de Toulouse, qui est en Guienne, & qui fait la ma-
riere de la question qui sera traitée au n°. suivant.

(*x*) Lafaille, tom. 2, pt. p. 15 & 16.

(*y*) Lafaille, tom. 2, pr. p. 16, 17, & 93.

Tome I.   Q

pendamment de la préfomption réfultant de nos ufages & du droit commun en matiere des fiefs (*suprà* n°. 121).

A l'égard du Fermier, il n'oppofoit ni titre, ni adminicule pour établir l'afferviffement aux lods, ou la poffeffion de les percevoir ; mais il fondoit tout fon plan de défenfe fur des généralités & fur une équivoque affectée, en confondant perpétuellement l'exemption des lods des fiefs, avec le franc-aleu ; au lieu que les mémoires du Syndic réuniffent la plus profonde érudition à l'application la plus exacte des principes.

2°. A plus forte raifon, les Vaffaux des Seigneurs particuliers, les arriere-Vaffaux du Roi jouiffent-ils de l'exemption des lods dans cette Sénéchauffée.

CXXXVIII.

Partie de la Sénéchauffée de Touloufe, en Guienne.

1°. La partie de la Sénéchauffée de Touloufe, qui fe trouve maintenant incorporée à la Guienne, étoit dépendante du Languedoc, & contribuable aux impofitions de cette Province, jufques & compris l'année 1468 (ʒ) ; elle a la même étendue que lors de l'établiffement de cette Sénéchauffée, par Raimond VII, en 1229 (*V*. le n°. précédent), fauf qu'il y fût annexé partie du Comminges, après la réunion à la Couronne de ce Comté ; & cette augmentation de reffort fubfifte encore, le furplus du Comté de Comminges ayant été réuni à la Sénéchauffée de Pamiers.

Mais à l'égard de la diftraction qui fut faite de cette partie du Languedoc, à la Province de Guienne, quant à l'adminiftration militaire & municipale, fans aucun changement, par rapport au diftrict du Sénéchal ; voici comment fut faite cette diftraction.

2°. Par des Lettres du 29 Avril 1469, le Roi Louis XI donna à titre d'appanage, à Charles, fon frere, en repréfentation du Duché de Normandie, celui de Guienne, avec l'Agénois, le Périgord, le Querci, la Saintonge, l'Aunix, & la Seigneurie de la Rochelle : c'eft dans cette conceffion que fut comprife la partie dont il s'agit de la Province de Languedoc, qui fut pour lors réunie au Duché de Guienne (*a*) ; & ce changement a fubfifté depuis,

____

[ʒ] Hiftoire du Languedoc, tome 5, p. 34, pr. p. 36.
[a] Hiftoire du Languedoc, tome 5, p. 40 & 41.

quant à la diſtraction du Languedoc & à la réunion à la Guienne,
nonobſtant le prompt retour de l'appanage à la Couronne, par le
décès du Prince appanagé, ſans enfans.

3º. Il s'eſt élevé à cette occaſion, une nouvelle queſtion : les
Fermiers ou les Receveurs du Domaine ont prétendu que l'Arrêt
de 1694 étoit étranger à la portion de Sénéchauſſée, qui, depuis
1469, eſt diſtraite du Languedoc. Les Vaſſaux ont réclamé au
contraire, l'exemption de fait & de droit qui a ſervi de fondement à cet Arrêt ; parce que la diſtraction du Languedoc & la
réunion de cette partie à la Guienne, en 1469, n'a pas pu aggraver l'aſſujettiſſement des Vaſſaux du Roi, dont les fiefs & terres
ſont aſſis dans la partie ſuſdite ; d'autant mieux qu'ils avoient
toujours joui de l'exemption des lods depuis la diſtraction, comme
il réſulte, 1º. des comptes rendus au Roi, juſqu'en 1574, & des
certificats de 1667 & 1683, le tout énoncé au nº. précédent ;
2º. d'un Arrêt du Conſeil du 14 Février 1702, qui prononce
l'exemption en faveur des Bénédictins de la Daurade de Toulouſe, conformément à un précédent Arrêt du Conſeil du 17
Août 1694 (b).

Mais la Juriſprudence actuelle du Conſeil prononce proviſoire-
ment la condamnation aux lods, tandis que la queſtion ſur le
fonds du droit demeure pendante à la grande direction. Un premier Arrêt du 18 Février 1727, contradictoirement rendu au
profit du Receveur-Général d'Auch, ordonne l'exécution proviſoire des jugemens des Tréſoriers de France, portant condamnation aux lods dans cette partie, nonobſtant l'inſtance pendante
au Conſeil ſur le fonds du droit. Autre du 25 Février 1727, qui
caſſe les Lettres d'appel, impétrées par le ſieur Dandouſielle, de
la Chancellerie près le Parlement de Toulouſe, le 18 Décembre
1726, & l'Ordonnance dudit Parlement, obtenue par le ſieur
Devic, le 30 du même mois : cette Ordonnance portoit défenſes
d'exécuter le jugement de condamnation des Tréſoriers de
France d'Auch. Autre du 28 Octobre 1741, qui renvoie à ce
Bureau la demande du Receveur - Général, contre la Dame

(b) Vedel, liv. 3, ch. 19. Recueil judiciaire de Touloule, tom. 1, p. 114.

Darre. Autre du 18 Octobre 1744, contre le fieur Dorbeſſan, qui ordonne l'exécution proviſoire d'un jugement de condamnation du 4 Mai 1742, & dit droit ſur l'oppoſition du Receveur-Général envers un précédent Arrêt du Conſeil du 16 Juillet 1742 : celui-ci avoit joint l'inſtance pendante contre ledit ſieur Dorbeſſan, au Procès pendant à la grande direction ſur cet objet. Enfin, pluſieurs particuliers ayant obtenu un Arrêt du Conſeil le 28 Juin 1745, qui les reçoit parties intervenantes en l'inſtance pendante à la grande direction, avec défenſes au Receveur-Général d'exécuter les jugemens rendus contre eux, il fut rendu un dernier Arrêt le 3 Mars 1750, qui, ſans s'arrêter à celui du 28 Juin 1745, ordonne l'exécution de ceux des 24 Septembre 1726, & 24 Octobre 1741 ; ce faiſant, que les Procès commencés au Bureau des Finances, y ſeront continués, *& les jugemens dudit Bureau, exécutés par proviſion, nonobſtant l'inſtance pendante au Conſeil.*

Ainſi le Conſeil adjuge la proviſion au Roi en attendant le jugement du fonds à la grande direction.

4°. Mais cette proviſion n'empêche pas les Vaſſaux des Seigneurs particuliers, de jouir inconteſtablement, dans cette contrée, de la franchiſe que le Conſeil refuſe à ces Seigneurs : ce qui dérive des principes ci-devant expliqués n°. 127 & 131.

D'autant mieux que les Arrêts ci-deſſus ſont fondés ſur la faveur du Domaine ; d'où dérive l'exécution proviſoire, nonobſtant l'appel des jugemens rendus aux Bureaux des Finances, en faveur des Receveurs-Généraux ; car il eſt prouvé qu'anciennement le Roi ne jouiſſoit pas des lods ſur ſes Vaſſaux en cette partie. (*Vide* le n°. précédent).

CXXXIX.

Ancienne Sénéchauſſée de Carcaſſonne.

Lors du Procès jugé au Conſeil du Roi, entre le Traitant & le Syndic général du Languedoc, en 1694 : celui-ci reconnoiſſoit l'aſſujettiſſement aux lods de certaines terres & fiefs tenus immédiatement du Roi dans l'ancienne Sénéchauſſée de Carcaſſonne ; & cette reconnoiſſance étoit fondée ſur les comptes qu'il rapportoit du Tréſorier de cette Sénéchauſſée, de 1381, & de onze autres années, compris 1547, quoiqu'il convint de n'avoir pas fait un dépouillement exact de ces comptes (c). Il fut rapporté encore un certificat des Tréforiers de France de Toulouse, du 31 Octobre 1667, contenant que dans la Sénéchauffée de Carcaffonne, les poffeffeurs des terres & fiefs Nobles ont accoutumé de payer les lods & ventes, quint & requint, fuivant la Coutume des lieux. (Les terres & fiefs fujets au quint, feront la matiere d'un des nᵒˢ. fuivans).

A l'égard des autres terres & fiefs tenus nuement du Roi dans cette Sénéchauffée, je ne fuis l'Avocat ni du fifc, ni du peuple ; mais, felon mes foibles lumieres, celui de la juftice & de la vérité ; &, d'après les faits & les confidérations ci-après, je ne crois pas qu'on puiffe contefter la préfomption de droit à Sa Majefté.

On peut pourtant oppofer contre cette préfomption, indépendamment du droit commun & de nos ufages ; 1ᵒ. que lors de l'Arrêt de 1694, le Syndic général ne paffoit condamnation qu'à l'égard de certaines defdites terres & fiefs. 2ᵒ. Que le certificat des Tréforiers de France de Toulouse, ne porte que fur les Diocéfes de Mirepoix, Carcaffonne, Caftres, & fur la partie de celui d'Albi, qui eft à la gauche du Tarn, le tout dépendant du Haut-Languedoc & de la généralité de Toulouse ; ce qui exclut les Diocéfes d'Alet, Narbonne, Saint-Pons, Beziers, Agde, & Lodeve, faifant partie du Bas-Languedoc & de la généralité de Montpellier, quoique tous ces Diocéfes réunis forment l'ancienne Sénéchauffée de Carcaffonne (*).

Mais d'autre part, on peut cotter en faveur de la perception des lods, 1ᵒ. le certificat fufdit, quant aux Diocéfes de la Sénéchauffée, dépendans du Haut-Languedoc ; 2ᵒ. l'aveu du Syndic général, malgré fa déclaration qu'il n'avoit pas fait un dépouille-

---

[c] Dans Lafaille, Annales de Toulouse, tom. 2, pr. p. 15.

[*] *Nota*. A part les terres & fiefs régis fuivant la Coutume de Paris, on perçoit les lods au douzieme denier fur les fiefs affis dans la partie de l'ancienne Sénéchauffée qui dépend du Haut-Languedoc & de la généralité de Toulouse ; & au fixieme denier dans la partie de la Sénéchauffée qui dépend du Bas-Languedoc & de la généralité de Montpellier.

ment exact des comptes de la Sénéchauffée fufdite ; 3°. l'Arrêt de 1669 , & la doctrine de M. de Catellan (*vide* le n°. fuivant), qui prouvent l'affujettiffement aux lods des Vaffaux de M. l'Evêque de Lodeve, dans fon Diocéfe & Comté ; 4°. une foule de dénombremens rendus au Roi devant M. de Seigneuret, Tréforier de France de la Généralité de Montpellier, en 1631 & 1632, pour raifon des terres & fiefs tenus de la Vicomté de Narbonne, qui forme un grand fief épars dans les Diocéfes de Narbonne, Alet, Beziers, & Saint-Pons ; ainfi que des fiefs affis dans la Viguerie de Narbonne, qui forme un enclave contigu & diftinct, à plufieurs égards, de la Vicomté, avec l'expreffion, dans tous les fufdits dénombremens, de la charge des lods au fixieme denier. J'ai eu en main un regiftre contenant copie de ces dénombremens. 5°. M. le Prince de Conty perçoit de même les lods dans fon Comté de Pezenas , qui forme un grand fief épars dans les Diocéfes d'Agde, Beziers, & Saint-Pons. 6°. M. l'Evêque d'Agde les perçoit de même dans fon Diocéfe & Comté d'Agde, témoin ceux qu'il a reçus depuis peu pour raifon des terres de Loupian & de Belarga ; cette dernière, acquife par M. le Prince de Conty, du Comte de Polaftron. 7°. Il y a quelques années qu'il y eut Procès au Bureau des Finances de Montpellier, entre le Receveur-Général du Domaine d'une part, & les fieurs Préfident Portes & de Mayeul d'autre part, au fujet des lods de la terre de Villefpaffans, affife dans le Diocéfe de Saint-Pons ; & ces derniers pafferent condamnation fans attendre le jugement, à la vue des titres poffeffoires du Roi, pour raifon de plufieurs terres & fiefs voifins, & d'un lauzime ancien de ladite terre de Villefpaffans. 8°. Le Roi jouit, dans l'ancienne Sénéchauffée de Carcaffonne, à peu près des mêmes terres & fiefs dont Sa Majefté y jouiffoit en 1229 (*d*), trois ans après l'érection de cette Sénéchauffée , par le Roi Louis VIII. (*Infrà* n°. 140, verf. 3 ; & n°. 141, verf. 4.) Il faut pourtant excepter de cette identité de poffeffion, la Vicomté de Narbonne, qui ne fut réunie à la Couronne qu'en 1508, en conféquence de l'échange du Duché de Nemours contre cette Vi-

____

(*d*) Dans Lafaille, tom. 2, pr. p. 93.

comté en 1507 (e). Il faut en excepter encore le Comté de
Caftres, qui fut définitivement réuni à la Couronne par Arrêt
du Parlement de Paris, du 10 Juin 1519 (f), en conféquence
de l'Arrêt du même Parlement, du 4 Août 1477, qui avoit
condamné à mort jufques Darmagnac, Comte de Caftres, &c.
& prononcé la confifcation de fes biens (g). A l'égard du Comté
de Pezenas, dont M. le Prince de Conty jouit maintenant à titre
d'échange, il avoit été diftrait du Domaine Royal par le don
fait à Charles d'Artois, par lettres du Roi Jean, du mois d'Août
1302 : ces lettres contiennent érection des Château, Ville, &
Châtellenie de Pezenas, en Comté (h). Or, en partant de ce
point de fait, qu'à l'exception des trois grands fiefs fufdits, les
terres & fiefs jouis par le Roi dans l'ancienne Sénéchauffée de
Carcaffonne, font à peu près les mêmes qu'en 1229, j'ai trouvé
que par une Ordonnance de Saint Louis, de 1250, rendue pour
la Sénéchauffée de Carcaffonne, & pour celle de Beaucaire &
Nifmes (i), « il eft défendu aux Vaffaux du Roi, dans ces deux
» Sénéchauffées, de vendre leurs fiefs fans le confentement de
» Sa Majefté, s'il n'y a coutume contraire, que le Roi fe réferve
» d'examiner ». Cependant cette défenfe ne fubfifta pas, comme
il réfulte des deux pieces ci-après, qui font au tréfor des Chartes
du Roi, près la Chambre des Comptes de Montpellier ; favoir,
la réponfe aux queftions propofées au Parlement de Paris par le
Sénéchal de Carcaffonne, en 1270 ; réponfe dont voici le contenu : *ordinatum eft, quod fi venditiones factæ fuerint pro perfonis
non prohibitis acquirere juxta ordinationem domini Regis, leven-
tur vendæ five laudimia, ut eft confuetum.* Enfin, des Lettres de
la Chambre des Comptes de Paris, adreffées au Sénéchal & au
Receveur du Domaine de Carcaffonne, en date du 3 Octobre
1394, « ordonnent au Sénéchal, de contraindre les acquéreurs
» de fiefs à en payer les droits de lods.

---

[e] Recherches de Dupuy, *verbo* Narbonne.
[f] Hiftoire du Languedoc, tom. 5, p. 65.
[g] Hiftoire du Languedoc, tom. 5, p. 54.
[h] Hiftoire du Languedoc, tom. 4, p. 326.
[i] Dans Bellamy, p. 212.

Il réfulte de ces deux pieces combinées avec le contenu en l'Ordonnance de 1250, que nonobftant les défenfes portées par cette Ordonnance, l'intérêt du Commerce & les befoins de la Nobleffe firent tolérer ou approuver la vente des fiefs tenus immédiatement du Roi; mais que ce fût à charge des lods accoutumés, *ut eft confuetum*, felon la Réponfe de 1270 : il eft vrai qu'elle ne porte pas nommément fur les fiefs ; mais elle ne parle pas non plus des rotures dont il ne pouvoit être queftion dans les difficultés propofées par le Sénéchal, puifqu'on n'a jamais contefté les lods des biens ruraux & cenfuels dans le Languedoc, (*fuprà* n°. 119) : conféquemment la Réponfe de 1270 ne peut fe reférer qu'aux fiefs.

Enfin, quoique nous n'ayons fait aucunes recherches particulieres fur cet objet, nous trouvons Sa Majefté, même certains Vaffaux confidérables, en poffeffion des lods dans la Sénéchauffée ; ce qui prouve, comme nous l'avons dit, que la défenfe portée par l'Ordonnance de 1250, ne fut levée qu'à la charge du paiement de ce droit, dont l'ufage étoit général lors de la Réponfe de 1270, *ut eft confuetum* ; d'autant mieux que les lods font l'émolument de la permiffion de vendre (*fuprà* n°. 16) (**).

C X L.

Arriere-Vaffaux & étendue de cette Sénéchauffée & du Comté.

1°. M. de Catellan attefte « l'affujettiffement des fiefs aux » lods dans le Comté de Carcaffonne, fuivant la Coutume, & » conformément à un Arrêt du 5 Mai 1649, rendu au profit de » M. l'Evêque de Lodeve, à raifon d'un fief dans ce Comté (*k*); mais cette affertion eft fondée fur une méprife, ou c'eft une faute d'impreffion ; parce que l'Evêque de Lodeve n'a jamais eu ni mouvances, ni domaines, ni aucuns droits dans le Comté de Carcaffonne ; au lieu qu'il prétend être Seigneur fuzérain de tout

---

[**] Pour ne rien laiffer à defirer fur cet article, je dois ajouter que le Roi eft en poffeffion de percevoir les lods dans fon Comté de Caftres ; favoir, au quint fur les terres & fiefs régis felon la Coutume de Paris, & au douzieme fur les autres.

(*k*) Catellan, liv. 3, ch. 22.

fon

fon Diocèfe, comme Comte de Lodeve ou de Montbrun, &
Vicomte dudit Lodeve; Comté & Vicomté dont il a inconteſtablement la poſſeſſion fondée ſur une foule de titres (*l*). Ainſi
l'Arrêt & la déciſion de M. de Catellan doivent ſe référer au
Comté de Lodeve; ce qui eſt évident.

2°. Il nous reſte à fixer l'étendue & les bornes dudit Comté
de Lodeve; & par voie de ſuite, de tous les anciens Comtés :
& voici la regle & l'origine de cette fixation; c'eſt qu'en conquérant les Gaules ſur les Romains, les peuples Barbares, &
notamment les Francs, y conſerverent la police ancienne (*m*),
pour rendre le changement de domination moins ſenſible &
moins odieux aux peuples vaincus : de là vient que les Francs
établirent des Ducs & des Comtes dans leurs nouveaux domaines, à *l'inſtar* de ceux des Romains (*n*); & que les Wiſigots,
qui conquirent la Septimanie, y firent le même établiſſement (*o*).
Ce n'eſt pas ici le lieu de parler de la prééminence des Ducs;
mais à l'égard des Comtes, leur diſtrict s'étendoit dans tout le
Diocèſe, dont la Ville de leur réſidence étoit la Capitale (*p*) :
en voici la preuve; le Capitulaire de 817, ſur le partage de
la Monarchie, porte qu'il ſera joint à l'Aquitaine, le Comté de
de Carcaſſonne en Septimanie, & ceux d'Autun, Valois, &
Nevers en Bourgogne (*q*) : & le diſtrict des Comtes s'appelloit
tantôt Comté (*r*); quelquefois on lui donnoit le nom de pays
Pagus : *le pays du Rouergue*, *du Querci*, *du Vivarais*, *du
Touloufain* (*s*) : enfin, il portoit pareillement le nom d'Evéché :

______

(*l*) Hiſtoire du Languedoc, tom. 3, p. 39, 40, 70; & tom. 2, aux notes,
note 25, n°. 10, 11, 12, & *paſſim*.

(*m*) Paſquier, liv. 2, ch. 14, p. 110. Hiſtoire du Languedoc, tom. 1, p. 143,
146, 379.

(*n*) Loiſeau, des Seigneuries, ch. 5, n°. 14 & 15. Paſquier & l'Hiſtoire du
Languedoc, *locis ſuprà*.

(*o*) Hiſtoire du Languedoc, tome 1, p. 379.

(*p*) Hiſtoire du Languedoc, tom. 1, p. 379; & note 87, n°. 2, p. 700.

(*q*) Baluze, tome 1, p. 575.

(*r*) Capitulaire de 873, ch. 1. Baluze, tome 2, p. 227. Charte de 817;
Hiſtoire du Languedoc, tom. 1, pr. p. 50.

(*s*) Charte de 767; Hiſtoire du Languedoc, tom. 1, pr. p. 23. Donation de
955 : & Charte de 957; même Hiſtoire, tom. 2, pr. p. 98, 99.

Tome I.   R

dans l'Evêché d'Albi, *Viguerie de Lautrec* ; *dans l'Evêché de Rodez*, *Viguerie de Camarets*, dit une donation de 942 (*t*). Ainſi les Comtés de Lodeve, de Carcaſſonne, &c. avoient la même enceinte que les Diocéſes de ces noms (*).

3°. Cependant un Auteur moderne a confondu la Sénéchauſſée de Carcaſſonne, avec le Comté (*v*) ; quoique cette Sénéchauſſée comprît la partie de la terre du Maréchal de Levis, qui avoit été démembrée du Touloufain, ou le Diocéſe de Mirepoix : elle comprenoit encore ceux de Carcaſſonne, Alet, Narbonne, Beziers, Agde, Lodeve, Saint-Pons, Caſtres, & la partie du Diocéſe d'Albi, qui eſt à la gauche du Tarn ; car telle étoit ſon étendue lors de la création qu'en fit le Roi Louis VIII en 1226 (*x*), après la priſe de poſſeſſion des domaines qu'Amauri de Montfort n'avoit pu conſerver, & qu'il avoit cédés à ce Roi. La connoiſſance des matières féodales eſt exactement liée à celle de notre ancienne Hiſtoire & de notre ancien Droit, qui en eſt la clef.

4°. Les Vaſſaux des Seigneurs particuliers jouiſſent de l'exemption des lods dans l'ancienne Sénéchauſſée de Carcaſſonne, conformément aux principes ci-devant établis (*y*) ; car quoique la poſſeſſion du Roi puiſſe être, dans certains cas, d'un

---

(*t*) Hiſtoire du Languedoc, tom. 2, pr. p. 84.

(*) *Nota.* Cette identité de bornes ſe vérifie encore à l'égard des anciens Comtés qui ont conſervé des noms propres ; tels ſont l'Evêché du Puy, & Comté de Velaï ; Comté qui fut donné à l'Evêque du Puy par le Roi Raoul, en 924 (Hiſt. du Lang. tom. 2, pr. p. 61) ; l'Evêché de Mende & Comté de Gevaudan ; l'Evêché de Pamiers & Comté de Foix, &c. Chaque Comté étoit gouverné par un Comte & par un Vidam ou Vicomte, & diviſé en Vigueries gouvernées par des Viguiers ; & chaque Viguerie, en Centaines, régies chacune par un Centenier. (Capitul. 2 de 805, ch. 12 ; Baluze, tom. 1, p. 426. Échange de 934 ; Hiſt. du Lang. tome 2, pr. p. 71. Epître de Charlemagne, de 807 ; Hiſt. du Lang. tome 2, pr. p. 107, n°. 96. Plaid de 933 ; Hiſt. du Lang. tom. 2, pr. p. 69. Capit. de 807, ch. 7 ; Baluze, tom. 1, p. 460. Décret de Childebert, de 595 ; Baluze, tome 1, p. 19. Bignon, ſur Marculphe, dans Baluze, tome 2, p. 934. Hiſt. du Lang. tome 1, p. 139, 437.)

(*v*) Sudre, ſur Boutaric, des droits ſeigneuriaux, tit. des lods, §. 3, n°. 6.

(*x*) Hiſt. du Languedoc, tom. 3, p. 360.

(*y*) *Suprà* n°. 127 & 131.

grand poids en leur faveur, en tant qu'elle peut fortifier l'usage particulier de leurs Seigneuries ; cependant en these, & de droit commun, la présomption légale est contr'eux. Un Arrêt du 14 Août 1708, prononce l'exemption pour la terre de Soumartre, assise dans le Diocèse de Beziers, & tenue de l'Abbaye de Ville-magne, quoiqu'on rapportât un lausime de cette terre, de 1627, & des lausimes de plusieurs fiefs voisins (7) ; parce que la Cour jugea que cet appareil de preuves étoit insuffisant pour établir un usage obligatoire à l'égard de ce fief : mais cette présomption peut être emportée par l'usage contraire de certaines Seigneu-ries, où l'assujettissement des fiefs aux lods a lieu ; témoin celles que nous avons citées au n°. précédent ; savoir, le Comté de Pezenas, démembré de la Couronne ; ceux d'Agde, de Lodeve, la Vicomté de Narbonne, qui n'a été unie au Domaine Royal qu'en 1508, & le Comté de Castres, dont la réunion datte de 1519.

C X L I.

1°. Dans l'ancienne Sénéchaussée de Carcassonne, il y a plu-sieurs terres & fiefs tenus du Roi ou des Seigneurs particuliers, aux us & coutumes de la Prévôté & Vicomté de Paris ; ce qui dérive d'un des événemens les plus singuliers de l'histoire du moyen âge.

Terres régies sui-vant la Coutume de Paris.

En l'année 1208, Pierre de Castelnau, revêtu en Languedoc à l'occasion de l'hérésie Albigeoise, du titre de Légat du Pape, fut assassiné sur les bords du Rhône ; & Raymond VI, Comte de Toulouse, fut violemment soupçonné d'être l'auteur de cet assassinat (a) : le Pape Innocent III voulut en tirer une ven-geance éclatante ; il fit prêcher une Croisade, & il invita le Roi, les Evêques, & les Barons de France, à prendre les armes, & à l'invasion des Domaines du Comte Raymond (b). Une foule de Seigneurs, de Barons, & de Chevaliers, avides de gloire, se

______

(7) Nouveau Journal du Palais, tome 3, Arrêt 136. Sudre, sur Boutaric, des droits seigneuriaux, tit. des Lods, §. 3, n°. 6.
(a) Histoire du Languedoc, tom. 3, p. 153 & 154.
(b) Histoire du Languedoc, tom. 3, p. 154, 155 & 156.

R ij

croisa pour gagner des indulgences en conquérant des domaines;
& malgré les soumissions & le voyage à Rome du Comte Raymond, qui se croisa lui-même, la guerre fut poussée avec vigueur ; & plusieurs des grandes Maisons de la Province furent
dépouillées & anéanties, notamment celle des Trincavels, Vicomtes de Carcassonne, de Beziers, &c. & la plus puissante du
Languedoc, après celle du Comte Raymond.

Simon de Montfort, Comte de Leicestre, un des principaux
Seigneurs qui commandoient les Croisés, fut nommé en 1209,
Seigneur & Gouverneur des pays conquis & des pays habités
par les Hérétiques qui restoient à conquérir (c) : enfin, le
Concile de Latran, de 1215, fit don à ce Prince « de tous les
» domaines conquis sur les Hérétiques, leurs croyans, fauteurs &
» receleurs, avec les Villes de Toulouse & de Montauban ».
Le même décret du Concile donne quatre cens marcs de pen-
sion au Comte Raymond, le reste du pays devant être séquestré
pour être remis à son fils Raymond le jeune, s'il le méritoit, lorsqu'il seroit d'un âge compétent (d).

Tels furent les titres de propriété de Simon de Montfort,
avec le droit du plus fort, comme les titres de propriété des
Barons & des Chevaliers qu'il gratifia des dépouilles de la Noblesse du pays, furent les concessions qu'il leur en fit.

2°. En l'année 1212, Simon de Montfort convoqua à Pamiers
un Parlement composé des Evêques, des Barons, & des principaux Bourgeois de ses nouveaux Etats : on y convint de qua-
rante-quatre articles ou statuts relatifs au gouvernement du pays
conquis. L'article 24 porte « que les Chevaliers & les Seigneurs
» Catholiques du pays seront tenus envers le Comte ou envers
» leurs nouveaux Seigneurs aux mêmes services qu'avant la
» Croisade » ; mais que ceux qui avoient été croyans aux Hérétiques, devoient servir le Comte ou leurs Barons, à la volonté
de ceux-ci (e). Enfin, il fut ajouté trois autres articles qui de-

____

(c) Histoire du Languedoc, tom. 3, p. 174, n°. 62 & 63.
(d) Histoire du Languedoc, tom. 3, p. 279 & 280.
(e) Catel, Histoire des Comtes de Toulouse, pages 267 & suivantes. Histoire du Languedoc, tom. 3, p. 233 & 234.

voient être observés entre le Comte Simon & les Barons de France, & autres, auxquels il avoit donné des terres dans le pays. Le premier de ces articles regle la maniere de succéder pour tous ces nouveaux possesseurs, selon la coutume & usage de France, près Paris ; & le troisieme porte « que le Comte doit » garder envers ses Barons, *l'usage de France, près Paris*, ès » plaids, jugemens, dots, *fiefs*, & partages des terres (*f*).

L'article premier de cette addition, qui regle la maniere de succéder, a été observé un tems ; témoin la Charte donnée par Philippe de Valois en 1322, qui change, au profit de Jean de Levis, la maniere de succéder, établie par Simon de Montfort, *sauf le droit des enfans nés ou conçus*, & la rénonciation faite en conséquence par Roger-Bernard de Levis, en 1340, au droit acquis à son profit par l'ancienne maniere de succéder (*g*).

3°. Mais enfin, les Coutumes établies par Simon de Montfort, ne subsistent plus qu'en ce qui concerne l'assujettissement à la Coutume de Paris, des fiefs qui firent partie de la conquête ; & par voie de suite, au quint & au rachat. L'assujettissement à la Coutume susdite, & au rachat, a été prononcé par un Arrêt de la Toussains, 1299, contre le Baron de Senegat (*h*) ; mais pour tout le surplus, ces Coutumes sont tombées en désuétude depuis long-tems.

4°. Cependant, si l'on en croit Graverol, il a été jugé par un Arrêt de 1664, que le Seigneur de Sérignan peut empécher ses censitaires d'avoir des colombiers, suivant les articles 69 & 70 de la Coutume de Paris ; parce que cette terre est régie suivant cette Coutume (*i*) : tant il est vrai qu'il n'est point d'erreur qui n'ait eu le suffrage de quelque Savant. 1°. La Coutume de Paris ne donne pas le droit prohibitif de colombier au Seigneur de fief. 2°. Il n'est pas ici question des droits qu'il peut exercer sur ses censitaires, qui ne reconnoissent à aucun titre la Coutume de Paris ; mais des obligations du possesseur d'un fief ou terre ré-

---

(*f*) Catel, & Histoire du Languedoc, *ibidem.*
(*g*) Histoire du Languedoc, tom. 4, p. 212, pr. p. 179.
(*h*) Bellami, p. 215.
(*i*) Graverol, sur Laroche, des droits seigneuriaux, ch. 22, Arrêt 1.

gis suivant cette Coutume, vis-à-vis de son Seigneur dominant ; car c'est à quoi se borne cet assujettissement.

4°. A l'égard des pays où sont assises les terres & fiefs régis par cette Coutume, il n'y en a point dans l'Agénois, le Rouergue, le Querci, la partie du Comté ou Diocèse d'Albi qui est à la droite du Tarn, ni dans l'ancien Comté ou Diocèse de Toulouse ; parce que tous ces pays furent remis à Raymond le jeune, Comte de Toulouse, par l'art. 2 du Traité de Paris, de 1229 ; & que par l'article 14 du même Traité, tous ceux qui avoient été chassés, ou qui s'étoient enfuis de ces pays, devoient être réintégrés dans leurs biens (*k*) ; au moyen de quoi toutes les concessions faites par Simon de Montfort dans ces contrées, demeurerent sans effet.

Mais par l'article 10 du même Traité, la terre du Maréchal de Levis, depuis érigée en Evéché de Mirepoix, fut distraite du Comté de Toulouse, pour être tenue en fief du Roi. Or, ce Maréchal la tenoit de la concession de Simon de Montfort, aux us & coutumes de Paris.

L'article 13 du même Traité porte, que le Comte cede au Roi tous les autres domaines dont il avoit joui à la droite du Rhône ; c'est ce qui compose les anciennes Sénéchaussées de Carcassonne & de Beaucaire & Nismes, en y joignant la terre du Maréchal de Levis, qui fut unie à celle de Carcassonne : enforte que les terres tenues suivant la Coutume de Paris, ont dû être resserrées dans l'enceinte de ces deux Sénéchaussées ; parce qu'il est visible que Raymond VII expulsa tous les inféodataires de Simon de Montfort, dans les domaines qui lui resterent en exécution du Traité de 1229.

5°. Cependant il n'y a de fait aucuns fiefs régis par la Coutume de Paris dans l'ancienne Sénéchaussée de Beaucaire & Nismes, quoiqu'on en trouve grand nombre dans celle de Carcassonne : & voici la raison de cette différence ; c'est qu'Amauri de Montfort, fils & héritier de Simon, avoit perdu toutes ses conquêtes dans la partie qui compose la Sénéchaussée actuelle de Beaucaire & Nismes, *& que tous ses adhérans en avoient été*

_____

(*k*) Histoire du Languedoc, tome 3, p. 370.

chaffés, comme il paroît par le Traité dont il convint en 1224 avec le jeune Raymond (*l*), au moment de fon départ du Languedoc.

Il eft vrai qu'Amauri de Montfort céda peu après au Roi Louis VIII, tous fes droits fur les Domaines conquis par les Croifés (*m*) ; & que le Roi ayant pris la Croix des mains du Légat Romain, toutes les villes de la Provence, jufqu'à quatre lieues de Touloufe, s'empreffèrent de fe foumettre à lui, notamment après qu'il fe fut rendu maître d'Avignon (*n*) ; mais il ne paroît pas que ce Prince ait fait aucune inféodation de fes Domaines en Languedoc : enforte qu'il ne refta de Vaffaux foumis à la Coutume de Paris, que ceux des Barons & Chevaliers de France, qui avoient été maintenus dans les inféodations de Simon de Montfort ; & encore, la Seigneurie de Caftres, inféodée par Saint Louis à Philippe de Montfort, neveu de Simon, en 1229 (*o*).

6°. Il réfulte de ce deffus, que la Coutume de Paris n'a lieu dans les pays dont il s'agit, qu'à l'égard des fiefs, c'eft-à-dire, relativement aux devoirs des poffeffeurs des fiefs régis par cette Coutume, à l'égard de leur Seigneur dominant, conformément au troifieme des articles ajoutés aux Coutumes de Simon de Montfort.

Que cette charge n'a pas tiré à conféquence pour les arriere-Vaffaux qui jouiffent pourtant de l'exemption d'affujettiffement à cette Coutume ; & qui plus eft, de l'exemption totale des profits de fief, en vertu des principes ci-devant établis au n°. 131 ; parce que le changement des Vaffaux immédiats, & l'impofition faite par Simon de Montfort à fes nouveaux inféodataires, d'une nouvelle charge, ne pouvoit pas nuire aux arriere-Vaffaux qui avoient confervé leur poffeffion : ce qui fut expreffément ftipulé par l'art. 24 ci-devant rapporté, du ftatut de 1212 : de là vient encore que, quoique par l'art. 13 du Traité de 1229, le

---

(*l*) Hiftoire du Languedoc, tom. 3, p. 336.
(*m*) Hiftoire du Languedoc, tom. 3, p. 337.
(*n*) Hiftoire du Languedoc, tom. 3, p. 352, 356, 359.
(*o*) Hiftoire du Languedoc, tom. 3, p. 378 & 379.

jeune Raymond eût été affujetti à la Coutume de Paris envers le Roi, pour tous les Domaines qui lui refterent en vertu de ce Traité, cette claufe ne changea rien aux obligations de fes Vaffaux dans les différens Comtés dont il demeura poffeffeur; notamment dans le Comté ou Sénéchauffée de Touloufe, où ils continuerent de jouir de l'exemption totale des profits de fief, (*suprà* 137). Enfin, il eft porté par le dénombrement du Comté de Caftres, rendu au Roi le 23 Mai 1371, par le Gouverneur de ce Comté, au nom de Jeanne de Pontieu, Comteffe de Vendôme & de Caftres; 1°. que cette terre eft tenue aux us & coutumes de Paris; 2°. il contient la double énumération des mouvances de ce Comté, qui font tenues, *foit à Droit écrit*, foit à la Coutume de Paris. Nous avons eu cette piece en main.

Il réfulte encore de ce deffus, qu'il n'y a de terres & fiefs fujets à la Coutume de Paris, que dans l'ancienne Sénéchauffée de Carcaffonne, dont nous avons ci-devant exprimé l'étendue, & non dans celle de Beaucaire & Nifmes, dont on avoit chaffé les adhérans de Simon de Montfort lors du traité fait en 1224, entre Amauri de Montfort & le jeune Raymond.

7°. Il nous refte à dire que ces fiefs étoient autrefois fujets au requint, conformément à l'ancienne Coutume de Paris; mais que cette charge a été abolie, comme il a été ci-devant expliqué au n°. 25.

8°. A l'égard des fiefs donnés par Simon de Montfort, aux Eglifes, ils ne reconnoiffent point l'affujettiffement à la Coutume de Paris (*p*); témoin la petite terre de Caftelnau, près Beziers,

***

(*p*) *Nota.* Indépendamment des dons intéreffés de la Nobleffe du pays, au moment de la crife dont il s'agit, où tout le monde avoit befoin de fauvegardes de catholicité, pour n'être pas dépouillé de fon bien par les Croifés, les Eglifes reçurent des dons confidérables de Simon de Montfort. Par exemple, ceux qu'il avoit faits à l'Evêque de Touloufe furent confirmés par l'art. 12 du traité de 1229, quoiqu'affis dans le Touloufain. Toutefois, pas un de ces dons ne parle d'affujettiffement à la Coutume de Paris, qui emporte la charge du relief à chaque mutation de Bénéficier. Il eft vifible que les Eglifes furent, à tous égards, favorifées dans une guerre de Religion. On trouve des monumens bien finguliers de cette faveur, dans les Coutumes de Simon de Montfort, rapportées dans l'Hiftoire des Comtes de Touloufe, de Catel, p. 267, & fuivantes; & en grande partie, dans le Franc-aleu de Galand, p. 355.

que

que donna ce Prince à l'Evêque de Beziers, par un acte de 1210, que nous avons eu en main, & exempte des droits de cette Coutume. Les autres terres, que l'Archevêque de Toulouse, l'Evêque d'Agde, &c. tiennent de la libéralité de Simon de Montfort, jouissent de même de l'exemption des droits de la Coutume de Paris, avec cette circonstance que la terre de Castelnau est sortie des mains de l'Evêque de Beziers, & possédée par des Seigneurs d'épée, depuis le siecle dernier.

CXLII.

1°. L'ancienne Sénéchaussée de Beaucaire & Nismes fut érigée par le Roi Louis VIII, ainsi que celle de Carcassonne, en 1226 (*q*) : la premiere comprend les Diocèses de Montpellier, Nismes, Uzès, Viviers, le Puy, Mende, & Alais ; & les fiefs y jouissent de la présomption de franchise, soit vis-à-vis du Roi, soit vis-à-vis des Seigneurs particuliers, tant en vertu du droit commun, que des usages particuliers du ressort, sauf s'il y a titre ou coutume contraire, conformément aux principes ci-devant établis. Toutefois nous ne négligeons pas de remarquer la foible présomption résultant de l'Ordonnance de 1250, au profit du Roi (*suprà* n°. 139). *Ancienne Sénéchaussée de Nismes & Velay.*

2°. A l'égard du Comté de Velay, ou Diocèse du Puy, qui est enclavé dans cette Sénéchaussée, Henrys, Auteur étranger, a prétendu que les fiefs y sont sujets aux lods, ainsi qu'en Languedoc (*r*) ; mais la derniere partie de cette assertion est visiblement erronée ; circonstance qui affoiblit beaucoup le surplus de son témoignage : il est fondé sans doute sur un Arrêt du 5 Juillet 1685, qui déclare sujette aux lods la terre de Pinet en Velay, *sur les titres anciens* (*s*) ; mais cet Arrêt confirme surabondamment la regle, puisqu'il ne prononce la condamnation qu'à la vue des titres anciens ; enforte que la présomption de franchise a lieu dans ce Comté, comme dans le surplus du ressort.

(*q*) Histoire du Languedoc, tom. 3, p. 359, 360, 375.
(*r*) Henrys, liv. 3, quest. 38, n°. 3.
(*s*) Cambolas, liv. 1, ch. 15.

Tome I.   S

SECTION TROISIEME.

DES Fiefs d'honneur, francs & libres, ou exempts d'hommage.

CXLIII. Fiefs d'honneur.
CXLIV. Fiefs francs & libres.
CXLV. Fiefs exempts d'hommage.

CXLIII.

Fiefs d'honneur. Quoique les fiefs soient de profit dans le Dauphiné, en Savoye, & dans les pays voisins (*t*) ; cependant M. Boissieu pense que si le bail ou les titres possessoires du fief portent qu'il est tenu en fief d'honneur, *in feudum honoris, honoratum seu honorificum,* « & que le Seigneur ne soit pas en possession d'y percevoir les lods, ce fief en est exempt, parce qu'il suppose qu'en ce cas, le titre a dérogé à la Coutume (*v*) ; c'est-à-dire, que, selon Boissieu, les fiefs reconnus en fiefs d'honneur, sont exempts de profits, s'ils n'y sont assujettis par l'usage : de là vient que, selon Guyot, les fiefs jouissent de cette exemption dans les pays de Droit écrit, parce qu'ils y sont d'honneur (*x*), & parce que, selon nos idées, l'hommage en fief d'honneur exclut naturellement la charge des profits.

Mais c'est une source féconde d'illusions, selon l'immortel Montesquieu, de transporter dans les siecles reculés, toutes les idées du siecle où l'on vit. Or, le titre de *fief d'honneur* étoit attaché, lors du gouvernement féodal, non à l'exemption des profits, dont on n'avoit pas l'idée dans leur institution, mais, selon Ducange, *à l'exemption totale ou partielle du service des*

(*t*) Guy-Pape, quest. 415, n°. 5. Salvaing, ch. 3, à la fin.
(*v*) Salvaing, ch. 3, à la fin.
(*y*) Guyot, des lods, ch. 16, n°. 1.

fiefs (*y*). Il résulte de ce dessus, qu'à l'égard des *fiefs d'honneur*, c'est-à-dire, des fiefs exempts de service, la question des profits dépend, non pas précisément du titre de fiefs d'honneur, mais de l'usage & de la possession : il en résulte encore, qu'ils ne sont exempts de profits, qu'autant qu'ils ont joui de cette exemption; en un mot, qu'elle est fondée précisément sur cette jouissance, & non sur le titre de fief d'honneur : c'est ainsi qu'on doit entendre la distinction de M. Salvaing. Cette réflexion sera mise dans un nouveau jour, par le contenu au nº. suivant.

CLXIV.

1º. Le fief *franc* étoit synonyme au *fief d'honneur*, & il jouissoit de même de l'exemption totale ou partielle du service, selon Ducange (*z*) : mais, selon le Rôle de Lost de Foix, de 1272, certains Vassaux réclamoient l'exemption pure & simple du service ; d'autres prétendoient ne le devoir qu'aux dépens du Roi ; & d'autres se reconnoissoient sujets *à une rente annuelle, ou à d'autres charges, en représentation du service du fief* (*a*). En partant de ce dernier caractère, la dénomination de *fief franc, ou de fief d'honneur*, seroit un titre d'assujettissement aux profits, bien loin d'en indiquer l'exemption. 2º. A l'égard des fiefs *nobles*, ce sont ceux qui avoient conservé la noblesse de leur origine ; ou, si l'on veut, ceux qui ennoblissoient le possesseur investi de ces fiefs (*b*). En admettant ces points de fait, le titre *de fief franc & libre, ou franc & noble*, est, sans conséquence, à l'égard des profits ; & tel est aussi l'avis de Guyot & d'Henrys (*c*) ; hors qu'on ait joint à cette franchise, la possession de l'exemption desdits profits.

Ainsi, un Arrêt de 1529 admet le Vicomte de Turenne à

Fiefs francs, libres, ou nobles.

(*y*) Ducange, *verbo*, *Feudum honoratum*, p. 445 & 446.
(*z*) Ducange, *verbo*, *Feudum francum*, p. 443.
(*a*) Ce Rôle est rapporté dans Brussel, liv. 2, ch. 6, p. 165, 166, 167.
(*b*) Ducange, *verbo*, *Feudum nobile*, p. 448 & 449.
(*c*) Guyot, des lods, ch. 16, nº. 5--13. Henrys, liv. 3, quest. 38, nº. 7, 8, 9.

l'Enquête par Turbes, fur l'ufage du Périgord, nonobftant la clauſe *cum omni libertate & franqueſiâ* (*d*) : & depuis, fur le vu de l'Enquête, le Vaſſal paſſa condamnation (*e*) : de même un fief *franc & noble* fut déclaré fujet aux lods, par Arrêt du 3 Avril 1611 (*f*) : Arrêt conforme du 5 Juillet 1585, contre le poſſeſſeur de la terre du Pinet en Velay, quoique tenue *en fief franc & noble* (*g*) : enforte que l'Arrêt du 20 Septembre 1621, rapporté par Cambolas (*h*), & celui du 14 Avril 1608 (*i*), qui prononcent l'exemption *de fiefs francs & libres*, n'ont pas été fondés précifément fur cette qualification, mais fur le droit commun du Languedoc, où ces fiefs font aſſis. L'Illuſtre Préſident Bouhier, un des plus judicieux Ecrivains, & des plus grands Feudiſtes de ce fiecle, n'a pas négligé de remarquer qu'anciennement les fiefs exempts de fervice étoient appellés *fiefs francs* (*k*).

C X L V.

Fiefs exempts d'hommage.

Les erreurs répandues dans les Livres, ne font pas un des moindres obſtacles aux progrès de l'efprit humain. On trouve un Arrêt du 13 Juin 1731, qui a prononcé, en grande connoiſſance de caufe, l'exemption des lods d'un fief aſſis en Dauphiné, *parce qu'il étoit exempt de l'hommage*, quoique fujet à la fidélité (*l*) : telle eſt du moins l'efpece de cet Arrêt, felon le récit entortillé de Guyot ; d'où il réfulte, felon un autre Auteur, qu'un fief *fujet à la foi fans hommage*, eſt affranchi, par voie de fuite, de la preſtation des lods (*m*).

Mais, en bonne Logique, toute conféquence qui n'eſt pas incluſe dans les prémices, & qui n'en eſt pas la fuite & le déve-

---

(*d*) Papon, liv. 13, tit. 1, Arrêt 3. Henrys, liv. 3, tit. 38, n°. 7, 8, 9.
(*e*) Maynard, liv. 4, ch. 33.
(*f*) Guyot, des lods, ch. 16, n°. 4.
(*g*) Cambolas, liv. 1, ch. 15.
(*h*) Cambolas, liv. 4, ch. 30.
(*i*) Nouveau Journal du Palais, tom. 3, Arrêt 136.
(*k*) Préſident Bouhier, fur Bourgogne, ch. 37, n°. 30.
(*l*) Guyot, des lods, ch. 16, n°. 14.
(*m*) Sudre, fur Boutaric, des droits feigneuriaux, tit. des lods, §. 3, n°. 5.

loppement, eſt fauſſe & vicieuſe. Or, l'exemption des lods n'a rien de commun avec l'exemption de l'hommage : il eſt donc impoſſible qu'elle dérive de celle-ci ; ce qui eſt évident. En un mot, dans le moral comme dans le phyſique, il n'eſt point d'effet ſans cauſe. Or, l'exemption de l'hommage eſt d'un autre ordre que l'exemption des lods : il eſt d'ailleurs conſtant que les fiefs ſont ſujets à l'hommage, dans tous les pays de Droit écrit, où ils jouiſſent de l'exemption des lods : la queſtion a même été jugée en termes exprès : par un Arrêt du 20 Septembre 1621, pour *un fief Noble & franc, ſujet à l'hommage* & à la directe du Seigneur (n) ; d'où il réſulte, par la raiſon inverſe, que l'exemption de l'hommage, qui eſt, pour ainſi dire, incommeſurable avec l'exemption des lods, ne ſauroit opérer celle-ci.

Il eſt donc vrai que l'exemption de l'hommage, ainſi que la charge de cette preſtation, ſont, à tous égards, ſans conſéquence pour les lods : d'ailleurs, il eſt parlé dans tous nos Auteurs, de fiefs exempts d'hommage (o) ; mais pas un n'en conclut qu'ils ſoient exempts des lods. Enfin, il eſt pluſieurs Coutumes où l'on voit des fiefs *abournés*, c'eſt-à-dire, des fiefs dont la foi & hommage ou les ſervices ont été convertis en une rente annuelle, ou autrement, abonnés. Telles ſont les Coutumes d'Anjou, du Maine, du grand Perche, de Chartres, Dreux, & Châteauneuf (p). Or, ces fiefs ſont ſujets aux lods, & même au relief, ainſi que les autres fiefs de ces Provinces, bien loin qu'ils y jouiſſent de l'exemption des lods ; parce qu'en effet il n'y a, dans le marché, que ce que les Parties y ont mis ; & qu'en traitant ſur l'hommage, elles ne ſe ſont pas occupées des lods ; enſorte que les exemples ſe réuniſſent avec les principes, contre la prétention de Me. Guyot.

(n) Cambolas, liv. 4, ch. 30.

(o) Salvaing, ch. 3, à la fin ; & ch. 4, p. 21. Dolive, liv. 2, ch. 28. Dumoulin, ſur la Coutume de Paris, Préface du tit. 1, n°. 114, 115 ; & §. 1, Gl. 3, n°. 12 ; & §. 2, *hodie* 3, Gl. 4, n°. 1.

(p) Gloſſaire, du Droit François, *verbo*, Abourner. Chopin, ſur la Coutume d'Anjou, liv. 2, tit. du ſerment de fidélité, n°. 8, P. Bouhier, ſur celle de Bourgogne, ch. 37, n°. 45.

CHAPITRE III.

DES accessoires du bien féodal ou censuel.

SECTION PREMIERE.

DES accessoires purement industriels. Bâtimens ,
Meubles , Pigeons , Lapins , &c. Fumier , Matériaux , Peintures , Statues , &c.

CXLVI.

Regle générale. 1°. Tout ce qui excroit dans le sol, ou qui y est appliqué par maniere d'adhésion & d'incorporation , en fait naturellement partie : ainsi , le bâtiment, la plantation, les semailles , & leur produit , sont identifiés avec le sol, dont ces choses sont l'accessoire (p) ; d'où il résulte qu'elles sont sujettes aux mêmes charges que le sol.

2°. Autre chose est , d'une augmentation ou adhésion extérieure. Ainsi l'acquisition d'un fonds , pour être uni à un autre

______

(p) §. 29 , 30 , 31 , & 32. *Instit. de rer. divis.*

fonds, ne change rien à la dépendance seigneuriale, ni aux charges réelles de ces différens fonds.

3°. Il en est de même d'une adhésion passagere ou imparfaite ; c'est ainsi que les meubles d'un bâtiment n'en font pas partie, lors même qu'ils sont destinés à l'usage du bâtiment, s'ils n'y sont pas incorporés.

Telle est la théorie d'où dérivent toutes les regles relatives à cet objet. Nous réservons, pour les servitudes réelles, un Chapitre particulier.

C X L V I I.

En partant de cette théorie, il est évident que toutes les améliorations faites au sol, soit par voie de construction, de semailles ou de plantation, en accroissant, & étant incorporées au fonds, sont pareillement incorporées au fief, ou à la teneure ; puisque le fonds & le fief ne font qu'un : conséquemment les lods de la vente du fief s'étendent nécessairement aux objets accessoires qui y sont incorporés (*q*).

Améliorations du sol.

C X L V I I I.

1°. Tout effet mobilier qui est joint à demeure perpétuelle à l'édifice, en fait partie selon la Loi (*r*). Il en est de même des choses mobiles qui sont employées à demeure à l'usage du bâtiment, comme la couverture & les pompes d'un puids (*s*), les canonades, les colonnes, & autres ornemens de sculpture ou d'architecture d'une fontaine (*t*) : en un mot, tout ce qui est attaché à demeure au bâtiment, ou qui concourt à son intégrité, comme les serrures & les clefs (*u*), les portes, fenêtres, ferrures, & autres choses mobiles qui sont attachées ou placées à de-

Meubles incorporés ou non.

(*q*) Chopin, sur la Coutume de Paris, liv. 1, tit. 3, n°. 8. Dargentré, sur la Coutume de Bretagne, art. 59, note 1, n°. 3 ; & art. 60, note 1, n°. 3. Livoniere, liv. 3, ch. 1, p. 143.

(*r*) L. 17, §. 7, ff. de action. empti.

(*s*) L. 13, §. fin. ; & L. 14, ff. de act. empti.

(*t*) L. 15, L. 17, §. 9 ; & L. 38, ff. de act. empti. L. 40, §. 6 ; & L. 76, ff. de contrah. empti.

(*u*) L. 17, vers. ædium, ff. de act. empti.

meure , & qui entrent dans la construction du bâtiment : conséquemment, toutes ces choses entrent dans la fixation des lods, comme faisant partie du fonds & du fief (*v*).

2°. A l'égard des cuves, pressoirs, grosse futaille, & autres objets dont le volume ou la destination peuvent fournir la matiere d'un problême, la Loi les déclare immeubles, selon qu'ils sont attachés au sol, ou qu'ils ne le sont pas (*x*). Nous en parlerons encore ci-après.

3°. Même qualité mobiliaire des effets mobiliers qui ne sont pas posés à demeure (*y*), ou de ceux qui ne le sont pas encore, quoique destinés à l'être (*z*) ; à plus forte raison des effets mobiliers directement destinés pour l'usage de l'homme, & non pas pour l'intégrité du bâtiment, comme les tapisseries, rideaux, meubles meublans, &c. (*a*) ; parce que toutes ces choses sont totalement distinctes du fonds, & conséquemment, du fief ; & que n'étant pas incorporées au sol, elles sont ezemptes de la dépendance seigneuriale, & des profits de fief (*b*).

4°. Enfin, une cloison d'hiver, qu'on enleve en été, fait partie de l'édifice, à cause de la perpétuité de sa destination (*c*).

C X L I X.

Pigeons, lapins, abeilles, oiseaux, poissons.

1°. Les colombiers construits à la campagne, pour porter un revenu, font partie du fonds, avec les pigeons qui y sont dedans, & ils sont réputés immeubles (*d*) ; autre chose est, des pigeons

---

(*v*) Dargentré, sur la Coutume de Bretagne, art. 60, note 1, n°. 4.

(*x*) L. 10, *ff. quod vi aut clam.* L. 18, *ff. de act. empti,* L. 7, §. 10, *ff. de aquir. rer. domin.*

(*y*) L. 17, §. 7, *ff. de act. empti.*

(*z*) L. 17, §. 11 ; & L. 18, §. 1, *ff. de act. empti.*

(*a*) L. 17, §. 4, *ff. de act. empti.*

(*b*) Dargentré, sur la Coutume de Bretagne, art. 59, note 3, n°. 1, 2, 3. Livoniere, liv. 3, ch. 6, sect. 7, §. 8, p. 241 & 242.

(*c*) L. 242, §. 4, *ff. de verb. signif.* L. 18, §. 1, *ff. de act. empti.*

(*a*) Dumoulin, sur la Coutume de Paris, §. 1, Gl. 8, n°. 37, 38, 39. Lalande, sur celle d'Orléans, art. 355, n°. 5, 6, 8. Chopin, sur celle de Paris, liv. 1, tit. 1, n°. 18. Arrêt de Février 1562, dans Fortin, art. 91 de celle de Paris.

de

de voliere, qui font réputé meubles, parce que ce ne font pas
des objets économiques, mais d'agrément (e).

2°. Les lapins d'une garenne font pareillement immeubles (f),
foit que la garenne foit ouverte, ou qu'elle ne le foit pas ; mais
ceux qu'on nourrit dans une chambre ou dans une cave, font
meubles, ainfi que les bêtes fauvages d'une ménagerie.

3°. Les abeilles & leurs ruches, qui font des objets économiques, & qui fe nourriffent à la campagne, font cenfé faire
partie du domaine, & elles font réputé immeubles (g).

4°. Il en eft de même des oifeaux qu'on éleve dans une ifle
pour en retirer le produit, & par la même raifon.

5°. Enfin, les poiffons qu'on éleve dans un étang ou dans un
foffé, font réputé immeubles, & ils font partie du fonds (h) ;
conféquemment ils font fujets aux lods : mais s'ils font dans un
réfervoir, ils font réputé meubles (i) ; parce que le poiffon dans
l'étang, eft un fruit fur pied, qu'on cueille pour le mettre dans le
réfervoir.

6°. Il refte à faire l'analyfe des principes du Droit Romain fur
ces objets ; 1°. il met les ruches à miel, & les oifeaux élevés,
dans une ifle maritime, au rang des agencemens du domaine (k),
au lieu de les y déclarer cohérens : 2°. il met dans la main du
Maître, ces mêmes ruches à miel, & les pigeons d'un colombier (l) : 3°. il y met de même les bêtes fauvages que l'on tient
dans des ménageries ; le poiffon d'un réfervoir ou vivier, & les
oifeaux fauvages qu'on tient dans une voliere, ou ceux qu'on a

---

[e] Fortin, art. 91 de la Coutume de Paris. Chopin, fur la Coutume de Paris, liv. 1, tit. 1, n°. 18. Lalande, fur celle d'Orléans, art. 555, n°. 7.

[f] Bouteiller, liv. 1, tit. 74, p. 437. Livoniere, Regles du Droit, liv. 2,
tit. 2, regl. 11. Lalande, fur la Coutume d'Orléans, art. 355, n°. 9.

[g] Chopin, fur la Coutume de Paris, liv. 1, tit. 1, n°. 18. Lalande, fur
celle d'Orléans, art. 355, n°. 9.

[h] L. 3, §. 14, ff. de acquir. rerum. dom. art. 91 de la Coutume de Paris. Guy-
Pape, queft. 91, n°. 4. Chopin, fur celle de Paris, liv. 1, tit. 1, n°. 17. Lalande, fur celle d'Orléans, art. 355, n°. 2 & 3. Regles de Livoniere, liv. 2,
tit. 2, reg. 11.

[i] L. 17, §. fin., ff. de act. empt., & les autorités de la lettre précédente.

[k] LL. 10 & 11, ff. de inftruc. vel inftrum. legato.

[l] L. 3, §. 16, ff. de acquir. vel amitt. poffef.

Tome I.   T

privés (*m*) : ensorte qu'à partir de ces principes, il semble que toutes ces choses aient conservé, dans la main du Maître qui les possede, leur état naturel d'effets mobiliers : 4°. mais ce même droit met au rang des choses que le Maître ne possede pas, les bêtes sauvages qui vaguent librement dans une garenne, & les poissons d'un étang (*n*) ; cependant il est incontestable que le le Maître a action contre quiconque voleroit ou empoisonneroit le gibier d'une garenne, ou les poissons d'un étang. Il possede donc ces choses, non comme des meubles qu'il ait dans sa main, mais comme des portions cohérantes au sol qui les nourrit.

7°. Ainsi, nos principes sont plus exacts & plus conséquens que ceux du Droit Romain. 1°. Nous mettons au même niveau les pigeons d'un colombier, les lapins d'une garenne, les abeilles, les poissons d'un étang, & les oiseaux d'une isle, parce que toutes ces especes jouissent de leur liberté. 2°. Nous ne les mettrons pas au rang des meubles, comme les animaux domestiques qui sont élevés dans le domaine pour y fructifier ; parce que ces animaux sont, dans les mains du Maître, comme les oiseaux d'une voliere, les bêtes d'une ménagerie, & les poissons d'un vivier : de là vient qu'ils demeurent dans la classe des effets mobiliers. 3°. Au lieu que les especes libres ne sont pas dans la main du Maître comme meubles : il n'en jouit donc que comme cohérantes à son fonds ; & conséquemment elles sont immeubles.

Aussi la raison naturelle, & la simple perception des objets, indique que la vente du domaine emporte, de plein droit, celle des especes libres ; & que l'acheteur ne peut en être privé, parce qu'elles sont inhérentes à son achat ; autrement, elles demeure-roient dans les mains du vendeur, comme les animaux domesti-ques, & le surplus du mobilier : conséquemment ces especes, telles que les pigeons d'un colombier, les lapins d'une garenne, les abeilles des ruches, les oiseaux d'une isle, & les poissons d'un étang, sont inhérentes au fonds, & non des effets mobi-liers.

[*m*] *L.* 3 , §. 14 ; & *L.* 15 , *ff. de acquir. vel amitt. posses.*
[*n*] *L.* 3 , §. 14 , *ff. de acquir. vel amitt. posses.*

C L.

Fumier.

Toute espece de fumier des écuries ou des creux à fumier, fait partie du domaine, & est réputé immeuble, hors qu'on fût dans l'intention de le vendre (*o*) : conséquemment il passe de plein droit à l'acquéreur du fonds, selon un Arrêt du 17 Juin 1649 (*p*) : cet acquéreur en doit donc les lods, comme d'un objet inhérent à l'achat du fonds.

C L I.

Cuves, foudres,
& pressoirs.

A l'égard des ustensiles dont les caractères peuvent être équivoques à raison de leur destination ou de leur volume, nous avons ci-devant remarqué que ce qui est attaché au sol, en fait partie, en laissant dans la classe des meubles, ce qui n'y est pas attaché (*q*) : c'est, conséquemment, à cette distinction que la Loi Romaine déclare unis à l'immeuble des foudres scellés au sol (*r*) ; comme les foudres ou les cuves de pierre dont on se sert en certains pays ; & que l'art. 90 de la nouvelle Coutume de Paris déclare pareillement immeubles les pressoirs inhérens au bâtiment.

Mais, à part le cas de cette adhésion, & en these, les foudres, cuves, ou pressoirs, sont meubles, & indépendans du sol, selon la Loi Romaine (*s*), & selon l'art. 90 de la nouvelle Coutume de Paris.

Cette distinction est adoptée par nos meilleurs Auteurs, tant à l'égard de la qualité mobiliaire ou immobiliaire de ces choses, qu'à l'égard de leur assujettissement aux lods (*t*).

Lalande ajoute que dans le cas où le pressoir est incorporé au bâtiment, & conséquemment immeuble, les instrumens dudit

---

(*o*) L. 17, §. 2, *ff. de act. empti.*

(*p*) Ferriere, sur la Coutume de Paris, art. 90, Gl. 1, n°. 17.

(*q*) L. 10, *ff. quod vi aut clam.* L. 18, *ff. de action. empti.* L. 7, §. 10, *ff. de acquir. rer. domin.*

(*r*) L. 76, *ff. de contrah. empt.* L. 18, *ff. de act. empti.* Art. 90 de la Coutume de Paris.

(*s*) L. 17, *vers. multa, ff. de act. empti ;* & Pothier, *ad hunc titulum,* n°. 19.

(*t*) Chopin, sur la Coutume de Paris, liv. 1, tit. 1, n°. 15. Lalande, sur celle d'Orléans, art. 353, n°. 2, 6, 7, 8. Dargentré, sur celle de Bretagne, art. 60, note 1, n°. 4. Ferriere, sur celle de Paris, art. 90, Gl. 1, n°. 11 & 13.

T ij

preſſoir conſervent pourtant la qualité mobiliaire ; ce qui eſt évident (*v*).

Il en eſt de même des inſtrumens d'un moulin. Nous nous reférons, à l'égard des moulins, aux numeros 148 & 178.

C L I I.

*Canons, armes,
& ornemens de
Chapelle.*

1°. Tous nos Auteurs ſe réuniſſent à dire que les canons, fouconeaux, & groſſe artillerie d'un Château, ſont réputé immeubles par acceſſoire, à cauſe de leur deſtination à la conſervation du Château (*x*) : nous diſons la groſſe artillerie, parce qu'un Arrêt du 13 Août 1513, déclara meuble la menue artillerie, comme arbalêtes, & engins à main (*y*).

Nous ne pouvons diſſimuler que cette regle ne ſoit en contradiction avec les principes du Droit Romain ci-devant rapportés, & que ceux-ci ne ſoient plus raiſonnables & plus conſéquens ; auſſi c'eſt en faveur du droit d'aîneſſe que cette maxime a été établie ; parce qu'il eſt naturel d'attacher au Château, que la Loi donne à l'aîné par préciput, les armes deſtinées à ſa défenſe, comme des monumens du pouvoir ou de l'ancienneté de ſa maiſon.

De là vient que, ſelon les Auteurs, elles ſont meubles par leur nature, quoique réputé immeubles par leur deſtination, ainſi que les ornemens de Chapelle (*z*).

Nous croyons donc que la vente du Château n'emporteroit pas de plein droit celle de l'artillerie, que nous regardons comme plus attachée à la famille, qu'au Château : conſéquemment l'eſtimation de ces armes ne doit pas concourir à la fixation des lods ; d'autant mieux que pas un Auteur ne l'a prétendu ; que Dargentré a établi, au contraire, à l'égard des lods, cette regle analogue au Droit Romain, *quæ naturâ, conditione & uſu ſolo inhærent aut deſtinatione perpetuâ ita ut convelli nulla ſpes ſit* ; & qu'il

<hr>

[*v*] Lalande, ſur la Coutume d'Orléans, art. 353, n°. 5.
[*x*] Loiſel, liv. 2, tit. 1, reg. 9. Regles de Livoniere, liv. 2, tit. 2, reg. 10.
[*y*] Lalande, ſur la Coutume d'Orléans, art. 356, n°. 5.
[*z*] Chopin, ſur la Coutume de Paris, liv. 1, tit. 1, n°. 13. Ferriere, ſur la même, art. 90, Gl. 1, n°. 4 & 5.

reconnoît l'exemption de ce qui n'eſt pas ainſi attaché (*a*). Or, la deſtination de l'artillerie dans un Château eſt toujours arbitraire & ſubordonnée à la volonté du Maître : auſſi Guyot la reconnoît-il exempte des lods (*b*).

2°. A l'égard des peintures & des ornemens d'une Chapelle, attachés au bâtiment, un Arrêt du 5 Juin 1585, les déclare immeubles, & on les regarde comme tels (*c*) : conſéquemment ils ſont ſujets aux lods & aux retraits, ainſi que le ſol & les bâtimens de la Chapelle ; la vente de ces choſes étant une dépendance du Château auquel elles ſont attachées, & ſans lequel on ne pourroit les aliéner.

3°. Toutefois à l'égard des peintures & ornemens, ils ne ſont ſujets aux lods qu'avec la modification ci-après exprimée au n°. 154.

C L I I I.

1°. Les matériaux mis à pied d'œuvre pour l'augmentation d'un bâtiment, n'en ſont pas partie (*d*) : mais ſi le bâtiment eſt démoli pour être rétabli, les matériaux qui ont demeuré en place ſont cenſé inhérens au bâtiment dont ils ont fait partie, & au rétabliſſement duquel ils ſont deſtinés : c'eſt ce que décide le Droit Romain, & un Arrêt du 27 Octobre 1579 (*e*) : au contraire, la vente des matériaux d'un bâtiment pour être démoli, n'eſt pas ſujette aux lods dans le cas où cette vente eſt permiſe, hors qu'elle ne fût faite en fraude, & en vue de la vente prochaine du fonds (*f*).

2°. A l'égard des échalas d'une vigne, les Loix admettent la même diſtinction que pour les matériaux ; c'eſt-à-dire, qu'elles

Matériaux & échalas.

(*a*) Dargentré, ſur la Coutume de Bretagne, art. 60, note 1, n°. 4.

(*b*) Guyot, des lods, ch. 9, n°. 4.

(*c*) Lalande, ſur la Coutume d'Orléans, art. 356, n°. 6. Loiſel, liv. 2, tit. 2, reg. 10. Ferriere, ſur l'art. 90 de la Coutume de Paris.

(*d*) L. 18, §. 1, *ff. de act. empti.* Lalande, ſur la Coutume d'Orléans, art. 356, n°. 10.

(*e*) L. 18, §. 1, *ff. de act. empti.* L. 17, §. 10, *ff. Eod.* Regles du Droit de Livoniere, liv. 2, tit. 2, reg. 13.

(*f*) Dumoulin, ſur la Coutume de Paris, §. 55, Gl. 1, *hodie* 78, n°. 191.

mettent dans la claſſe des meubles, les échalas, quoique portés ſur le ſol, tant qu'ils ne ſont pas placés ; & au rang des immeubles ceux qui, ayant été mis une fois en place, ont été arrachés pour y être remis (g).

CLIV.

Les incruſtations en marbre, & les peintures à freſque, ſur le mur ou ſur le platfonds, ou à l'huile ſur les lambris, ſont partie du bâtiment (h) auquel ces choſes ſont incorporées : il en eſt de même des bas-relief ſculptés ſur le mur, ou des ſtatues ſcellées au bâtiment (i).

A l'égard des ſtatues qui ne ſont pas ſcellées (k), de celles qui ſont poſées ſur des piédeſtaux, dans des maiſons ou dans des jardins ; des tapiſſeries, des peintures, ou des glaces arrêtées au mur, des luſtres ſuſpendus au platfonds, ou des bras de cheminée, toutes ces choſes étant deſtinées pour l'embelliſſement, & non pour la perfection de l'Hôtel, elles n'en ſont pas partie (l), ſelon la Loi Romaine, dont la diſtinction eſt pleine de ſel & de raiſon.

Cependant nos Auteurs décident indiſtinctement, que ces choſes ſont meubles ou immeubles, ſelon qu'elles ſont arrêtées ou non (m). Il a été jugé par des Arrêts de 1567, 1585, & 1629, qu'elles ſont immeubles, & paſſent au retrayant, lorſqu'elles

---

Peintures, ſtatues, & ornemens.

(g) L. 17, §. 11, ff. de act. empti.

(h) Quæ tabulæ picta pro tectorio includuntur, ædium ſunt ; item quæ cruſtæ marmoreæ, ædium ſunt, L. 17, §. 3, ff. de act. empti.

(i) Papinianus ait ſigilla & ſtatuæ adfixæ domûs portio ſunt, L. 12, §. 23, ff. de inſtructo vel inſtrum. legato.

(k) Quæ vero non ſunt adfixæ ſupellectili adnumerantur, L. 12, §. 23, ff. de inſtr. vel inſtrum. legato.

(l) Statuæ adfixæ baſibus ſtructilibus aut tabulæ religatæ catenis, aut erga parietem adfixæ, ſi ſimiliter cohærent, lithui [les luſtres] non ſunt ædium ornatus, enim cauſâ parantur, non quo ædes perficiant, L. 245, ff. de verb. ſignif. La preuve réſultant de cette Loi, ſe trouve confirmée par l'argument à contrario de la Loi 17, §. 3, ff. de act. empti. ci-deſſus rapportée.

(m) Loiſel, liv. 2, tit. 1, reg. 8 ; regles de Livoniere, liv. 2, tit. 2, reg. 9 ; Lalande, ſur la Coutume d'Orléans, art. 356, n°. 7, 8 & 9 ; Legrand, ſur celle de Troyes, art. 72, Gl. 1, n°. 127.

sont attachées au bâtiment (*n*) : & Livoniere décide en consé-quence, pour la rétribution aux lods (*o*).

Mais Guyot a frondé cet avis, & avec raison (*p*) ; car quoi-qu'une peinture, une tapisserie, ou une glace, encadrées & arrê-tées, passent à l'acquéreur du bâtiment, s'entend lorsqu'elles ont été placées par le Maître, & non simplement par l'usufrui-tier, le locataire, ou autre, qui n'a qu'un droit passager (*q*) ; il est pourtant vrai que ces choses sont placées pour l'ornement de la maison, & non pas pour l'agencer.

Nous adoptons donc, à tous égards, la distinction du Droit Romain ; & nous croyons que les objets ci-dessus, que ce Droit met au rang des meubles, & ceux qu'il met au rang des orne-mens, sont exempts des lods, & que les autres y sont sujets ; enforte que dans le premier cas, il faut faire une ventilation de leur valeur, proportionnellement au prix total.

Section II.

Des accessoires naturels, fruits, coupes de bois, &c.

CLV. *Coupe de bois.*
CLVI. *Fruits pendants.*
CLVII. *Fruits de plusieurs années.*
CLVIII. *Fonds & fruits.*

C L V.

La vente de la coupe d'une futaye, est décidément exempte *Coupe de bois.* de lods ; parce que cette coupe est un meuble dans la main de l'acheteur, puisqu'elle doit être détachée du fief, & ameublie au

---

(*n*) Guyot, des lods, ch. 9. n°. 2.
(*o*) Livoniere, liv. 3, ch. 6, sect. 7, §. 8, p. 241 & 242.
(*p*) Guyot, des lods, ch. 9, n°. 2, 3 & 4.
(*q*) L. 59, *ff. de rei vendic.* Arrêt du 17 Octobre 1575. Ferriere, sur la Cou-tume de Paris, art. 90, Gl. 1, n°. 7 & 8.

moment de l'exploitation ; & que d'ailleurs cette vente n'affecte aucunement le fol (*r*) : c'eft ainfi que la queftion a été jugée par différens Arrêts, rapportés par Dolive, Cambolas, Coquille, Mornac & Chenu (*s*) ; quoiqu'on en trouve de contradictoires dans Boiffieu qui les cenfure, dans Galand & dans Brodeau (*t*) : il eft donc impoffible d'apprécier les Arrêts, autrement que par leur application aux regles ; & c'eft ce qui diftingue le Jurifconfulte du fimple compilateur d'Arrêts.

Autre chofe feroit, la vente d'une futaye, pour être réunie à la propriété du fol en fraude des droits ; mais cette queftion appartient au traité du dol.

C L V I.

Fruits pendans.

La vente des fruits pendans par racines, *pour être perçus par l'acheteur*, ne peut non plus donner ouverture aux lods (*v*) : il eft vrai que ces fruits font partie du fonds au tems de la vente ; mais cette vente n'affecte pourtant pas le fol, puifqu'elle ne fort à effet que par la perception qui doit féparer ces fruits du fonds : ils font donc étrangers au fief, relativement à l'acheteur, qui ne peut en jouir que par leur féparation du fol.

C L V I I.

Fruits de plu-fieurs années.

Le louage reffemble, à quelques égards, à la vente, puifqu'il fe réduit en derniere analyfe, à la vente des fruits, dont le montant de l'afferme eft le prix : ainfi, la vente des fruits de plufieurs années, eft une forte de louage, quand même elle feroit faite à

(*r*) Dumoulin, fur la Coutume de Paris, §. 23, *hodiè* 53, Gl. 1, n°. 90. Dargentré, *de laudimiis, cap.* 1, §. 28.

(*s*) Dolive, liv. 2, ch. 31. Cambolas, liv. 4, ch. 10. Coquille, queft. 30. Mornac, en fes Arrêts, liv. 4, queft. 86. Chenu, Centur. 2, queft. 33.

(*t*) Boiffieu, ch. 83, p. 409. Brodeau, fur Louet, lett. L. fomm. 18, n°. 27. Franc-aleu, de Galand, ch. 10, p. 131.

(*v*) Dumoulin, fur la Coutume de Paris, §. 55, *hodiè* 78, Gl. 1, n°. 11. Dargentré, fur celle de Bretagne, art. 65, n°. 8.

un feul & unique prix : elle eft donc, par fa nature, exempte des lods ; puifque la propriété demeure au Vendeur, qui refte toujours Vaffal ou Cenfitaire, lors même que l'acheteur jouit des fruits de cette propriété.

Mais comme une propriété totalement dépouillée du droit de jouir, qui en eft le principal attribut, feroit illufoire, & que le terme de dix ans eft réputé un long terme, felon la Loi (x), notre Jurifprudence a décidé que l'acquifition du droit de jouir des fruits pendant dix ans, ou davantage, eft réputé vente des fruits, & non pas fimplement louage (y) : en conféquence, un Arrêt du 5 Décembre 1571, a déclaré fujette aux lods, l'acquifition des fruits, pour dix ans (z) : il eft inutile de rapporter les autres autorités citées au n°. 530, pour confirmer cette vérité : cependant on trouve dans M. de Catellan, un Arrêt du 5 Mai 1665 (a), qui décide, felon cet Auteur, 1°. qu'un engagement pour fix ans, prorogé par un fecond acte, pour autres fix ans, donne ouverture aux lods ; 2°. que fi les fix ans du premier engagement font fuivis d'un bail à jouir pour douze ans, en paiement de ce qui refte dû du prix de l'engagement, il y a exemption des lods ; *parce que c'eft un contrat de ferme, ou bail des fruits.*

Mais, 1°. il eft impoffible que le même Arrêt ait prononcé, entre les mêmes parties, fur deux hypothefes qui s'excluent. 2°. En admettant la feconde maxime de M. de Catellan, il n'y auroit qu'à vendre les fruits à un prix unique, pour trente ans, ou pour cent ans ; & le Seigneur feroit privé de tous les droits de mutation, *fous prétexte que c'eft un contrat de ferme, ou bail des fruits*, ce qui eft pourtant faux. 3°. Le bail à rente ou à locatairie eft fujet aux lods, à concurrence des entrées, du propre aveu de Catellan (b). Pourquoi donc en exempter la vente des fruits ?

(x) *Toto tit. Cod. de præfcript. longi temp. decem vel viginti annorum*, L. 16, §. 3, *ff. quæ & quibus manumiff.*

(y) Potier, du louage, n°. 4.

(z) Bacquet, des droits de Juftice, ch. 12, n°. 21.

(a) Catellan, liv. 3, ch. 10.

(b) Catellan, liv. 3, ch. 17, *infrà* n°. 539.

Tome I.   V

CLVIII.

Le Droit Romain, qui contient le germe ou le développement des maximes les plus importantes sur toutes les matieres du Droit, décide, 1°. que les fruits pendans par racines, font partie du sol, dont ils sont la production (c) ; 2°. mais qu'après la perception qui les détache du sol, ils cessent de lui appartenir (d) ; ensorte que le fait de la coupe les met au rang des meubles, en les séparant du sol : cette double regle tranche toutes les questions relatives à cet objet ; conséquemment, la vente du fonds & des fruits pendans, est sujette aux lods pour la totalité, quand même la distinction des prix présenteroit l'apparence de deux ventes, une pour le fonds, & l'autre pour les fruits : tel est le dernier avis de Dumoulin, qui avoit été d'abord d'un avis différent : tel est aussi celui de Dargentré, & des meilleurs Auteurs (e). En effet, ce sont des productions naturelles du bien vendu, & ils appartiennent de droit, à l'acquéreur, s'ils ne sont réservés par le vendeur. Or, si les lods sont dûs à concurrence de leur valeur, lorsque le prix de la vente est un, pourquoi ne le seroient-ils pas lorsqu'il est divisé ? Cette division change-t-elle la nature des choses ? ou doit-elle nuire aux droits du Seigneur, sans son fait ? 2°. Les fruits ne peuvent subsister, croître, ni venir à maturité, qu'en tirant leur nourriture du fonds : conséquemment, la distinction des prix en est illusoire ; puisque l'acheteur ne pourroit jouir des fruits, sans le sol qui leur donne la vie & l'accroissement. En un mot, il ne peut y avoir deux ventes, parce que les fruits ne subsistent que par le fonds : donc la totalité de la vente est sujette aux lods, puisque les fruits qu'on pourroit en exempter, sont l'accessoire & la production du sol dont on reconnoît l'assujettissement.

---

[c] *L.* 44, *ff. de rei vendicatione.*
[d] *L.* 17, §. 1, *ff. de action. empti.*
[e] Dumoulin, sur la Coutume de Paris, §. 55, Gl. 3, *hodiè* 78, n°. 32, *juncto* §. 23, Gl. 2, *hodiè* 33, n°. 90. Dargentré, *de laudimiis, cap.* 1, §. 27; & sur Bretagne, art. 60, note 2, n°. 6 & 7. Livoniere, liv. 3, ch. 6, sect. 7, §. 8, p. 242, *infrà* n°. 809.

Guyot indique le tempéramment d'affranchir les grains vendus
après la S. Jean ; & les raisins, après le premier Septembre (*f*) ; c'est ce qu'on appelle *cateux*, ou fruits qui tendent à
être séparés (*g*) ; mais il est toujours vrai que ces fruits ne
viennent à bien, qu'en pompant la substance du sol ; ensorte que
leur séparation intellectuelle du susdit sol, est contredite par le
fait & par l'état physique des choses : elle ne peut donc servir
de fondement à l'exemption des fruits, ni fournir une raison légitime de s'écarter des regles consacrées par le suffrage des Jurisconsultes Romains.

CHAPITRE IV.

DES servitudes réelles.

CLIX.

La servitude réelle est un droit qui assujettit un fonds à l'u-
sage d'un autre fonds (*h*) ; & c'est parce qu'elle est réelle &

*Nature & diffé-
rence des servitu-
des réelles.*

[*f*] Guyot, des lods, ch. 9, n°. 5, 6 & 7.
[*g*] *Bene.* Loiseau, des offices, liv. 3, ch. 4, n°. 40--45.
[*h*] *L.* 1, *ff. de servit. L.* 5, §. 1. *ff. de servit. præd. rustic.*

fonciere, qu'elle ne peut être établie qu'au profit d'un fonds (*i*).

Nous distinguons pourtant deux sortes de servitudes réelles : 1°. celles qui sont totalement inhérentes & incorporées au fonds dominant, comme les servitudes de jour, de vue, de prospect, & autres, qui s'exercent dans le fonds dominant, & qui sont, à tous égards, identifiées avec ce fonds : 2°. celles qui sont moins intimement attachées au fonds dominant, parce qu'elles s'exercent sur le fonds servant ; & plus encore, si cet exercice requiert le fait de l'homme : telle est la servitude de dépaissance, de prise d'eau, d'abreuvoir, de prise de sable ou de chaux, & autres semblables : de là vient que la servitude de dépaissance, & celle d'abreuvoir, sont quelquefois attachées à la personne, & non à la chose, selon la Loi (*k*) ; & que la servitude de chauffage, quoique réputé réelle, & non personnelle (*l*), peut pourtant être transportée par l'usage, au profit d'une autre maison, s'il y a suffisamment du bois dans la forêt (*m*).

C L X.

Affranchissement de servitude.

La remise ou affranchissement d'une servitude passive, est, par sa nature, exempte de lods, quand même elle seroit faite à prix d'argent (*n*) : 1°. elle est avantageuse au Seigneur du fonds, affranchit, en libérant ce fonds, d'une charge qui le déprécioit : 2°. il n'y a ni changement de possesseur, ni transport de propriété.

C L X I.

Etablissement de servitude.

La parfaite patrimonialité dont jouissent les biens en France,

---

[*i*] *L.* 1, §. 1, *ff. commun. præd.* §. 3, *instit. de servitutibus præd.*

[*k*] *L.* 4 & 37, *ff. de servit. rusticorum.*

[*l*] Saint-Yon, *L.* 1, tit. 29, §. 9, p. 373. Arrêt du 9 Juillet 1728. Dunod, des prescriptions, troisieme partie, ch. 6, p. 287.

[*m*] *Argumento, L.* 12, §. 1, *vers. sed utitur, ff. de usu & habit.* Saint-Yon, liv. 1, tit. 29, §. 19, p. 378.

[*n*] Arrêt du dernier Février 1586. Chopin, sur la Coutume d'Anjou, liv. 2, tit. des lods, n°. 12. Livoniere, liv. 3, ch. 6, §. 6, p. 239, 240. Dumoulin, sur la Coutume de Paris, §. 23, *hodiè* 33, Gl. 2, n°. 41.

a fait établir la maxime, que l'établissement fait par le bientenant,
à prix d'argent, d'une servitude sur son propre fonds, est, par sa
nature, exempte de lods (o); parce que cette aliénation n'est pas
censé affecter la propriété; & que le corps du fief ou de la teneure, demeurant dans les mains du vendeur, il n'y a pas lieu à
l'exercice des droits du Seigneur, puisqu'il n'y a point de vente
ni de changement de main du fonds asservi.

C L X I I.

1°. Mais si l'établissement de la servitude déprécie considéra- *Modification.*
blement le fonds servant, & qu'elle s'exerce sur ce fonds, comme
dans le cas du n°. 164; de même s'il s'agit d'une servitude de
marne, de dépaissance, de lignerage, &c. & que le fonds servant
soit tenu d'un autre Seigneur; en ce cas, cet établissement est
une détérioration défendue du fonds servant (p); parce que le
bien-tenant n'a pas pu dégrader impunément le fonds sujet à la
directe de son Seigneur, pour améliorer celle d'un Seigneur
étranger: conséquemment, si j'impose sur mon fonds, la servitude de marne, de dépaissance, de prise d'eau, ou toute autre
servitude réelle qui s'exerce sur mon fonds, la vente du fonds auquel sera attachée la servitude active, sera sujette aux lods au
Seigneur de mon fonds, à concurrence de la valeur de ladite servitude, & à titre d'indemnité de son établissement (q).

2°. Hors qu'elle eût été baillée en arriere-fief à l'acquéreur de
la servitude, dans le cas où ce sous-bail est permis (r); c'est-à-
dire, lorsque le Maître du fonds servant a pu, en établissant la
servitude sur son bien, se réserver la mouvance de cette servitude; parce que ce bail à fief, lorsqu'il est légitimement fait, est
exempt de lods, comme nous le dirons, en parlant du bail à fief,

---

(o) Dumoulin, sur la Coutume de Paris, §. 55, Gl. 3, *hodiè* 78, n°. 3. D'argentré, sur celle de Bretagne, art. 59, note 3, n°. 4.

(p) Dumoulin, sur la Coutume de Paris, §. 55, *hodiè* 78, Gl. 3, n°. 3; &
§. 58, *hodiè* 83, n°. 19, 20.

(q) Dumoulin, sur la Coutume de Paris, §. 58, *hodiè* 83, n°. 19, 20. Livoniere, liv. 3, ch. 6, §. 6, p. 239, *infrà* n°. 164.

(r) Livoniere, *loco suprà.*

dans la troisieme partie de ce Traité : par exemple, en aliénant une servitude sur le bien que je tiens en fief, je puis me réserver la mouvance de cette servitude ; mais je ne le pourrois pas, si je tenois ce bien en censive ; parce que le Censitaire ne peut, par un sous-bail, éloigner le bien censuel de la dépendance immédiate du Seigneur censier, (*suprà* n°. 68).

CLXIII.

Vente du fonds avec la servitude.

1°. En these, la servitude active étant inhérente au fonds dominant, qu'elle améliore, & dont elle augmente la valeur, elle est pareillement inhérente au fief : conséquemment, la totalité du fonds & du fief est sujette à la prestation des droits lors de la vente de ce fonds avec la servitude active qui en fait partie ; toutefois avec les deux limitations contenues au n°. précédent : c'est une espece d'amélioration, un accessoire, qui, comme tout autre, augmente les droits du Seigneur féodal ou censier.

2°. Conformément à ce principe, un Arrêt du 16 Septembre 1690, condamne le propriétaire d'une servitude active de dépaissance & de prise de marne, aux lods entiers du fonds dominant, vendu avec ces deux facultés (s) ; & cette disposition est exacte lorsque le fonds servant & le fonds dominant sont tenus du même Seigneur, parce qu'il est refait, par l'augmentation des lods du fonds dominant, du déchet que souffre le fonds servant, & de la diminution de ses profits lors de la vente de celui-ci.

3°. Mais si ces différens fonds sont tenus de différens Seigneurs, c'est le cas de la limitation portée par l'article précédent, lorsque la servitude s'exerce sur le fonds servant, comme dans le cas de l'Arrêt de 1690 ; parce que l'établissement fait par le bien - tenant d'une servitude passive sur son fonds, ne peut priver son Seigneur, des profits attachés à la vente d'un droit qui s'exerce sur ce fonds, ni transporter ces profits à un Seigneur étranger ; ensorte que dans l'espece de l'Arrêt de 1690, & dans toute autre espece où l'exercice matériel de la servitude se fait sur le fonds servant, c'est le Seigneur de ce fonds qui doit per-

------

(s) Nouveau Journal du Palais, tom. 1, Arrêt 35.

cevoir les profits de la vente de la servitude, & auquel on doit la reconnoître; parce que la dépendance de cette servitude n'a pu lui être ravie ni transportée, par le fait du redevable, au Seigneur étranger; c'est-à-dire, que si le fonds dominant est vendu avec la servitude active attachée à ce fonds, ce sera le Seigneur du fonds servant, & non celui du fonds dominant, qui percevra les lods à concurrence de la valeur de la servitude; parce que, lors de la vente du fonds servant, ils seront diminués à concurrence de la même valeur, & que cette servitude ne peut être tenue que de lui, puisqu'elle s'exerce sur le fonds dont il est Seigneur.

Tant il est vrai que l'Arrestographie égare, lors qu'au lieu d'appliquer les Arrêts aux principes, on fonde les principes sur des Arrêts. L'article suivant mettra dans une nouvelle évidence le droit du Seigneur du fonds servant.

CLXIV.

1°. On trouve dans le Traité de l'usage des fiefs de M. Salvaing, précieuse collection des recherches les plus intéressantes, & des méditations les plus profondes, plusieurs certificats, & des Arrêts pour constater l'usage du Dauphiné, dans le cas ci-après. Si un pré, tenu d'un certain Seigneur, ou même allodial, est arrosé par les eaux d'une riviere ou d'un ruisseau appartenant à un autre Seigneur, celui-ci perçoit une portion des lods du pré, lorsqu'il est vendu à proportion de l'augmentation de sa valeur; laquelle portion est communément fixée au tiers des entiers lods (t); & cette décision pleine de justice, doit par-tout être adoptée avec la premiere modification établie par ce judicieux Auteur.

2°. C'est, 1°. que si le pré a suffisamment d'eau, indépendamment de celles du Seigneur étranger, 2°. M. Boissieu ajoute une seconde modification; c'est que si les eaux de la riviere ou du ruisseau ne sont pas tenues à titre d'inféodation, & qu'il n'y en ait point

Vente d'un pré
avec la prise
d'eau.

(t) Boissieu, ch. 58. Bretonnier, sur Henrys, liv. 1, quest. 36, n°. 10, 11 & 12.

de reconnoiſſance de la part du maître du pré, lorſqu'il en a joui de tems immémorial, ce qui a la force de titre conſtitutif (*v*); dans ces deux cas, il n'eſt rien dû au Seigneur étranger propriétaire des eaux (*x*); mais, dans ces cas encore, les entiers lods accroiſſent au Seigneur du pré, même à concurrence de la valeur de la priſe d'eau; parce que cette ſervitude étant inhérente au pré, c'eſt une amélioration & un acceſſoire, dont le fonds profite, & conſéquemment le fief.

3°. Cependant, le dire de M. Boiſſieu, que la poſſeſſion immémoriale de l'eau, ſans reconnoiſſance ni preſtation, donne l'exemption des droits ſeigneuriaux contre le Seigneur propriétaire des eaux, ne doit être entendu que ſelon l'uſage du Dauphiné, où l'on preſcrit la libération de la directe cenſuelle dans cent ans, même contre le Roi. Nous traiterons à fonds cette queſtion, en parlant des bacs, au n°. 177.

4°. Reſte toujours que la ſervitude active des eaux, eſt attachée au pré; & que cependant les profits ſont adjugés, à concurrence de ſa valeur, au Seigneur du fonds ſervant; c'eſt-à-dire, au Seigneur des eaux : le maître du pré doit pareillement reconnoître au Segneur des eaux, le droit qu'il a d'en uſer; le tout, conformément aux principes du n°. précédent.

C L X V.

Vente à la charge d'une ſervitude.

1°. Si, par la vente que je fais d'un jardin, nous transportons ſur un pré de l'acheteur, la charge d'une ſervitude paſſive, dont un verger, qui m'appartient, étoit tenu envers le fonds d'un tiers, en ce cas les lods ſont dûs à concurrence de la valeur de la ſervitude transférée ſur le pré propre à cet acquéreur, & diſtinct du jardin qui fait l'objet de ſon achat; parce que l'impoſition de cette ſervitude fait partie du prix de la vente, puiſqu'elle tranſporte ſur un fonds propre à l'acquéreur, & étranger à ſon achat, une charge dont ce fonds étoit exempt, & qui diminue

---

(*v*) *L.* 3, §. 4, *ff. de aqua quotid.*
(*x*) Salvaing, ch. 58.

de

de valeur à concurrence de l'impofition de cette fervitude. Or,
cette diminution de valeur fait une partie intégrante du prix de
l'achat : il y a donc ouverture aux lods, à concurrence de cette
portion de prix (y).

2°. Mais, en changeant d'efpece, fi lors de la vente de mon
fonds, j'impofe ou je tranfporte une fervitude réelle fur le fonds
vendu ; en ce cas, l'impofition ou le tranfport de cette fervitude
ne fauroit aggraver les droits de la vente, puifque les lods ne font
dûs qu'à concurrence du prix, & que l'établiffement d'une fervitude fur le fonds vendu, en diminue réellement la valeur, bien
loin d'en augmenter le prix (z).

C L X V I.

Nous avons ci-devant parlé de l'affranchiffement pur & fimple d'une fervitude qui, par fa nature, eft exempte des lods ;
au lieu qu'en changeant d'hypothefe, nous fuppofons qu'en confidération de la vente de mon fonds, l'acheteur me décharge d'une
fervitude, dont un autre fonds, qui m'appartient, & étranger à
la vente que je fais, étoit tenu envers un fonds propre à l'acquéreur. Dans ce dernier cas, les lods font évidemment dûs à concurrence de la valeur de la fervitude (a), puifque la remife qu'en
fait l'acheteur à mon profit, fait partie du prix de fon achat (b),
en le dépouillant d'une fervitude dont il jouiffoit fur mon fonds.

*Vente avec re-
mife de fervitude.*

C L X V I I.

1°. Le grand nombre des Coutumes qui forment le droit commun du Royaume, déclare les échanges exempts de lods : plu-

*Ces traités font-
ils vente, ou
échange ?*

(y) Dumoulin, fur la Coutume de Paris, §. 55, *hodiè* 78, Gl. 5, n°. 6.
Guyot, des lods, ch. 6, n°. 12, 13 & 14.

(z) Dargentré, *de laudimiis*, *cap*. 1, §. 20. Dumoulin, fur la Coutume de
Paris, § 53, *hodiè* 76, n°. 35, *infrà* n°. 571.

(a) Dumoulin, fur la Coutume de Paris, §. 55, *hodiè* 78, Gl. 5, n°. 6. Livoniere, liv. 3, ch. 1, p. 140. Guyot, des lods, ch. 12, n°. 12, 13 & 14.

(b) *Si quis obligatione liberatus fit, poteft videri cepiffe*, L. 115, *ff. de reg.
jur.*

Tome I.   X

fieurs les y affujettiffent feulement en partie. Enfin les nouveaux Edits ont établi les droits de lods des échanges, au profit du Roi ou de fes acquéreurs : il eft donc néceffaire de déterminer fi les ventes à charge, ou avec la remife d'une fervitude, dans le cas où elles font fujettes aux lods, doivent être réputé l'être, comme ventes ou comme échanges ; parce que cette différence en produit effentiellement d'autres dans la perception. Et voici la réfolution de ce problême.

2°. La fervitude dont la vente contient la charge ou l'affranchiffement, eft un immeuble : donc lorfqu'en fus du prix de fon achat, l'acquéreur charge fon bien propre d'une fervitude précédemment impofée fur un autre bien du vendeur, il lui fournit la décharge de cette fervitude, en échange d'une partie du bien vendu : de même, s'il remet au vendeur la fervitude paffive attachée au bien de celui-ci, ce contrat eft pareillement échange, à concurrence de la valeur de la fervitude, dont la remife eft la décharge d'un droit réel, en repréfentation de partie du prix de la vente. Or, dans les deux cas fufdits, la charge ou la remife de la fervitude réelle repréfente la valeur du fonds, à concurrence de la valeur de cette charge ou de cette remife : conféquemment, le contrat eft vraiment échange dans ces deux cas, à concurrence de la valeur de la fervitude (c) ; c'eft-à-dire, à concurrence de la valeur d'un droit réel contre celle d'un fonds.

3°. Si la fervitude eft rachetable à prix d'argent, en ce cas, nous renvoyons aux principes que nous avons établis dans la troifieme partie de ce Traité, au fujet des rentes foncieres rachetables à prix d'argent, parce qu'il s'agit, dans l'une & dans l'autre efpece, de droits fonciers, & rachetables à la volonté du débiteur.

4°. Au refte, foit que le contrat foit réputé échange ou vente, il faut, pour fixer les droits de l'un ou de l'autre, eftimer la fervitude impofée ou remife, pour en fixer les lods à concurrence de fa valeur (d).

(c) *Argum.*, L. 1 & 6, *Cod. de rer. permut.* Dargentré, *de laudimiis*, *cap.* 1, §. 20. Dumoulin, fur la Coutume de Paris, §. 55, *hodiè* 76, n°. 35. Livoniere, liv. 3, ch. 1, p. 140 & 141.

(d) Sudre, fur Boutaric, des droits feigneuriaux, tit. des lods, §. 4, n°. 6.

CHAPITRE V.

Des servitudes personnelles d'usufruit & d'habitation,
& du bail à vie.

CLXVIII. *Définition de l'usufruit.*
CLXIX. *Exemption de lods, droit d'usage.*
CLXX. *Bail à vie.*
CLXXI. *Usufruit perpétuel.*

C L X V I I I.

L'usufruit est le droit de jouir du bien d'autrui, sans en altérer la subsistance, ni le dégrader (e) : il est attaché à la personne de l'usufruitier, dont le décès entraîne l'extinction de l'usufruit (f); & c'est à raison de cette personnalité que, quoiqu'il soit libre à l'usufruitier d'en aliéner l'émolument, il ne peut en changer le titre, ni faire courir sur la tête d'un tiers l'événement qui doit le terminer.

D'ailleurs, ce droit n'ébreche pas la propriété, qui demeure entiere dans les mains du Maître ; mais c'est une simple servitude (g) attachée à la personne de l'usufruitier.

Cependant l'usufruit est sujet à décret, selon un acte de notoriété, du 19 Juillet 1687, cité par Lacombe (h) ; ce qui est contradictoire avec la maxime que nous venons de rapporter d'après le texte du Droit Romain ; parce qu'un droit purement personnel à l'usufruitier, ne peut être sujet à décret, nul ne pouvant avoir une servitude active & proprement dite sur son propre bien (i);

Définition de
l'usufruit.

(e) *L.* 1 *, ff. de usufructu & quemadmod.*
(f) §. 3 *, instit. de usufructu.*
(g) *L.* 25 *, ff. de verb. significat. L.* 5 *, ff. si usufruct. petet.*
(h) Recueil de Jurisprudence de Lacombe, *verbo,* Emphytéose, n°. 5.
(i) *L.* 5 *, ff. si usufructus petetur.*

X ij

enforte qu'il implique contradiction que l'usufruitier soit propriétaire d'un bien dont il a simplement l'usufruit.

C L X I X.

Exemption de lods : droit d'u-sage.

1°. Dès qu'il conste que l'usufruit n'est qu'une servitude personnelle, & non une portion de la propriété (*k*), il est visible qu'il
n'affecte ni le vasselage, ni la teneure censuelle ; & par voie de
suite, que la vente, c'est-à-dire, la constitution de l'usufruit pour
un prix unique, est exempte de lods (*l*) & du retrait seigneurial
ou lignager (*m*), ainsi que l'extinction de cette servitude. L'évidence de ce principe a entraîné tous les suffrages (*n*) ; & deux
Arrêts de 1518 & de 1560, ont prononcé en conformité (*o*) :
cependant Dumoulin & Dargentré, après avoir rendu hommage
à cette vérité, ont fini par la contredire (*p*) : c'est ainsi que ces
grands hommes, affaissés sous le poids d'un travail opiniâtre &
assidu, ont payé le tribut de l'humanité. Nous expliquerons au
n°. 826, la contradiction apparente de cette assertion, avec le
contenu au n°. 530.

2°. A plus forte raison la constitution ou l'extinction d'un droit
d'usage ou d'habitation, sont-ils exempts de lods.

C L X X.

Bail à vie.

1°. La vente ou le bail à vie, fait la matière d'un grand problême, sur lequel les Auteurs sont extrêmement partagés ; considéré comme un simple bail à vie, cet acte est, par sa nature,

---

[*k*] L. 25, *ff. de verb. signif.*

[*l*] Dumoulin, sur la Coutume de Paris, §. 22, *hodiè* 33, Gl. 1, n°. 158 ;
& §. 55, Gl. 1, *hodiè* 78, n°. 11 & 12. Dargentré, sur celle de Bretagne, art.
65, note 1, n°. 1–5, 10.

[*m*] Tiraqueau, du retrait lignager, §. 1, Gl. 7, n°. 55-61.

[*n*] Livoniere, liv. 3, ch. 6, sect. 7, §. 3, p. 236. Guyot, des lods, ch. 7,
n°. 1–14.

[*o*] Henrys & Bretonnier, liv. 3, quest. 21, n°. 1–7.

[*p*] Dumoulin, sur la Coutume de Paris, §. 55, Gl. 1, *hodiè* 78, n°. 183 &
184. Dargentré, *de laudimiis*, cap. 1, §. 31.

exempt de lods, puisqu'en derniere analyse il se réduit à une constitution d'usufruit, dont nous venons de prouver l'exemption : considéré comme un bail au-dessus de neuf ans, il est dans le cas de les payer, parce qu'à moins de se faire une illusion volontaire, on ne peut désavouer que le terme d'un bail à vie ne soit communément plus long que celui d'un bail pour dix ans.

2°. Mais comme l'essence des choses est indépendante du nom que l'intérêt ou le préjugé leur ont donné, le bail ou la vente à vie à un prix unique, se résoud en une vente ou constitution d'usufruit (*q*) : puisque l'effet est exactement le même, & que l'acquéreur a précisément, & taxativement, les droits d'un usufruitier. C'est ainsi que les baux à vie qu'on passe aux Chanoines, des maisons claustrales, sont réputé baux à loyer, selon Potier (*r*) : nous invoquons avec complaisance son suffrage, en rendant hommage à la profondeur de son savoir : ses Pandectes feront inscrire son nom au Temple de mémoire, à côté de ceux de Dumoulin & de Cujas.

Ainsi, les baux à vie sont exempts de lods, puisque la vente d'un usufruit en est exempte, & que ces deux contrats n'en font qu'un, quoique Dumoulin ait décidé le pour & le contre sur cette question (*s*) ; mais elle a été jugée par un Arrêt du 28 Février 1688 (*t*) : pareil Arrêt du 11 Février 1707, avec cette circonstance, que celui-ci n'en ordonna pas la restitution, parce qu'ils avoient été payés par erreur (*v*).

3°. Mais, en changeant de point de vue, on n'apperçoit plus le même objet. L'usufruit ne donne que la jouissance, sans toucher à la substance, sur laquelle l'usufruitier n'a nul droit : *salvâ rerum substantiâ* (*x*). Si donc le preneur à vie est autorisé, par

---

[*q*] Potier, du louage, n°. 190.
[*r*] Potier, du louage, n°. 27.
[*s*] Dumoulin, sur la Coutume de Paris, §. 22, *hodiè* 33, Gl. 1, n°. 117; & §. 55, *hodiè* 78, Gl. 1, n°. 183 & 184.
[*t*] Rapporté dans le Journal du Palais, sous sa date.
[*v*] Journal des Audiences, tom. 5, liv. 7, ch. 8. Guyot, des lods, ch. 7, n°. 7 & 8.
[*x*] L. 1, *ff. de usufructu & quemad.*

son bail, à faire des changemens sur le bien, il est plus qu'usufruitier, & son titre lui donne la propriété : il est donc sujet aux lods, quand même il n'auroit acquis cette propriété, que pour peu de tems (*y*). Or, la preuve qu'il l'a acquise, c'est qu'il est autorisé à faire des changemens (*). Il est inutile d'ajouter que le bail à vie excede en valeur un bail pour dix ans, dont nul ne conteste l'assujettissement aux lods (*z*). Guyot décide pour l'assujettissement dans notre espece ; & c'est ainsi qu'on doit entendre l'avis de Dumoulin & de Dargentré (*a*).

4°. Si le bailleur s'est réservé une rente annuelle lors du bail à vie, avec pouvoir au preneur, de changer l'état du bien, & que cette rente ne soit pas rachetable, ni accompagnée de la numération d'entrées, c'est un simple bail à rente à longues années, qui donne plus de droit que la constitution d'usufruit, mais qui jouit de la même exemption de lods, que le bail à longues années, dont nous parlerons dans la troisieme partie de ce Traité.

5°. Au reste, nous rapportons ici, d'après la Loi Romaine, les droits du preneur à vie, purement usufruitier, pour le distinguer de celui qui, par le bail à vie, a acquis la propriété.

C L X X I.

Usufruit perpétuel.

Il est de l'essence de l'usufruit, d'avoir les mêmes bornes qui terminent la vie de l'usufruitier (*b*) ; ensorte que c'est un bail à longues années, si les Parties y ont mis un différent terme ; au-

---

(*y*) Dumoulin, sur la Coutume de Paris, §. 22, *hodiè* 33, Gl. 1, no. 117, *infrà* n°. *bis* 201.

(*) *Nota.* De droit commun, l'usufruitier n'est pas autorisé à placer ni à enlever des cloisons, à changer les portes ou la face des jardins, à fermer ou ouvrir des jours, à élever les bâtimens, ni à changer l'état des choses (*L.* 13, §. 7 ; & §. *fin. L.* 15, 44, 61, *ff. de usufructu & quemad.*), quoiqu'il puisse les améliorer, & faire les réparations nécessaires pour s'en servir selon leur destination, *L.* 13, §. 4, *L.* 27, §. 1 ; & *L.* 73, *ff. de usufructu & quemad.*)

(*z*) *Suprà* n°. 157.

(*a*) Guyot, des lods, ch. 7, n°. 5. Dumoulin, sur la Coutume de Paris, §. 55, *hodiè* 78, Gl. 1, n°. 183 & 184. Dargentré, *de laudimiis, cap.* 1, §. 31.

(*b*) §. 3, *Instit. de usufructu.*

quel cas il doit être mis dans la cathégorie des baux à rente : &
si ce bail est fait moyennant un prix unique, & pour dix ans, ou
au-delà, il est réputé vente, (*suprà* n°. 157).

De même, la vente ou l'établissement à prix d'argent d'un usufruit perpétuel, donne incontestablement ouverture aux lods (*c*);
parce que ce Traité transporte, à quelqu'égard, dans les mains
du preneur, toute la propriété devenue illusoire ès mains du
bailleur, puisque l'usufruit perpétuel emporte tout le fruit & tout
l'émolument du bien baillé.

CHAPITRE VI.

Vente de la surface de la nue propriété, réunion
ou réservation d'usufruit.

CLXXII. *Surface du fonds.*
CLXXIII. *Nue propriété.*
CLXXIV. *Valeur de l'usufruit réservé.*
CLXXV. *S'il est rachetable.*
CLXXVI. *Rachat de l'usufruit.*

CLXXII.

Comme la vente d'un usufruit perpétuel est sujette aux lods, *Surface du fonds.*
il en est de même de celle de la surface du fonds, parce qu'elle
en fait la partie la plus importante (*d*), & presque la seule dont
les hommes soient en état de jouir.

CLXXIII.

Les combinaisons de ces contrats sont indéfinies, parce qu'il *Nue propriété.*

(*c*) Dumoulin, sur la Coutume de Paris, §. 55, Gl. 1, *hodiè* 78, n°. 12.
(*d*) Dargentré, *de laudimiis*, cap. 1, §. 39. Livoniere, liv. 5, ch. 6, sect. 7.
§. 1, p. 235.

est libre aux Parties de prendre tels arrangemens économiques qu'elles trouvent bon, pourvu que leurs marchés n'aient rien de contraire à la Loi politique, ni au droit naturel, ou aux bonnes mœurs.

Ainsi, rien ne s'oppose à la vente de la nue propriété, avec réservation d'usufruit; auquel cas, l'ouverture au droit de lods est évidente (e), puisque ce transport emporte un changement marqué, & non équivoque, de Censitaire ou de Vassal.

C L X X I V.

Valeur de l'usu-fruit réservé.

Mais, en ce cas, doit-on fixer les lods, non seulement sur le prix de la vente, mais encore sur la valeur de l'usufruit? Il est constant que ce n'est que sur le prix de la vente; 1°. parce qu'en these, on les paye sur le prix de la vente, & non sur l'estimation du bien vendu; 2°. parce que l'usufruit réservé est exclus de la vente, bien loin d'en faire partie : cet objet ne doit donc pas entrer dans la fixation des lods (f) : c'est ainsi que la question a été jugée par un Arrêt du 13 Août 1750, quoiqu'un autre Arrêt du 14 Juin 1751, ait condamné au paiement des lods, même sur la valeur de l'usufruit réservé. L'Auteur du Dictionnaire du Domaine, qui les rapporte l'un & l'autre, convient, quoique commis aux fermes, que le second est exhorbitant du droit commun (g). En effet, l'acheteur doit les lods du prix de son achat, & non ceux d'une réserve, qui en diminue la valeur (h).

C L X X V.

S'il est rachetable.

Si l'usufruit réservé est rachetable à la volonté de l'acquéreur,

---

(e) Dumoulin, sur la Coutume de Paris, §. 55, Gl. 1, *hodiè* 78, n°. 142 & 143.

(f) Dumoulin, sur la Coutume de Paris, §. 55, Gl. 1, *hodiè* 78, n°. 142 & 143. Dargentré, sur celle de Bretagne, art. 65, n°. 6.

(g) Dictionnaire, du Domaine, *verbo*, Prix des ventes, n°. 7.

(h) Dumoulin, sur la Coutume de Paris, §. 53, *hodiè* 76, n°. 35. Dargentré, *de laudimiis*, cap. 1, §. 20.

en

en ce cas les lods de la vente du fonds sujet à l'usufruit, sont
dûs, même à concurrence de sa valeur, selon Dumoulin & Dargentré ; parce qu'à l'égard de l'acheteur, cette réservation est
convertible en argent, puisqu'il est le Maître de s'en racheter (i).

C'est comme un bail à rente rachetable, dont les lods sont
également dûs selon ces Auteurs.

Mais en partant des principes que nous avons posés au n°.
543, par rapport aux baux à rente rachetable, les droits ne sont
dûs, à concurrence de l'usufruit, qu'autant qu'il est racheté ; auquel cas, la dette en remonte au tems de la vente du fonds (k).
Nous disons que les lods ne sont dûs à concurrence de l'usufruit,
qu'autant qu'il est racheté ; d'autant mieux que plus le rachat sera
tardif, moins l'usufruit aura de valeur : nouvelle raison pour ne
pas assujettir la vente de la nue propriété, aux lods d'un rachat
qui peut ne pas avoir lieu, ou dont tout au moins, s'il est exécuté, les lods diminueront avec la valeur de l'usufruit, à proportion de l'éloignement du rachat.

CLXXVI.

Si l'on achete la nue propriété & ensuite l'usufruit, ou au *Rachat de l'usu-*
contraire, on demande si les lods sont dûs, tant sur le prix de la *fruit.*
propriété, que sur celui de l'usufruit.

1°. La Loi Romaine prononce que si quelqu'un achete successivement le fonds & l'usufruit, ou au contraire, l'acquisition de
l'usufruit est censé faire partie du fonds (l) ; mais le texte de
cette Loi paroît se référer au cas où les deux achats ont été faits
de la même personne : ensorte qu'en partant de ce principe, il est
incontestable que si je vous vends successivement, & par deux
contrats, l'usufruit & la propriété, les lods sont dûs sur le prix

____

(i) Dumoulin, sur la Coutume de Paris, §. 58, *hodiè* 83, n°. 14. Dargentré, sur celle de Bretagne, art. 65, n°. 6.

(k) *Infrà* n°. 804, & suivans, 811 & 812.

(l) L. 58, ff. de verb. signific.

Tome I.   Y

des deux ventes (*m*), quoique Dumoulin ne soit pas ferme sur ses principes à cet égard (*n*).

En effet, les lods étant une charge de la vente, il ne doit pas être libre au redevable de les alléger, en la cisaillant, & en multipliant les contrats. Ce n'est pas ici le lieu d'approfondir cette idée, qui appartient au Traité du dol ; il suffit d'en faire la remarque relativement à ce dont il s'agit.

Au reste, soit que la vente des fruits précéde ou suive celle du fonds, les entiers lods sont dûs du jour de la vente dudit fonds, comme nous l'expliquerons au n°. 811.

2°. Mais puisque l'usufruit n'est qu'une simple servitude (*o*), & que l'achat qu'en fait le propriétaire, n'est que l'extinction de cette servitude (*p*) ; il est donc vrai que si l'acquéreur du fonds éteint ensuite l'usufruit qui appartenoit, non au premier-vendeur, mais à un tiers, cette extinction ne donne pas ouverture à de nouveaux droits : c'est ainsi que Dumoulin décide la question à l'égard du retrait (*q*) ; & cette maxime est confirmée par l'autorité d'un Arrêt du dernier Février 1586, qui, après que l'acquéreur eut payé les lods de l'achat d'une forêt, le relaxe de la demande de nouveaux lods, pour l'extinction d'un droit de chasse & de lignerage, jouis par un tiers sur cette forêt (*r*).

En un mot, il n'y a pas lieu à de nouveaux lods toutes les fois que les circonstances excluent toute présomption de fraude. Par exemple, il ne peut y en avoir, suivant Potier, si le légataire de l'usufruit achete la propriété, ou au contraire (*s*). De même, tout Traité qui a pour objet l'extinction d'un droit sur le fonds, est exempt de lods, comme nous le dirons au n°. 422.

[*m*] Dargentré, sur la Coutume de Bretagne, art. 65, n°. 5. Livoniere, liv. 3, ch. 6, sect. 7, §. 3, p. 236 & 237.

[*n*] Dumoulin, sur la Coutume de Paris, §. 55, Gl. 1, *hodiè* 78, n°. 142 & 143.

[*o*] L. 25, *ff. de verb. signif.* L. 5, *ff. si usufructus petatur.*

[*p*] Potier, de la vente, n°. 548.

[*q*] Dumoulin, sur la Coutume de Paris, §. 30, *hodiè* 43, n°. 180.

[*r*] Chopin, sur la Coutume d'Anjou, liv. 2, tit. des lods, n°. 12.

[*s*] Potier, du retrait, n°. 341.

CHAPITRE VII.

DES Bacs, Moulins à eau, à vent, ou sur Bateaux,
& des Navires.

CLXXVII. Bacs, principes de l'enclave.
CLXXVIII. Moulins à bras, à eau ou à vent.
CLXXIX. Moulins sur bateaux.
CLXXX. Navires.
Suite des nᵒˢ· 116 & suivans.

CLXXVII.

1°. Quoique les bacs soient détachés du sol, & perpétuellement mobiles, ils sont pourtant réputé immeubles fictifs, parce qu'ils sont à demeure perpétuelle, & attachés à un certain lieu de la riviere, pour le passage du public, auquel ils sont destinés (*t*) : c'est ainsi que la question a été jugée par un Arrêt du 4 Mars 1672, rapporté sous sa date dans le Journal du Palais; mais la vraie raison, selon nous, qui les fait déclarer immeubles, c'est que le droit de bac est une servitude réélle imposée sur la riviere, un droit réel attaché à la faculté de bac ; & c'est la réalité de cette servitude qui lui communique la qualité d'immeuble. En parlant des moulins sur bateaux, nous mettrons cette vérité dans un nouveau jour.

2°. Il en est de même, & par les mêmes raisons, d'une barque attachée par un particulier, sur une riviere, pour son usage personnel, ou de ses domestiques, & non pour celui du public, lorsque cette barque est établie à demeure, à titre de servitude, sur la riviere, par titre ou par prescription.

Bacs.

[*t*] Ferriere, sur l'art. 90 de la Coutume de Paris, Gl. 1, n°. 11. Recueil de Jurisprudence de Lacombe, *verbo*, Meubles, n°. 12.

3°. Il s'agit maintenant de savoir si les bacs ou les barques qui sont dans la classe des immeubles fictifs, sont féodaux ou censuels, ou indépendans du bien féodal ; car s'ils sont féodaux, & assis dans un pays où les fiefs jouissent de l'exemption des lods, ils doivent en jouir de même, & subir, en un mot, le sort des autres fiefs.

Il s'agit donc d'examiner si les bacs sont réputé féodaux, censuels, ou allodiaux : question importante, & qui entraîne la décision de plusieurs autres, mais dont le développement demande qu'on prenne les choses de plus loin.

Un bac ne peut être établi que sur des rivieres royales, ou sur des rivieres seigneuriales ; c'est-à-dire, sur celles qui appartiennent au Roi, parce qu'elles sont navigables, ou parce qu'elles sont assises dans ses Justices; ou sur celles qui appartiennent aux Seigneurs Haut-Justiciers, puisque de droit commun toutes les rivieres non navigables sont dépendantes de la Haute-Justice (*v*), & qu'elles font partie du Domaine public inhérent à cette Justice (*x*) : c'est pour cela qu'on les appelle rivieres bannales, à cause qu'elles sont assises dans le ban des Seigneurs (*y*).

4°. Si le bac est assis sur une riviere navigable, il est réputé appartenir en propriété au Roi, & faire partie du Domaine Royal (*z*), hors qu'on en rapporte des titres possessoires, passés avec le Roi, & antérieurs au 1 Avril 1566 ; parce que, dans le cas de ce rapport, le possesseur en a la pleine propriété (*a*) : mais, soit qu'il fasse partie ou non du Domaine Royal, le bac possédé par un particulier sur une riviere navigable, est dans la dépendance féodale ou censuelle du Roi, & sujet à tous les droits seigneuriaux au profit du Roi, suivant la coutume des

______

(*v*) Bouteiller, liv. 1, tit. 13. Regles de Livoniere, liv. 2, tit. 3, ch. 4, reg. 2. Henrys, liv. 3, quest. 49.

(*x*) Laplanche, liv. 1, ch. 3, n°. 2.

(*y*) Chopin, du Domaine, liv. 1, tit. 15, n°. 6. Saint-Yon, liv. 2, tit. 1, §. 83.

(*z*) Déclaration d'Avril 1683 ; Edit de Décembre 1693, & d'Avril 1713, dans les Loix forestieres, tit. 1, art. 4.

(*a*) Déclaration d'Avril 1683, dans les Loix forestieres, tit. 1, art. 4. Ordonnance d'Août 1699, tit. 27, art. 41.

lieux ; & telle est la disposition de la Déclaration d'Avril 1686,
rendue pour le Languedoc, & de l'Edit de Décembre 1693 (*b*).

5°. S'il est assis sur une riviere non navigable, dans les Justices
du Roi, il est pareillement seigneurial, & sujet aux droits de mutation, suivant la coutume des lieux, conformément à l'Arrêt du
Conseil du 25 Août 1673, & Lettres-Patentes sur icelui, du
même jour (*c*).

6°. Si la riviere est seigneuriale, il est certain qu'il est dans la
mouvance médiate ou immédiate du Roi, ainsi que les autres dépendances de la Justice, parce que la riviere est un droit & un
attribut de la Haute-Justice, comme le bac est dépendant de la
riviere à laquelle il est inhérent. Or, *le Roi, en aliénant la Justice, n'a pu en aliéner la mouvance ni le ressort*, selon Dumoulin
& Dargentré (*d*) : conséquemment, le Roi n'a pu perdre ni aliéner la mouvance de la riviere ni du bac, qui sont attachés à la
Justice, en vertu de la regle *quod de toto hoc de qualibet parte*.

7°. Cela posé, on demande si le possesseur du bac, qui l'a
acquis par prescription, ou autrement, sur le Seigneur Haut-
Justicier, est censé le posséder allodialement. Il est constant qu'il
n'a pu prescrire à raison de ce bac l'exemption de la mouvance
du Roi, suivant la disposition expresse de l'Edit d'Août 1692,
portant que la plûpart des franc-aleu viennent de l'affranchissement des Seigneurs, ou de leur négligence à se faire reconnoître ; " mais que dans aucun cas ils n'ont pu acquérir la franchise
» au préjudice du Roi, & qu'ils seroient, au contraire, rentrés
» dans sa mouvance immédiate, comme Seigneur suzérain (*e*) :
vérité qui sera confirmée au n°. 587.

8°. Ainsi, tout bac assis sur une riviere non navigable, est seigneurial, & non allodial, puisqu'il est nécessairement dépendant

---

(*b*) Dans les Loix forestieres, *loco suprà. Idem* Laplanche, liv. 1, ch. 3,
n°. 10.

(*c*) Rapportés dans le troisieme vol. du Recueil du Domaine.

(*d*) Dumoulin, sur la Coutume de Paris, §. 1, Gl. 5, n°. 33 ; & §. 46, *hodie*
68, n°. 3. Dargentré, sur celle de Bretagne, art. 56, Gl. 3, n°. 4 ; & Gl. 4,
n°. 2 & 3.

(*e*) Dans Bellamy, p. 441.

de la mouvance médiate ou immédiate du Roi, par cette raison tranchante, tirée de Dumoulin & de Dargentré, *que le Roi n'a pu aliéner la mouvance ni le reffort d'aucune Juftice*, ni de fes attributs. Or, les rivieres font dépendantes de ces Juftices, comme les bacs font inhérents aux rivieres ; & par une conféquence néceffaire, le Roi n'a pu aliéner la mouvance d'aucuns bacs : ils ne peuvent donc être allodiaux.

9°. Refte à favoir fi les bacs placés fur les rivieres royales ou feigneuriales font cenfé cenfuels ou féodaux ; & à l'égard des bacs affis fur ces dernieres, s'ils font cenfé tenus du Seigneur Haut-Jufticier du territoire ou du Roi ; car il eft évident que ceux qui font affis fur les rivieres royales, navigables ou non, font cenfé relever du Roi, propriétaire de ces rivieres ; toutefois avec la modification que nous expliquerons au verfet 17 de ce numéro.

10°. Quant à la qualité féodale ou cenfuelle de tous les bacs, elle dépend de favoir s'ils font jouis noblement, felon les principes du pays où ils font affis ; auquel cas ils font féodaux ; ou s'ils font tenus en roture, auquel cas ils font cenfé cenfuels, quoiqu'au fonds, & dans le doute, un bien quelconque, & conféquemment un bac, foit préfumé cenfuel & roturier, plutôt que noble & féodal, fuivant l'Arrêt du Confeil du 14 Novembre 1724, rendu pour les habitans du Berry (*f*) : telle eft auffi la décifion de Fortin, & la difpofition de la Déclaration du Roi, du 23 Septembre 1713, rendue pour le Languedoc (*g*) ; enforte qu'il ne refte qu'à examiner fi ceux des rivieres feigneuriales font cenfé tenus des Seigneurs propriétaires de ces rivieres, ou du Roi : & voici les principes d'après lefquels on doit décider cette queftion.

11°. Si le bac eft rural, il eft inconteftable qu'il eft cenfé tenu cenfuellement du Seigneur, même fans titre, & en pays de francaleu ; parce qu'il ne peut être allodial, ni totalement affranchi de

---

(*f*) Billecoq, des fiefs, liv. 1, ch. 2. *Nota*. L'Auteur du Dictionnaire du Domaine foutient le contraire, en paffant fous filence le contenu en cet Arrêt.

(*g*) Fortin, art. 68 de la Coutume de Paris. Déclaration du 23 Septembre 1713, dans le Recueil judiciaire de Touloufe, tom. 1, p. 524.

la mouvance du Roi, fuivant l'Edit de 1692, la décifion de Dumoulin & de Dargentré, ci-devant cités aux verfets 6 & 7, &
fuivant les autres autorités rapportées au n°. 587. Or, puifqu'il
eft rural, en prefcrivant ou en acquérant la propriété de ce bac,
le nouveau Maître n'a pu faire cette acquifition qu'avec les charges des biens ruraux & cenfuels ; autrement, & s'il pouvoit les
jouir en franc-aleu, il l'affranchiroit de la dépendance feigneuriale
du Roi, Seigneur primitif de toutes les Juftices & de toutes
leurs dépendances : le bac eft donc fujet à la directe cenfuelle du
Seigneur immédiat, fur lequel il a été acquis, puifqu'il n'eft pas
féodal, mais cenfuel. En effet, dès que le bac n'eft pas féodal, il
ne peut être nuement tenu du Roi, ou de tout autre Seigneur
fuzerain du terroir, puifque le Roi, ou ce Seigneur ne jouit que
des droits féodaux, & non des droits cenfuels, dans le terroir :
le bac a donc demeuré foumis à la directe du Seigneur immédiat,
qui feul jouit de tous les droits cenfuels dans le terroir, exclufivement au Roi, ou à tout autre Seigneur fuzerain.

12°. Voilà le principe & le fondement de la préfomption de
directe, au profit du Seigneur de l'enclave, même par rapport
aux garrigues, landes, marais, & vacans ; parce qu'*en conféquence
de l'inveftiture d'un certain territoire*, notamment de la riviere &
des garrigues, landes, marais, & vacans, tout ce qui eft compris dans ce territoire, eft cenfé forti des mains du Seigneur
invefti, s'il a ceffé d'en jouir : conféquemment toutes ces chofes
dépendent de plein droit de fa directe féodale ou cenfuelle (*h*) ;
autrement elles feroient affranchies de la dépendance feigneuriale du Roi, d'où dérivent, comme de leur fource, toutes les
Juftices & tous les fiefs. Ainfi, la préfomption de directe du Seigneur de l'enclave, eft fondée fur la réfervation préfumée de cette
directe, lorfqu'il a aliéné ou laiffé prefcrire quelque portion de
de fon inveftiture : préfomption confirmée par l'Edit d'Avril
1686 (*i*), par un Arrêt du 13 Septembre 1554 (*k*), & par les

---

(*h*) Dumoulin, fur la Coutume de Paris, §. 56, *hodie* 68, n°. 6. Chopin,
fur celle d'Anjou, liv. 2, ch. 5, n°. 4. Ferriere, fur la queft. 112 de Guy-Pape.
(*i*) Bellamy, p. 432.
(*k*) Maynard, liv. 4, ch. 35. Galand, ch. 10, p. 133.

Arrêts rapportés par Papon & par Cambolas (*l*) ; tous lesquels Arrêts accordent la présomption de directe sans titre, au Seigneur de l'enclave, en pays de franc-aleu. Enfin c'est sur ce fondement, que, par Arrêt du Parlement de Toulouse, du 19 Février 1721, au profit du Seigneur de Clarensac, & par autre du même Parlement, du 5 Septembre 1766, au profit du Seigneur de Flaux, les habitans ont été condamnés à reconnoître de proche en proche, tout ce qu'ils auroient pris des vacans dans ces terres qui sont assises en Languedoc, parce qu'ils sont censé ne l'avoir pris qu'avec l'assujettissement à la directe du Seigneur, malgré la présomption du franc-aleu rural dont jouissent les biens fonds dans cette Province.

13°. En un mot, tout bien féodal, lors de sa concession, ne pouvant être affranchi au détriment du Roi, qui en a nécessairement la mouvance immédiate ou médiate, il est censé sorti de la main du Seigneur, qui en a été investi avec toutes les charges des autres biens dépendans de la même concession, & nommément avec les charges censuelles des biens ruraux, si ce bien est rural. Or, les droits attachés aux biens censuels dans le terroir, sont tous dans la main du Seigneur immédiat ; au lieu qu'il n'appartient que des mouvances au Seigneur suzerain : conséquemment, ces biens ont demeuré dans la dépendance du Seigneur immédiat, & non dans celle du suzerain.

14°. Si au contraire le bac est tenu noblement, il est censé relever du Roi, s'il n'est tenu d'autre Seigneur, selon l'art. 38, de l'Ordonnance de 1629 ; & la présomption est pour le Roi, de préférence aux Seigneurs Haut-Justiciers du territoire, suivant l'Arrêt du Conseil, du 22 Mai 1667, rendu pour le Languedoc (*m*).

15°. Toutefois, s'il y a un Seigneur autre que le Roi, avec droit de ressort sur la Justice où est assis le bac, ce Seigneur de ressort a la présomption de mouvance sur toutes les Justices ressortissant à la sienne ; plus encore sur les fiefs enclavés dans ces Justices ; & conséquemment sur le bac : telle est la doctrine una-

---

(*l*) Papon, liv. 13, tit. 2, Arrêts 1, 2 & 3. Cambolas, liv. 4, ch. 45.
(*m*) Recueil judiciaire de Toulouse, tom. 2, p. 10.

nime

nime de tous les Auteurs, fondée fur ce que la fupériorité de
reffort eft la marque & la preuve de la fuzeraineté ou fupériorité
féodale (*n*).

16°. De même fi le Haut-Jufticier a été invefti de l'univerfalité du terroir, par le Roi ou par tout autre Haut-Seigneur, cette
conceffion emporte de plein droit toutes les mouvances encla-
vées dans l'étendue de fa conceffion ; « parce que l'univerfalité
» du terroir comprend tout ce qui fe trouve dans fon enceinte,
» à l'exception des rivieres navigables, & des autres droits
» Royaux (*o*) » : enforte qu'il a la préfomption de propriété,
ou, tout au moins, de mouvance ou de teneure cenfuelle dans
tout le terroir (*p*) : conféquemment il a la préfomption de mouvance du bac.

17°. Il nous refte à remarquer, pour n'omettre aucune des
branches de cette queftion, & en répétant le contenu au verfet 4
ci-deffus, que rien n'empéche que les bacs affis fur une riviere
navigable, foient mouvans d'un Seigneur particulier, s'il eft fondé
en titres anciens, paffés avec le Roi avant le 1 Avril 1566 ; fauf
la fuzeraineté du Roi, conformément à l'Edit d'Avril 1683, à
celui d'Avril 1686, & à celui de Décembre 1693 (*q*) : à plus
forte raifon fi c'eft une riviere non navigable, quoique royale.

18°. Nous devons obferver encore, qu'en partant des principes que nous venons de pofer, il n'eft pas poffible que la prife
d'eau d'une riviere bannale, jouiffe de l'allodialité dans tout le
furplus du Royaume, comme elle en jouit en Dauphiné (*r*) ;
parce que, dans cette Province, on prefcrit l'exemption de la

___

(*n*) Chopin, fur la Coutume d'Anjou, liv. 1, art. 47, n°. 4. Dumoulin, fur
celle de Paris, §. 20, Gl. 2, *hodiè* 19, n°. 4. Bouteiller, liv. 1, tit. 38, p. 289.
Efprit des Loix, liv. 28, ch. 28. Loifeau, des Seigneuries, ch. 4, n°. 39-44;
& ch. 6, n°. 56. Charte de 1178. Boiffieu, ch. 11, p. 57.

(*o*) Dumoulin, fur la Coutume de Paris, §. 46, *hodiè* 68, n°. 10. Perezius,
fur le tit. du Code, *de bonis vacantibus*, n°. 8. Dargentré, fur celle de Bretagne, art. 56, Gl. 3, n°. 6; & Gl. 6, n°. 3; & Gl. 4, n°. 6.

(*p*) Dumoulin, fur la Coutume de Paris, §. 46, *hodiè* 68, n°. 6.

(*q*) Rapporté dans les Loix foreftieres, tit. 1, art. 4.

(*r*) *Suprà* n°. 164.

directe, par cent ans, même contre le Roi (s) ; au lieu que partout ailleurs elle est imprescriptible en faveur du Roi ; & dans la plus grande partie du Royaume, tout Seigneur directe jouit de la même imprescriptibilité.

En récapitulant le contenu en cet article, il en résulte, 1°. que si le bac est assis sur une riviere navigable, il est censé dépendre de la directe féodale ou censuelle du Roi, selon qu'il est noble ou rural ; 2°. même dépendance s'il est assis sur une riviere non navigable, dépendante des Justices de Sa Majesté ; 3°. que le Roi n'en a que la suzeraineté, si un Seigneur particulier est fondé en titres de directe immédiate, passés avec Sa Majesté avant le 1 Avril 1566 ; 4°. que si le bac est assis sur une riviere seigneuriale, il est nécessairement seigneurial, & jamais allodial ; 5°. qu'il est censé féodal s'il est tenu noblement, & censuel s'il est tenu en roture ; que s'il est censuel, il est censé tenu du Seigneur immédiat, qui possede dans la terre tous les droits censuels ; 6°. que s'il est noble, il est censé tenu du Roi, ou autre Seigneur qui a la présomption de mouvance des biens féodaux dans le terroir. Nous glissons sur les propositions incidentes qui dérivent de celles-ci.

C L X X V I I I.

Moulins à bras, à eau & à vent.

1°. Les moulins à bras demeurent dans la classe des meubles, puisqu'ils sont détachés du bâtiment (t) : conséquemment ils sont indépendans du lien féodal, & exempts des droits seigneuriaux.

2°. A l'égard des moulins à eau ou à vent, il est évident qu'ils sont immeubles, puisqu'ils sont inhérens au sol (v) : conséquemment, ils sont sujets à toutes les charges des biens féodaux ou censuels, s'ils sont dans une de ces deux clases, & qu'ils ne soient pas allodiaux.

____

(s) Déclaration du Roi du 15 Janvier 1555 ; Arrêt du 17 Août 1645 ; & Edit d'Octobre 1658. Boissieu, ch. 53, p. 271.

(t) *L.* 26, §. 1, *ff. de instrum. vel instr. legato.* Ferriere, sur la Coutume de Paris, art. 90, Gl. 1, n°. 10.

(v) *Argum. L.* 17, §. 7, *ff. de act. empti.* Brodeau, lettre M, sommaire 13, n°. 1. Dumoulin, sur la Coutume de Paris, §. 8, *hodiè* 13, Gl. 5, n°. 5, art. 90 de la Coutume de Paris.

3°. Mais dans le cas d'allodialité du moulin à eau, l'eau prise d'une riviere bannale, ne peut être allodiale, selon les principes établis au n°. précédent : conséquemment, dans le cas de la vente du moulin, le Seigneur de l'eau a une portion de lods, selon l'usage du pays, conformément aux principes des n°. 163 & 164, ci-devant.

Nous ne devons pas passer sous silence que, selon l'ancienne Jurisprudence attestée par Bouteiller (x), & selon l'art. 281 de l'ancienne Coutume d'Orléans, toutes les parties du moulin qui tournent, sont meubles ; & ce qui ne tourne pas, est immeuble ; mais que cette erreur a été proscrite, comme il conste par l'art. 90 de la nouvelle Coutume de Paris, & par l'art. 352 de celle d'Orléans, relativement à cette regle du Droit Romain, qui met la meule au rang des immeubles (y) ; & à cette autre, qui range dans la même classe tout ce qui est à perpétuelle demeure dans le bâtiment. Il est inutile de répéter ce que nous avons dit aux n°˙ 148 & 151, sur les instrumens des moulins, ou sur les objets qu'on y a incorporés.

C L X X I X.

1°. Les moulins sur bateaux sont réputé meubles (z) ; s'entend, ceux qui n'ont point d'assiette fixe en vertu d'un droit acquis, & qui sont mobiles comme un bateau.   *Moulins sur ba-teaux.*

2°. Mais si le moulin est bannal, auquel cas il y a une servitude réelle annexée, il est réputé immeuble (a).

3°. De même s'il a une attache fixe à titre de servitude, imposée sur la riviere, la réalité de la servitude imprime la qualité d'immeuble au moulin (b), comme elle l'imprime au bac : c'est

---

(x) Bouteiller, liv. 1, tit. 74, p. 431.

(y) L. 18, §. 2, *ff. de instrum. vel instr. legato.*

(z) Art. 352 de la Coutume d'Orléans. Chopin, sur la Coutume de Paris, liv. 1, tit. 1, n°. 14. Louet & Brodeau, lettre M. somm. 13, n°. 1.

(a) Dumoulin, note sur l'art. 282 de la Coutume du Bourbonnois. Lalande, sur celle d'Orléans, art. 352, n°. 7. Chopin, sur celle de Paris, liv. 1, tit. 1, n°. 14.

(b) Art. 221 de la Coutume de Tours, & note de Dumoulin sur cet article ;

par cette raison que les Auteurs mettent au rang des immeubles, les moulins sur bateaux, établis par concession (*c*) ; & que la Déclaration d'Avril 1683, & l'Edit de Décembre 1693, déclarent incorporés au Domaine Royal tous les bateaux, *moulins*, & autres droits établis sur les rivieres navigables (*d*).

4°. A l'égard de la dépendance seigneuriale des susdits moulins, lorsqu'ils sont immeubles, & des droits de mutation, auxquels ils peuvent être sujets, les principes que nous avons posés à l'égard des bacs, sont communs à cet objet, avec cette différence, que nous ne croyons pas qu'il y ait des moulins sur bateaux sur aucune riviere non navigable.

C L X X X.

Navire.

Les navires demeurent dans la classe des meubles, quel qu'en soit le volume, parce qu'ils n'ont point d'assiette fixe, & qu'ils sont destinés à flotter sur les eaux (*e*) : ils sont par conséquent indépendans du lien féodal, & libres des droits de mutation (*f*); quoiqu'un Arrêt de 1633, confirmatif d'une Sentence du Sénéchal de Beziers, en ait adjugé les lods au Seigneur de Sérignan, dans le Bas-Languedoc ; & que, selon Galand, telle soit la Jurisprudence du Parlement de Bordeaux (*g*).

Lalande, sur celle d'Orléans, art. 352, n°. 8 ; Ferriere, sur celle de Paris, art. 90, Gl. 1, n°. 11.

(*c*) Chopin, sur la Coutume de Paris, liv. 1, tit. 1, n°. 14. Nouvelles remarques sur Louet, lettre M. somm. 13.

(*d*) Dans les Loix forestieres, tit. 1, art. 4.

(*e*) Brodeau, lettre M. somm. 13, n°. 2, 3, 4, & 5. Ferriere, sur la Coutume de Paris, art. 90, Gl. 1, n°. 14.

(*f*) Dargentré, *de laudimiis, cap.* 1, §. 29. Livoniete, liv. 3, ch. 6, sect. 8, §. 8, p. 124.

(*g*) Franc-aleu, de Galand, ch. 10, p. 129.

CHAPITRE VIII.

D e s objets qui doivent entrer dans la fixation des Lods.

C L X X X I.

Il n'y a point de vente si le prix n'en est pas convenu ; parce *S'il ne conste* que la fixation du prix étant de son essence, elle n'est parfaite *pas du prix.* que par cette fixation (*h*).

Mais s'il ne conste pas du prix, quoique convenu, il n'y a pas moins ouverture aux lods & au retrait, dès que le fait de la vente est prouvé : toutefois on peut obliger l'acquéreur à déclarer, sur la foi du serment, le montant du susdit prix ; & s'il ne le fait pas, ou qu'il soit mort, on fera l'estimation de l'objet de la vente, sur le pied de sa valeur au tems du contrat, tant pour fixer les lods, que pour le retrait (*i*) : il en est de même dans le cas

(*h*) *Instit. de empt. vendit. in principio*, L. 2, §. 1. *ff. de contrah. empt.*
(*i*) Dumoulin, sur la Coutume de Paris, §. 23, *hodiè* 33, Gl. 2, n°. 57.

où le Seigneur ne veuille pas s'en tenir au serment de la Partie, comme il n'y est pas obligé, nul n'étant tenu de s'en rapporter à la bonne foi d'un tiers, & tout homme étant réputé suspect, dès qu'il peut nuire à un autre par son fait (*k*).

CLXXXII.

Dettes illiquides. 1°. Si le prix de la vente consiste en dettes illiquides, inconnues ou conditionnelles, que l'acquéreur s'est chargé de payer; en ce cas encore, les lods doivent être fixés sur le pied de la valeur au tems du contrat (*l*).

Dumoulin ajoute que le Seigneur ne seroit pas reçu à prouver que ces dettes valent plus que l'estimation du fonds, parce que cette preuve auroit pour objet l'acquisition d'un gain; mais que l'acquéreur seroit autorisé à prouver qu'elles valent moins, & à ne payer les lods que sur le pied de leur montant effectif, parce qu'il s'agit de sa part, de se racheter d'une perte; mais qu'alors l'estimation doit se faire définitivement à ses dépens, parce qu'il doit s'imputer la singularité du contrat (*m*). Nous y reviendrons au n°. 749.

2°. Mais si le Seigneur veut attendre la liquidation de ces dettes, on doit payer les lods à concurrence de celles qui sont liquidées, & attendre la liquidation des autres pour la perception finale des droits : telle est l'opinion de Dargentré, confirmée par un Arrêt du 31 Juillet 1557, rapporté par Charondas (*n*).

3°. A l'égard du retrait seigneurial ou lignager, le retrayant devroit rembourser le montant de ce qui auroit été payé pour les dettes liquidées, avec les loyaux-coûts, & prendre les autres sur son compte, comme étant subrogé à tous les droits & à toutes les charges de l'acquéreur.

(*k*) *Infrà* n°. 767 & 774.

' (*l*) Dumoulin, sur la Coutume de Paris, §. 55, *hodiè* 78, Gl. 5, n°. 15, 16 & 17.

(*m*) Dumoulin, *loco suprà*.

(*n*) Dargentré, sur la Coutume de Bretagne, art. 59, note 2, n°. 8. Charondas, observations du Droit François, *verbo*, Lods.

CLXXXIII.

Si l'on achete à charge d'une rente conſtituée, les lods ſont dûs *Rente conſtituée.*
à concurrence de cette charge, qui fait le total ou partie du
prix (*o*).

1°. S'entend que ſi la rente eſt établie par le contrat au profit du vendeur, & qu'elle ſoit fixée à peu près au taux de l'Ordonnance, les lods doivent être payés ſur le pied du capital (*p*).
2°. Mais ſi la rente étoit fixée ſur un pied beaucoup moindre, par
exemple, au denier 30 ; alors la réduction faite par le créancier,
du montant de cette rente, eſt une vraie donation de ſa part,
lorſqu'elle n'a pas pour objet la ſolidité du placement (*q*) : conſéquemment il faudroit, en ce cas, eſtimer le fonds pour en fixer
les lods, parce que l'acheteur a eu principalement en vue le montant de la rente, dont il eſt chargé, & qui tient lieu de prix à ſon
égard, & non le capital de cette rente, qu'il ſera le maître de ne
pas racheter (*r*). 3°. Toutefois, & dans le doute, on doit préſumer que la réduction de la rente a pour objet la ſolidité du placement, parce que la donation ne ſe préſume pas ; plus encore,
dans un contrat intéreſſé. 4°. De même ſi la rente étoit fixée au
denier 25, comme cette fixation auroit pu avoir pour objet la
ſolidité du placement, & qu'elle n'excede pas de beaucoup le taux
de l'Ordonnance, c'eſt ce capital qui conſtitue le prix de la vente,
& dont on doit les lods (*s*).

CLXXXIV.

Il eſt conſtant que la charge des hypotheques ſubſidiaires, dont *Hypotheque ſubſi-*
les biens vendus ſont affectés, & dont très-peu ſont exempts, *diaire, ou éteinte.*

(*o*) Dumoulin, ſur la Coutume de Paris, §. 58, *hodiè* 83, n°. 9, 51, 52. Papon, liv. 13, tit. 2, Arrêt 24. Dargentré, ſur celle de Bretagne, art. 59, note
2, n°. 8.

(*p*) Dumoulin, ſur la Coutume de Paris, §. 58, *hodiè* 83, n°. 16--26.

(*q*) Potier, des conſtitutions de rente, n°. 11.

(*r*) Dumoulin, ſur la Coutume de Paris, §. 58, *hodiè* 83, n°. 27--46.

(*s*) Dumoulin, ſur la Coutume de Paris, §. 58, *hodiè* 83, n°. 59.

n'augmente pas le montant des lods (*t*), non plus que les sommes qu'on peut donner au créancier pour l'y faire renoncer ; parce que ces sommes n'ont rien de commun avec le prix , quoi qu'en cas de retrait , il faille les rembourser à l'acquéreur, avec les loyaux-coûts, pour l'indemniser (*v*) : il en est de même , suivant un Arrêt du 8 Mars 1688 , de l'acheteur dépouillé par une saisie réelle, qui donne de l'argent aux créanciers, pour conserver son achat (*x*). Nous y reviendrons au n°. 580 : cette assertion est d'ailleurs confirmée par la premiere partie du n°. suivant.

<h2 style="text-align:center">CLXXXV.</h2>

Ratification du Maître.

1°. Si j'ai acheté par erreur un bien de quelqu'un que j'en croyois le maître ; que le prix de l'achat ait été fixé convenablement , & que le maître paroissant , je sois obligé de lui donner une grosse somme pour obtenir une ratification de sa part, il n'y a pas lieu d'augmenter les lods , selon Dumoulin , à raison de cette somme , dont la numération a pour objet de se tirer de la vexation résultant de la tricherie du vendeur (*y*). Ce n'est pas le cas du contenu au n°. 418 , mais bien au n°. 577.

2°. Mais si l'acheteur a pu prévoir la nécessité de cette ratification ; par exemple , si le mari lui a vendu le bien de sa femme , les lods sont dûs à concurrence de ce qu'on paye à celle-ci pour obtenir sa ratification , indépendamment de la portion de lods attachée au prix stipulé par le mari vendeur , quand même la vente auroit été portée à son juste prix; parce qu'on a dû prévoir que cette ratification dont on connoissoit la nécessité , ne se feroit qu'à prix d'argent (*z*).

(*t*) Dumoulin , sur la Coutume de Paris , §. 58 , *hodiè* 83 , n°. 53 , 54 & 55. Dargentré , sur celle de Bretagne, art. 71 , n°. 5.

(*v*) Dumoulin , sur la Coutume de Paris , §. 55 , Gl. 1 , *hodiè* 78 , n°. 137 , 138 ; & §. 23 , *hodiè* 33 , Gl. 2 , n°. 41. Livoniere, liv. 3 , ch. 1 , p. 142. Dargentré , sur celle de Bretagne, art. 59 , note 2 , n°. 6.

(*x*) Sudre, sur Boutaric , tit. des lods , §. 2 , n°. 13 , p. 109.

(*y*) Dumoulin , sur la Coutume de Paris , §. 55 , Gl. 1 , *hodiè* 78 , n°. 140. Sudre, sur Boutaric , tit. des lods, §. 4 , n°. 12.

(*z*) Dumoulin , sur la Coutume de Paris , §. 55 , Gl. 1 , *hodiè* 78 , n°. 139 ,

Dargentré

Dargentré opine pour l'affujettiffement aux lods du total dans les deux cas (*a*) ; mais l'opinion de Dumoulin eft plus conforme aux confidérations d'équité, & plus analogue aux principes du n°. précédent.

CLXXXVI.

Si l'on impofe fur l'acquéreur des charges foncieres & perpé- *Charges fon-* tuelles, autres que celles qui fuivent naturellement le fonds vendu, *cieres.* cette impofition diminue d'autant fa valeur : conféquemment l'acheteur ne doit pas les droits d'une charge qui déprécie fon achat (*b*), bien loin d'en augmenter le prix & la valeur.

CLXXXVII.

Si au contraire, en confidération de la vente, l'acheteur éteint *Décharge d'un* au profit du vendeur un droit foncier qui lui appartenoit fur un *droit foncier.* autre bien dudit vendeur, cette remife tient lieu d'échange à con- currence de la valeur de ce droit, comme nous l'avons ci-devant expliqué en parlant des fervitudes réelles aux n°. 166 & 167.

CLXXXVIII.

Si l'on impofe à l'acheteur des charges foncieres rachetables, *Charges rache-* ou autrement reductibles en deniers ou en efpeces, elles groffif- *tables ou reducti-* fent, felon Dargentré, le prix de la vente, comme la glace fondue *bles en argent.* augmente le volume des eaux (*c*) : conféquemment les lods font dus à concurrence de leur valeur (*d*) ; mais en parlant dans la troi-

---

Arrêt du premier Juin 1560, dans Charondas. Obfervations du Droit Fran- çois, *verbo*, Lods. Dargentré fur celle de Bretagne, art. 59, note 2, n°. 6. Livoniere, liv. 3, ch. 4, fect. 7, p. 182.

(*a*) Dargentré, fur la Coutume de Bretagne, art. 71, n°. 5.

(*b*) Dumoulin, fur la Coutume de Paris, §. 53, *hodiè* 76, n°. 35. Dargen- tré, fur celle de Bretagne, art. 59, note 2, n°. 7.

(*c*) *Argumento*, L. 21, §. 4, *ff. de act. empt.* L. 79, *ff. de contrah. empt.* Dargentré, fur la Coutume de Bretagne, art. 59, note 2, n°. 6.

(*d*) Dumoulin, fur la Coutume de Paris, §. 53, *hodiè* 76, n°. 35; & §. 55, *hodiè* 78, Gl. 5, n°. 6. Livoniere, l. 3, ch. 4, p. 140.

Tome I.   A 2

fieme partie de ce Traité, des ventes rachetables à prix d'argent, nous avons prouvé qu'elles ne donnent ouverture aux lods qu'autant qu'elles sont rachetées en effet, & du jour de ce rachat: il en est donc de même dans le cas présent par identité de raison, puisqu'il s'agit également d'un droit foncier rachetable à la volonté du débiteur.

C L X X X I X.

De pure affec-
tion.

Si ce sont des charges de pure affection & de peu de valeur qu'on a imposées à l'acheteur, elles n'entrent pas en considération dans la fixation des lods (*e*).

C X C.

Charge appré-
tiable sur le ven-
deur.

Si le contrat impose au vendeur des charges pécuniaires ou autres réductibles en deniers ou en especes, à la décharge, ou autrement, à l'avantage de l'acheteur, elles diminuent le prix de la vente, à concurrence de leur valeur : conséquemment les lods doivent être réduits dans la même proportion (*f*).

CHAPITRE IX.

DES autres objets qui peuvent entrer dans la fixation des Lods.

CXCI. *Frais & Loyaux-coûts.*
CXCII. *Épingles & pots-de-vin.*
CXCIII. *Fraude.*
CXCIV. *Arrhes.*
CXCV. *Frais de criées.*
XCXVI. *Denier-adieu, bougies, &c.*

(*e*) Mol. §. 55, *hodiè* 78, Gl. 5, n°. 5. Dargentré, sur la Coutume de Bretagne, art. 59, note 2, n°. 6; *& de laudimiis, cap.* 1, §. 20.
(*f*) Dumoulin, sur la Coutume de Paris, §. 55, Gl. 5, *hodiè* 78, n. 6.

C X C I.

Les frais du contrat, ceux des entremetteurs, les dépenses *Frais & Loyaux-coûts.*
des voyages & autres loyaux-coûts de l'achat n'entrent pas en
considération pour augmenter le montant des lods; c'est ainsi
que la question fut jugée par un Arrêt du 31 Janvier 1557 (g),
dans un tems où la Jurisprudence n'étoit pas sans doute encore
fixée sur ce point. Elle est fondée sur ce qu'il n'entre dans la
fixation des lods que les objets qui tournent au profit du vendeur
& non les loyaux - coûts qui sont communément à la charge de
l'acheteur.

C X C I I.

Quelquefois on convient d'un présent à titre d'épingles pour la *Épingles & pot-*
femme ou les filles du vendeur, ou bien à titre de pot-de-vin *de-vin.*
pour lui ou pour ses fils; & quoique ces présens tournent à son
profit ou des siens, cependant ils n'entrent pas en considération
pour la fixation des lods; parce qu'ils ne font pas partie du prix
de la vente, mais qu'ils font donnés en considération du dépouillement d'un bien auquel chacun est naturellement attaché (h);
& la stipulation de ces présens ne les met pas hors de la classe
des loyaux-coûts, parce que autre chose font les dépenses &
autre chose le prix de l'achat (i).

C X C I I I.

Mais s'il y a fraude dans la fixation des frais des proxenetes, *Fraude.*
des voyages ou autres, ou dans celle des épingles ou pot-de-vin :
par exemple, à l'égard des épingles ou du pot-de-vin, on doit

---

[g] Charondas, sur la Coutume de Paris, art. 77. Dumoulin, sur celle de
Paris, §. 53, *hodiè* 76, no. 34; & §. 55, *hodiè* 78, Gl. 5, n. 4. Dargentré
de Laudimiis, cap. 5, & sur celle de Bretagne, art. 59, note 2, no. 4.

[h] Dumoulin, sur la Coutume de Paris, §. 55, Gl. 1, *hodiè* 78, n°. 136,
137. Dargentré, sur celle de Bretagne, art. 59, note 2, n°. 4, 6. Livoniere,
liv. 3, ch. 1, p. 139.

[i] L. 40, §. 1, *ff. de condit. & demonst.*

confidérer le prix de la vente, la fortune & la qualité des parties, pour juger s'il y a excès ou non dans le montant de ces préfens; & dans le cas d'excès & de fraude fur lefdites épingles ou pot-de-vin, on en regarde la dépenfe comme faifant partie du prix, foit qu'elle ait été comptée au vendeur, aux fiens, ou à d'autres perfonnes qu'on regarde comme interpofées; & les lods font dûs à concurrence du montant total des unes ou de l'autre, lorfqu'on y a excédé (*k*).

CXCIV.

Arrhes.

A l'égard des arrhes, fi elles confiftent en meubles que le vendeur doive rendre, il eft vifible qu'elles n'entrent pas en confidération; mais fi elles confiftent en argent, auquel cas elles s'imputent fur le prix (*l*), elles entrent dans la fixation des lods (*m*).

CXCV.

Frais des criées.

Les frais des criées qui font à la charge de l'Adjudicataire, dans les ventes par decret, n'entrent pas en confidération pour la fixation des lods, fuivant des Arrêts des 21 Février 1614, 19 Mars 1622, & 29 Juillet 1646 (*n*): il en eft de ces frais comme de ceux de toute autre vente qui n'entrent pas dans cette fixation, parce que autre chofe eft le prix & autre chofe les frais de l'achat (*o*).

CXCVI.

Denier adieu,
bougies, &c.

Dans certains pays l'acheteur donne une petite piece d'ar-

[*k*] Dumoulin, fur la Coutume de Paris, §. 55, Gl. 1, *hodiè* 78, n°. 136, 137. Dargentré, fur celle de Bretagne, art. 59, note 2, n°. 4, 6. Livoniere, liv. 3, ch. 1, p. 140.

(*l*) *Ut in L.* 8. *ff. de lege commifforia.*

(*m*) Dumoulin, fur la Coutume de Paris, §. 13, *hodiè* 20, Gl. 9, n°. 3. Dargentré *de Laudimiis, cap.* 5; & fur celle de Bretagne, art. 59, note 2, n°. 5.

(*n*) Livoniere, liv. 3, ch. 1, p. 140. Guyot, des lods, ch. 2, n°. 7. Fortin, fur l'art. 83 de la Coutume de Paris.

(*o*) *L.* 4, §. 1. *ff. de condit. & demonft.*

gent pour être diſtribuée aux pauvres par le vendeur ; c'eſt ce
que l'on appelle denier adieu (p) : il eſt évident que cette aumône
n'entre ni dans le prix, ni dans la fixation des lods (q) : de même
l'aumône dont on charge l'adjudicataire au Parlement de Ren-
nes , & les frais des bougies n'entrent pas en conſidération à
cet égard (r) , parce que ce ſont des loyaux-coûts ; mais autre
choſe ſont les frais des criées qui de droit commun ſont à la
charge du diſcuté ; car s'ils ſont mis ſur le compte de l'adjudicataire, c'eſt une augmentation de prix en tant qu'il paye ceux
que le diſcuté doit ſupporter, nonobſtant la fauſſe équité qui a
fait décider le contraire par Guyot. Regle générale, la contra-
vention aux regles, ſous prétexte d'équité , eſt une injuſtice dé-
guiſée.

(p) Gloſſaire du Droit François , *verbo* , Denier adieu.
(q) Dumoulin, ſur la Coutume de Paris , §. 13 , *hodiè* 20 , Gl. 9 , n°. 3.
Dargentré , ſur celle de Bretagne , art. 59 , note 2 , n°. 5.
(r) Guyot des lods, ch. 2 , n°. 7.

TROISIEME PARTIE.

Des Contrats qui peuvent donner ouverture aux Lods.

CHAPITRE PREMIER.

Des Contrats de vente ou équipollent à vente, & des ventes à tems.

CXCVII. Vente ou équipollent.
CXCVIII. Selon Bouteiller.
CXCIX. Dation en payement.
CC. Ceffion pour des objets mobiliers ou reductibles en deniers.
CCI. Vente à tems de la propriété.

C X C V I I.

Vente ou équi-
pollent.

    Toute la théorie des lods & ventes par rapport aux contrats qui peuvent y donner ouverture, roule fur le principe fondamental qu'ils font dus de tout contrat de vente ou équipollent à vente (*s*) : ainfi Philippe de Beaumanoir, l'Auteur du Grand Coutumier, & certaines Coutumes donnent fimplement le nom de *ventes* au droit dont il s'agit (*t*).

  (*s*) Dumoulin, fur la Coutume de Paris, §. 23 , *hodiè* 33 , Gl. 2 , n°. 1 , 2 , & §. 55 , *hodiè* 78 , Gl. 1 , n°. 1 , 8 , 9 , 10. Dargentré, fur celle de Bretagne , art. 59 , note 4 , n°. 1. Henris liv. 3 , queft. 70 , n°. 2.

  (*t*) Grand Coutumier , liv. 2 , ch. 25 , p. 169 , 170 , 172. Coutume de Paris , art. 78 & fuivants , & *V.* la Conférence dans Ferriere ou dans Fortin. Beaumanoir, ch. 27, p. 137 , 138.

Si de droit commun les aliénations à titre gratuit, ni les échanges ne font pas fujets aux lods, c'eft parce que la vente étant l'exercice le plus plein de la parfaite patrimonialité, les Seigneurs n'ont voulu y confentir que moyennant une portion du prix que reçoit le vendeur; au lieu qu'à l'égard des aliénations gratuites, ils fe font contentés du rachat ou du demi-lods dans certains pays; que dans d'autres elles font exemptes de toute preftation, & qué à l'égard des échanges, les ufages des différentes Provinces font pareillement bigarrés, comme nous le verrons ci-après.

CXCVIII.

Selon Bouteiller, Auteur du quinzieme fiecle, qui rapporte principalement les ufages des Pays-Bas, tout contrat tranflatif de propriété des fiefs donne ouverture aux lods, même les échanges, donations en avancement d'hoirie aux enfants, & les engagements après trois ans (*v*), « hors que le pere fe fit mort » pour fon fils aîné entre les mains du Seigneur, ou de fon con- » fentement, pour fon fils puîné; auxquels cas il n'y avoit ouver- » ture qu'au relief, & le fils étoit dès-lors tenu d'acquitter les » dettes de fon pere, comme fi celui-ci étoit mort en effet (*x*).

Selon Bouteiller.

CXCIX.

L'étude de la Jurifprudence eft extrêmement abrégée, & la marche de l'homme de loix eft plus fûre lorfqu'il trouve des principes féconds dont il n'a qu'à développer les conféquences comme dans le cas préfent. Tout contrat de vente ou équipollent à vente donne ouverture aux lods. Donc la dation en payement y donne pareillement ouverture (*y*), puifque ce contrat

Dation en payement.

[*v*] Bouteiller, liv. 2, tit. 40, p. 865.

[*x*] Bouteiller, liv. 1, tit. 75, p. 438, & liv. 2, tit. 40, p. 865.

[*y*] Dumoulin, fur la Coutume de Paris, §. 23, *hodiè* 33, Gl. 2, n°. 1, 2, 3, & §. 55, *hodiè* 78, Gl. 1, n°. 8, 9, 10. Dargentré, fur celle de Bretagne, art. 66, note 1, n°. 2, 3. Bretonnier, fur Henrys, liv. 3, queft. 44, n°. 10, 11.

reſſemble parfaitement à la vente, & qu'il en tient lieu ſelon la loi (z).

C C.

Ceſſion pour des objets mobiliers ou réductibles.

En ſuivant la chaîne des conſéquences qui dérivent de ce principe, il en réſulte encore que la ceſſion d'un immeuble pour des effets mobiliers ou réductibles en deniers ou pour des ſervices appréciables, eſt pareillement ſujette aux lods, puiſqu'elle reſſemble exactement à la vente dont ces objets mobiliers ſont le prix (*a*) : nous y reviendrons encore en traitant de l'échange contre des meubles, & des donations onéreuſes.

Au reſte, le Droit Romain dont nous avons rejetté les principes à cet égard, ne conſidere pas comme vente celle dont le prix eſt en denrées & non en argent. (*Infrà*, n°. 208, *verſ.* 2.)

C C I.

Vente à tems de la propriété.

Nous avons dit au n°. 101, que les lods courent ſur la téte du poſſeſſeur, qui n'eſt pas maître lorſque ſa poſſeſſion dure au moins dix ans; mais le ſimple achat de la propriété, même pour un tems court, y donne pareillement ouverture, parce qu'il y a plus qu'acquiſition de la poſſeſſion (*b*) : telles ſont les ventes à pacte de rachat, & les achats faits de l'acquéreur ſous ce pacte ou de l'héritier grevé (*c*), quoiqu'ils ne puiſſent tranſporter en vendant que des droits réſolubles comme leurs propres droits.

---

[z] *L.* 4, *cod. de evict.*

[*a*] Dumoulin, ſur la Coutume de Paris, §. 55, Gl. 1, *hodiè* 78, n°. 8, 9, 10. Dargentré, ſur celle de Bretagne, art. 59, note 4, n°. 1.

[*b*] Dumoulin, ſur la Coutume de Paris, §. 22, *hodie* 33, Gloſ. 1, n°. 117.

[*c*] *Infrà*, n°. 379, 380, 405, 699 & ſuivants.

CHAPITRE II.

DE la promesse de vendre.

CCII.

1°. La promesse de vendre est une convention par laquelle on s'oblige de céder certaine chose à autrui au prix dont on conviendra ou dont on est convenu ; elle diffère du contrat de vente en ce qu'en vertu de cette promesse on n'est pas débiteur de la chose, puisqu'elle n'est pas encore vendue ; mais on est simplement tenu d'en faire la vente (d).

2°. M. Potier a prétendu qu'il n'y a qu'une partie obligée dans ce contrat (e) ; mais de quel poids que soit son suffrage dans tout ce qui a trait aux contrats ou au Droit Romain, nous préférons la doctrine d'un Arrêt du 27 Août 1703, qui prononce la nullité d'une promesse de bailler à ferme, parce qu'elle n'étoit pas signée des deux parties (f) ; & la promesse de vendre est nulle & invalide, s'il n'y a de la part du stipulant la promesse réciproque d'acheter, relativement à la Jurisprudence attestée par Perrier & Raviot, & par Grainville : Jurisprudence qui rejette des engagemens dont chaque partie n'a pas un double, & qu'elle n'est

Sa nature & ses effets.

(d) Potier, de la vente, n°. 476, 378, 482.
(e) Potier, *ibidem.*
(f) Nouveau Journal du Palais de Toulouse, tome 1, Arrêt 44.

pas en état de faire exécuter (g). En effet, une obligation est un lien formé ou autorisé par la loi (h). Or, un lien qui n'oblige qu'une partie, ressemble à une société léonine, & il contredit cette regle fondamentale de toute justice, qu'un droit quelconque est une prérogative établie sur un devoir; ensorte qu'il n'y a point de droits qui n'obligent à des devoirs réciproques, comme il n'est point de devoir qui ne donne des droits (i).

La Déclaration de Février 1731 a adopté ces principes en prononçant la nullité des donations non acceptées par les donataires ou autres autorisés à cet effet par la loi.

3°. C'est d'ailleurs une grande question de savoir si l'inexécution de la promesse de vendre est simplement réductible en dommages, ou si l'on peut être contraint précisément à l'exécuter. Henrys, sçavant Arrestographe, a adopté le premier avis, fondé sur cette regle du Droit Romain, que toute promesse dont l'exécution git en fait de la part du débiteur, se réduit à des dommages par le défaut d'exécution (k): mais Potier s'est rangé du parti contraire, comme plus conforme à la fidélité à remplir ses engagements (l); & l'avis de ce dernier est confirmé par un Arrêt du 19 Juillet 1697, qui déclare obligatoires des propositions signées des parties sur une vente dont les points avoient été convenus (m).

C C I I I.

Quid ? des lods.   Dès qu'il n'y a ouverture aux lods qu'en vertu d'une vente effective, il est visible que la promesse de vendre ne peut produire le même effet, puisqu'elle n'a pour objet qu'une vente à venir (n).

(g) Perrier & Raviot, quest. 266 ; Grainville, p. 164.

(h) *Instit. tit. de obligat. & act. in principio.*

(i) Ordre naturel & essentiel des Sociétés, de Lariviere, ch. 2, p. 21, 24, &c. ; & ch. 3, p. 38, &c.

Nam quod Aristo dixit posse ita pacisci, ut unus maneat obligatus, non verum, L. 1, ff. de rescind. vendit.

(k) Henrys, liv. 4, quest. 40.

(l) Potier, de la vente, n°. 479 ; & n°. *bis* 67.

(m) Bretonnier, sur Henrys, liv. 4, quest. 40, à la fin.

(n) Dumoulin, sur la Coutume de Paris, §. 55, Gl. 1, *hodiè* 78, n°. 88 &

C C I V.

La résolution précédente subsiste même dans le cas où l'on auroit compté de l'argent pour la promesse de vendre & non sur la vente à venir (*o*) ; au point que même le Seigneur ne peut obliger les parties à exécuter cette promesse, ni à s'en départir (*p*) ; autrement ce seroit renverser l'ordre des choses, de subordonner aux lods la vente qui en est la cause productive, & d'imposer aux redevables la nécessité de cette vente, sous prétexte des lods qui en sont le prix & le fruit.

C C V.

Dès que la promesse de vendre n'a trait qu'à une vente à venir, & non à une vente actuelle, si les parties viennent à l'effectuer, il n'y a ouverture aux droits que du jour de son exécution, puisque la vente n'est parfaite que dès ce jour, & que jusqu'alors elle a demeuré dans les termes d'un simple projet (*q*).

C C V I.

Dans le cas qu'on vient de supposer, les lods sont dûs, tant sur le prix fixé lors de la vente, que sur celui de la promesse, si elle a été faite pour de l'argent, puisque ces deux sommes font le prix total de la vente (*r*). Dumoulin ajoute une modification rejettée par Dargentré (*s*) : c'est selon lui, que si la chose a été

---

89. Dargentré, sur celle de Bretagne, art. 59, note 4, n°. 24 ; & *de laudimiis*, cap. 1, §. 27.

(*o*) Dumoulin, sur la Coutume de Paris, §. 55, Gl. 1, *hodiè* 78, n°. 78, 81 & 89.

(*p*) Dumoulin, sur la Coutume de Paris, §. 55, Gl. 1, *hodiè* 78, n°. 95.

(*q*) Dumoulin, sur la Coutume de Paris, §. 55, Gl. 1, *hodiè* 78, n°. 86 & 87. Dargentré, *de laudimiis*, cap. 1, §. 27.

(*r*) Dumoulin, sur la Coutume de Paris, §. 55, Gl. 1, *hodiè* 78, n°. 95, 96, & 134. Dargentré, sur celle de Bretagne, art. 59, note 4, n°. 24 ; & *de laudimiis*, cap. 1, §. 27.

(*s*) Dargentré, sur la Coutume de Bretagne, art. 59, note 4, n°. 24.

portée lors de la vente à sa valeur, & qu'il en conste. Le prix modique de la promesse de vendre ne doit pas entrer en considération pour les lods, quoiqu'il doive être remboursé en cas de retrait (*t*).

Quant à nous, la crainte des fraudes, les inconvéniens de l'arbitraire, & celui de multiplier les objets dont le vendeur profite quoique exempts de lods, nous a fait admettre un tempérament qui revient à l'avis de Dargentré ; c'est que si le prix de la promesse a été converti en épingles ou en pot-de-vin lors de la vente, & qu'il n'excede pas le montant de ce modique présent, il ne concourt pas à la fixation des lods ; & que dans le cas contraire il n'y a pas lieu de s'écarter des regles ni de l'affranchir.

C C V I I.

Promesse sujette aux lods.

La promesse de vendre peut être faite avec ou sans fixation de prix, & dans le cas du défaut de fixation elle doit être exécutée, eu égard à la valeur de la chose, non au tems de la promesse, mais au tems de l'achat (*v*) : mais si le prix & les conditions de la vente sont fixés par une promesse réciproque, avec obligation d'en passer acte public dans un certain tems ; en un mot, lorsque le prix & les clauses du marché sont réglés, c'est une vraie vente déguisée sous la forme d'une promesse, conséquemment sujette aux droits (*x*) ; parce que l'obligation de rédiger en acte public est censé avoir trait à l'acquisition de l'hypotheque & à l'assurance de l'exécution, plus qu'à la solemnité du traité, comme nous le dirons dans le moment (*y*) ; & que d'ailleurs dans une matiere où les droits du Seigneur sont à la merci des parties qui ont toute liberté de donner des tournures artificieuses à leurs traités pour diminuer la perception des droits ou pour l'éloigner, on doit s'occuper de la vérité de la chose plus

---

(*t*) Dumoulin, sur la Coutume de Paris, §. 55, Gl. 1, *hodiè* 78, n°. 134 & 135.
(*v*) Potier de la vente, n°. 481 & 482.
(*x*) Dumoulin, sur la Coutume de Paris, §. 55, Gl. 1, *hodiè* 78, n°. 82--85.
(*y*) *Infrà* n°. 210.

que du nom donné par affectation au contrat (z) : à plus forte
raison si la promesse de vendre a été suivie de la délivrance ou
du payement total ou partiel du prix.

C H A P I T R E   I I I.

D E S Ventes verbales, privées, publiques, ou dont le prix n'est pas fixé.

Voyez la Sect. I. du Chap. II. ci-après.

C C V I I I.

1°. Trois choses sont nécessaires pour la perfection d'une vente; *Principes sur la vente.*
la chose qui en fait l'objet (*a*), le prix qui est le représentatif de
la chose vendue (*b*), & le consentement mutuel des parties, tant
sur l'objet que sur le prix & sur les autres conditions de la vente (*c*).

(z) *Infrà* n°. 792.
[*a*] *L.* 8, *ff. de contrah. empt.*
[*b*] *L.* 2, §. 1, *ff. de contrah. empt. L.* 7, *Cod. de rer. permut.* §. 1 & 2. *Instit.
de empt. vendit.*
[*c*] *L.* 9, *ff. de contrah. empt.*

Ce contrat, comme tout autre contrat synallagmatique, n'est parfait qu'autant que ce consentement est mutuel (*d*) ; & jusqu'alors aucune des parties n'est obligée, parce qu'un engagement n'est valable s'il n'est réciproque, & s'il ne donne les droits attachés au devoir qu'on s'impose volontairement : de-là vient qu'une vente privée, qui doit être écrite en double original, est nulle si une des parties en est seule la maîtresse, & que l'autre n'ait pas en main de quoi la faire exécuter comme nous l'avons expliqué au n°. 202.

2°. Au reste, selon le Droit Romain, il est de l'essence de la vente, 1°. que le prix soit en argent & non en denrées ; autrement ce n'est pas une vente (*e*) ; 2°. qu'il soit déterminé ou qu'il puisse le devenir (*f*), car si la fixation en est laissée au pouvoir d'une des parties, cette circonstance annulle le marché (*g*).

Mais notre Jurisprudence s'est écartée du premier de ces principes, en tant que nous considérons comme vente celle dont le prix n'est pas en argent ; mais en choses mobiliaires ou en services appréciables ou réductibles en deniers (*h*).

C C I X.

Verbale.

La vente étant un contrat du droit des gens, & purement consensuel, elle n'est pas moins valable, quand même elle auroit été faite sans écrit (*i*) : conséquemment la vente verbale bien prouvée, est incontestablement sujette aux lods (*k*).

C C X.

Privée & réductible en elle publ.

1°. La vente privée est parfaite du jour de sa passation, quand même les parties y auroient inséré la clause, qu'elle seroit con-

---

[*d*] L. 55, *ff. de obligat. & actionib.*
[*e*] L. 7, *Cod. de rer. permut.* §. 1 & 2. *Instit. de empt. vendit.*
[*f*] §. 1, *Instit. de empt. vendit.*
[*g*] L. 35, §. 4, *ff. de contrah. empt.*
[*h*] *Suprà* n°. 167, 188, & 201.
[*i*] L. 1, §. 2 ; & L. 2, §. 1, *ff. de contrah. empt.*
[*k*] Arrêt du 29 Janvier 1607, dans Despeisses, des droits seigneuriaux, tit. 4, sect. 5, part. 5, n°. 2.

vertie en acte public ; parce que l'intention des parties n'a pas été de faire dépendre la perfection de l'acte de cette paſſation, mais ſeulement d'en affermir l'exécution, & de lui donner une datte certaine, en aſſurant aux parties l'hypotheque que donne un acte public (*l*) : c'eſt ainſi que la queſtion a été jugée par des Arrêts de 1587 & de 1594, rapportés par Mornac & par d'autres Arrêts rapportés par Catellan (*m*).

2°. A moins que les parties n'euſſent convenu de paſſer un acte public avec intention de ne mettre qu'alors le ſceau à leur engagement, & qu'il conſtât de cette intention ; auquel cas le contrat n'eſt parfait qu'au moment de cette paſſation, lorſqu'il conſte que les parties l'ont ainſi voulu ; parce qu'en effet elles n'ont pu être obligées qu'autant & au moment qu'il leur a plu de s'obliger (*n*).

3°. Il y a ouverture aux droits au moment que la vente eſt parfaite ſelon les regles ci-deſſus.

C C X I.

1°. L'écriture privée n'a point de datte vis-à-vis d'un tiers (*o*). Auſſi l'art. 92 de l'Ordonnance de 1539 porte-t-il que cette écriture ne datte que du jour de l'aveu : enſorte que dans le concours d'une vente publique avec une vente privée, la vente publique doit être préférée ſelon la loi, quoiqu'elle porte une datte moins ancienne (*p*) : en conſéquence, un Arrêt du 17 Juin 1712 adjuge les lods dans le concours au Seigneur en poſſeſſion au tems de l'acte public, quoique le Fermier au tems de l'écrit privé les eut reçus (*q*).

2°. Si cependant il conſtoit de la datte de l'écrit privé, par

Concours avec la
vente publique.

[*l*] Potier, des obligations, n°. 11.

[*m*] Mornac, *ad L.* 17, *Cod. de fide inſtrument.* Catellan, liv. 5, ch. 4.

[*n*] *L.* 17, *Cod. de fide inſtrument.* Mornac, ſur ladite Loi ; & Potier, des obligations, n°. 11.

[*o*] Dargentré, ſur la Coutume de Bretagne, art. 96, note 7, n°. 1. Dumoulin, ſur celle de Paris, §. 5, *hodiè* 8, n°. 6 ; Arrêt du 17 Janvier 1582. Latoche, des droits ſeigneuriaux, ch. 16 ; Arrêt 7.

[*p*] *L.* 11, *Cod. qui pot. in pign.* Potier, des obligations, n°. 715.

[*q*] Nouveau Journal du Palais, tom. 3, Arrêt 90.

exemple par le contrôle, par le décès d'une partie ou par quelque
preuve irréfragable; en ce cas sa datte est certaine, même à l'é-
gard d'un tiers (r), à compter du jour de la circonstance qui en
assure la sincérité.

3°. Si le second acheteur étoit instruit au tems de son contrat
de la vente privée ou même verbale antécédente, celle-ci doit
l'emporter, parce que l'acheteur susdit ne doit pas profiter de sa
participation au dol du vendeur (s).

C C X I I.

Vente à la mesure.　　1°. Quoique la vente à la mesure paroisse parfaite dès qu'on
est d'accord de la chose & du prix, le Droit Romain déclare
qu'elle n'a pas toute sa perfection, & qu'elle est censé conditionnelle d'une condition attachée au fait de la mesure à venir (t):
en sorte que la chose est aux risques du vendeur jusqu'alors,
quand même on auroit vendu par exemple dix arpens d'un certain pré à un prix unique pour le tout (v); parce que ce prix
total est regardé comme le produit du prix abloté des dix arpens.

2°. Mais si la vente à la mesure est suivie de la délivrance,
elle a reçu toute sa perfection, & il y a ouverture aux lods sans
attendre l'arpentement (x) qui doit en déterminer le montant:
M. de Catellan a même prétendu que la vente est parfaite par
l'accord des parties sur le prix, quoique jusqu'à la mesure le plus
ou le moins de contenance soit aux risques du vendeur (y): cette
décision de M. de Catellan paroît plus conforme à nos usages que
la subtilité de la loi.

3°. Dans le premier cas, & en admettant la précision du Droit
Romain, les lods sont pourtant dus du jour du contrat, parce

---

[r] *L.* 11, *Cod. qui pot. in pign.* Tiraqueau, du retrait conventionel, §. 1,
Gl. 7, n°. 44--57. Potier, des obligations, n°. 715.

[s] *Infrà* n°. bis 760; & n°. 631, verf. 1.

[t] *L.* 35, §. 5, *ff. de contrah. empt.*

[v] *L.* 35, §. 7, *ff. de contrah. empt.*

[x] Chopin, sur la Coutume de Paris, liv. 1, tit. 3, n°. 20.

[y] Catellan, liv. 5, ch. 4.

que

que l'événement de la condition a un effet retrogade au sufdit jour. (*Infrà* , n°. 362).

Bis C C X I I.

Les différens traités des parties ayant pour objet leurs arrangemens mutuels, on doit les faire valoir autant qu'il est possible, & leur donner un sens raisonnable & légal (z) : ensorte que la vente *au prix que la chose vaut*, doit être renvoyée au dire d'Experts, pour la fixation de cette valeur (a); & puisqu'elle est valable, elle est conséquemment sujette aux lods.

C C X I I I.

1°. Il est visible que la vente, à l'estimation, est conditionnelle (b) ; puisque la fixation du prix est de l'essence d'une vente quelconque, & que cette fixation est attachée au fait d'une estimation à venir, au point que si les parties ont convenu de la personne de l'estimation, & qu'elle ne veuille ou ne puisse pas procéder, il n'y a point de vente, les parties n'ayant eu confiance pour la fixation du prix, qu'en cette personne, qui n'a pas pu ou voulu faire l'estimation (c).

2°. Toutefois cette confiance suppose que l'Expert convenu fera une estimation équitable ; car s'il y a une lésion considérable, quand même elle ne seroit pas d'outre-moitié, elle doit être réparée (d) : conséquemment, il n'y a point de vente par le défaut d'estimation.

3°. Si la vente est faite au dire d'Experts, elle est pareillement conditionnelle d'une condition attachée au fait de l'estimation (e).

(z) *L.* 67 , *ff. de reg. jur. L.* 80, *ff. de verb. obligat.*

(a) Potier, *de la vente* , n°. 27.

(b) *L.* 15 , *Cod. de contrah. empt.* §. 1 , *instit. de empt. vendit.*

(c) *L.* 15 , *Cod. de contrah. empt.* §. 1 , *instit. de empt. vendit.* Arrêt dans Automne , sur ladite Loi 15.

(d) Potier, *de la vente*, n°. 24. Serres, *instit. tit. de empt. vendit.* §. 1 , page 494.

(e) Potier, *de la vente*, n°. 25.

A l'égard des lods de ces ventes, ils font dûs du jour de leur datte, comme nous le dirons au n°. 362 ; parce que l'événement de la condition a un effet rétroactif au tems du contrat.

C C X I V.

Vente fauf fi la chofe déplaît.

La vente faite avec claufe qu'elle fera comme non avenue fi la chofe déplaît, eft une vente pure, réfoluble fous condition (*f*) : c'eft une vente pure, puifqu'elle eft parfaite par le confentement des Parties fur fon objet & fur le prix ; enforte que le dégoût de la partie peut bien la réfoudre, mais il ne fauroit anéantir le fait d'une vente parfaite à tous égards. Les principes des conditions réfolutives s'appliquent naturellement à celle-ci. (V. *infrà* n°. 361).

Bis C C X I V.

Au prix qu'on offrira.

La vente au prix qu'on offrira, eft nulle & invalide, à caufe des fraudes qu'on pourroit pratiquer par des offres fimulées, ou par la latitation de la part du vendeur des offres réelles. Tout au plus on pourroit la confidérer comme une claufe de préférence, felon Potier (*g*).

C H A P I T R E   I V.

D u décret volontaire.

(*f*) L. 3, *ff. de contrah. empt.* L. 4, *Cod. de ædilitiis actionib. Vide* le n°. 360 ci-après.

(*g*) Potier, de la vente, n°. 27.

CCXIX. S'il y a augmentation du prix.
CCXX. De quel jour les lods de l'augmentation ?
CCXXI. En vente nulle.
CCXXII. Adjudication à un tiers.
CCXXIII. En décret spontané.
CCXXIV. S'il n'est pas forcé.
CCXXV. Folle enchere.

Nota. L'Edit des hypotheques de Juin 1771, ayant établi une nouvelle Jurisprudence depuis la composition de ce Traité, les principes que nous allons poser, s'appliquent naturellement au contenu en cet Edit.

C C X V.

Son objet, &c.

Dans certaines Provinces on est dans l'usage d'obtenir un décret volontaire sur une vente précédemment faite de gré à gré, pour purger les hypotheques établies sur le bien vendu (*h*) ; & cet usage est très-raisonnable & très-bien entendu ; mais il est impraticable au Parlement de Toulouse, dont la Jurisprudence convertit en simples hypotheques tous les décrets particuliers, par le seul fait d'une saisie générale ; ce qui éternise pour l'ordinaire, les procédures de décret.

C C X V I.

Nature de la condition.

Régulierement la vente à charge d'un décret volontaire, comme toute autre vente, est parfaite par le consentement, & sans attendre le décret qui doit la confirmer, ni la mise de possession (*i*) : toutefois la condition seroit suspensive s'il n'y avoit

____

(*h*) Art. 84 de la Coutume de Paris, qui est ajouté. Livoniere, liv. 3, ch. 4, sect. 1, p. 253.

(*i*) Arrêts de 1584 & de 1633, dans Ferriere, sur la Coutume de Paris, art. 82, Gl. 1, n°. 12 ; & dans Bretonnier sur Henrys, liv. 3, quest. 30. Nouvelles observations, p. 770, n°. 6.

pas une vraie vente, mais un simple projet qui dût être effectué par le décret (*k*).

CCXVII.

Inexécution de la clause.

1°. En vente à charge d'un décret volontaire, s'il n'est pas poursuivi, il y a ou il n'y a pas ouverture aux lods, à raison de la vente, selon que la condition est résolutive ou suspensive.

2°. Par exemple, si on a vendu à charge d'un décret volontaire, à peine de nullité, & qu'il n'ait pas été poursuivi, il n'y a pas ouverture aux lods, puisque la condition suspensive de la vente n'a pas été remplie : ainsi jugé par un Arrêt du 20 Février 1686 (*l*).

3°. Mais, dans tout autre cas, la vente étant parfaite par le contrat, indépendemment du décret, il y a ouverture aux lods, soit qu'il soit poursuivi ou non.

CCXVIII.

Si l'acquéreur est adjudicataire.

1°. Si le décret est poursuivi, & que l'acheteur soit adjudicataire, il n'est dû qu'un droit pour la vente & pour le décret, puisqu'il n'y a qu'une seule & unique vente, conformément aux Arrêts des 4 Janvier 1564, & 27 Juin 1591, sur le fondement desquels l'article 84 de la nouvelle Coutume de Paris fut ajouté (*m*).

2°. Quand même l'acheteur poursuivroit le décret sans convention antécédente ; puisque l'adjudication faite à son profit n'est pas une nouvelle vente, mais une confirmation de la première ; telle est encore la disposition de l'art. 84 de la nouvelle Coutume de Paris, fondée sur un Arrêt du 22 Décembre 1565 (*n*).

(*k*) Ferriere, remarques sur l'art. 84 de la Coutume de Paris.

(*l*) Papon, liv. 13, tit. 2, Arrêt 29. Charondas, sur Bouteiller, liv. 1, tit. 17.

(*m*) Art. 84 de la Coutume de Paris ; & Ferriere, *ibid*. Gl. 1, no. 1. Chopin, du Domaine, liv. 2, tit. 5, n°. 6.

(*n*) Ferriere, remarques sur l'art. 84 de la Coutume de Paris. Livoniere, liv. 3, ch. 4, sect. 1, p. 153.

CCXIX.

Si l'adjudication du décret volontaire est faite avec augmenta- *S'il y a augmen-* *tation du prix.* tion du prix au profit de l'acheteur, les lods sont dûs à concurrence de cette augmentation, qui forme le complément du susdit prix. Nous continuons de copier l'art. 84 de la nouvelle Coutume de Paris, qui a été ajouté sur la Jurisprudence du susdit Arrêt du 23 Décembre 1565 (*o*).

CCXX.

1°. La vente à charge d'un décret volontaire étant parfaite par *De quel jour les* *lods de l'augmen-* *tation?* le consentement mutuel des Parties, il est évident que les lods du prix de cette vente sont dûs du jour de sa date, & que le délai des retraits court à compter de ce jour, selon Ferriere, Livoniere, & Tournet (*p*).

2°. Mais de quel jour sont dûs les lods de l'augmentation du prix, survenue lors de l'adjudication par décret faite au premier acheteur ? Les Auteurs cités les font courir du jour du premier contrat, en donnant un effet rétroactif à l'adjudication, qui en est la suite & l'exécution.

3°. Quand même, selon Guyot, il auroit été convenu, lors de la vente, que l'acquéreur n'entreroit en possession qu'après le décret (*q*).

4°. Mais la Loi Romaine, qui contient le développement le plus parfait des principes moraux sur tout ce qui a rapport aux contrats, nous donne, à ce sujet, une distinction pleine de lumiere. « Toute convention, dit-elle, faite à suite de la vente,
» lorsque les choses ne sont plus entieres, & qui en change la

---

[*o*] Fortin, sur l'art. 84 de la Coutume de Paris. Chopin, du Domaine, liv. 1, tit. 5, n°. 6. Livoniere, liv. 3, ch. 4, sect. 1, p. 155.

[*p*] Ferriere, sur la Coutume de Paris, art. 84, Gl. 1, n°. 3 & 4. Charondas, liv. 12, rép. 39. Livoniere, liv. 3, ch. 4, sect. 1, p. 155. Tournet, sur la Coutume de Paris, art. 84.

[*q*] Guyot, des lods, ch. 4, sect. 1, n°. 5, 6 & 7.

» fubftance, eft cenfé en faire partie (r) ; mais fi les chofes font
» entieres, c'eft un nouveau contrat (s) : cette diftinction repa-
roîtra aux numeros 369, 637, 638, & 425 ; & nous en avons
expliqué les motifs audit n°. 369.

5°. Or, les chofes font entieres lorfque le contrat n'a été exécuté de la part d'aucune des Parties, & elles ont ceffé de l'être
lorfque quelqu'une des Parties a commencé d'exécuter fes engagemens, comme nous l'expliquerons au n°. 615.

6°. Ainfi, les entiers lods font dûs du jour de la vente, fi elle
avoit reçu quelque exécution ; & dans le cas contraire, c'eft du
jour de l'adjudication : dans le premier cas, l'augmentation du
prix eft une fuite & une portion de la vente, qui n'a été ni pu
être annullée : & dans le fecond, il n'y a de vraie vente que du
jour de l'adjudication, puifque le prix convenu d'abord, a difparu
avec la vente, qui a demeuré dans les termes d'un fimple projet.

C C X X I.

En vente nulle. Mais fi la vente faite à la charge d'un décret, eft nulle ; par
exemple, fi c'eft une vente faite par le débiteur réellement faifi,
ou du bien d'un mineur avant qu'il fût autorifé par Juftice en pays
coutumiers, où tuteur & curateur ne font qu'un ; en ce cas, les
entiers lods font dûs, non du jour du contrat, puifqu'il eft nul,
mais du jour de l'adjudication, qui en répare le vice & la nullité.
L'ouverture des lods, à cette époque, a été prononcée par un
Arrêt du 3 Mai 1617 (t).

C C X X I I.

Adjudication à un tiers. 1°. Si ce n'eft pas l'acheteur, par le premier contrat, qui eft
adjudicataire, mais un tiers, il faut ufer de diftinction ; car, dans

---

[r] *L.* 72, *ff. de contrah. empt.*, fuivant l'interprétation de Godefroy, de
Cujas, & de Potier, fur cette Loi, *au tit. de pactis, n°.* 36, *in nobis.*

[s] *L.* 7, *§.* 6, *per totum, ff. de pactis. L.* 72, *ff. de contrah. empt.*

[t] Livoniere, liv. 3, ch. 4, fect. 1, p. 155. Ferriere, fur la Coutume de Paris, art. 84, Gl. 1, n°. 5.

le cas d'un décret volontaire ſtipulé lors du premier contrat, la premiere vente eſt réſolue par une cauſe inhérente à cette vente ; & c'eſt ainſi que le décide la Loi Romaine, par rapport à l'addition à jour qui reſſemble parſaitement au Traité dont nous parlons (*v*) : " cette Loi porte, " que ſi l'acheteur eſt évincé par le " ſurdiſant, la premiere vente eſt annullée, & que le premier " acquéreur doit rendre les fruits qu'il a perçus dans l'intervalle " de cette vente à la ſeconde (*x*), comme il peut répéter ce qu'il " a légitimement dépenſé ſur le bien (*y*) ; mais qu'il n'a pas " action contre l'adjudicataire, ni à raiſon de ce, ni à raiſon de " ce qu'il a compté au vendeur ſur le prix (*z*).

En partant de ces principes, il n'y a pas ouverture aux droits, à raiſon de la premiere vente, puiſqu'elle eſt réſolue par une cauſe ancienne & inhérente au contrat, avec reſtitution des fruits : telle eſt la déciſion de deux Arrêts des 2 Juin 1591, & 13 Mars 1612 (*a*).

2°. Conſéquemment les lods ſont dûs ſeulement par l'adjudicataire, & du jour de l'adjudication : tel eſt l'avis de Charondas & de Livoniere (*b*), adopté en partie par Ferriere, & frondé à tout haſard par Guyot (*c*). Quand on a des points fixes dans la Loi Romaine, pourquoi s'en écarter ſans raiſon ?

CCXXIII.

1°. Mais ſi l'acquéreur a fait faire de mouvement un décret qui n'eût pas été convenu lors de l'achat, & qu'un tiers ſoit adjudicataire ; dans cette eſpece, la premiere vente n'eſt pas réſo- *En décret ſpontané.*

[*v*] Guyot des lods, ch. 4, ſect. 1, n°. 8.
[*x*] L. 6, *in princip.*, & §. 1, *ff. de in diem addict.*
[*y*] L. 16, *ff. de in diem addict.*
[*z*] L. 20, *ff. de in diem addict.*
[*a*] Tournet, ſur l'art. 84 de la Coutume de Paris. Guyot, des lods, ch. 4, ſect. 1, n°. 10. Livoniere, liv. 3, ch. 4, ſect. 1, p. 154 & 155.
[*b*] Charondas, liv. 12, rép. 39. Livoniere, liv. 3, ch. 4, ſect. 1, p. 154 & 155.
[*c*] Ferriere, ſur la Coutume de Paris, art. 84, Gl. 1, n°. 9 & 10. Guyot, des lods, ch. 4, ſect. 1, n°. 5, 6, & 7.

lue en vertu d'une convention inhérente au contrat ; mais elle a subfifté jufqu'au tems de l'adjudication, & l'une & l'autre eft fujette aux lods (*d*) ; puifque l'une & l'autre eft parfaite, & que la premiere a été annullée par le feul fait de l'acheteur : en un mot, il y a doubles droits, parce qu'il y a deux ventes ; fauf qu'il y a exemption de droits de la premiere, fi elle a été réfolue, les chofes étant entieres, comme nous le dirons au n°. 614, & fuivans.

2°. Si cependant l'acquéreur affigné en déclaration d'hypotheque par les créanciers de fon vendeur, eft obligé de pourfuivre un décret pour purger les hypotheques, & que le défaut de fortune ou l'infolvabilité du vendeur indique la néceffité de cette précaution ; c'eft le cas de l'art. 79 de la nouvelle Coutume de Paris, qui eft ajouté fur la difpofition de l'Arrêt du 22 Décembre 1665 (*e*) ; & qui « accorde au premier acheteur, l'exercice des » droits du Seigneur fur la feconde vente, lorfqu'il eft obligé de » délaiffer l'héritage pour les dettes de fon vendeur, & qu'il » eft fait une feconde vente fur ce délaiffement ». Nous en parlerons plus en détail aux numeros 686, & fuivans.

CCXXIV.

S'il n'eft pas forcé. 1°. Si l'acheteur n'eft pas adjudicataire fans avoir été forcé, quand même il y auroit ftipulation du décret volontaire dans le contrat, alors le décret eft une feconde vente faite à l'adjudicataire, & fujette, fans contredit, aux droits de mutation (*f*) : mais à l'égard de la premiere vente, elle y fera ou n'y fera pas fujette, felon les regles que nous établirons en traitant de la réfolution volontaire des contrats, aux numeros 614 & fuivans.

[*d*] Livoniere, liv. 3, ch. 4, fect. 1, p. 155. Fortin, fur la Coutume de Paris, art. 84 ; & obfervations de M. Lecamus, fur cet article, n°. 2 & 3, dans Ferriere.

[*e*] Ferriere, fur l'art. 79 de la Coutume de Paris, Gl. 1, n°. 1 ; & M. Lecamus, *ibid.* fur l'article 84, n°. 3.

[*f*] Ferriere, fur la Coutume de Paris, art. 84, Gl. 1, n°. 9 & 10. Livoniere, liv. 3, ch. 4, fect. 1, p. 155. Guyot, des lods, ch. 4, fect. 1, n°. 8.

CCXXV

CCXXV.

1°. Si l'héritage est vendu à la folle enchere, faute, par l'adjudicataire, d'avoir consigné ; c'est une nouvelle vente, sujette à
de nouveaux droits, selon les Arréts des 21 Mai 1607, & 12
Juin 1609 (g). *Folle enchere.*

2°. Si toutefois l'adjudicataire est insolvable, & que le vendeur soit obligé de poursuivre la vente à la folle enchere, nous
renvoyons aux principes relatifs à la résolution de la vente par
l'insolvabilité de l'acheteur, aux numeros 672 & suivans.

CHAPITRE V.

Du retrait seigneurial ou lignager.

Voyez le n°. 585 ci-après.

CCXXVI.

1°. Si lors de l'exercice du retrait seigneurial, le Seigneur *Retrait seigneu-rial.*

---

[g] Fottin, sur l'art. 84 de la Coutume de Paris. Mornac, en ses Arrêts, cinquieme partie, Arrêt 115. Bouchel, *verbo*, Droits seigneuriaux.

est obligé, par la volonté de l'acquéreur, de prendre ce qui n'est pas de sa directe : par exemple, s'il n'a qu'une portion de Seigneurie, indivise ou divisée avec ses consorts, parce que la division du fief dominant ne doit pas être onéreuse au Vassal ; en ce cas, le Seigneur retrayant doit la foi ou la reconnoissance à ses Co-seigneurs, à raison de leurs portions, mais sans profits ; parce que c'est, non une nouvelle vente, mais l'exécution forcée de celle sur laquelle il a retrait (*h*).

2°. Il en est de même dans le cas où il seroit forcé de retraire des biens assis dans une Seigneurie étrangere ; par exemple si, selon le langage de Dargentré (*i*), " sa directe ne couvroit que „ les bons fonds, les bâtimens ou les prés, & qu'il ne dût rester „ que des fonds stériles ou inutiles à l'acquéreur, par l'exercice du „ retrait sur les bons fonds.

C C X X V I I.

Vente par le Sei-
gneur.

Mais si le Seigneur vend ou cede les fonds qu'il a été obligé de prendre hors de sa directe ; en ce cas, ce n'est ni une vente forcée, ni la résolution de la premiere, mais une vente libre & volontaire, dont il est garant envers l'acheteur ; conséquemment, sujette aux profits & à tous les droits de mutation.

C C X X V I I I.

Retrait lignager.

Le retrait lignager est le droit " que la Loi donne aux parens „ du vendeur, de se rendre acquéreurs à la place de l'acquéreur „ étranger, & de l'obliger à leur délaisser l'objet de son acquisi- „ tion, en lui remboursant le prix & les loyaux-coûts (*k*). Ainsi, l'exercice de ce droit n'est pas une nouvelle vente, mais le transport sur la tête des lignagers, de l'achat fait par un étranger ; & ce transport dérive de la loi municipale, indépendamment de la volonté de l'acheteur ; ensorte qu'à son égard, le retrait est for-

---

[*h*] Dumoulin, sur la Coutume de Paris, §. 13, *hodiè* 20, Gl. 1, n°. 53.
[*i*] Dargentré, sur la Coutume de Bretagne, art. 295, n°. 3.
[*k*] Potier, du retrait, n°. 3.

cé ; d'où il résulte deux choses : 1°. qu'il n'est pas sujet aux droits, puisque ce n'est pas une seconde vente, mais l'exécution de la premiere, au profit du lignager (*l*) : 2°. que celui-ci est si fort tenu des lods de la vente faite à l'acheteur évincé par retrait, que le Seigneur n'a plus d'action personnelle contre cet acheteur pour raison de ces lods, mais seulement contre le retrayant ligna- ger (*m*) : 3°. que les loyaux-coûts remboursés par le lignager, n'augmentent pas le montant des lods, puisqu'il y a ouverture auxdits lods sur la vente, & non sur l'exercice du retrait.

C C X X I X.

Si le lignager est forcé de retraire ce qui n'est pas de sa ligne *Retrait total.* forcement, qui dépend de la volonté de l'acheteur ; en ce cas, l'exercice du retrait est nécessaire à cet égard, de la part du re- trayant ; ce qui dérive de la loi municipale, qui rend cet exercice indivisible, si telle est la volonté de l'acheteur (*n*) : conséquem- ment, le retrayant est exempt des lods pour la portion étrangere qu'il retrait par la seule volonté de l'acheteur (*o*).

C C X X X.

Si le retrait lignager a été exécuté de bonne foi, sans assigna- *Retrait sans assi-* tion & sans jugement qui ait prononcé la condamnation au re- *gnation.* trait, en ce cas son exercice ne donne pas non plus ouverture aux droits, s'il conste que le lignager étoit capable de l'exercer. Un Arrêt du 31 Mai 1582 l'avoit jugé de même (*p*) ; parce qu'en effet le droit du retrayant ne dérive pas du jugement de

---

(*l*) Dumoulin, sur la Coutume de Paris, §. 13, *hodiè* 33, Gl. 2, n°. 44. Dargentré, sur celle de Bretagne, art. 73, note 4, n°. 1, & *de laudimiis,* cap. 1, §. 36.

(*m*) Dargentré, sur la Coutume de Bretagne, art. 71, n°. 10.

(*n*) Loisel, liv. 3, tit. 5, reg. 35, 36. Potier, du retrait, n°. 209. Livoniere, liv. 5, ch. 1, sect. 3, p. 413 & 414. Catellan & Vedel, liv. 3, ch. 14.

(*o*) *Idem in simili, suprà* n°. 226.

(*p*) Guyot, des lods, ch. 10, n°. 7. Charondas, liv. 7, rép. 216. Chopin, sur la Coutume de Paris, liv. 1, tit. 3, n°. 8. Dumoulin, sur celle de Paris, §. 13, *hodiè* 20, Gl. 5, n°. 10, *infrà* n°. 642 & 711.

condamnation ; mais son action, & le jugement qui doit l'accueillir, sont fondés sur la loi municipale qui lui donne le droit de retraire les biens vendus par ses lignagers.

CCXXXI.

Collusion.   Mais il est de regle *que la collusion ou la négligence de quelqu'un ne doit jamais nuire à un tiers (q)* : ensorte que si le retrait a été exercé par collusion ; par exemple, après le terme fatal que donne la loi pour l'exercer (r) ; « ou si quelqu'autre exception » légitime pouvoit l'exclure, la collusion des Parties n'a pu pri- » ver le Seigneur des droits que lui donne une seconde mutation » volontaire & déguisée sous l'apparence du retrait.

Il nous suffit d'observer à cet égard, 1°. que la forme de transaction qu'on auroit pu donner à l'exercice du retrait, ne peut nuire aux droits du Seigneur (s) : 2°. qu'il en est de même d'un jugement d'expédient, puisqu'il est volontaire de la part des Parties qui y ont consenti (t) : 3°. ou d'un jugement par défaut, qui n'a autorité que contre ceux avec lesquels il a été rendu (v) : 4°. & qu'à l'égard des jugemens contradictoires, quoiqu'en these ils ne vaillent qu'entre les Parties avec lesquelles ils ont été rendus (x), cependant, si la condamnation au retrait a été contradictoirement prononcée, le Seigneur ne peut le quereller, hors qu'il prouvât la fraude & la collusion (y).

CCXXXII.

Vente au Ligna-
ger.   Pour exempter le retrayant des nouveaux droits, il faut qu'il

---

(q) L. 9, *ff. de liber. causâ.*

(r) Dargentré, *de laudimiis, cap.* 1, §. 36.

(s) L. 29, §. 1, *ff. de inoff. testamento* ; L. 3, *ff. de transact.* L. 1, *Cod. eod.*

(t) L. 3, *ff. de transact.* L. 1, *Cod. eodem,* L. 56, §. 1, *ff. de evict.* Dumoulin, sur la Coutume de Paris, §. 22, *hodiè* 33, Gl 1, no. 68.

(v) *Argumento,* L. 14, §. 1, *ff. de appellat.* L. 17, §. 1 ; & L. 18, *ff. de inoff. testam.* L. 50, §. 1, *de legatis* 1°.

(x) L. 47 ; & L. 63, *ff. de re judicatâ, toto tit. Cod. inter alios acta.*

(y) *Argumento,* L. 5, §. 1, *ff. de appellat.* L. 50, §. 1, *ff. de legatis* 1°. Dumoulin, sur la Coutume de Paris, §. 22, *hodiè* 33, Gl. 1, n°. 68. Potier, du retrait, n°. 257.

prenne les biens vendus à titre & en forme de retrait ; car s'il prend à titre d'achat les biens qu'il pouvoit retraire, cette acquisition donne ouverture à de nouveaux droits (z), quand même ce seroit au même prix & aux mêmes conditions du premier achat (a) : 1°. parce qu'en ce cas, il peut exercer la garantie sur son vendeur ; au lieu que l'acheteur, évincé par retrait, n'en doit point. 2°. Le retrayant doit rembourser les loyaux-coûts à l'acheteur, au lieu que le second acheteur ne doit que le prix de son achat.

C C X X X I I I.

Si, après l'exercice du retrait, le lignager revend à l'acheteur les biens retraits, il est visible que c'est une rétrocession volontaire, qui donne ouverture à de nouveaux droits (b). Revente à l'acheteur.

C C X X X I V.

1°. Si le Seigneur est évincé par le retrayant lignager, soit qu'il eût acheté ou pris par retrait seigneurial, dans les pays où le retrait lignager est préféré ; en ce cas, le retrayant lui doit les lods même de l'acquisition faite par le Seigneur, si tant est qu'il ait acquis (c) : & quoique l'achat fait par le Seigneur dans son fief, en soit exempt, puisqu'il ne peut se les devoir à lui-même, ils lui sont pourtant dûs alors du jour de son acquisition, parce que l'effet du retrait est tel, que cette acquisition est censé faite par le retrayant, comme subrogé aux droits de l'acquéreur. Retrait lignager sur le Seigneur.

2°. Au reste, si le Seigneur laissoit retraire sur lui-même, après le terme fatal du retrait lignager, il ne lui seroit pourtant dû que les lods de l'achat sur lequel on a retrait, puisque la vente faite

<hr>

(z) Dumoulin, sur la Coutume de Paris, §. 23, *hodiè* 33, Gl. 2, n°. 44 & 45 ; & §. 13, *hodiè* 20, Gl. 5, n°. 5. Dargentré, sur celle de Bretagne, art. 73, note 4, n°. 1 & 2 ; & *de laudimiis*, cap. 1, §. 36.

(a) Dumoulin, sur la Coutume de Paris, §. 23, *hodiè* 33, Gl. 2, n°. 44 & 45.

(b) Dargentré, *de laudimiis*, cap. 1, §. 37. Potier, du retrait, n°. 251--255.

(c) Dumoulin, sur la Coutume de Paris, §. 53, Gl. 1, *hodiè* 78, n°. 112. Dargentré, *de laudimiis*, cap. 1, §. 23. Boissieu, ch. 23.

par le Seigneur en est exempte de droit (*d*), & que de fait, ce prétendu retrait est une vente de sa part.

CHAPITRE VI.

DES Ventes nécessaires ou forcées.

SECTION PREMIERE.

DES Ventes pour l'utilité publique.

CCXXXV.

Exemption de Lods.

1°. Il n'y a de ventes vraiment nécessaires, que celles qui sont fondées sur l'utilité publique ; ce qui dérive du droit que s'est réservé la puissance publique lors du partage des biens, de prendre ce dont elle auroit besoin pour l'intérêt public (*e*) : ainsi ce droit dérive de la Loi politique, qui dépouille le Citoyen malgré lui ; mais il doit être tempéré par la Loi civile, qui est le boulevard de sa propriété : de là vient qu'on lui en paye la valeur au dire d'Experts (*f*) ; & c'est ainsi que le pratiquerent les Romains,

---

(*d*) Dumoulin, sur la Coutume de Paris, §. 55, Gl. 1, *hodiè* 78, n°. 112.
(*e*) Laplanche, liv. 1, ch. 6, n°. 1, note.
(*f*) Esprit des Loix, liv. 26, ch. 15.

comme on l'a pratiqué jusqu'à ces derniers tems, parmi nous (*g*).

2°. Or, puisque ces ventes sont nécessaires & forcées, le consentement des Seigneurs y est inutile : elles sont donc exemptes des lods qui sont le prix de ce consentement : un Arrêt du 17 Juin 1560, l'avoit jugé de même, & l'exemption est sans difficulté (*h*).

CCXXXVI.

L'Ordonnance de 1303 avoit obligé les particuliers à vendre le sol nécessaire pour les Eglises de Paroisse, Cimetieres, & Maisons Curiales (*i*) ; & l'Edit de Février 1713 fait l'énumération des objets qui peuvent donner lieu à ces ventes forcées : savoir, » la construction des forts, cazernes, murailles, fossés, rem- » parts, & autres édifices pour le service du Roi, construction » d'Eglises de Paroisse, cimetieres, maisons curiales, places pu- » bliques, Hôtels-de-Ville, fours, pressoirs, moulins, Colleges, » Séminaires, & autres acquisitions faites pour l'usage du Public, » & embellissement des Villes (*k*).

Quels biens ?
Edit de 1713.

CCXXXVII.

Les biens pris pour l'élargissement d'une rue sont dans le cas, suivant un Arrêt du 17 Juin 1560 (*l*) ; ce qui se réfere à l'Edit de 1713, ci-devant cité ; puisque cet Edit met dans la même classe les acquisitions faites pour l'usage du Public, & l'embellissement des Villes.

Elargissement
d'une rue.

[*g*] *L.* 9, *Cod. de oper. h. public.* Esprit des Loix, liv. 26, ch. 15. Ordonnance de 1303, dans Guenois, en trois vol. liv. 1, tit. 2, §. 2. Louet & Brodeau, lett. A, somm. 6, n°. 1, 2, 4, 6, 11, & 12. *Nota.* Ce n'est que de nos jours que cet usage a changé à quelque égard.

[*h*] Maynard, liv. 4, ch. 50. n°. 1 & 4. Laroche, des droits seigneuriaux, ch. 38, Arrêt 1. Chopin, du Domaine, liv. 3, tit. 13, n°. 4, en marge. Papon, liv. 14, tit. 2, Arrêt 23.

[*i*] Dans Guenois, en trois vol. liv. 1, tit. 2, §. 2.

[*k*] Rapporté dans le Recueil judiciaire de Toulouse, tom. 1, p. 186.

[*l*] Dolive, liv. 2, ch. 16, n°. 3. Maynard, liv. 4, ch. 50, n°. 4.

CCXXXVIII.

Boutiques d'une place.

Les arrieres-boutiques de la place du Pont de Touloufe ont été regardées comme un acceſſoire de cette place, & déclaré exemptes de droits ſeigneuriaux, par un Arrêt du 16 Juin 1732 (*m*). En effet, l'achat du terrein où elles ont été conſtruites, eſt naturellement exempt de lods, autant que cet achat a fait partie des arrangemens néceſſaires pour la conſtruction de la place du Pont ; mais en tant que l'Arrêt de 1732 éteint la directe du Seigneur ſur ces boutiques, il nous paroît contraire à l'eſprit de l'Edit de 1713, dont la clauſe générale ne « prononce cette ex- » tinction moyennant finance, que pour les acquiſitions faites » pour l'uſage du Public & l'embelliſſement des Villes ; » au lieu que la conſtruction de ces boutiques eſt un objet purement éco- nomique dans les mains de la Ville, qui a pu les vendre, ou trai- ter avec les anciens propriétaires, pour les faire conſentir à cette conſtruction, en laiſſant ces boutiques dans leurs mains ; autre- ment, l'embelliſſement des places ou des rues ſeroit un prétexte pour éteindre les droits des Seigneurs, en augmentant le patri- moine des Villes ; ce qui eſt contraire à l'Edit de 1713, & à ce- lui des mains-mortes du mois d'Août 1749. Il y a quelques années que les Etats du Languedoc avoient traité avec la maiſon de Riquet, pour l'achat du canal de communication des mers de cette Province, avec l'eſpoir de l'exemption des droits de muta- tion, &c. ; mais cette prétention ayant été proſcrite par le Con- ſeil du Roi, parce que ç'auroit été un effet économique dans les mains de la Province, les Parties renoncerent à ce projet.

CCXXXIX.

Egliſes de Moi- nes, & autres.

1°. On ne peut bâtir une Egliſe ſans le conſentement du Haut- Juſticier, dans ſa Juſtice ; mais il ne peut le refuſer ſans de bonnes raiſons, ſuivant la Doctrine de Dumoulin (*n*) : à plus forte raiſon

----

(*m*) Nouveau Journal du Palais de Touloufe, tome 5, Arrêt 164.

(*n*) Dumoulin, ſur la Coutume de Paris, §. 41, *hodie* 51, Gl. 2, n°. 65, 66, & 67.

ne le peut-on pas sans le consentement du Seigneur de fief, puisque la consécration de l'Eglise éteint sa directe sur le sol (*o*). Or,
les lods sont le prix du consentement du Seigneur à la vente du
fonds : cette vente est donc sujette aux lods, puisqu'elle ne peut
être faite sans son consentement ; ce qui doit avoir lieu lorsqu'elle
est faite pour la construction d'une Eglise de Moines, Chapelle de
dévotion, &c.

2°. Cependant un Arrêt de Pâques 1606 avoit préjugé le contraire, en contraignant un tuteur à vendre le terrein nécessaire
pour agrandir l'Eglise de Boulbone (*p*) ; mais cet Arrêt est contraire à l'Edit de 1713, ci-devant cité, qui ne met au rang des
ventes faites pour l'utilité publique, que celles qui ont pour objet
la construction des Eglises de Paroisse, ou autres acquisitions
faites pour l'usage du public, c'est-à-dire, des Eglises nécessaires
pour cet usage. Le texte cité au n°. suivant, confirmera cette
vérité.

C C X L.

A plus forte raison la vente faite pour la construction d'une *Maison Reli-*
maison religieuse, n'est-elle pas dans le cas de l'exemption. En *gieuse.*
effet, l'Edit de 1713 excepte par exprès de sa disposition, les
acquisitions faites " par les gens de main-morte, pour leurs usa-
" ges particuliers, soit pour la construction des maisons reli-
" gieuses, jardins, parcs, enclos, ou pour quelque autre usage
" qui leur soit particulier (*q*) " : ensorte que l'acquisition de biens-
fonds pour ces objets, est sujette à tous les droits de mutation.

(*o*) Maréchal, ch. 1, §. 34 de l'édition de M. de Sérieux. Consultation du 23
Avril 1618 ; *ibidem*, tome 2, n°. 3. *Argumento*, §. 7, 8, & 9. *Instit. de rer.
divisione.*

(*p*) Brodeau, sur Louet, lettre A. somm. 6, n°. 8.

(*q*) Recueil judiciaire de Toulouse, tom. 1, p. 186.

SECTION II.

DES Collocations sur les biens des Communautés.

CCXLI. Exemption de Lods.
CCXLII. Cessionnaire du créancier.
CCXLIII. Communaux.

CCXLI.

Exemption de lods.

Les Communautés de plusieurs Provinces s'étant trouvé accablées de dettes le siecle dernier, Louis XIV les obligea de se libérer, & il força de même leurs créanciers à se faire colloquer sur les biens communs ou sur ceux des particuliers, pour le payement de leur dû.

On ne peut disconvenir que ces collocations n'aient tous les caractères de la dation en paiement.

Cependant, si l'on remonte au principe, elles sont nécessaires, non d'une nécessité privée, comme le décret poursuivi sur les biens d'un débiteur saisi, mais d'une nécessité publique, puisqu'elles ont pour objet direct & fondamental, le soulagement des Communautés écrasées sous le poids des intérêts, & non l'intérêt des créanciers, & qu'elle les force au contraire d'éteindre ces intérêts, & de prendre des biens fonds en paiement de leur dû, & en dérogeant, à cet égard, à nos usages : c'est cette considération d'où résulte la faveur de l'exemption des lods des ventes dont il s'agit : cette exemption a été prononcée par des Arrêts des 8 Octobre 1637, & 13 Mars 1638 (r).

CCXLII.

Cessionnaire du créancier.

1°. Même exemption en faveur du cessionnaire du créancier,

____

(r) Duperier, abrégé d'Arrêts, lettre L, *verbe*, Lods. Matieres féodales de Provence, tit. des lods, n°. 77. *Idem* Graverol, sur Laroche, des droits seigneuriaux, ch. 38, Arrêt 4.

fuivant un Arrêt du Confeil, du 13 Août 1644, pourvu que celui-ci n'ait pas été colloqué (s) ; parce que ce ceffionnaire repréfente le créancier originaire, & qu'il doit jouir de la même faveur.

2°. Quand même le créancier originaire auroit été colloqué, fi
la collocation n'a pas été autorifée ; parce qu'alors la ceffion qu'il
fait de fon droit, eft une fimple vente d'actions (t).

CCXLIII.

Mais ces collocations ne pouvoient être faites fur les com-   *Communaux.*
munaux, puifqu'au contraire l'Edit d'Avril 1667, " permet aux
" Communautés de rentrer de plein droit dans un mois dans
" ceux qu'elles avoient aliénés, à quel titre que ce fût, depuis
" 1620, en rembourfant les acquéreurs en dix paiemens, dans
" dix ans (v) ". Le rétabliffement de l'agriculture fut l'objet de
cette Loi. Un Arrêt de 1608 avoit précédemment ordonné la
réintégrande des ufurpations faites fur ces communaux, à caufe
de l'intérêt public (x). Un autre Arrêt du 16 Avril 1726 caffe
une tranfaction paffée entre un Seigneur & la Communauté, par
rapport aux patis & communes, comme contraire aux droits de
la Communauté (y). Ce dernier Arrêt peut pourtant être fondé
en partie fur l'abus de l'autorité du Seigneur.

Section III.

Des Ventes faites en exécution d'une obligation antécédente.

Bis CCXLIII. *En exécution d'une obligation antérieure.*

(s) Matieres féodales de Provence, tit. des lods, n°. 77. *Idem* Graverol, fur
Laroche, des droits feigneuriaux, ch. 38, Arrêt 3.
(t) Graverol, *ibidem*, *infrà* n°. 281.
(v) Loix foreftieres, tit. 25, au commencement.
(x) Salvaing, ch. 96, vers la fin.
(y) Loix foreftieres, tit. 25, art. 1, p. 276.

Bis CCXLIII.

En exécution d'une obligation antérieure. Si quelqu'un vend en vertu de la clauſe d'un teſtament, d'une ſubſtitution, d'une donation, ou autre obligation qui dérive d'une Loi privée impoſée par le maître au bail de ſon bien, ce contrat eſt ſujet à tous les droits d'une vente ordinaire ; puiſque le maître n'a pu, en impoſant l'obligation de vendre, priver le Seigneur de tous les droits d'une mutation à venir (z) ; comme toute autre promeſſe de vendre ne ſauroit l'en priver non plus.

SECTION IV.

DES Décrets forcés.

CCXLIV. Charge des Lods.

CCXLV. Coutumes d'exception.

CCXLVI. Coutumes qui en chargent le vendeur.

CCXLVII. Contre-lettre privée.

CCXLVIII. Adjudication à l'héritier bénéficiaire.

CCXLIX. Au cohéritier.

CCL. S'il reſte dû à l'adjudicataire.

CCLI. Réſervation de ſa créance.

CCLII. De quel jour les lods ?

CCLIII. Quid ? à Toulouſe.

CCLIV. Conſignation & expédition.

CCLV. Folle enchere.

A l'égard du délaiſſement au command, *vide* le chap. ſuivant.

Voyez les numeros 686, 687, & 688, ſur la théorie des décrets, & du délaiſſement par hypotheque.

(z) Dumoulin, ſur la Coutume de Paris, §. 55, Gl. 1, *hodiè* 78, n°. 99. *Vide* le n°. ſuivant.

CCXLIV.

La néceffité de vendre les biens d'un débiteur faifi, eft une né- *Charge des lods.*
ceffité privée, qui dérive des engagemens qu'il a contractés, &
qu'il ne remplit pas : elle ne peut donc nuire aux droits du Seigneur, ni le priver des lods de la vente judiciaire de ces biens (a);
puifque ces lods feroient égalemens dûs d'une vente faite par le
débiteur, de gré à gré, pour s'acquiter envers fes créanciers, ou
du bail, en paiement qu'il leur feroit.

CCXLV.

Dans le Beaujelois & dans la Coutume de Saint-Sever, les *Coutumes d'ex-*
décrets forcés font exempts de lods (b) : mais au Beaujelois, les *ception.*
ventes volontaires judiciairement faites fur trois publications, y
font fujettes, ainfi que les autres décrets volontaires (c) : toutefois encore, une vente faite d'intelligence, après trois publications, en eft exempte dans cette Province, lorfqu'elle a été précédée d'une faifie réelle, fuivant un Arrêt du 2 Septembre
1704 (d). C'eft ainfi que l'abandon des principes produit dans la
Jurifprudence des bifarreries qui la déprécient.

CCXLVI.

1°. Dans les Coutumes qui en chargent le vendeur, ils font *És Coutumes qui*
pourtant à la charge de l'adjudicataire, aux décrets forcés, fi le *en chargent le ven-*
décret ne lui a été adjugé à francs deniers, c'eft-à-dire, avec *deur.*
exemption de lods (e).

(a) Chopin, fur les Coutumes, feconde partie, queft. 2, n°. 2. Maynard,
liv. 4, ch. 50, n°. 1. Dargentré, fur la Coutume de Bretagne, art. 59, note 4,
n°. 23; & art. 66, note 2, n°. 1. Duperier, liv. 4, queft. 19. Voyez le n°. précédent.

(b) Bretonnier, fur Henrys, liv. 3, queft. 48, n°. 10.

(c) Bretonnier, *ibidem*, n°. 4 & 11.

(d) Bretonnier, *ibidem*, n°. 12 & 13.

(e) Dumoulin, note fur l'art. 235 de la Coutume de Senlis. Livoniere, liv. 3,
ch. 4, fect. 2, p. 156. Guyot, des lods, fect. 2, n°. 2.

2°. Mais l'acheteur, chargé des lods du décret dans ces Coutumes, doit-il payer le lods des lods qu'il paye pour le discuté? ou le quint du quint, c'est-à-dire, le requint ; puisque dans ces Coutumes, si l'acheteur se charge par contrat des ventes ou du quint, il doit les venterolles ou le requint, comme nous l'avons ci-devant expliqué (*f*). Deux Arrêts des 3 Août 1617, & 28 Mai 1621, ont décidé pour l'affirmative, sur ce que la Justice représente le vendeur, & qu'elle l'en affranchit, en les transportant sur l'acheteur (*g*) ; mais Dumoulin a soutenu le contraire, & avec raison (*h*). En effet, indépendamment de la solidité des moyens qui, dans les Coutumes nouvellement réformées, en déchargeant définitivement le vendeur des droits, ont aboli le requint ou les venterolles (*i*), il est une raison tranchante pour les décrets forcés ; c'est que l'adjudicataire est toujours tenu hypothécairement des lods dûs par le discuté (*k*) ; & que si les entiers biens de celui-ci sont décrétés, il ne peut exercer contre lui qu'une garantie vaine & illusoire ; ensorte que le transport de la charge des ventes ou du quint sur l'adjudicataire, dans les décrets forcés, doit emporter de plein droit l'exemption des venterolles & du requint ; 1°. parce que ce transport étant forcé, c'est une dérogation nécessaire & forcée aux dispositions statuaires qui en chargent le vendeur ; 2°. parce qu'étant fondé en droit commun, c'est une abrogation formelle des Coutumes contraires qui lui imposent cette charge : ainsi les ventes ou le quint étant nécessairement, & de droit commun, à la charge de l'adjudicataire, il n'y a ni raison ni prétexte pour aggraver cette charge du montant des venterolles ou du requint, puisqu'il paye les droits à son nom propre, & non au nom du vendeur, qui en est déchargé forcément, & par le droit commun.

CCXLVII.

La contre-lettre privée qu'auroit pu fournir l'adjudicataire au

---

(*f*) *Suprà* n°. 5 & 6.
(*g*) *Guyot des lods*, ch. 4, sect. 2, n°. 1.
(*h*) *Dumoulin, sur la Coutume de Paris*, §. 58, *hodiè* 83, n°. 81.
(*i*) *Suprà*, n°. 5, 6, 25 & 26.
(*k*) *Suprà*, no. 27 & 42.

diſcuté, contenant que le décret ne ſortiroit pas à effet ſi celui-ci
ſe libéroit dans un certain tems, ne peut préjudicier aux droits
du Seigneur, ni opérer la décharge des lods (*l*); parce qu'un écrit
privé n'a point de datte vis-à-vis d'un tiers (*m*); enſorte que cet
écrit ne pourroit paſſer que pour une rétroceſſion ſimulée, ſujette à de nouveaux droits, conformément aux regles que nous
établirons ci-après (*n*).

C C X L V I I I.

Si l'héritier bénéficiaire eſt adjudicataire des biens vendus, *Adjudication à
l'héritier bénéfi-*
cette adjudication eſt exempte des lods, ſoit qu'il ait prévenu *ciaire.*
l'adjudication, ſoit qu'il l'ait obtenue comme enchériſſeur (*o*). Un
Arrêt du 8 Avril 1654, l'a jugé de même (*p*): pareils Arrêts de
1645 & 1685, nonobſtant un Arrêt contraire de 1662 (*q*). En
effet, l'héritier bénéficiaire eſt véritablement héritier; ainſi l'adjudication faite à ſon profit, n'eſt pas une vente, puiſque nul ne
peut valablement acheter ſon propre bien (*r*); mais c'eſt un décret judiciaire qui confirme ſur ſa téte ſa propriété, en purgeant
les hypotheques des créanciers du défunt: ce décret eſt donc
exempt de lods, comme l'achat fait par le maître de ſon bien (*s*).

C C X L I X.

Si la ſaiſie eſt faite ſur un cohéritier & ſur ſes conſorts, & que *Au cohéritier.*
ce cohéritier ſoit adjudicataire, l'adjudication analyſée & réduite
à ſon dernier terme, eſt, à ſon égard, une licitation qui, par ſa
nature, eſt exempte de lods, comme nous l'établirons en traitant

---

(*l*) Arrêt du 26 Octobre 1596. Expilli, Arrêt 117. Autre du 17 Janvier
1582. Laroche, des droits ſeigneuriaux, ch. 13, Arrêt 7.
(*m*) *Suprà* n°. 211.
(*n*) Aux numeros 252, 259, 624, 625, &c.
(*o*) Guyot, des lods, ch. 4, ſect. 2, n°. 15, 16, & 17.
(*p*) Boiſſieu, ch. 80.
(*q*) Livoniere, liv. 3, ch. 4, ſect. 2, p. 159 & 160.
(*r*) L. 16, ff. de contrah. emptione.
(*s*) *Infrà*, n°. 578.

cet objet : conféquemment ce décret en eft pareillement exempt, comme il a été jugé par un Arrêt du 30 Juillet 1669 (r) : cependant Guyot, après avoir enfanté un volume pour prouver l'exemption des droits des licitations, y affujettit celle-ci dans certains cas (v). Cet Auteur eft recommandable par une étude opiniâtre de Dumoulin, qui eft le Docteur du droit féodal ; mais fes idées manquent d'exactitude, de précifion & de netteté.

C C L.

S'il refte dû à l'adjudicataire.

Si la créance de l'adjudicataire excede le prix du décret, ou qu'elle ne foit pas imputée en entier fur le montant du prix, il eft certain que fon hypotheque eft purgée : cependant il auroit, le cas échéant, droit de gage contre le difcuté, à raifon de ce qui lui refte dû ; parce que le fimple créancier cédulaire peut exercer ce droit (x) : c'eft ainfi que l'acheteur à faculté de rachat a le même droit de gage pour ce qui lui refte dû par fon vendeur (y).

Mais puifque ces fommes ne font pas partie du prix de la vente, elles ne doivent pas entrer dans la fixation des lods ; & M. de Catellan rapporte deux Arrêts qui ont jugé qu'en cas qu'il foit évincé par retrait, il ne peut pas demander le rembourfement de ces fommes au retrayant (z).

C C L I.

Réfervation de fa créance.

Mais fi l'adjudicataire, en faifant fa furdite, a réfervé la créance qui excede le prix de l'adjudication, un Arrêt du 23 Février 1690 a jugé qu'en cas de retrait fur lui, il pouvoit demander le rembourfement de la créance réfervée ; & que, dans le cas con-

---

[r] Soefve, tom. 2, cent. 4, ch. 39. Livoniere, liv. 3, ch. 4, fect. 2, p. 160 & 161.

[v] Guyot, des lods, ch. 4, fect. 2, n°. 18.

[x] *L. unicâ, Cod. ob chirograph. pecuniam.*

[y] Arrêt du 15 Mai 1698. Nouveau Journal du Palais de Touloufe, tom. 2, Arrêt 51. Catellan, liv. 5, ch. 58 ; *contrà* Vedel, liv. 5, ch. 58.

[z] Catellan, liv. 3, ch. 14.

traire,

traire, il devoit payer les lods à concurrence de cette créance (a).
Autre Arrêt du 16 Décembre 1688, qui condamne l'adjudicataire au délaissement par retrait seigneurial, à la charge, par le
retrayant, de lui payer le prix du décret, & les loyaux-coûts
seulement, si mieux l'adjudicataire n'aime payer les lods des entieres sommes allouées à son profit par la Sentence d'ordre, quoiqu'elles excédassent le prix du décret (b) ; ensorte que cet Arrêt
donne l'option des lods ou du retrait, non au Seigneur, mais à
l'adjudicataire ; & qu'en fixant le prix sur le pied de l'adjudication,
lorsqu'il s'agit de retraire, l'Arrêt ajoute à ce prix le montant des
créances de l'adjudicataire, lorsqu'il s'agit de lauser. Enfin, un dernier Arrêt du 13 Août 1733, dans le cas d'une adjudication à bon
marché, oblige le Seigneur à retraire sur le pied de l'estimation
d'Experts, si mieux il n'aime percevoir les lods sur la même estimation (c).

C'est ainsi que l'oubli des principes, dans la défense des Procès, a procuré une jurisprudence incertaine, vacillante, & bigar-
rée ; au lieu que l'attache à la simplicité des regles auroit produit
un corps de doctrine toujours la même, & toujours conséquente,
parce qu'elle ne contiendroit que le développement des regles sur
cet objet. En effet :

1°. On fixe le montant des lods, non sur la valeur de la chose,
mais sur le prix de la vente (d) : c'est de même le prix avec les
loyaux-coûts, & non la valeur, qui doivent être remboursés par
le retrayant. Or, les sommes réservées par l'adjudicataire lors de
son enchere, ne font pas partie du prix, puisqu'il en demeure
créancier : c'est donc une injustice de les faire entrer dans la fixation des lods, ou dans le remboursement du retrait. 2°. La réservation faite de sa part de ce qui lui reste dû, est une précaution surabondante & exclusive de la confusion de sa créance avec
le prix du décret ; puisque cette créance seroit éteinte si elle étoit
totalement imputée sur ce prix : il n'y a donc ni raison ni prétexte

---

(a) Catellan, liv. 3, ch. 14.
(b) Recueil judiciaire de Toulouse, tome 2, p. 152.
(c) Nouveau Journal du Palais de Toulouse, tome 5, Arrêt 246, n°. 3.
(d) *Suprà* n°. 29.

pour affocier au prix, lors de la fixation des lods ou de l'exercice du retrait, la créance réfervée ; & cette réfervation, au contraire, devroit procurer, s'il étoit poffible, une exemption plus pleine des lods ; parce qu'ils doivent être fixés fur le prix de la vente, & non fur le montant des fommes dûes à l'acheteur.

3°. Il eft vrai que l'adjudicataire évincé par retrait perd les créances par lui réfervées, fi le débiteur eft infolvable ; mais il les perd de même fi les créanciers exercent fur lui le droit d'offrir, ou les enfans du difcuté, le rabattement dont nous parlerons ci-après.

Enfin, il les perd pareillement, quand même il n'auroit pas fait la réfervation de ces créances ; puifque cette réfervation va de droit. Or, dans ce dernier cas, elles ne font comptées pour rien, relativement au retrayant, comme nous l'avons prouvé au n°. précédent. 4°. Si le bien adjugé par décret, eft dans la directe d'un Seigneur d'Eglife, ce Seigneur ne peut pas retraire, & cependant on lui accorde les lods fur le montant des fommes réfervées ; ce qui greve évidemment l'adjudicataire. 5°. Si au contraire le bien vendu par décret eft allodial & exempt de lods, mais fujet au retrait lignager, c'eft une injuftice évidente envers les lignagers, de les obliger au rembourfement des fommes réfervées par l'adjudicataire, & conféquemment étrangeres au prix du décret. 6°. C'eft le Seigneur, & non l'adjudicataire, qui doit avoir l'option des lods ou du retrait.

Gardons-nous de cette « lueur de raifon qui nous égare en nous » éloignant des regles par les confidérations d'une fauffe équité (e). Un grand homme rapporte avec complaifance cette requête des peuples de Savoie, qui demanderent à François I, *de n'être pas jugés par équité* ; ce qui réfere à l'ancien proverbe : *Dieu nous garde de l'équité du Parlement (f).*

(e) Dumoulin, fur la Coutume de Paris, §. 41, *hodiè* 51, Gl. 2, n°. 86 & 87. L. 31, *ff. depofiti vel contra.*

(f) P. Bouhier, fur la Coutume de Bourgogne, ch. 2, n°. 41--52.

CCLII.

Les lods sont dûs par le fait du contrat, & dès le jour du contrat, & non du jour de son exécution (g). Or, en matiere de décret, c'est l'adjudication qui tient lieu de contrat de vente : c'est
donc par l'adjudication, & du jour de sa date, qu'il y a ouverture
aux lods, & non simplement du jour de l'expédition. Henrys
rapporte un Arrêt conforme, du 9 Août 1647 ; & c'est l'avis
commun des Auteurs (h).

CCLIII.

1°. Si les Romains sont le premier peuple du monde pour la
science du Droit, c'est qu'ils en avoient analysé les principes jusqu'à la racine, & suivi la chaîne des conséquences résultant de
chacun, en associant les spéculations de la métaphysique, aux
combinaisons de la dialectique ; & ce n'est qu'en marchant sur leurs
traces, que tant de grands hommes se sont immortalisés dans cette
carriere parmi nous.

2°. Mais dès que nous quittons la route tracée par Dumoulin
& par les autres bons Feudistes, il ne nous reste que des principes informes, & créés à pieces de rapport sur le prononcé, bien
ou mal entendu des Arrêts, faute de bons traités domestiques,
qui, en remontant à la source des choses, en suivent pied à pied
le développement. 1°. M. Maynard décide que l'adjudication est
illusoire sans l'exécution du décret (i): cette opinion s'est étouffée
dans les mains de Graverol, selon lequel « il a été jugé, par un
» Arrêt du 7 Mars 1660, que jusqu'à la mise de possession il n'y
» avoit pas ouverture aux lods ; au point que pour empêcher les
» fraudes que pourroit pratiquer l'adjudicataire, en cédant son
» droit à un tiers, avec l'exemption de nouveaux lods, on l'obli-

---

(g) Suprà n°. 102.

(h) Henrys, liv. 5, quest. 30, n°. 4 & 5 ; & Bretonnier, *ibidem*, n°. 6. Chopin, sur la Coutume de Paris, liv. 1, tit. 2, n°. 29. Loisel, liv. 6, tit. 5,
reg. 15.

(i) Maynard, liv. 4, ch. 51. Guyot, des lods, ch. 4, n°. 9.

„ geoit de jurer qu'il ne s'étoit pas mis en possession (*k*) : mais comme cette jurisprudence pouvoit rendre la perception des lods illusoire, & que l'adjudicataire auroit pu jouir impunément sans la formalité de la mise de possession, ou en cachant le verbal qui la contient, un Arrêt du 12 Juin 1698 a jugé qu'il y avoit ouverture aux lods nonobstant le défaut de mise de possession, si le décret avoit été exécuté de fait (*l*) : & cependant, selon l'Arrestographe, les lods ne sont dûs qu'autant que le décret a été exécuté par la mise de possession (*m*) ; mais la Déclaration du Roi, du 16 Janvier 1736, ouvrage de M. le Chancelier Daguesseau, en laissant subsister par l'art. 10, la formalité de la mise de possession dans ce ressort, en borne l'effet, à l'article 13, *à faire courir les dix ans du rabattement* (*n*) ; & M. Serres, Professeur en Droit François à Montpellier, dans un Commentaire sur cette Loi, en prétendant avec Graverol, qu'avant la Déclaration du Roi de 1736, la mise de possession étoit la consommation nécessaire du décret, ajoute qu'il n'ose condamner la jurisprudence qui n'adjugeoit les lods que du jour de cette mise de possession, malgré sa contrariété avec le principe qui les fait courir du jour du contrat.

Tel est l'état des choses envisagées du premier coup d'œil ; mais en y regardant de plus près, on trouve, 1°. que M. Maynard ne parle pas de la formalité de la mise de possession, mais seulement de l'exécution du décret ; ce qui peut être entendu de la possession de fait, conformément à l'Arrêt du 12 Juin 1698 : 2°. que la Déclaration de 1736 ayant réduit à sa juste valeur la formalité de la mise de possession, & prononcé qu'elle n'a d'autre effet que celui de faire courir le délai du rabattement, au lieu que Graverol la regardoit comme indispensable pour la perfection du décret : l'omission ou l'observation de cette formalité ne peut rien opérer à l'égard des lods. 3°. C'est ainsi que la question avoit été jugée par l'Arrêt du 12 Juin 1698, long-tems avant la Déclaration de 1736.

(*k*) Graverol, sur Laroche, des droits seigneuriaux, ch. 38, Arrêt 8.
(*l*) Nouveau Journal du Palais, tom. 1, Arrêt 146.
(*m*) Nouveau Journal du Palais, tome 1, Arrêt 262.
(*n*) Dans le recueil judiciaire de Toulouse, tome 1, p. 362.

Et comme les droits de la vérité sont inaltérables & éternels, en ramenant la question à l'analogie des principes, il est visible, 1°. que l'adjudication faite par le Juge, représente le contrat de vente, & en tient lieu : or, les lods sont dûs du jour du contrat, & non simplement du jour de son exécution (o) : conséquemment ils sont pareillement dûs du jour de l'adjudication. 2°. Mais comme une vente sans exécution n'est pas réellement une vente, puisque son objet n'est pas rempli, & que, par le fait, étant réduite à rien, elle ne peut donner ouverture aux droits, cette regle doit être appliquée aux décrets, selon qu'ils sont ou ne sont pas exécutés; & l'on peut s'en départir impunément, c'est-à-dire, avec exemption de lods, tant que les choses sont entieres, selon les principes que nous établirons dans la quatrieme partie de ce Traité. 3°. En admettant la nécessité de la mise de possession légale, pour faire courir les droits, c'est contrevenir à la Déclaration du Roi de 1736, qui borne l'effet de la mise de possession, à faire courir le délai du rabattement : c'est ouvrir la porte à toute sorte de fraudes, & c'est ce que l'Arrêt du 12 Juin 1698 avoit voulu prévenir. Enfin, c'est contredire à propos de rien la maxime universellement & de tous les tems reconnue, que les lods sont dûs par le fait de la vente, & du jour de sa date, & non du jour de son exécution : c'est donc à cette maxime qu'il faut s'en tenir.

C C L I V.

La consignation du prix de la part de l'adjudicataire, est une condition dont le défaut annulle l'adjudication (p) ; & ce n'est que de ce jour que les fruits appartiennent à l'acquéreur (q) : mais la consignation une fois faite, elle a un effet rétroactif au tems de l'adjudication (r); car quoique cette condition ne puisse

Consignation & expédition.

(o) *Suprà* n°. 102.

(p) *L.* 15, §. 5, *ff. de re judic.* art. 8 de l'Edit des criées, de 1551. *Argumento*, §. 41, *instit. de rerum divisione*, *infrà* n°. 672.

(q) Laroche, liv. 2, tit. 1 des Décrets, Arrêt 2; & 66. Maynard, liv. 2, ch. 40.

(r) *L.* 18, *ff. de reg. Jur. l.* 144, *eodem. l.* 78, *ff. de verb. obligat.* Mornac, ad *L.* 1, *ff. qui potiores in pign.*

être remplie que par le fait de l'adjudicataire, ce fait n'est pourtant pas libre de sa part, & l'on adjuge les biens à sa folle enchere, à défaut par lui de consigner; ensorte que cette condition n'est pas de la classe des conditions potestatives, dont le fait met le sceau aux contrats, du jour de l'événement, & sans aucun effet rétroactif; c'est, au contraire, une condition nécessaire & forcée: de là vient que son exécution a un effet rétrograde au tems du décret. (*Infrà* n°. *bis* 355).

Au reste, l'adjudication est la vente faite par le Juge; & l'expédition du décret, qui ne se délivre qu'après la consignation du prix, est le bail du titre de propriété, avec le mandement de Justice, qui autorise l'acquéreur à jouir du bien adjugé.

<h3 style="text-align:center">C C L V.</h3>

Folle enchere.

1°. Il résulte de ce que nous venons de dire, que si l'adjudicataire ne consigne pas, il n'y a pas ouverture aux lods, puisque la Justice n'a pas suivi la foi de l'acquéreur, & qu'il n'y a point de vente, faute par l'adjudicataire d'avoir rempli la condition de payer, sans laquelle elle ne peut avoir lieu. Deux Arrêts de 1633 & de 1653, l'ont jugé de même, & la question est sans difficulté (*s*).

2°. Mais si dans un décret sur une direction entre créanciers, l'adjudicataire étoit entré en possession sur l'atermoyement avec les créanciers, il pourroit y avoir ouverture à de nouveaux droits (*t*), selon les regles que nous indiquerons aux numeros 677, 678, 679, 680, 681, & 684.

<h3 style="text-align:center">S E C T I O N V.</h3>

<h2 style="text-align:center">D U droit d'offrir.</h2>

(*s*) Brodeau, lettre M. somm. 18, n°. 31 & 32. Henrys & Bretonnier, liv. 3, quest. 54, §. 41, *instit. de rer. divis. infrà*, n°. 672.

(*t*) Livoniere, liv. 3, ch. 4, sect. 2, p. 159.

C C L V I.

1°. Le droit d'offrir est « une faculté accordée par le Parle- *Sa nature.*
» ment de Toulouse au créancier hypothécaire, qui n'a pas été
» Partie au décret des biens de son débiteur discuté, de les re-
» vendiquer pendant dix ans, en remboursant à l'adjudicataire
» tout ce qui lui est dû en capital, intérêts, & dépens (v); &
» conséquemment les loyaux-coûts du décret : ce droit a pris
» son fondement dans la Loi Romaine (x) : il ne peut avoir lieu
» qu'au profit des créanciers hypothécaires, qui ont un droit
» acquis sur le bien vendu par décret (y), lorsqu'ils n'y ont pas
» été Parties, & autant qu'il ne reste plus au débiteur saisi,
» d'autres biens sur lesquels ils puissent exercer leur action (z).

2°. Nous observons, à l'égard du remboursement des loyaux-
coûts, qu'il comprend même la remise faite à l'adjudicataire sur
les lods, autre toutefois que la remise ordinaire & usitée dans le
fief ; cette derniere remise devant céder au profit de l'offrant,
véritable acquéreur. (*Infrà* n°. 262).

C C L V I I.

L'exercice du droit d'offrir n'est ni une seconde vente, ni une *Exemption de*
résolution de la premiere, mais une espece de retrait hypothé- *lods.*
caire, une subrogation du créancier hypothécaire, & qui n'a pas
été partie au décret, aux droits de l'adjudicataire, en lui remboursant tout ce qui lui est dû en capital, intérêts, & dépens :
cette subrogation ne peut donc donner ouverture à de nouveaux
droits (a). A l'égard du remboursement fait à l'adjudicataire
évincé, il lui est dû à titre de dédommagement, comme il est dû
de même à l'acheteur évincé par retrait : & comme les loyaux-

---

(v) Catellan & Vedel, liv. 6, ch. 1. Duranti, quest. 51.
(x) L. 20, *ff. de solut. L.* 1, *Cod. si antiq. creditor.*
(y) L. 10, *Cod. qui potior. in pig.*
(z) Duranti, quest. 51, n°. 2. Vedel, liv. 6, ch. 1.
(a) Matieres féodales de Provence, tit. des lods, n°. 65. Duperier, tr. 2.
quest. 19.

coûts que rembourſe le retrayant, n'entrent pas dans la fixation des lods (*b*), il en eſt de même de ceux que rembourſe le créancier offrant.

SECTION VI.

Du rabattement de décret.

CCLVIII. Son origine & ſa nature.
CCLIX. Lods du Décret.
CCLX. Exemption du rabattement.
CCLXI. Rabattement ſur le Seigneur.
CCLXII. Rembourſement des lods.

CCLVIII.

Son origine & ſa nature.

1°. Le rabattement de décret, inconnu par-tout ailleurs, l'étoit de même antrefois au Parlement de Toulouſe, comme il conſte par un Arrêt de ce Parlement, de 1566 (*c*) ; mais il y a été établi depuis, à titre de grace, en faveur du débiteur dépouillé par ſes créanciers (*d*) : & la Déclaration du Roi, du 16 Janvier 1736, a revêtu cette grace du ſceau de la Loi, en autoriſant le rabattement dont elle fixe les caractères.

2°. Ce n'eſt pas la réſolution du décret, comme le rachat eſt la réſolution de la vente faite ſous cette faculté, parce qu'il feroit revivre les hypotheques purgées par le décret, & que les enfans ne pourroient l'exercer que comme héritiers de leur pere : ils y ſont pourtant reçus, nonobſtant leur répudiation de l'hérédité.

3°. Il ne reſſemble pas non plus au retrait lors duquel le retrayant, en prenant ſon droit du vendeur, eſt ſubrogé à l'acquéreur évincé ; au lieu que le diſcuté ne peut tenir ſon droit de lui-

---

[*b*] *Suprà* n°. 228.
[*c*] Laroche, liv. 2, tit. 1 des Décrets, Arrêt 1, §. 14.
[*d*] Sur le fondement de la Loi 3, §. 3, *Cod. de jure domin. impetr.* Catellan, liv. 6, ch. 12.

même,

même, & qu'on ne peut feindre que l'adjudication ait été faite à fon profit.

4°. Enforte que " c'eft une rétroceffion forcée du droit de „ l'adjudicataire, en vertu de la Loi qui accorde au difcuté ou à „ fes defcendans la faculté du rabattement pendant dix ans, à „ compter du jour de la mife de poffeffion, moyennant le rem- „ bourfement préalable du prix & des loyaux-coûts, & amélio- rations (*e*) : „ & quoique l'adjudicataire ait vendu fon droit à un tiers à un moindre prix, il faut, pour exercer le rabattement fur cet acquéreur, lui rembourfer l'entier prix du décret, avec les loyaux-coûts, comme à l'adjudicataire, s'il n'avoit pas cédé fon droit, fuivant un Arrêt du 13 Juin 1693 (*f*).

C C L I X.

Dès que le rabattement n'eft pas la réfolution, mais la rétro- ceffion forcée du décret, il eft vifible que les lods ne font pas moins dûs du fufdit décret, fuivant un Arrêt du Parlement d'Aix, du 17 Mars 1579 (*g*) ; & l'art. 17 de la Déclaration du Roi, de 1736, le fuppofe de même, puifqu'elle ordonne le rem- bourfement des droits feigneuriaux à l'acquéreur : or, ces droits feigneuriaux ne peuvent être autres que les lods, puifque les fruits appartiennent à l'adjudicataire, & que les cenfives font conféquemment à fa charge jufqu'au jour de la confignation du prix, fuivant l'art. 18 de cette Déclaration.

Lods du décret.

C C L X.

1°. Autrefois le rabattement étoit fujet à de nouveaux lods, fuivant les Arrêts rapportés par MM. Dolive & Cambolas (*h*) ; mais le rabattement étoit alors une grace que le Parlement de Paris refufa pour des biens décrétés d'autorité du même Parle-

Exemption du rabattement.

[*e*] C'eft ce qui réfulte des art. 11--19 de la Déclaration du Roi, du 16 Janvier 1736, dans le recueil judiciaire de Touloufe, tome 1, p. 362.
[*f*] Nouveau Journal du Palais, tome 1, Arrêt 144.
[*g*] Supplément d'Henrys, liv. 1, ch. 12, n°. 9.
[*h*] Dolive, liv. 2, ch. 18. Cambolas, liv. 5, ch. 34.

Tome I.   G g

ment, & situés dans le reſſort de celui de Touloufe (*i*) ; au lieu qu'aujourd'hui c'eſt un droit autoriſé par la Déclaration de 1736 : conféquemment il eſt exempt de nouveaux lods, puiſque c'eſt, non une feconde vente, mais une rétroceſſion forcée des droits de l'adjudicataire, par une cauſe ancienne, inhérente à l'adjudication, & autoriſée par la Loi. C'eſt ainſi que la queſtion avoit été anciennement jugée par un Arrêt du Parlement d'Aix, du 17 Mars 1570 (*k*) ; & tel eſt l'avis de Deſpeiſſes, & même de Cambolas & de Catellan (*l*).

2°. Au reſte, le rabattement n'eſt pas non plus ſujet au relief ou rachat pour les terres & fiefs régis, ſuivant la Coutume de Paris, comme nous l'établirons en traitant de la faculté de rachat, au n°. 386.

C C L X I.

On peut, ſuivant les Arrêts rapportés par M. de Catellan, exercer le rabattement ſur le Seigneur, qui a pris par retrait le bien décrété (*m*). L'Auteur ajoute qu'en ce cas il n'y a ouverture aux lods, ni à raiſon du décret ſur lequel le Seigneur avoit opté le retrait, ni à raiſon du rabattement qui, par ſa nature, en eſt exempt ; mais M. de Catellan eſt moins profond Feudiſte, qu'excellent Arreſtographe. En effet, il eſt convenu que le décret donne ouverture aux lods, nonobſtant l'exercice du rabattement : le Seigneur ne peut donc en être privé par le fait d'un retrait que le rabattement a annullé, parce que le retrait diſparoît au moyen de l'exercice du rabattement, & qu'il ne reſte plus que le décret ſur lequel le rabattement eſt exercé ; en ſorte que le diſcuté étant ſubrogé par la Loi à l'adjudication de ſon bien, il doit les lods de cette adjudication : c'eſt ainſi que le Seigneur évincé par le retrayant lignager, perçoit des mains de celui-ci les lods dont étoit exempte l'acquiſition qu'avoit fait ce Seigneur de ſon Vaſſal (*n*) : en un mot, le Seigneur doit jouir des lods ou du re-

---

(*i*) Bontaric, Inſtit. liv. 2, tit. 5, §. 1, p. 222. *Vide* Dolive, liv. 2, ch. 18.
(*k*) Supplément d'Henrys, liv. 1, ch. 12, n°. 9.
(*l*) Deſpeiſſes, des droits ſeigneuriaux, tit. 4, ſect. 5, part. 5, n°. 6.
(*m*) Catellan, liv. 6, ch. 13.
(*n*) Suprà n°. 234.

trait, nonobstant le rabattement. Or, il est privé du retrait par le fait du rabattement : cet exercice fait donc revivre à son profit l'action en paiement des lods, & cette action peut être exercée directement contre le saisi ou contre ses enfans, qui ont exercé le rabattement, comme elle pourroit l'être contre le retrayant lignager (o) : autrement, un retrait illusoire & anéanti priveroit le Seigneur des lods, & produiroit un effet que le néant ne peut opérer dans le physique ni dans le moral.

C C L X I I.

1°. Si l'adjudicataire a payé les lods, le discuté ou ses enfans, en exerçant le rabattement, doivent les lui rembourser en entier, quoiqu'il ait eu une remise dont il doit seul profiter, parce que cette remise lui étant personnelle, elle ne doit pas céder au profit d'un tiers ; c'est ce qui résulte d'un texte presque parallele de la Loi Romaine (p). Trois Arrêts de 1605, 1611 & 1635, l'ont jugé de même (q) : pareil Arrêt du 2 Août 1629 (r) ; & c'est la décision des meilleurs Auteurs (s). *Remboursement des lods.*

2°. Mais si le Seigneur a fait à l'acquéreur la remise ordinaire & usitée, elle doit céder au profit du retrayant, puisqu'elle n'a pas été faite en considération de la personne de l'acquéreur, & que s'agissant d'une remise accoutumée, tout le monde doit en profiter : telle est la décision d'un Arrêt de 1565, rapporté par Dargentré (t), & adopté par tous les Auteurs (v) ; & c'est ainsi

---

[o] *Suprà* n°. 229.

[p] *Argumento*, L. 28, *ff. de legat.* 2°.

[q] Brodeau, lettre S. somm. 22, n°. 4.

[r] Duperier, abrégé d'Arrêts, *verbo*, Lods.

[s] Maynard, liv. 4, ch. 32. Boissieu, ch. 86, p. 420 & 421. Grimaudet, du retrait, liv. 8, ch. 5. Tiraqueau, du retrait lignager, §. 29, Gl. 4, n°. 5---7. Dumoulin, sur la Coutume de Paris, §. 15, *hodiè* 22, n°. 6. Albert, *verbo*, Lods, Arrêt 3. Coquille, sur celle de Nivernois, ch. 31, Arrêt 12.

[t] Dargentré, *de laudimiis*, *cap.* 3, & sur la Coutume de Bretagne, art. 71, n°. 7 & 8.

[v] Potier, du retrait, n°. 324. Boissieu, ch. 86, p. 414 & 415. Coquille, quest. 184.

qu'on doit entendre les Arrêts de 1641, 1643, 1644, & 1645, cités par Salvaing (*x*).

3°. Si cependant le Seigneur n'a fait qu'une promesse de remise, elle est réduite à rien, & il rentre dans ses droits si le rabatement est exercé avant l'exécution de sa promesse (*y*); parce que la personne à qui la remise a été promise, se trouve sans intérêt.

4°. Si au contraire l'acquéreur n'a pas payé les lods avant la demande en rabattement, il ne peut plus les payer utilement pour profiter de la remise après cette demande (*z*).

5°. Si la remise a été faite à l'adjudicataire pour faire grossir le prix du décret, & en considération du débiteur saisi; en ce cas, l'adjudicataire ne peut répéter sur celui-ci, ni sur ses enfans, le montant d'une remise que le Seigneur n'avoit faite que pour les favoriser (*a*).

CHAPITRE VII.

Du Command, ou élection d'ami.

[*x*] Salvaing, ch. 86, p. 421--425.

[*y*] *Argum. L.* 27, *ff. de servit. rust. præd.* Livoniere, liv. 3, ch. 7, p. 225. *Argum. L.* 32, *ff. locati cond.*

[*z*] Coquille, sur la Coutume de Nivernois, ch. 31, Arrêt 12. Potier, du retrait, n°. 327.

[*a*] Boissieu, ch. 86, p. 425. Chopin, sur la Coutume d'Anjou, liv. 3, tit. du retrait lignager, n°. 24. Livoniere, liv. 3, ch. 7, p. 255.

CCLXIII.

1°. Comme on peut avoir des raiſons de ne pas paroître en faiſant un achat; ſi un tiers ſe préſente, qu'il traite au nom de ſon command ſans le nommer, & qu'enſuite il faſſe ſa déclaration à ſon profit, cette déclaration n'eſt pas une ſeconde vente; mais l'exécution d'un mandat antérieur, c'eſt-à-dire, l'exécution de l'achat fait au profit du command inconnu, pour lequel on avoit traité (*b*).

2°. Mais la faveur du command a fait étendre & améliorer cette juriſprudence, en appliquant cet uſage à tous les cas où il a été poſſible de feindre l'exiſtence d'un mandat, & non au-delà.

3°. Si au contraire le mandataire garde pour lui, il n'y a non plus qu'une vente, puiſque le command ne pouvoit être propriétaire qu'en vertu de la déclaration du command, acceptée de ſa part (*c*) : en un mot, il n'y a qu'une vente qui, par le fait, cede au profit du mandataire : il n'y a donc pas lieu d'adjuger doubles lods.

Origine & définition.

[*b*] Dumoulin, ſur la Coutume de Paris, §. 23, *hodie* 33, Gl. 2, n. 22, 23, & 24. Livoniere, liv. 3, ch. 4, ſect. 5, p. 171. Chopin, ſur la Coutume de Paris, liv. 1, tit. 3, n°. 13. Faber, liv. 4, tit. 34, défin. 1. *Argum. L.* 13, *ff. de acquir. rer. domin.*

[*c*] Chopin, ſur la Coutume de Paris, liv. 1, tit. 3, n°. 13.

CCLXIV.

Exemption de droits.

Si l'on achete au nom du command qu'on nomme dans les suites, la remise qu'on lui fait du bien acheté à son nom, ne donne pas ouverture à de nouveaux droits, puisque ce n'est pas une seconde vente, mais l'exécution du mandat de son command (*d*) : de là vient qu'elle n'est pas même sujette au relief (*e*); & cette maxime de traiter est permise par-tout (*f*), si la Coutume ne la prohibe expressément (*g*).

CCLXV.

Clauses du contrat.

La nomination du command doit être faite aux mêmes clauses & conditions du contrat ; autrement, ce seroit une seconde vente qui donneroit ouverture à de nouveaux droits (*h*) : il y auroit lieu de même aux doubles droits, si le mandataire s'obligeoit à la garantie, ou à quelqu'autre chose envers son command ; en un mot, dans tous les cas où il est impossible d'allier la remise de l'achat avec l'idée d'un mandat antérieur.

CCLXVI.

Partage & ventilation.

Si l'acquéreur, après avoir déclaré qu'il achete pour lui & pour son command, fait sa déclaration au profit de plusieurs personnes : il peut ventiller le prix & le bien acheté, & faire, entre ces personnes, des arrangemens relatifs à leur maniere de partager & de jouir, & à la distribution du prix (*i*) ; pourvu que leur

---

(*d*) Dumoulin, sur la Coutume de Paris, §. 23, *hodiè* 33, Gl. 2, no. 21---24. Laroche & Graverol, des droits seigneuriaux, ch. 38, Arrêt 8. Chopin, sur la Coutume de Paris, liv. 1, tit. 3, n°. 13. Nouveau Journal du Palais, tome 5, Arrêt 270. Faber, en son Code, liv. 4, tit. 34, défin. 1.

(*e*) Dumoulin, *ibidem.*

(*f*) Dargentré, *de laudimiis*, cap. 1, §. 21. Faber, liv. 4, tit. 34, défin. 1.

(*g*) Guyot, des lods, ch. 4, sect. 3, n°. 1.

(*h*) Guyot, des lods, ch. 4, sect. 3, n°. 3, 12 & 13. Livoniere, liv. 3, ch. 4, sect. 5, p. 172. Faber, liv. 4, tit. 34, défin. 1.

(*i*) Livoniere, liv. 3, ch. 4, sect. 5, p. 172.

réunion revienne au montant du prix total, & qu'on puisse feindre l'exécution d'un mandat commun de la part de tous les intéressés.

CCLXVII.

On peut de même, en exerçant le retrait lignager, déclarer que c'est pour soi ou pour un de ses parens ; auquel cas ce retrait, ni l'élection de ce parent, ne donnent pas ouverture à de nouveaux lods, selon un Arrêt du 13 Août 1576 (*k*). *Retrait lignager.*

CCLXVIII.

1°. Pour qu'on puisse impunément faire sa déclaration au profit d'un tiers, il faut avoir déclaré, en acquérant, que c'est pour soi ou pour son command qu'on acquiert (*l*) ; ou tout au moins, il faut, selon Dumoulin & Livoniere, l'avoir fait incontinent, & tandis que les choses sont entieres, c'est-à-dire, avant la délivrance (*m*) & avant le paiement total ou partiel du prix. Nous développerons davantage cette idée au n°. 270, à l'occasion des ventes par décret ; comme nous fixerons dans la quatrieme partie de ce Traité, les cas dans lesquels les choses sont ou ne sont pas entieres. *Déclaration en acquérant.*

2°. Livoniere, à l'endroit que nous venons de citer, donne un intervalle de huit jours, relativement à la doctrine de Dumoulin, pour déclarer qu'on achete pour soi ou pour son command (*n*) ; mais Sudre a fait voir l'inconvénient de cette extension ; 1°. parce que c'est favoriser les fraudes, & introduire l'arbitraire dans la jurisprudence, à cause des difficultés qui s'eleveroient sur la fixation de ce délai : 2°. parce que l'acquisition pure & simple, à son nom, exclut toute présomption d'achat pour au-

---

(*k*) Chopin, sur la Coutume de Paris, liv. 1, tit. 5, n°. 13.

(*l*) Laroche & Graverol, des droits seigneuriaux, ch. 38, Arrêt 8. Dumoulin, sur la Coutume de Paris, §. 23, *hodiè* 33, Gl. 1, n°. 21. Dargentré, *de Laudimiis, cap.* 1, §. 21.

(*m*) Dumoulin, sur la Coutume de Paris, §. 23, *hodiè* 33, Gl. 1, n°. 21. Livoniere, liv. 3, ch. 4, sect. 5, p. 177.

(*n*) Dumoulin & Livoniere, *ibidem.*

trui (*o*). Nous adoptons d'autant plus volontiers cette restriction, que Dumoulin lui-même, dans sa note sur l'art. 376 de la Coutume du Maine, exige que la déclaration soit faite incontinent ; & tel est notre avis.

3°. Au reste, pour ne laisser aucune obscurité sur le sens de l'obligation de déclarer incontinent, nous observons que, selon la Loi Romaine, les pactes faits incontinent, & dans le tems de l'acte, sont censé en faire partie, sans y être insérés ; & que, selon Dolive & Dumoulin, il faut que ces pactes dattent du même jour. (*Infrà* n°. 389 & 390).

C C L X I X.

Mandat spécial.   1°. Si, après avoir acheté à son nom propre, on rapporte un mandat spécial & authentique antérieur du command, pour acquérir l'objet de la vente au nom du susdit command, la remise que lui fait ensuite son mandataire, n'est pas une seconde vente sujette à de nouveaux droits, mais la simple exécution d'un mandat antérieur : conséquemment, cette remise est exempte de lods (*p*).

2°. Mais l'existence d'un mandat général pour acquérir des immeubles, n'exempteroit pas cette remise des doubles lods, parce qu'en achetant à son nom propre, on a déterminé la fin de son achat, & exclu toute idée de le faire au nom du command (*q*).

C C L X X.

Aux ventes judiciaires.   1°. Aux Cours Supérieures, & aux autres Jurisdictions, où l'on ne reçoit point d'encheres que par le ministere d'un Procu-

---

(*o*) Sudre, sur Boutaric, des droits seigneuriaux, tit. des lods, §. 1, n°. 32, p. 115 & 116. *Idem* Guyot, des lods, ch. 4, sect. 2, n°. 11.

(*p*) Dumoulin, sur la Coutume de Paris, §. 23, *hodiè* 33, Gl. 2, n°. 21. D'argentré, *de laudimiis*, *cap.* 1, §. 21. Livoniere, liv. 3, ch. 4, sect. 5, p. 177.

(*q*) Guyot, des lods, ch. 4, sect. 3, n°. 19.

reur

reur en titre, il est évident que la déclaration que ce Procureur fait au profit de sa patrie, n'opere pas de mutation (r).

2°. Mais si l'adjudication est faite au profit de tout autre qu'un Procureur, Guyot atteste que, selon la jurisprudence du Parlement de Paris, il doit faire la déclaration qu'il achete pour soi ou pour son ami, au moins au moment de la consignation qui met le sceau à son achat (s) : il ajoute que l'admission d'une jurisprudence contraire ouvre la porte à toute sorte de fraudes ; & que la consignation pure & simple sur une adjudication faite à son nom, exclut toute idée d'acquisition au nom d'autrui (t).

3°. Livoniere & Chopin donnent, pour faire la déclaration, un délai qu'ils fixent à deux mois (v) ; parce que c'est celui de l'action redhibitoire (x). Un Arrêt de 1682, rapporté par MM. Laroche & Maynard, permet de déclarer qu'on a acquis pour soi ou pour autrui avant la prise de possession (y) : pareil Arrêt du 7 Mai 1660 ; & Graverol, qui le rapporte, ajoute que pour empécher les fraudes, on oblige l'adjudicataire de jurer qu'il n'a pas rempli la formalité de la mise de possession, ni latité le verbal qui la contient (z). Enfin, un Arrêt du 5 Août 1600, condamne aux doubles droits dans le cas de la déclaration faite après la mise de possession (a).

4°. Mais comme les principes du Parlement de Toulouse ont été changés par la Déclaration du Roi de 1736 ; & qu'un Arrêt antérieur du 12 Juillet 1698, avoit prononcé que l'ouverture aux droits n'y étoit pas strictement attachée à la formalité de la mise

---

[r] Guyot, des lods, ch. 4, sect. 2, n°. 2 & 3. Livoniere, liv. 3, ch. 4, sect. 2, p. 157. Faber, liv. 4, tit. 34, défin. 1.

[s] Suprà n°. 254.

[t] Guyot, des lods, ch. 4, sect. 2, n°. 11 ; & sect. 3, n°. 1. Idem Sudre, sur Boutaric, des droits seigneuriaux, tit. des lods, §. 2, n°. 32, p. 115 & 116.

[v] Livoniere, liv. 3, ch. 4, sect. 2, p. 157. Chopin, sur la Coutume de Paris, liv. 1, tit. 3, n°. 13.

[x] L. 31, §. 22, ff. de aditio edicto.

[y] Maynard, liv. 4, ch. 51. Guyot, des lods, ch. 4, sect. 2, n°. 9. Laroche, des droits seigneuriaux, ch. 38, Arrêt 8.

[z] Graverol, sur Laroche, des droits seigneuriaux, ch. 38, Arrêt 8.

[a] Fortin, sur l'article 84 de la Coutume de Paris. Chopin, aussi sur celle de Paris, liv. 1, tit. 3, n°. 13.

Tome I.   H h de poſſeſſion (*b*) ; nous croyons qu'on doit littéralement ſuivre la juriſprudence du Parlement de Paris, atteſtée par Guyot, dont les raiſons adoptées par Sudre nous paroiſſent ſans replique. 1°. Pourquoi jetter ſans raiſon, de l'arbitraire dans la Juriſprudence ſur la ſixation du délai qu'on peut donner? 2°. La conſignation a mis le ſceau à l'achat de l'adjudicataire, parce que c'étoit une condition rigoureuſement attachée à l'adjudication. 3°. La conſignation faite à ſon nom propre contredit toute idée d'acquiſition au nom d'autrui. 4°. L'abandon de ce principe ouvre la porte à toute ſorte de fraudes, & il attache la perception des droits à la bonne foi des débiteurs. 5°. Puiſque dans les ventes volontaires on eſt obligé de déclarer en les contractant, ou incontinent, qu'on acquiert pour ſoi ou pour autrui, pourquoi les adjudicataires par décret ſeroient-ils traités différemment?

5°. En un mot, il faut au plus tard, lors de la conſignation, déclarer qu'on la fait pour ſoi ou pour ſon ami ; autrement, la propre conduite de l'adjudicataire dépoſe contre toute prétention poſtérieure d'avoir acquis pour autrui.

6°. A moins qu'il ne rapporte un mandat ſpécial & authentique antérieur, comme nous l'avons dit au n°. précédent.

C C L X X I.

Paiement du prix, & jouiſſance.　　1°. Si l'acquéreur, pour ſoi ou pour ſon ami, a payé le prix de ſon achat ou de ſon adjudication, ce paiement ne l'inhibe pas de nommer ſon command ; parce que l'adjudication cede au profit du commettant, & non au profit du mandataire (*c*) ; & que celui-ci eſt cenſé avoir payé en la même qualité qu'il a traité (*d*).

2°. S'il jouit des fruits avant l'élection de ſon ami, il eſt cenſé avoir joui en la même qualité qu'il avoit acquis ; parce que ſa poſſeſſion ſe réfere au titre antécédent (*e*) : enſorte que ni l'une

---

(*b*) *Suprà* n°. 253.

(*c*) *Argum. L.* 13, *ff. de acquir. rer. domin.* Dumoulin, ſur la Coutume de Paris, §. 23, *hodiè* 33, Gl. 2, n°. 21. Livoniere, liv. 3, ch. 4, ſect. 5, p. 176.

(*d*) Maſuer, tit. 5, n°. 27. Faber, liv. 5, tit. 3, défin. 1.

(*e*) *Ex L.* 77, *in fine*, *ff. de rei vindicat. L.* 3, §. 9, *ff. de acquir. vel amitt. poſſeſſ.*

ni l'autre de ces circonſtances ne donne ouverture aux doubles droits (*f*).

CCLXXII.

Si l'acquéreur, ou l'adjudicataire pour ſon ami, garde pour lui-même l'objet de ſon acquiſition, cette retenue ne donne pas ouverture aux doubles droits ; parce qu'il n'y a eu qu'une vente, & que le command ne pouvoit être propriétaire qu'en vertu de la déclaration de ſon mandataire & de ſa propre ratification : telle eſt la doctrine d'un Arrêt du 13 Février 1663, & l'avis unanime des Auteurs (*g*).

Retenue par l'acheteur.

CCLXXIII.

1°. Si l'acquéreur a payé les lods à ſon nom propre, s'il a été reçu en foi enſaiſiné, ou s'il a reconnu le Seigneur ſans renouveller la déclaration que c'eſt pour ſon ami, il ne peut plus élire ſans donner ouverture à de nouveaux droits, & ſon option eſt conſommée par un acte paſſé avec le Seigneur, au préjudice duquel il ne peut plus s'en départir, conformément à un Arrêt du 19 Mars 1620 (*h*).

Paiement des lods, & inveſti-ture.

2°. A moins que dans le cas du paiement des lods la quittance du Seigneur ne fût vague & indéterminée, & qu'elle ne pût ſe référer à l'ami à élire ; auquel cas l'acquéreur ſeroit cenſé avoir payé en la même qualité qu'il auroit acquis.

3°. Plus encore, s'il conſtoit d'un mandat ſpécial & authentique, antérieur à ce paiement, dont il acheveroit de déterminer le ſens en faveur du commettant (*i*).

(*f*) Livoniere, liv. 3, ch. 4, ſect. 5, p. 174. Dumoulin, *loco ſuprà*.

(*g*) Guyot, des lods, ch. 4, ſect. 3, n°. 20. Livoniere, liv. 3, ch. 4, ſect. 5. p. 176 & 177. Lemaitre, ſur la Coutume de Paris, tit. 2, p. 107. Chopin, ſur la Coutume de Paris, liv. 1, tit. 3, n°. 13.

(*h*) Brodeau, lett. R, ſomm. 2, n°. 6. Dumoulin, ſur la Coutume de Paris, §. 23, *hodiè* 33, Gl. 1, n°. 21. Livoniere, liv. 3, ch. 4, ſect. 5, p. 174. Guyot, des lods, ch. 4, ſect. 3, n°. 18.

(*i*) Guyot, des lods, ch. 4, ſect. 3, n°. 19. Sudre, ſur Boutaric, tit. des lods, §. 2, n°. 30, p. 114.

CCLXXIV.

Imposition ou extinction de servitude.

Me. Sudre prétend encore que l'acquéreur ne peut plus élire, s'il a fait des actes de propriétaire en imposant des servitudes, ou en les éteignant à son nom (*k*).

Mais, 1°. quoiqu'en dise cet Auteur, le simple fait de ces changemens n'indique pas si c'est à son nom, ou au nom de l'ami à élire, qu'il les a faits. 2°. Il n'en est pas de ces actes qui sont étrangers au Seigneur, comme du paiement des lods, ou autres actes passés avec lui : ceux-ci sont obligatoires à son égard, au lieu que les autres ne le sont pas (*l*), quoique le contrat d'achat soit obligatoire en faveur du Seigneur par des raisons particulieres que nous avons expliquées au n°. 115. En un mot, il en est de cette espece comme de celle dans laquelle l'acquéreur a payé le prix, ou perçu les fruits. Or, dans celle-ci il n'y a pas ouverture à de nouveaux droits. (*Suprà* n°. 271).

CCLXXV.

Tems de nommer le command.

1°. Hors les Coutumes qui donnent un délai plus long, Guyot croit que l'acquéreur doit nommer son command dans les quarante jours, qui sont le terme commun fixé par le Droit coutumier, pour venir à la foi : tel est aussi l'avis du Président Faber (*m*).

2°. Comme les procurations sont annales en France, le Parlement de Toulouse fixe au contraire ce délai à un an, à compter du jour de l'achat (*n*) : il en est de même au Maine & en Anjou (*o*).

(*k*) Sudre, sur Boutaric, des droits seigneuriaux, tit. des lods, §. 2, n°. 24, p. 112.

(*l*) *Toto, tit. Cod. inter alios acta.*

(*m*) Guyot, des lods, ch. 4, sect. 3, n°. 6. Faber, liv. 4, tit. 34, défin. 1.

(*n*) Nouveau Journal du Palais, tom. 5, Arrêt 270. Graverol, sur Laroche, des droits seigneuriaux, ch. 58, Arrêt 8.

(*o*) Livoniere, liv. 3, ch. 4, sect. 5, p. 172.

3°. Mais l'élection faite après le délai, donne ouverture à de nouveaux droits (*p*).

CCLXXVI.

Comme la nomination du command n'est que l'exécution feinte *Capacité du command.* ou présumée de l'achat fait à son nom, il faut qu'il ait été capable d'acquérir au tems du contrat d'achat.

Ainsi, 1°. si à cet époque il n'étoit ni né ni conçu, la nomination de sa personne donneroit ouverture à de nouveaux droits (*q*).

2°. A l'égard de l'incapacité résultant de la condamnation ou du défaut d'état dans l'ordre civil, il faut examiner si cette incapacité a été levée par un acte qui ait un effet rétroactif, par exemple, par un jugement qui purge la contumace, ou par la déclaration de nullité des vœux, parce qu'alors l'élection de la personne ne donne pas ouverture à de nouveaux droits (*r*).

3°. Si l'incapacité n'est levée que pour l'avenir ; par exemple, par des lettres d'abolition, l'élection d'ami donne ouverture à de nouveaux droits, puisqu'il y a eu nécessairement deux ventes & deux changemens de main (*s*).

4°. Il est pourtant vrai que celui qui meurt après la condamnation, mais avant l'exécution figurative, meurt avec l'intégrité de son état, parce qu'il n'y a mort civile que du jour de l'exécution figurative (*t*) ; ensorte que s'il obtient des lettres de grace avant l'exécution figurative, il n'a jamais perdu son état.

5°. Si le command est nommé après les trente ans de l'exécu-

[*p*] Nouveau Journal du Palais, tome 5, Arrêt 270.

[*q*] Dumoulin, sur la Coutume de Paris, §. 23, *hodiè* 33, Gl. 2, n°. 27. Guyot, des lods, ch. 4, sect. 3, n°. 14 & 15. Livoniere, liv. 3, ch. 4, sect. 5, p. 173.

[*r*] Dumoulin, sur la Coutume de Paris, §. 23, *hodiè* 33, Gl. 2, n°. 25 & 26. Livoniere, liv. 3, ch. 4, sect. 5, p. 172, 173, & 174. Catellan, liv. 2, ch. 69.

[*s*] Dumoulin, sur la Coutume de Paris, §. 23, *hodiè* 33, Gl. 2, n°. 25 & 26. Livoniere, liv. 3, ch. 4, sect. 5, p. 172---174. Guyot, des lods, ch. 4, sect. 3, n°. 15, 16, & 17.

[*t*] Ordonnance de 1670, tit. 17, art. 29. Lacombe, matieres criminelles, troisieme partie, ch. 16, n°. 20, 22, & 28.

tion figurative, il y a ouverture aux doubles droits, parce que la prescription n'efface pas la mort civile précédemment encourue, quoiqu'elle l'anéantisse pour l'avenir (*v*).

CCLXXVII.

Connoissance du command.

Il n'est pas nécessaire que l'acheteur ait connu le command au moment de l'achat, quoique Dumoulin l'eût pensé de même (*x*); ce seroit mettre les acquéreurs à une espece d'inquisition : il suffit en effet qu'il n'eût pas acquis pour soi, mais pour un tiers (*y*); nous venons d'ailleurs de voir que même, selon Dumoulin, on peut nommer celui qui n'étoit pas né, pourvu qu'il fût conçu au tems de l'achat.

CCLXXVIII.

Command en licitation.

1°. Si entre deux, ou plusieurs collicitans, un d'eux fait agir un tiers qui soit adjudicataire pour lui ou pour son ami, & qu'il élise ensuite le collicitant, ce n'est pas une licitation, puisque les collicitans ont prétendu vendre à un tiers ; ensorte qu'en partant de l'intention des Parties, & de la forme du contrat, cette adjudication donne ouverture aux lods; puisqu'elle est faite à un étranger ; qu'une déclaration postérieure ne peut priver le Seigneur d'un droit acquis par l'adjudication, & que le collicitant & son mandataire doivent s'imputer d'avoir ainsi traité : enfin, les licitans sont tenus, envers l'adjudicataire, des obligations d'une vente, & non de celles d'une licitation. (*Infrà* n°. 296).

2°. Toutefois il n'est pas dû de nouveaux droits pour l'élection d'ami, puisqu'il n'en seroit pas dû si elle avoit été faite de la personne d'un étranger (*z*).

[*v*] Catellan, liv. 2, ch. 69. Matieres crim. de Lacombe, troisieme partie, ch. 25, no. 4.

[*x*] Dumoulin, sur la Coutume de Paris, §. 23, *hodiè* 33, Gl. 2, no. 27.

[*y*] Guyot, des lods, ch. 4, sect. 3, n°. 15. Livoniere, liv. 3, ch. 4, sect. 5, p. 173. Sudre, sur Boutaric, tit. des lods, §. 1, no. 26, 27, p. 113.

[*z*] Dumoulin, sur la Coutume de Paris, §. 23, *hodiè* 33, Gl. 2, no. 28 & 29.

2°. A plus forte raison s'il paroissoit par un mandat spécial &
authentique antérieur, que l'adjudicataire avoit agi pour le collicitant, parce que ce seroit alors une vraie licitation, conséquemment exempte, sans difficulté, de droits, parce qu'elles jouissent
de cette exemption, quand même on se seroit servi des termes
de vente, comme nous l'expliquerons au n°. 310, & que l'existence du mandat spécial & authentique antécédent, fixe le sens
& la nature de l'adjudication faite à l'étranger, en la réduisant
par le fait à une simple licitation.

CHAPITRE VIII.

Des Ventes d'actions & d'hérédité.

CCLXXIX. Vente d'hérédité.
CCLXXX. Consistant en droits & actions.
CCLXXXI. Ventes d'actions.
CCLXXXII. Efficace.
CCLXXXIII. Avant la possession.
CCLXXXIV. Pluralité de ventes.
CCLXXXV. Cession au possesseur.

CCLXXIX.

1°. La vente de droits successifs donne ouverture aux lods, *Vente d'hérédité.*
s'il y a des biens féodaux ou censuels qui en dépendent (*a*). Deux
Arrêts de Mai 1647 (*b*), & du 3 Juillet 1697 (*c*), ont jugé la
question en conformité de ce principe, qui est évident.

(*a*) Dumoulin, sur la Coutume de Paris, §. 23, *hodiè* 33, Gl. 2, n°. 34---
39. Dargentré, *de laudimiis, cap.* 1, §. 22. Livoniere, liv. 3, ch. 4, sect. 6,
p. 178 & 179.

(*b*) Duperier, abrégé d'Arrêts, *verbo*, Lods.

(*c*) Sudre, sur Boutaric, des droits seigneuriaux, tit. des lods, §. 4, n°. 16,
p. 136.

2°. Bien entendu pourtant qu'il n'y a ouverture aux lods qu'à concurrence des héritages échus à l'acquéreur (*d*) ; & qu'en ce cas, il y a une ventilation à faire (*e*) sur le prix total de la vente, & non sur la valeur des biens vendus (*f*).

C C L X X X.

Consistant en droits & actions.

Si l'hérédité ne consiste qu'en droits & actions, le Seigneur n'est pas fondé à demander les lods, parce que les ventes d'actions en sont exemptes (*g*) : mais si l'exercice de ces actions donne des biens sujets aux droits, cet événement détermine l'ouverture antécédente aux lods (*h*). Nous développerons cette idée dans toute son étendue, dans la suite de ce Chapitre.

C C L X X X I.

Vente d'actions.

1°. La vente d'actions ne donne pas par elle-même ouverture aux droits (*i*) qui sont attachés à l'aliénation ou à la mutation du fief, & non à celle de l'action, pour le revendiquer ; ainsi, c'est la vente du possesseur qui y donne ouverture, & non celle du maître dépouillé, dont l'action peut devenir illusoire par mille moyens, & sur le compte duquel on ne peut mettre les droits du fief dont il ne jouit pas. Il est inutile de nous répéter à ce sujet (*k*).

[*d*] Regles de Livoniere, tit. des Lods, n°. 14. Dargentré, sur la Coutume de Bretagne, art. 59, note 4, n°. 21.

[*e*] Guyot, des lods, ch. 11, n°. 9. Livoniere, liv. 3, ch. 4, sect. 6, p. 178 & 179.

[*f*] Sudre, sur Boutaric, tit. des lods, §. 4, n°. 16, p. 136.

[*g*] Loisel, liv. 4, tit. 2, regle 12. Dargentré, sur la Coutume de Bretagne, art. 59, note 3, n°. 7 & 8.

[*h*] Dumoulin, sur la Coutume de Paris, §. 23, *hodiè* 33, Gl. 2, n°. 39. Dargentré, *de laudimiis, cap.* 1, §. 22. Livoniere, liv. 3, ch. 4, sect. 6, p. 178 & 179.

[*i*] Dumoulin, sur la Coutume de Paris, §. 23, *hodiè* 33, Gl. 2, n°. 30 & 33. Dargentré, sur celle de Bretagne, art. 59, note 2, n°. 8 & 9. Livoniere, liv. 3, ch. 4, sect. 6, p. 178.

[*k*] *Suprà* n°. 100.

2°.

2°. Mais lorſque les droits courent ſur la tête du maître, & non ſur celle du poſſeſſeur, ſelon la diſtinction exprimée aux numeros 101, 610, & 649, alors la vente d'actions donne ouverture aux droits dont l'expectative doit courir ſur la tête de quelqu'un, & le Seigneur a action contre le Maître, pour les lods & pour les reliefs qui ont couru ſur ſa tête, ou ſur celle de ſes auteurs, depuis trente ans (*l*), comme s'il avoit été poſſeſſeur.

CCLXXXII.

Si la vente d'actions eſt efficace, il y a lieu à la perception des lods, non au moment du contrat, mais en puiſſance; c'eſt-à-dire, que quoiqu'ils ſoient dûs du jour de la vente qui y donne ouverture, l'action pour les exiger ne pourra être exercée qu'après que l'acheteur aura évincé le poſſeſſeur, en la perſonne duquel on conſidere les mutations (*m*) : c'eſt ainſi que la queſtion a été jugée par un Arrêt du 20 Juin 1689 (*n*).

Efficacité

CCLXXXIII.

1°. Il eſt de regle que la propriété ne peut être transférée par de ſimples pactes, mais par la délivrance de la choſe, ou par la preſcription (*o*); parce que les contrats ne peuvent former que des engagemens perſonnels (*p*), & que le domaine ne peut être tranſporté que par les voies naturellement établies pour l'acquérir; c'eſt-à-dire, dans l'état de pure nature, par l'occupation; & dans l'état civil, par la délivrance ou par la preſcription : or, l'une & l'autre emportent pareillement l'occupation.

Avant la poſſeſſion.

En partant de ces maximes, ſi le donataire, avant la miſe de

(*l*) Dumoulin, ſur la Coutume de Paris, §. 22, *hodiè* 33, Gl. 1, n°. 151.

(*m*) Dumoulin, ſur la Coutume de Paris, §. 23, *hodiè* 33, Gl. 2, n°. 39 & 40. Dargentré, ſur celle de Bretagne, art. 39, note 2, n°. 8 & 9; & note 3, n°. 7 & 8. Livoniere, liv. 3, ch. 4, ſect. 6, p. 178 & 179.

(*n*) Journal des Audiences, tome 4, liv. 4, ch. 17.

(*o*) L. 20, *Cod. de pactis.*

(*p*) Potier, de la vente, n°. 318.

poffeffion réelle ou feinte (*q*), rétrocede à prix d'argent fon droit au donateur, cette vente ne donne pas ouverture aux lods ni au relief (*r*) ; parce que ce n'eft qu'une fimple vente d'actions, puifque le donataire n'avoit pu acquérir la propriété par le feul fait du pacte, fans délivrance réelle ou fymbolique, & qu'il n'avoit acquis par la donation, que *jus ad rem*, & non *jus in re*, fur le bien donné (*s*).

2°. Mais s'il vend fon droit à un tiers, & que celui-ci entre en poffeffion du bien qui avoit été donné à fon vendeur, c'eft le cas du n°. précédent, & les lods font dûs de la vente faite par le donataire, non qu'on puiffe les demander au moment de la vente, mais en puiffance ; enforte que la mife de poffeffion de l'acheteur rendant fon achat efficace, elle aura un effet rétroactif au tems dudit achat, à l'effet du paiement des lods (*t*).

C C L X X X I V.

Pluralité des ventes.

1°. Si l'action eft fucceffivement vendue à plufieurs avant d'être exercée, ce n'eft que la derniere ceffion qui donne ouverture aux lods, parce que c'eft la feule qui ait fon effet fur le bien vendu, & qui en opere le changement de main (*v*). Un Arrêt du 20 Juin 1689 (*x*) fe réunit, à cet égard, au fuffrage de Dumoulin.

2°. Mais fi la derniere ceffion, par exemple, a été faite en fraude des droits, & que le pénultieme ceffionnaire, après avoir

---

(*q*) Nous en fixerons les caractères, & en expliquerons les effets en traitant de la réfolution des contrats aux numeros 629 & 630.

(*r*) Dumoulin, fur la Coutume de Paris, §. 23, *hodiè* 33, Gl. 2, n°. 33--36.

(*s*) Potier, des obligations, n°. 151.

(*t*) Dumoulin, fur la Coutume de Paris, §. 55, Gl. 3, *hodiè* 78, n°. 4--10. Dargentré, fur celle de Bretagne, art. 59, note 3, n°. 8 & 9. Ces deux Auteurs ont varié fur cette queftion, & décidé ailleurs qu'il n'y avoit ouverture qu'au relief : favoir, Dumoulin, fur la Coutume de Paris, §. 23, *hodiè* 33, Gl. 2, n°. 33--36. Dargentré, *de laudimiis*, cap. 1, §. 47.

(*v*) Dumoulin, fur la Coutume de Paris, §. 23, *hodiè* 33, Gl. 2, n°. 33--36 ; & §. 55, Gl. 3, *hodiè* 78, n°. 22 & 23.

(*x*) Journal des Audiences, tom. 4, liv. 4, ch. 17.

acheté cher son droit, le cede gratuitement à un tiers à la veille
de l'exercice du susdit droit, pour priver le Seigneur des lods ou
du retrait ; en un mot, s'il conste de la fraude par la brieveté du
tems, & par les autres circonstances, le Seigneur sera le maître
d'exercer ses différens droits sur la pénultieme mutation (y).

3°. Si les droits ont couru sur la tête du maître, & non sur
celle du possesseur, dans les cas exprimés aux numeros 101,
610 & 649, le Seigneur peut exiger les lods de toutes les ventes
faites par les propriétaires depuis trente ans. Nous avons dit la
même chose au n°. 281.

C C L X X V.

1°. Si l'acheteur d'une action cede son droit au possesseur du *Cession au posses-*
fonds, il y a exemption de lods, tant à raison de la premiere ces- *seur.*
sion faite à cet acheteur, puisqu'elle n'a pas sorti à effet, que de la
seconde, parce que le possesseur a pu se racheter d'un procès sans
donner ouverture aux droits (z).

2°. Mais si le possesseur n'étoit pas maître, & que le Seigneur
pût prouver qu'il ne l'est devenu que par la cession, il faut revenir aux principes que nous poserons ci-après en traitant des
transactions aux numeros 417, 418, 419.

Par exemple, si le maître cede son droit à l'engagiste, le prix
de cette cession est sujet aux lods, comme formant le complément de son achat, ainsi que nous le dirons au n°. 442.

---

[y] Dumoulin, sur la Coutume de Paris, §. 23, *hodiè* 33, Gl. 2, n°. 36 ;
& §. 55, Gl. 3, *hodiè* 78, n°. 23.

[z] Dumoulin, sur la Coutume de Paris, §. 55, Gl. 3, *hodiè* 78, n°. 15,
16, & 17.

CHAPITRE IX.

DES partages & licitations.

SECTION PREMIERE.

DES partages.

Vide la Section suivante.

CCLXXXVI.

Droit Romain. Les principes du Droit Romain à l'égard des partages, sont totalement différens des nôtres.

1°. Tantôt il donne à ce contrat le nom d'échange (*a*), & & quelquefois il le considere comme une vente (*b*).

2°. Selon ce droit, les créanciers d'un des co-partageans conservoient leur hypotheque en entier sur la part de tous les co-partageans (*c*).

____

[*a*] *L.* 77, §. 18, *ff. de legatis* 2°. *L.* 20, §. 3, *ff. famil. ercif.*
[*b*] *L.* 1, *Cod. commun. utriusque jud.*
[*c*] *L.* 6, §. 8, *ff. de communi divid.*

3°. En cas d'éviction d'un des copartageans, son indemnité étoit fixée sur la valeur au tems de l'éviction, & non au tems du partage (*d*), quand même le bien évincé auroit diminué de valeur (*e*) : ensorte que ce contrat étoit mis de niveau avec la vente.

CCLXXXVII.

Mais les droits seigneuriaux auxquels les copartageans peuvent être sujets, nous ont fait envisager différemment ce contrat, & établir les regles les plus favorables à l'affranchissement de ces droits.

1°. Le partage est regardé parmi nous comme une dissolution de société qui détermine la portion de chaque copartageant dans le bien partagé (*f*).

2°. En conséquence, le partage a un effet rétroactif ; ensorte que chaque copartageant est censé n'avoir jamais eu que la portion échue à son lot (*g*), lors même qu'il a été fait avec retour (*h*).

3°. A l'égard de l'hypotheque des créanciers de chaque associé, elle ne suit pas le fonds échu au lot d'un associé qui ne leur doit rien (*i*) ; & l'on trouve une foule d'Arrêts conformes de 1569, 1581, 1596, & 1633 (*k*). En effet, le créancier n'a hypotheque que sur les biens de son débiteur : il ne peut donc la revendiquer sur la portion échue à un associé qui ne lui doit rien, & dont les biens ne lui ont jamais été hypothéqués.

4°. En cas d'éviction soufferte par un des copartageans, les autres ne lui doivent pas des dommages, parce que, selon le

Droit François.

____

[*d*] *L.* 6, §. 3, *ff. de evict. & Gotophredus. ibidem.*

[*e*] *L.* 70, *ff. de evict.*

[*f*] Potier, de la vente, n°. 630. Livoniere, liv. 3, ch. 6, sect. 6, p. 225 & 229.

[*g*] Potier, de la vente, n°. 630, 638. Chopin, sur la Coutume d'Anjou, liv. 2, tit. du relief, n°. 10. Guyot, des lods, ch. 11, n°. 4, 6, 7, 8. Dumoulin, note sur l'art. 36 de Lile.

[*h*] Potier de la vente, n°. 630, 638.

[*i*] Potier, de la vente, n°. 630, 638, 640.

[*k*] Louet & Brodeau, lett. H, somm. 11, n°. 5, 6, 7.

langage de Dumoulin, *neuter magis afferit*, *neuter magis decipit quam alter ; imo dicitur res evinci facto vel culpâ communi, & nec ulla debet effe inter eos obligatio in id quod intereft* (*l*) ; mais on doit pourvoir à l'indemnité de l'affocié évincé (*m*), fur le pied de la valeur de la chofe, au tems du partage, pour rétablir l'égalité (*n*), quoique régulierement le partage ne foit pas réfolu (*o*).

5°. Lorfqu'il y a un gros retour, Potier fait évanouir l'hypotheque du créancier dont le débiteur s'eft dépouillé de fa propriété, en prenant fa portion de bien en meubles ou en argent (*p*).

Mais nous ne pouvons gouter cette extenfion contraire à la doctrine de Dumoulin, & à la Loi Romaine (*q*), & qui ouvriroit la porte à toute forte de fraudes. 1°. Par cet ordre, un créancier perdroit fon hypotheque par le feul fait de fon débiteur, contre la prohibition du Droit. 2°. Potier, au Traité de la vente, n°. 515, convient que fi un tiers eft adjudicataire, c'eft, à fon égard, une vente : mais, en partant de fon aveu, fi l'adjudicataire eft un cohéritier, le créancier feroit lézé, & fon hypotheque éteinte fans raifon. 3°. Il n'en eft pas de ce créancier qui cherche à fe garantir d'une perte, comme du Seigneur de fief qui prétendroit attacher au partage, un profit. 4°. Enfin, le poffeffeur d'un gros domaine en fociété, où le participe à une fucceffion confidérable, pourroit ruiner fes créanciers, & anéantir leurs hypotheques dans l'inftant. 5°. Notre Jurifprudence ne donne qu'un effet déclaratif au partage, en divers cas, comme nous l'expliquerons aux numeros 289, 292, *bis* 301 & 307 : à plus forte raifon doit-il être également reftraint lorfqu'il s'agit de conferver les droits d'un tiers : nous ne pouvons pourtant diffimuler que l'Arrêt du 3 Septembre 1633, un de ceux que rap-

---

(*l*) Dumoulin, *in tractatu de eo quod intereft*, n°. 144 & 145.
(*m*) L. 14, *Cod. famil. ercifc.* L. 33, *ff. eodem.*
(*n*) Potier, de la vente, n°. 632.
(*o*) Dumoulin, *in tract. de eo quod intereft*, n°. 146.
(*p*) Potier, de la vente, n°. 630, 638, 640.
(*q*) L. 6, §. 8, *ff. comm. divid.* Dumoulin, fur la Coutume de Paris, §. 1, Gl. 9, n°. 45. Louet & Brodeau, lettr. H, fomm. 11, n°. 1, 2, 8.

porte Brodeau, décharge les biens fonds de l'hypotheque du créancier d'un copartageant, dans le cas où les meubles de la succession avoient formé le lot de son débiteur : tel est aussi l'avis d'Henrys (r) ; mais Bretonnier convient qu'il en seroit autrement dans les pays de Droit Ecrit, conformément aux textes du Droit (s) : & les anciens de l'ordre nous ont attesté que la Jurisprudence du Parlement de Toulouse est conforme à notre avis.

C C L X X X V I I I.

Le partage ne porte, dans son essence, ni les caracteres d'une vente, ni ceux d'un échange : il est donc exempt des droits attachés à ces contrats, & conséquemment des lods (t) : " c'est la » distribution faite à chaque associé de sa portion de propriété » divisée, dont la société entiere jouissoit par indivis ; » & nos usages donnent au partage un effet rétroactif au tems où la société a commencé ; de façon que chaque associé est censé avoir toujours joui & dû jouir de sa portion divisée, comme après le partage, dont l'effet rétrograde & remonte au commencement de la société : d'ailleurs, ce contrat n'emporte ni dans son essence, ni dans l'intention des Parties, aucune sorte de changement de main : il est donc exempt des droits attachés à toute espece de mutation (v). *Exemption de profits.*

C C L X X X I X.

Mais au lieu que l'effet du partage remonte au commencement de la société lorsqu'il s'agit de la décharge des droits ; dans le cas *Quand déclaratif.*

(r) Henrys & Bretonnier, liv. 6, quest. 37, no. 1--8.

(s) Bretonnier sur Henrys, liv. 6, quest. 37, n°. 9. *L.* 7, §. 4, *ff. quib. modis pign. L.* 7, §. 13, *ff. de comm. divid.*

(t) Chopin, sur la Coutume d'Anjou, liv. 1, art. 4, n°. 7. Charondas, liv. 7, rép. 107. Maynard, liv. 4, ch. 50, n°. 1. Dargentré, *de laudimiis, cap.* 1, §. 53. Loisel, liv. 4, tit. 3, reg. 13.

(v) Chopin, sur la Coutume d'Anjou, liv. 2, tit. du relief, n°. 10. Potier, de la vente, n°. 631. La Thaumassiere, Coutume de Lorris, tit. des fiefs, art. 51.

inverfe, par exemple, s'il échoit à une fille pendant fon mariage, une fucceffion indivife avec fes freres, en Anjou, où il eft dû relief de tout mariage ; & que le mari étant décédé, le fief foit échu au lot de la veuve par un partage fait depuis le décès du mari ; en ce cas, fi le partage avoit un effet rétroactif, il y auroit eu ouverture au relief, parce que le fief feroit cenfé être échu à la femme pendant fon mariage, & qu'il eft dû relief de tout mariage en Anjou, comme on l'a dit. Si au contraire, le partage n'a qu'un effet déclaratif, à compter de fa date, alors il y a exemption de relief, puifque le fief eft échu au lot de la fille par le partage après le décès de fon mari. Or, un Arrêt du 6 Avril 1574, prononce l'exemption du relief (x) : conféquemment, il juge que le partage eft purement déclaratif du droit de la fille, à compter de la datte du fufdit partage, & fans aucun effet rétroactif au tems de l'ouverture de la fucceffion, parce qu'autrement il y auroit eu ouverture au relief. Nous verrons, au n°. 292, un autre cas où la Jurifprudence reftraint de même l'effet du partage au tems de fa datte.

C C X C.

S'il y a retour. Ce n'eft que par degrés, & à la longue, que la Jurifprudence établie par rapport aux partages & aux licitations, eft parvenue au point de fa maturité. Dumoulin affujettiffoit le partage aux lods dans le cas d'un retour confidérable, à concurrence de ce retour, fi l'immeuble pouvoit être facilement partagé (y) ; mais la faveur de la libération a été plus loin encore, comme nous le dirons en parlant des licitations : ainfi, dans ce cas-là même, la Jurifprudence conftante prononce l'exemption des droits, parce que ce retour repréfente, non le prix d'une vente, mais la portion échue au lot de celui qui le reçoit (z) : c'eft ainfi que la queftion a été jugée par un Arrêt de Mai 1569 (a) : pareils Arrêts

---

(x) Brodeau, lettre H, fomm. 11, n°. 9. Guyot, de la faifie féodale, fect. 2, no. 17.
(y) Dumoulin, fur la Coutume de Paris, §. 22, *hodiè* 33, Gl. 1, n°. 74.
(z) Potier, de la vente, n°. 630 & 631.
(a) Chopin, fur la Coutume d'Anjou, liv. 1, art. 4, n°. 8, en marge.

des

des 15 Décembre 1648, & 24 Juillet 1670 (*b*) ; & tel est l'avis unanime des Auteurs (*c*).

CCXCI.

1°. Nous avons dit aux numeros 281 & 282, que la vente d'une action donne l'expectative de l'ouverture aux lods, lorsque par l'événement, cette action sortira à effet ; & qu'en ce cas, la créance des lods remonte à la datte du premier contrat. En partant de cette regle, si quelqu'un achete un bien à partager, consistant en fiefs & autres effets, il faut attendre le partage qui doit décider de l'assujettissement aux lods, avec un effet rétroactif au tems de l'achat ; & tel est l'avis de Chopin & de Guyot (*d*) : enforte que s'il échoit une portion de fief au lot de l'acheteur, il en devra les lods, à compter du jour de son achat, & sur le prix porté par ce même achat.

Tiers-acquéreur.

2°. Au lieu que s'il avoit simplement acquis une portion indivise d'un fief, il devroit, sans attendre le partage, les lods de cette portion.

CCXCII.

1°. Si cependant le tiers-acquéreur de la portion indivise d'un fief dont il a payé les lods, devient ensuite adjudicataire par un partage, non-seulement d'une portion du fief proportionnelle au lot qu'il avoit acquis, mais qu'il soit adjudicataire d'une plus grande portion, moyennant une somme qu'il compte à ses associés ; en ce cas, il doit les lods du retour qu'il compte à sesdits associés ; parce que ce retour est le complément du prix total de son achat (*e*) : c'est ainsi que la question a été jugée par des Arrêts de 1730, 1734, & 1736 (*f*) ; autres de 1637, 1639, &

S'il est adjudicataire du surplus.

(*b*) Livoniere, liv. 3, ch. 6, sect. 6, p. 226, 229, & 230.

(*c*) Dargentré, sur la Coutume de Bretagne, art. 73, note 1, n°. 10 ; & note 4, n°. 3.

(*d*) Chopin, sur la Coutume d'Anjou, liv. 2, tit. du relief, n°. 10. Guyot, des lods, ch. 11, n°. 4, 6, 7, & 8.

(*e*) Potier, de la vente, n°. 631 ; & sur l'art. 15 de la Coutume d'Orléans. Dargentré, sur celle de Bretagne, art. 73, note 4, n°. 3, p. 322.

(*f*) Guyot, des licitations, ch. 3, sect. 3, §. 5, n°. 7, 8, 9, & 10.

1640 (g) ; parce qu'on a voulu faciliter le partage des choses communes, & non priver les Seigneurs de leurs droits légitimes ; mais au lieu que les lods du prix de l'achat font dûs du jour de sa datte, comme nous l'avons dit au n°. précédent, il n'y a ouverture aux lods du retour, selon les Arrêts & les Auteurs que nous indiquons, que du jour du partage qui contiendra la stipulation de ce retour ; puisque c'est seulement de ce jour qu'il acquiert la portion de ses associés, & que le retour est le représentatif de cette portion. (*Idem infrà* n°. *bis* 301, & n°. 307, vers. 2).

Supposons donc l'acquisition primitivement faite d'un bien à partager, & le partage fait ensuite avec stipulation de retour de la part de cet acquéreur ; en ce cas, il devra les lods, 1°. à concurrence de la quotité de fief, ou de bien indivis, qu'il avoit primitivement achetée ; & la dette de cette portion de lods remontera au jour de son achat, parce que l'événement du partage déterminera l'échéance du droit à concurrence de cette portion, avec effet rétroactif au tems dudit achat. 2°. Il devra pareillement les lods à concurrence du retour, à compter du partage seulement : car, comme le dit Potier, « par la première vente, il » n'avoit acheté qu'une portion indéterminée, indivise, dont il » avoit payé les droits ; & cette portion étant déterminée à » une plus grande portion par le retour, il doit payer les lods » de cette portion, à la déduction de ce qu'il avoit d'abord » payé (h) ». Or, les droits de ce complément ne sauroient être dûs avant le contrat, qui seul y donne ouverture, ni adjugés au Seigneur en possession lors du premier contrat, au préjudice du possesseur de la Seigneurie à l'époque du second : enfin, les droits du second contrat seroient prescrits avant leur ouverture, si le premier contrat auquel on les feroit remonter étoit antérieur de plus de trente ans.

2°. Il est donc faux que le partage ait toujours un effet rétroactif. 1°. La Jurisprudence en a borné l'effet au tems de sa datte,

---

(g) Ferriere, sur la Coutume de Paris, art. 80, n°. 31. Livoniere, liv. 2, ch. 6, sect. 5, p. 223.

(h) Potier, du retrait, n°. 113 ; & de la vente, n°. 631, *infrà* n°. 307 ; & n°. 808, vers. 1.

en le reconnoissant purement déclaratif en faveur du redevable,
& par la seule considération de l'exemption des droits (*i*). 2°.
Elle juge de même qu'il est simplement déclaratif dans le cas présent, par le seul intérêt de la vérité, & indépendamment de toute
considération favorable ou non à la perception des droits, en les
adjugeant du jour du partage seulement : tant il est vrai que l'é-
tendue des fictions de droit doit être circonscrite dans les bornes
que la raison & l'équité leur prescrivent : & cette réflexion nous
confirme dans l'idée, que le partage n'a pas un effet rétroactif, au
préjudice des créanciers hypothécaires, dont le débiteur prend
sa portion en meubles ou en argent, comme nous l'avons expliqué au n°. 287.

3°. Au reste, cet acquéreur intermédiaire ne seroit pas sujet
au retrait, selon Potier, à raison du second traité, qui forme le
complément de son acquisition ; parce que l'adjudication faite à
son profit n'est pas une vente, mais un partage (*k*). Nous déve-
loperons cette idée au n°. 306.

CCXCIII.

1°. Si dans un partage entre les parens de deux lignes, on ad- *Parens des deux*
juge à l'un d'eux tous les biens d'une ligne, & à l'autre ceux *lignes.*
d'une autre ligne, ou à l'un les biens propres ou les biens pater-
nels, & à l'autre les acquets ou les biens maternels ; en ce cas il
faut distinguer.

2°. Car si les uns & les autres étoient capables de succéder aux
biens des deux lignes, c'est un partage exempt des droits, comme
il le seroit par exemple si l'on adjugeoit à l'un des copartageans
un champ, & à l'autre une maison : mais si l'on donne aux héritiers de ces différentes lignes, des biens auxquels ils ne pouvoient
succéder, & à l'égard desquels ils étoient étrangers, il y a ouverture aux droits, comme pour un échange (*l*) ; puisque chacun

---

(*i*) Suprà n°. 289.
(*k*) L. 2, Cod. de comm. divid.
(*l*) Art. 282 de la Coutume du Maine. Livoniere, liv. 3, ch. 6, sect. 6,
p. 233.

donne des biens de sa ligne, auxquels chacun des copartageans est étranger : c'est ainsi qu'on doit restraindre la doctrine de Dumoulin (*m*).

3°. Si cependant, dans le second cas, les biens des deux lignes étoient indivis dans leur essence ; c'est-à-dire, s'il étoit attaché à chaque succession ou à chaque ligne une portion indivise sur les différens biens à partager ; en ce cas, les copartageans jouiroient de la même exemption que tous les propriétaires par indivis qui peuvent liciter sans profits ; comme nous le dirons dans la Section suivante.

CCXCIV.

Après le partage.   Le partage ayant dissous la société entre les parties copartageantes, il n'y a ni raison ni prétexte pour exempter des droits quelconques les traités postérieurement faits entre ces Parties ; conséquemment, la vente qu'un des copartageans peut faire de sa part, distincte & séparée, à un de ses anciens associés, est sujette aux lods, comme toute autre vente qu'il pourroit en faire au profit de qui que ce soit (*n*).

Section II.

Des licitations.

(*m*) Dumoulin, sur la Coutume de Paris, §. 55, Gl. 1, *hodiè* 78, n°. 160.

(*n*) Dumoulin, sur la Coutume de Paris, §. 22, *hodiè* 33, Gl. 1, n°. 70. Dargentré, sur celle de Bretagne, art. 75, note 4, n°. 3. Livoniere, liv. 3, ch. 6, sect. 6, p. 227 & 228.

Sur le command en licitation, *voyez*, le n°. 278, *suprà*.

C C X C V.

Définition & éthymologie.

1°. Me. Guyot, Avocat au Parlement de Paris, a fait un Traité sur cette matiere : les meilleurs principes y sont approfondis, & revêtus de preuves les plus tranchantes ; mais, ainsi que tous ses autres ouvrages, celui-ci manque d'ordre, de précision & de clarté. Livoniere est plus serré, plus méthodique, & plus exact. Le public est pourtant redevable au premier, d'avoir facilité l'étude de Dumoulin, en développant ses principes sur les matieres seigneuriales, & notamment sur le jeu & le démembrement de fief.

2°. « La licitation est l'adjudication à l'enchere, au plus offrant » d'un héritage commun entre cohéritiers ou associés (*o*)» : cette expression dérive du mot latin *liceri* ; c'est-à-dire, mettre une enchere à ce qui est exposé en vente, & de son verbe fréquentatif *licitari*, multiplier ces encheres (*p*).

[*o*] Potier, de la vente, n°. 515.
[*p*] *Kalvinus*, verbo, *liceri*, *licitari*.

CCXCVI.

Leur nature.

1°. Pour prévenir les inconvéniens d'une société forcée, ou mal affortie, la Loi a fagement établi, que perfonne n'eft tenu d'y demeurer contre fon gré (*q*) ; ainfi, la licitation en eft la diffolution, & non une vente ; & cette diffolution peut fe faire ou par la fection des Parties, ou par l'adjudication à l'un des affociés, felon qu'ils le trouvent bon (*r*) : enforte que fi la portion du collicitant, qui devient adjudicataire, eft propre, le furplus eft propre auffi (*s*).

2°. En partage ou en licitation, fi l'affocié adjudicataire eft évincé, il n'y a lieu qu'à la reftitution du prix (*t*) ; parce que nul n'eft tenu à la garantie envers fon affocié, felon le lumineux principe ci-devant rapporté, de Dumoulin (*v*) : autre chofe feroit de l'adjudication faite à un étranger, auquel la pleine & entiere garantie feroit dûe par les collicitans, parce qu'à fon égard, c'eft une vente de leur part.

CCXCVII.

Progrès de la Jurifprudence.

Ce n'eft que par degrés, & à la longue, que la Jurifprudence eft parvenue au point de perfection & de maturité fur cet objet. Livoniere, dans fon excellent Livre, en a développé les progrès (*x*).

Un Arrêt de Pâques 1587 avoit prononcé l'exemption des lods de la licitation entre cohéritiers d'un bien qui ne pouvoit commodément fe partager (*y*) : enforte que la difficulté du partage paroît avoir déterminé l'exemption lors de cet Arrêt.

[*q*] *L.* 5 , *Cod. comm. divid.*

[*r*] Guyot, de la licitation , ch. 2 , *per totum.* Dumoulin , fur la Coutume de Paris , §. 22 , *hodiè* 33 , Gl. 1 , n°. 69 , 74 , 75 , & 76. Dargentré , *de laudimiis , cap.* 1 , §. 53. Ferriere , fur Guy-Pape , queft. 48.

[*s*] Regles de Livoniere , tit. des propres , n°. 8.

[*t*] *L.* 14 , *Cod. famil. ercifc.*

[*v*] *Suprà* n°. 287.

[*x*] Livoniere , liv. 3 , ch. 6 , fect. 5 , p. 219 , 220 , & 221.

[*y*] Charondas , obfervations du Droit François , *verbo* , Lods.

Pareille exemption d'un partage entre cohéritiers, & d'une licitation subsidiaire, par Arrêt de Pâques 1538 (7).

,, Si l'héritage ne peut se partir entre cohéritiers, & se licite
,, sans fraude, ne sont dûes aucunes ventes pour l'adjudication
,, faite à l'un d'eux ,,, selon l'art. 80 de la nouvelle Coutume de
Paris.

Enfin, Dumoulin prononce l'ouverture aux lods & au retrait,
si des étrangers étoient admis à liciter, quand même l'adjudication auroit été faite à un associé (a) ; & Dargentré n'est pas bien
d'accord avec lui-même à ce sujet (b).

C C X C V I I I.

Mais la Jurisprudence est, depuis long-tems, fixée à déclarer
exempte par sa nature, des lods & du retrait, l'adjudication faite
du bien commun à un associé ; parce que ce n'est pas une vente,
mais le partage qu'on a voulu faciliter d'une chose commune (c) ;
& cette adjudication est pareillement exempte du relief, parce
qu'elle n'emporte point de changement de main, & que l'adjudicataire avoit une portion indivise sur la totalité du bien adjugé (d).

Exemption des lods.

C C X C I X.

L'ancienne Jurisprudence n'accordoit l'exemption qu'autant que
la division réelle & effective ne pouvoit se faire facilement, &

Extension.

---

[7] Chatondas, liv. 7, rép. 207. Chopin, sur la Coutume d'Anjou, liv. 1,
art. 4, n°. 7.

[a] Dumoulin, sur la Coutume de Paris, §. 22, *hodiè* 33, Gl. 1, n°. 73.

[b] Dargentré, *de laudimiis*, cap. 1, §. 24.

[c] Guyot, des lods, ch. 3, n°. 1. Livoniere, liv. 3, ch. 6, sect. 5, p. 219 &
220. Dargentré, *de laudimiis*, cap. 1, §. 53. La Thaumassiere, Coutume de
Lorris, tit. des fiefs, art. 51. Loisel, liv. 4, tit. 2, reg. 13. Papon, liv. 13,
tit. 2, Arrêt 23. Maynard, liv. 4, ch. 50, n°. 1. Mornac, sur la Loi 52, §. *penult. ff. familiæ ercisc.*

[d] Dumoulin, sur la Coutume de Paris, §. 22, *hodiè* 33, Gl. 1, no. 77.
Ferriere, sur la Coutume de Paris, art. 80, n°. 10. Guyot, du relief, tome 1,
ch. 4, sect. 2, n°. 21.

sans fraude (*e*) : mais cette modification a été depuis long-tems rejettée ; parce que nul ne peut connoître les inconvéniens moraux ou physiques de la section par Parties, comme les possesseurs ; ensorte qu'il suffit qu'ils n'aient pas trouvé à propos de faire cette section, pour qu'on doive affranchir la licitation des droits (*f*) : c'est ainsi que la question a été jugée par un Arrêt du 17 Mai 1634 (*g*), & par deux autres Arrêts du 29 Mars 1615, & 30 Juillet 1669 (*h*).

C C C.

Cette exemption a pareillement lieu en faveur de toutes personnes conjointes par une communauté légale ou conventionnelle ; par exemple, entre copropriétaires qui ont acheté un bien ou un fief en commun (*i*) ; parce que ceux-ci ayant formé une société conventionnelle au moment de leur achat, la licitation faite de leur part est la renonciation à leur société, & cette renonciation est conséquemment exempte des droits (*k*). Nous invoquons, en faveur de cette doctrine, un Arrêt du mois d'Août 1582 (*l*), un autre du 11 Janvier 1607 (*m*), autre du 24 Mars 1733 (*n*) : & autres des 29 Mai 1615, & 5 Avril 1619 (*o*) : tous les susdits Arrêts rendus au profit des co-acquéreurs ; pareil Arrêt du 27 Mai 1569, entre co-héritiers (*p*).

(*e*) Art. 80 de la Coutume de Paris ; Arrêt de Pâques 1587, dans Chatondas, observat. du Droit François, *verbo*, Lods. Boissieu, ch. 80, p. 402 & 403.

(*f*) *Vel non placet ut dividatur.* Dumoulin, sur la Coutume de Paris, §. 22, *hodiè* 33, Gl. 1, n°. 72. *Idem* Ferriere, sur la question 48 de Guy-Pape. Lapeyrere, lettre V. n₀. 5.

(*g*) M. Lecamus, dans Ferriere, sur l'art. 80 de la Cout. de Paris, n°. 8 & 9.

(*h*) Livoniere, liv. 3, ch. 6, sect. 5, p. 224.

(*i*) *Ut in L. 2, ff. de comm. divid.*

(*k*) Dumoulin, sur la Coutume de Paris, §. 22, *hodiè* 33, Gl. 1, n°. 69 & 70. Loisel, liv. 4, tit. 2, reg. 13. Livoniere, liv. 3, ch. 6, sect. 6, p. 230. Ferriere, sur la quest. 48 de Guy-Pape.

(*l*) Lapeyrere, let. V, n°. 5.

(*m*) Livoniere, liv. 3, ch. 6, sect. 5, p. 221.

(*n*) Guyot, des licitations, ch. 3, sect. 3, §. 3, n°. 4, p. 33, 34, 35.

(*o*) Livoniere, liv. 3, ch. 6, sect. 5, p. 221.

(*p*) Brodeau, lettre L. somm. 9, n°. 3.

CCCI.

CCCI.

Il en est de même des héritiers ou ayant-cause de ces associés *Entre leurs héri-*
par société légale ou conventionnelle, qui doivent jouir de la *tiers ou ayant-*
même faveur que leurs représentés. Un Arrêt du premier Sep- *cause.*
tembre 1724 a jugé la question en faveur des légataires des co-
acquéreurs (*q*) : pareil Arrêt du 30 Juillet 1640, entre cohéritiers : autre du 29 Mai 1699, au profit d'un associé & des héritiers de l'autre (*r*) : autres des 11 Janvier 1607, 29 Mai 1615,
19 Août 1643, & 25 Mai 1669, entre cohéritiers ou entre un
des conjoints, & les héritiers du prédécédé (*s*) : autre du 24
Mars 1733, entre les enfans d'un acquéreur & les légataires d'un
coacquéreur (*t*).

Bis CCCI.

1°. Si les légataires ou donataires, ou leurs auteurs, sont pos- *Cas de l'ouver-*
sesseurs en vertu d'un titre qui ait donné ouverture au relief qu'ils *ture du relief.*
ont payé ou dû payer, la licitation y sera pareillement sujette si
l'adjudication cede à leur profit ; parce que la licitation ne sauroit être plus favorable à leur égard, que le titre qui les y a autorisés.

2°. Il n'y a dans cette espece, ouverture au relief, que de la
portion excédant celle dont jouissoit primitivement l'adjudicataire, & à compter de la datte de la licitation ; puisque ce n'est
que de ce jour qu'il y a changement de main de cette portion,
(*idem suprà* n°. 292, & *infrà* n°. 307, vers. 3) ; & que d'ailleurs
il peut y avoir plus de trente ans entre l'ouvertute du premier &
du deuxieme relief : conséquemment il y auroit prescription pour
ce dernier, si la dette en remontoit à l'époque du premier changement de main.

(*q*) Guyot, des licitations, ch. 3, sect. 3, §. 3, n°. 4, p. 33, 34, 35.
(*r*) Lapeyrere, lettre V, n°. 5.
(*s*) Louet & Brodeau, lettre L, somm. 9, n°. 1, 3, 5, 6. Livoniere, liv. 3,
ch. 6, sect. 5, p. 221. Ferriere, sur la Coutume de Paris, art. 80, n°. 6, 7, 33.
Mornac, sur la Loi 52, §. *penult. ff. famil. ercisc.*
(*t*) Guyot, *loco suprà.*

C C C I I.

A un cohéritier bénéficiaire.

L'adjudication faite par licitation, ou à la barre, à un cohéritier bénéficiaire, doit jouir de la même exemption, selon un Arrêt du 30 Juillet 1699 (*v*) ; puisque l'héritier sous bénéfice d'inventaire, est véritablement héritier, & qu'il ne differe de l'héritier pur & simple, qu'en ce qu'il ne peut être condamné qu'à concurrence de la valeur de l'hérédité, & qu'il ne confond pas ses droits propres & personnels avec ceux de la susdite hérédité (*x*). Guyot a pourtant prétendu qu'il n'étoit exempt des droits qu'à concurrence de sa portion d'héridité (*y*) ; mais cet Auteur n'est pas toujours conséquent.

C C C I I I.

Avec un ou plusieurs associés.

En suivant le fil des conséquences qui dérivent de nos principes, il en résulte encore qu'il y a affranchissement des droits, soit que la licitation soit faite entre tous les associés, ou avec certains seulement (*z*) : tel est le prononcé d'un Arrêt du 5 Août 1619, dans le cas où un associé avoit abandonné sa part aux six autres (*a*) : autre Arrêt du 20 Mars 1730, en faveur de deux associés, auxquels le troisieme avoit laissé sa part (*b*). En effet, l'action en partage est la même, quoiqu'elle ne soit exercée qu'entre certains associés (*c*).

C C C I V.

Cession du droit d'aînesse.

Même exemption des droits, à raison de la cession faite à prix d'argent du droit d'aînesse au profit des cadets, avec consente-

---

(*v*) Soefve, tom. 2, cent. 4, ch. 39. Livoniere, liv. 3, ch. 4, sect. 2, p. 160 & 161.

(*x*) *L.* 22, §. 9, *Cod. de jure deliber.*

(*y*) Guyot, des lods, ch. 4, sect. 2, n°. 18.

(*z*) Guyot, des licitations, ch. 3, sect. 3, §. 4, p. 37, 38, 39.

(*a*) Fortin, sur l'art. 80 de la Coutume de Paris.

(*b*) Guyot, des licitations, ch. 3, sect. 3, §. 4, n°. 5, p. 38 & 39.

(*c*) *L.* 2, §. 4, *ff. famil. ercisc. L.* 8, *ff. comm. divid.*

ment au partage égal, & fans préciput pour l'aîné : c'eſt un ac-
commodement de famille, antérieur au partage ou à la licitation
entre enfans aſſociés ; & Bouchel atteſte que l'exemption a été
prononcée par Arrêt (d).

C C C V.

Dumoulin avoit d'abord décidé que ſi un étranger étoit admis *Etranger admis,*
à liciter, il y avoit ouverture aux lods & au retrait, quand même
l'adjudication auroit été faite à un aſſocié (e), quoiqu'il décide
textuellement le contraire dans la ſuite du même Traité (f) ;
mais il eſt évident que l'admiſſion des étrangers à ſurdire ne ſauroit changer la nature de l'adjudication, lorſqu'elle eſt faite à un
aſſocié : tel eſt en effet l'avis de Dargentré, & des meilleurs Auteurs (g), confirmé par un Arrêt du 3 Mars 1587 (h), & par un
autre Arrêt du 30 Juillet 1669 (i).

C C C V I.

Mais ſi l'étranger, admis à liciter, eſt adjudicataire, l'adjudi- *Etranger adjudi-*
cation faite à ſon profit a tous les caractères d'une vente ; puiſque *cataire.*
les différens vendeurs ne ſont qu'un à ſon égard, & qu'il eſt égal
d'être acquéreur d'un ou de pluſieurs vendeurs : enſorte que cette
adjudication eſt ſujette à tous les droits d'une vente, comme s'il
n'y avoit qu'un vendeur (k), les Parties ayant, de part & d'autre, acquis les droits & pris les engagemens d'une vente & d'un

---

(d) Bouchel, *verbo*, Droits ſeigneuriaux.

(e) Dumoulin, ſur la Coutume de Paris, §. 22, *hodiè* 33, Gloſ. 1,
n°. 73.

(f) Dumoulin, ſur la Coutume de Paris, §. 55, *hodiè* 78, Gl. 1, n°. 157.

(g) Dargentré, ſur la Coutume de Bretagne, art. 73, note 4, n°. 3, & *de
laudimiis, cap.* 1, §. 53. Livoniere, liv. 3, ch. 6, ſect. 5, p. 220 & 221.

(h) Charondas, obſervations du Droit François, *verbo*, Droits.

(i) Soefve, tome 2, cent. 4, ch. 39. Brodeau, lett. L. ſomm. 9, n°. 3.

(k) Dumoulin, ſur la Coutume de Paris, §. 55, *hodiè* 78, Gl. 1, n°. 158 &
159 ; & §. 22, *hodiè* 33, Gl. 1, n°. 73. Dargentré, *de laudimiis, cap.* 1, §. 53,
art. 80 de la Coutume de Paris, qui eſt ajouté. Maynard, liv. 4, ch. 50, n°. 1.
Papon, liv. 13, tit. 2, Arrêt 25. Livoniere, liv. 3, ch. 6, ſect. 5, p. 221.

achat : de là vient que si l'adjudicataire étranger est évincé, les collicitans sont tenus, à son égard, aux dommages, comme si l'un d'eux lui avoit fait la vente en seul.

CCCVII.

Si l'acquéreur intermédiaire d'une portion est adjudicataire du surplus, il doit incontestablement les lods de cette adjudication, comme nous l'avons ci-devant exprimé au nº. 292 ; parce qu'on a voulu faciliter le partage des choses communes, & non priver les Seigneurs de leurs droits légitimes (*l*) : car, comme dit très-sensément Potier, « par son premier achat, l'acquéreur in- » termédiaire n'avoit acquis qu'une portion indéterminée, indi- » vise, dont il avoit payé les droits ; & cette portion étant dé- » terminée au total par la licitation, il doit payer les lods de ce total à la déduction de ce qu'il avoit d'abord payé (*m*). Ferriere rapporte trois Arrêts conformes de 1637, 1639, & 1640 (*n*) : pareils Arrêts des 3 Mai 1730, 6 Mars 1735, & 24 Juillet 1736 (*o*).

2º. L'adjudication faite à cet acquéreur intermédiaire n'est pas sujette au retrait, parce que son acquisition n'est pas un achat (*p*), mais un partage ou licitation entre associés (*q*) : en effet, cet adjudicataire ne peut pas exercer la garantie pleine & entiere vis-à-vis de ses consorts, comme le pourroit un adjudicataire étranger, parce qu'il est lui-même collicitant, & tenu de faire valoir l'adjudication : de là vient qu'il ne peut demander à ses consorts aucuns dommages pour raison de cette éviction, mais seulement le rem-

---

(*l*) Potier , sur l'art. 15 de la Coutume d'Orléans. Livoniere , liv. 3 , ch. 6 , sect. 5 , p. 223. Dargentré , sur la Coutume de Bretagne , art. 73 , note 4 , nº. 3 , p. 322.

(*m*) Potier du retrait , nº. 113 ; & de la vente , nº. 631.

(*n*) Ferriere , sur la Coutume de Paris , art. 80 , nº. 31.

(*o*) Guyot , de la licitation , ch. 3 , sect. 3 , §. 5 , nº. 8 , 9 & 10.

(*p*) Potier , du retrait , nº. 113.

(*q*) L. 2 , *Cod. comm. divid. Nihil autem interest cum societate an sine societate res inter alios communis sit nam , utroque casu locus est communi dividundo judicio.* L. 2 , *ff. comm. divid.*

boursement de ce dont ils ont profité sur lui pour rétablir l'égalité, suivant les principes ci-devant exprimés au n°. 287.

3°. Nous ajoutons que les lods de la seconde acquisition sont dûs du jour de sa date, parce qu'il acquiert à cette époque le surplus de la propriété : cette assertion est confirmée par le contenu au n°. *bis* 301, & au n°. 392.

CCCVIII.

Si le possesseur de la totalité d'un bien en vend une portion indivise à quelqu'un, & ensuite l'autre portion indivise à un autre, en ce cas Guyot & Sudre regardent ces acquéreurs comme associés dès le commencement, parce que leur titre est égal ; & conséquemment la licitation entre ces possesseurs ne donne pas ouverture aux droits, selon ces Auteurs (*r*).

Acquéreurs en différens tems.

Ils reconnoissent pourtant, & il est évident, d'après le contenu au n°. 306, que si le premier acquéreur avoit licité avec le vendeur, l'adjudication faite à cet acquéreur intermédiaire auroit été sujette aux lods (*s*) : de même si l'ancien maître avoit retenu une troisieme portion indivise du bien dont il auroit vendu deux différentes portions, il n'auroit pu liciter avec le second acquéreur intermédiaire, avec exemption des droits pour celui-ci, si l'adjudication avoit cédé à son profit ; puisque ce second acquéreur intermédiaire auroit été dans la classe des tiers-acquéreurs.

Cela posé, il est visible qu'en vendant à un second acquéreur, l'ancien maître n'a pu lui donner le droit de liciter franchement avec le premier ; puisqu'en licitant avec le vendeur lui-même, ce second acquéreur auroit été sujet aux lods : de même en vendant à ce second acquéreur, l'ancien maître n'a pu donner au premier le droit de liciter franchement avec le second ; puisque ce premier acquéreur n'auroit pu liciter avec le maître ancien, qu'à la charge des droits, si l'adjudication avoit cédé au profit de ce premier acquéreur ; ainsi la seconde vente n'a pu donner au premier ni au

---

(*r*) Guyot des licitations, ch. 3, sect. 3, §. 5, n°. 13--24. Sudre, sur Boutaric, tit. des lods, §. 9, n°. 14 & 15.

(*s*) Guyot & Sudre, *ibidem.*

second acquéreur le droit de liciter entr'eux avec exemption, puisqu'ils n'auroient pu se rendre adjudicataires par licitation avec l'ancien maître, qu'à la charge des lods.

En un mot, chacun de ces acquéreurs intermédiaires n'auroit pu devenir adjudicataire par licitation avec l'ancien maître, qu'à la charge des lods : ils ne peuvent donc liciter entr'eux qu'avec la même charge.

D'ailleurs, l'achat de chacun d'eux étant partiel, & sujet aux droits, & la licitation en étant le complément, elle est pareillement sujette aux lods, selon le contenu au n°. précédent.

Regle générale : il est impossible de tirer des conséquences exactes d'après la perception confuse de vérités abstraites.

C C C I X.

Si le coacquéreur en société est évincé par retrait lignager, il est évident que le lignager retrayant peut liciter avec l'exemption des droits (t). En effet, il n'y a que l'acquéreur intermédiaire dont l'adjudication y donne ouverture ; au lieu que le retrayant est réputé acquéreur originaire, puisqu'il est pleinement subrogé aux droits du coacquéreur évincé par retrait (v), & qu'il tient la place de ce coacquéreur.

C C C X.

1°. Si les Parties collicitantes se sont servi des termes de vente, donation ou échange, leur traité, selon Dumoulin & Maynard, est sujet aux droits du contrat dont elles lui ont donné le nom ; parce qu'alors ce n'est plus un partage relativement à la matiere, ni relativement à la forme ; mais une vente, un échange, ou une donation (x) : mais l'avis contraire a prévalu, & la juris-

---

(t) Guyot, des licitations, ch. 5, sect. 3, §. 5, n°. 25, 26, & 27.

(v) Dumoulin, sur la Coutume de Paris, §. 20, Gl. 1, n°. 33, 78 ; & Gl. 5, n°. 22. Catellan, liv. 3, ch. 15. Potier, du retrait, no. 1. Suprà n°. 228.

(x) Dumoulin, sur la Coutume de Paris, §. 13, hodiè 20, Gl. 6, n°. 4--9 ; & §. 22, hodiè 33, Gl. 1, n°. 71. Maynard, liv. 4, ch. 50, n°. 1.

prudence conſtante affranchit ces Traités des droits, ſoit qu'on ſe ſoit ſervi des termes de vente, d'échange, ou de donation. Un Arrêt du 30 Juillet 1640 (*y*) a prononcé cet affranchiſſement, pareil Arrêt du 15 Décembre 1648 (*z*) : autre du 30 Juillet 1669 (*a*) : autre du 29 Février 1692, rapporté au Journal du Palais ſous ſa datte ; & telle eſt la déciſion unanime des Auteurs (*b*), ſi l'on en excepte Dumoulin & Maynard.

En effet, on doit conſidérer la nature de l'acte, plutôt que le nom que l'erreur, l'affectation ou le préjugé lui ont donné (*c*). Or, quoique les Parties l'aient qualifié, par exemple, du nom de vente, il n'en a pourtant pas les caractères, & il ne peut aſſujettir à la même garantie en cas d'éviction ; puiſque le prétendu acheteur eſt vendeur lui-même, & que ſes aſſociés ne peuvent lui devoir des dommages à raiſon d'une éviction dont il n'eſt pas moins tenu qu'eux (*d*).

Il en eſt de même dans le cas où l'on auroit donné au Traité le nom de donation ou d'échange ; puiſque dans le premier cas ce ſeroit une licitation gratuite, & qui n'obligeroit à rien le collicitant bailleur à titre gratuit ; & que dans le ſecond, le changement de forme & de nom n'opéreroit pas davantage que ſi l'on s'étoit ſervi du terme d'achat.

2°. Au reſte, le bien baillé en contr'échange, dans notre hypotheſe, ſeroit ſujet aux lods des échanges ; le contrat étant mixte, & ayant d'un côté les caractères d'un échange ; & de l'autre, ceux d'une licitation (*e*).

(*y*) Lapeyrere, lettre V, n°. 5.

(*z*) Soefve, tome 1, cent. 2, ch. 98. Journal des Audiences, tome 1, liv. 5, ch. 37.

(*a*) Soefve, tome 2, cent. 4, ch. 39.

(*b*) Livoniere, liv. 3, ch. 6, ſect. 6, p. 231, 232. Dargentré, *de laudimiis*, *cap.* 1, §. 53. Ferriere, ſur la queſt. 48 de Guy-Pape. Legrand, ſur la Coutume de Troyes, art. 57, Gl. 2, n°. 4.

(*c*) *L.* 6, *ff. de præſcriptis verbis.*

(*d*) Dumoulin, *in tractatu de eo quod intereſt*, n°. 144 & 145. Potier, *de la* vente, n°. 632, *ſuprà* n°. 287, verſ. 4.

(*e*) Voyez, *infrà* n°. 833, verſ. 2 ; & n°. 326.

C C C X I.

La faveur des licitations & des partages ne sauroit s'étendre aux arrangemens que les Parties peuvent prendre après la consommation de ces contrats ; ensorte que tous les traités faits à prix d'argent après le partage consommé, sont évidemment sujets aux droits, selon la nature & les caractères de ce traités (*f*). Si cependant il reste quelque chose à partager, l'action en partagé est ouverte pour ce résidu seulement (*g*) : conséquemment il peut être licité avec exemption des droits.

C C C X I I.

Le partage une fois consommé, il n'y a plus lieu de s'en occuper, ni d'y revenir, qu'autant qu'avec connoissance de cause il a été déclaré nul (*h*) ; parce qu'il faut prendre les voies légales pour annuller un acte quelconque, & que la Loi présume pour sa validité jusqu'à la déclaration de nullité (*i*) : ensorte que si après le partage un cohéritier se prétend lézé, & que pendant Procès sur la lézion il licite avec ses cohéritiers, cette seconde licitation est sujette aux lods & au retrait ; parce qu'on considere la demande en rescision comme une tournure imaginée, pour préparer ce second contrat (*k*). Cette question sera approfondie dans les trois & quatrieme parties de ce Traité, en discutant la matiere des transactions & des jugemens : par exemple, si la lézion étoit réelle & effective, & que le collicitant adjudicataire fût en état d'en justifier, il est évident que son adjudication seroit exempte des droits.

(*f*) Dumoulin, sur la Coutume de Paris, §. 22, *hodiè* 33, Gl. 1, n°. 7. Dargentré, *de laudimiis*, *cap.* 1, §. 53. Ferriere, sur la quest. 48 de Guy-Pape. Livoniere, liv. 3, ch. 6, sect. 6, p. 227 & 228.

(*g*) L. 20, §. 4, *ff. famil. ercisc.* L. 9, *Cod. eodem.*

(*h*) L. 20, §. 4, *ff. famil. ercisc.*

(*i*) L. 3, *ff. de in integr. restit.*

(*k*) Guyot, des licitations, ch. 3, sect. 3, §. 5, n°. 29, 30, & 31.

CCCXIII.

CCCXIII.

Les Coutumes exhorbitantes qui affujettiffent les partages avec *Coutumes exhorbitantes.* foute aux droits, à concurrence du retour, doivent être reftreintes dans leurs bornes ; enforte que dans ces Coutumes les licitations font exemptes de droits : tel eft l'avis de Guyot, qui fe contredit (*l*) : tel eft aufli celui de La Thaumaffiere, de Coquille, & de Legrand (*m*) ; & cette décifion eft fondée fur deux puiffans motifs : 1°. que ces difpofitions ftatuaires qui font contraires au droit commun, font le fruit de la négligence ou de l'ineptie des rédacteurs (*n*) ; quelquefois même elles ont été dictées par leur intérêt perfonnel (*o*) : 2°. parce que les ufages contraires à la raifon, qui ont été établis par erreur, ne doivent pas tirer à conféquence dans les cas pareils (*p*).

CHAPITRE X.

DES Echanges.

SECTION PREMIERE.

DES différens ufages relatifs aux lods des échanges.

CCCXIV. Variation des Coutumes.

(*l*) Guyot, des licitations, ch. 3, fect. 3, §. 5, n°. 10, 11, 13 & 14.

(*m*) La Thaumaffiere, fur Lorris, tit. des fiefs, art. 51. Coquille, fur la Coutume de Nivernois, tit. des fiefs, art. 24. Legrand, fur celle de Troyes, art. 57, Gl. 2, n°. 4.

(*n*) Préface d'Henrys, p. 23, 24, 25. Notes de Dumoulin fur les articles 71 & 373 de la Coutume du Maine ; 62 de celle d'Anjou ; & 109 de celle de Sens. Dargentré, fur celle de Bretagne, art. 501, Gl. 1, n°. 5. Celle d'Auvergne fut rédigée & achevée dans douze jours ; Bretonnier, liv. 3, queft. 28, n°. 7.

(*o*) Chopin, des Coutumes, premiere partie, queft. 1, n°. 4.

(*p*) L. 39 & 14, *ff. de legibus.* L. 141, *ff. de reg. jur.*

Tome I. M m

CCCXV. Dauphiné , Provence.
CCCXVI. Coutumes onéreuses.
CCCXVII. Droit commun.
CCCXVIII. Parlement de Toulouse.
CCCXIX. Lionnois , Forez, Beaujelois.
CCCXX. Limitation aux biens d'autre directe.
CCCXXI. Quid ? de même directe.

C C C X I V.

Variation des Coutumes. Les Coutumes varient sur l'assujettissement aux lods, ou sur l'exemption des échanges (*q*).

C C C X V.

Dauphiné, Provence. En Dauphiné on adjuge moitié des lods des échanges (*r*) : & cette charge n'est pas aggravée, selon un Arrêt du 23 Juin 1663, par la circonstance que le bien baillé en contr'échange soit tenu de différente directe, ou allodial (*s*).

En Provence les échanges sont exempts de lods, selon un Arrêt du 4 Avril 1638 (*t*).

C C C X V I.

Coutumes onéreuses. Certaines Coutumes adjugent les entiers lods des échanges (*v*); toutefois avec la modification dont on parlera au n°. 320.

La Coutume de Toulouse les adjuge en entier (*x*) ; & ils étoient dûs de même, selon Bouteiller (*y*).

(*q*) Chopin , sur les Coutumes, part. 2 , quest. 2 , n°. 1. Faber , liv. 4, tit. 43 , défin. 29. Guyot , des lods, ch. 3 , n°. 1.

(*r*) Guy-Pape , quest. 92 ; & Baron , *ibidem*.

(*s*) Boissieu , ch. 80 , p. 401.

(*t*) Duperier , abrégé d'Arrêts, *verbo* , Lods.

(*v*) Dumoulin , sur la Coutume de Paris , §. 55 , Gl. 2, *hodiè* 78 , n°. 12 & 13.

(*x*) Coutume de Toulouse , quatrieme partie, tit. 1 des fiefs, §. 17.

(*y*) Bouteiller , liv. 2 , tit. 40, p. 865.

CCCXVII.

Mais le droit commun du Royaume affranchit les échanges des *Droit commun.*
lods (*z*) : telle est la Coutume de Bretagne, celle d'Orléans , &
celle de Paris (*a*) ; parce que la subrogation réciproque des choses échangées fait qu'on ne les regarde pas comme aliénées (*b*) ;
puisque le bien pris en échange représente en vertu de cette subrogation , dans les mains de chaque partie , celui qu'elle a baillé
en contr'échange. La cause fondamentale & primitive de cette
franchise sera mise en évidence au n°. 320.

CCCXVIII.

1°. La Jurisprudence du Parlement de Toulouse sur cet objet *A Toulouse.*
a été long-tems incertaine & flottante. Selon Maynard, les échanges sont exempts de lods , s'il n'y a coutume contraire ; & s'il y
a retour , il n'y donne ouverture que lors que ce retour est pré-
pondérant : cet Auteur cite , à l'appui de sa doctrine , un Arrêt
du 4 Septembre 1587 (*c*).

Jacques Ferriere assure au contraire, que plusieurs Arrêts ont
prononcé la condamnation aux lods des échanges (*d*).

Mais M. de Cambolas soutient que si le retour équipolle la valeur de la chose baillée avec ce retour , il y a ouverture aux lods
comme d'une vente ; sinon, on n'en adjuge que la moitié.

2°. Cet Auteur ajoute une distinction constamment suivie dans
l'usage, & qui forme le droit commun actuel de ce ressort ; c'est
que si les biens échangés *sont tenus de différens Seigneurs*, on ad-

---

[*z*] Chopin , sur la Coutume d'Anjou, liv. 1, art. 4 , n°. 7. Guyot, des lods,
ch. 1 , n°. 14--18. Legrand, sur la Coutume de Troyes, art. 52 , Gl. 1, n°. 2
& 3. Livoniere, liv. 3 , ch. 2 , p. 144. Dargentré, *de laudimiis , cap.* 1 , §. 49.

[*a*] Dargentré, sur la Cout. de Bret., art. 73 , Gl. 1 , n°. 1 & 2. Celle d'Orléans , art. 13. Dumoulin, sur celle de Paris , §. 55 , Gl. 2 , *hodie* 78 , n°. 6.

[*b*] Chopin, sur la Coutume de Paris , liv. 1 , tit. 5 , n°. 21 , & n°. 8. Legrand,
sur celle de Troyes , art. 55 , Gl. 1 , n°. 2.

[*c*] Maynard , liv. 4 , ch. 37.

[*d*] Ferriere, sur la question 48 de Guy-Pape.

juge les entiers lods, & la moitié feulement s'ils font tenus du
même Seigneur (e) ; & cette diftinction eft littéralement fuivie,
foit qu'il y ait retour ou non. M. Laroche rapporte un Arrêt conforme du 20 Août 1577 (f) : pareil Arrêt du 7 Janvier 1673,
dans M. de Catellan (g) : enfin, un Arrêt folemnel du 11 Mai
1750, au profit du Comte de Montpeyroux, a confirmé cette
Jurifprudence (h) ; & il fut décidé, lors de celui-ci, que l'Edit
de Décembre 1683, dont nous parlerons à l'occafion des Edits
des échanges, étoit purement déclaratif, & non limitatif (i) :
enforte qu'il n'eft plus queftion de s'occuper dans l'étendue de ce
reffort, de la doctrine de M. Maynard, de celle de Ferriere, ni
de celle de M. de Cambolas, qu'autant que celle-ci eft conforme
à la diftinction qu'on vient de pofer.

3°. A l'égard du retour, la même Jurifprudence en adjuge les
lods comme d'une vente. (*Infrà* n°. 336).

<h2 style="text-align:center">C C C X I X.</h2>

Même diftinction dans le Lyonnois, Forez, & Beaujelois (k).

<h2 style="text-align:center">C C C X X.</h2>

Prefque toutes les Coutumes qui adjugent les lods des échanges ajoutent cette exception remarquable ; que fi les biens font
de même directe, ils en font exempts (l). Chopin rapporte un
ancien Coutumier qui décharge des lods, ou qui les adjuge, felon
que les biens font de même directe, ou qu'ils ne le font pas ; &

---

[e] Cambolas, liv. 2, ch. 30.
[f] Laroche, des droits feigneuriaux, ch. 38, Arrêt 5.
[g] Catellan, liv. 3, ch. 26.
[h] Nouveau Journal du Palais, tome 6, Arrêt 495.
[i] Nouveau Journal du Palais, *ibidem ; verbo*, le texte de cet Edit, *infrà*
n°. 353.
[k] Bretonnier, liv. 3, queft. 52, n°. 11.
[l] Legrand, fur la Coutume de Troyes, art. 55, Gl. 1, n°. 2. Dumoulin,
fur celle de Paris, §. 55, Gl. 2, *hodiè* 78, n°. 14. Dargentré, fur celle de Bretagne, art. 73, note 1, n°. 2.

l'on trouve la même chofe dans les établiffemens de Saint-Louis (*m*). La Coutume d'Orléans prononce l'exemption du relief, lorfque les biens font de même directe (*n*); & celle de Tours adjuge les lods & ventes à l'arbitrage de Prudhomme, fi les biens font en différens fiefs (*o*).

Voici le motif de cette exemption dans le premier cas : c'eft que la perception des lods dérive originairement, & en remontant au droit des Capitulaires, de la perfonnalité, des bénéfices, & des rotures, & de la défenfe faite au Vaffal & à l'homme tributaire, de quitter fon Seigneur fans fon aveu (*p*). Or, au moyen de la fubrogation réciproque des biens échangés (*q*), lorfqu'ils font de même directe, la dépendance feigneuriale eft la même, puifqu'on demeure vaffal ou cenfitaire à raifon de biens de même valeur : on n'avoit donc nul befoin du confentement du Seigneur pour ces échanges, puifque l'obligation perfonnelle & l'obligation réelle du redevable étoit toujours la même ; enforte qu'en remontant à la fource, on trouve dans le droit des Capitulaires, la raifon & le principe de cette exemption.

C'eft fans doute fur ce fondement qu'il eft porté par les Coutumes Angloifes de Littleton, « qu'en fait d'échanges de fief ou » de biens dans un même Comté, il ne faut ni écrit, ni tradi- » tion ; mais que la prife de poffeffion des biens échangés fuffit ; » & fi les biens échangés font en différens Comtés, il faut un » acte authentique d'échange (*r*).

Il eft vifible que cette diftinction dérive de la même fource ; & perfonne n'ignore que les Coutumes de Littleton font l'expreffion des anciens ufages des Normands.

(*m*) Chopin, fur la Coutume d'Anjou ; liv. 1, art. 4, n°. 4. Établiffemens de Saint-Louis, liv. 1, ch. 50.

(*n*) Coutume d'Orléans, art. 13 ; & Lalande, *ibidem*, n°. 17.

(*o*) Coutume de Tours, art. 143 -147. Livoniere, liv. 3, ch. 2, p. 145.

(*p*) *Suprà* n°. 14--17.

(*q*) Chopin, fur la Coutume de Paris, liv. 1, tit. 3, n°. 21. Legrand, fur celle de Troyes, art. 55, Gl. 1, n°. 2.

(*r*) Coutumes de Littleton, fect. 62 & 63.

CCCXXI.

1°. Mais qu'entend-on par l'expression de même directe ? Quand y a-t-il lieu de jouir de l'exemption attachée aux échanges des biens qui sont dans ce cas ?

La Coutume d'Orléans & les établissemens de Saint-Louis entendent qu'ils relevent de la même Seigneurie, & nom du même Seigneur (s) : ensorte que si les biens échangés sont assis en différentes Seigneuries, quoiqu'elles appartiennent au même Seigneur, il y auroit ouverture aux droits, parce qu'on considere davantage la Seigneurie, que la personne du Seigneur.

Mais en n'envisageant au contraire que la personne du Seigneur, & non la Seigneurie, Dumoulin & Dargentré ont décidé pour l'affranchissement, sans considérer si les biens sont dépendans de la même concession, mais seulement s'ils dépendent du même Seigneur (t) : ensorte qu'il suffit que les biens soient tenus de la même personne, quoiqu'à raison de différentes Seigneuries, pour donner lieu à l'exemption ; & c'est à quoi se réfere le langage de tous les Auteurs (v). L'Arrêt du 11 Mai 1750, rendu pour le Seigneur de Montpeyroux, dit de même : " *si les biens dépendent de sa directe ou de différens Seigneurs* (x).

Or, quoique la doctrine des établissemens de Saint-Louis, adoptée par la Coutume d'Orléans & par l'ancien Coutumier que rapporte Chopin (y), paroisse, & qu'elle soit en effet plus conforme à l'esprit des Capitulaires & des Coutumes de Littleton, il semble que l'erreur de la Jurisprudence actuelle a acquis force

---

(s) Art. 13 de la Coutume d'Orléans ; & Potier, *ibidem* ; & Lalande, *ibidem*, n°. 17. Etablissemens de Saint-Louis, liv. 1, ch. 50.

(t) Dumoulin, sur la Coutume de Paris, §. 55, *hodiè* 78, Gl. 2, n°. 14. Dargentré, sur celle de Bretagne, art. 73, note 1, n°. 2.

(v) Laroche, des droits seigneuriaux, ch. 38. Arrêt 5 de Cambolas, liv. 2, ch. 10. Catellan, liv. 3, ch. 26. Despeisses, des droits seigneuriaux, tit. 4, sect. 5, part. 5, n°. 24. Boutaric & Sudre, tit. des lods, §. 6, n°. 1. Legrand, sur la Coutume de Troyes, art. 55, Gl. 1, n°. 2. Dumoulin & Dargentré, *ibidem*.

(x) Nouveau Journal du Palais, tome 6, Arrêt 495.

(y) Ancien Coutumier, dans Chopin, sur la Coutume d'Anjou, liv. 1, art. 4, n°. 4.

de Loi ; d'autant mieux qu'elle favorife la libération : en effet ,
elle prononce l'exemption lorfque les biens échangés font tenus de différentes Seigneuries qui font dans les mains du même
Seigneur. Or, dans le cas inverfe , il y a lieu de même à l'exemption, par la raifon que nous allons expliquer.

2°. Si une Seigneurie ou un fief avoient été divifés entre deux
ou plufieurs, ces perfonnes, différens portionnaires poffeffeurs ,
avec ou fans indivis , ne feroient confidérés , relativement aux redevables , que comme un ; parce que la divifion qu'il leur a plu
de faire de la Seigneurie ou du fief, ne peut nuire à leurs Cenfitaires ni à leurs Vaffaux (γ) : enforte qu'il y auroit lieu de même
de maintenir l'exemption attachée aux biens tenus du même Seigneur , comme s'il n'y avoit pas eu de divifion.

3°. Ainfi l'exemption a lieu lorfque les biens font tenus du
même Seigneur ; c'eft-à-dire, de la même perfonne , en vertu de
l'erreur de la Jurifprudence : elle a lieu de même dans le cas de
la divifion réelle ou intellectuelle du fief dominant, par la raifon
que nous venons d'indiquer.

Section II.

De la nature des différentes efpeces d'échange , & des
contrats qui peuvent y reffembler.

CCCXXII. Nature de l'échange.
CCCXXIII. Eftimation.
CCCXXIV. Bail en paiement.
CCCXXV. Don mutuel.
CCCXXVI. Échange contre une jouiffance.
CCCXXVII. Contre un meuble.
CCCXXVIII. Contre un meuble précieux.

____

(γ) Dumoulin , fur la Coutume de Paris , §. 55 , Gl. 4 , *hodie* 78 , n°. 28--
31. Dargentré , fur celle de Bretagne , art. 332 , n°. 1. *Idem*, Dumoulin & Dargentré , *totis fuprà laudatis , littera* B.

CCCXXIX. Contre un office.

CCCXXX. Contre une rente constituée meuble.

CCCXXXI. Pays de Coutume.

CCCXXXII. Contre des rentes constituées immeubles.

CCCXXXIII. Dues par le copermutant.

CCCXXXIV. Contre une rente fonciere qu'on sert.

CCCXXXV. Due par un tiers, rachetable ou non.

Contre un bien sujet au retrait ou au rachat : *vide infrà* n°. 823 & 824.

Vide etiam, infrà les n°. 822 & suivans ; & *suprà* n°. 310, *verſ.* 2.

CCCXXII.

*Nature de l'é-
change.*

1°. Dans l'état de pure nature on ne traite que par des échanges, selon ses facultés & ses besoins ; au lieu que l'établissement des especes qui sont le prix commun de toutes choses, est une invention de l'état social (a). Or, l'échange est un traité sur le bail de deux choses, dont chacune est le prix de l'autre (b), & dont la fin directe & immédiate est celle de ne se dépouiller que pour acquérir : delà vient que les choses échangées se représentent, & sont subrogées les unes aux autres, & qu'il est de l'essence de ce contrat, que chacun transporte la propriété de la chose échangée à son copermutant : il résulte de ce caractère, que le défaut d'exécution de la part d'une partie, ou même une exécution imparfaite & mal affermie par le bail du bien d'autrui, annulle l'échange en le viciant dans son principe (c) ; parce que la clause d'acquérir est dans l'échange une condition inséparable du bail de son bien. Nous ajoutons que dans notre usage c'est un contrat purement consensuel, selon la judicieuse réflexion de Potier (d).

2°. Au reste, dans le contrat de vente, le vendeur n'est pas

---

[a] L. 1 , *ff. de contrah. empt.*

[b] L. 1 , *ff. de rer. permut.* L. 7 , *Cod. eodem.*

[c] L. 1 , §. 3 ; & L. 4 , *ff. de rer. permut.*

[b] Potier, de la vente, n°. 611.

obligé

obligé de transporter à l'acquéreur la propriété de l'objet de la vente, mais seulement de le garantir des évictions (e) ; au lieu que chaque copermutant doit transporter cette propriété.

CCCXXIII.

L'estimation des choses échangées ne change pas la nature de l'échange, qui consiste, comme on l'a dit, à ne se dépouiller que pour acquérir ; d'ailleurs, une déclaration bursale du 20 Mars 1708 (f), & différens reglemens du Conseil obligent les Parties d'apprécier les objets de leurs traités dans tous les contrats ; ensorte que quelle que soit cette estimation, dès qu'elle n'a pas pour objet de changer la nature de l'acte, il conserve ses caractères & son essence : conséquemment il les conserve de même en ce qui regarde la perception des lods & l'exercice du retrait (g).

Estimation.

CCCXXIV.

Si au contraire je donne certaine chose à un prix convenu, en paiement de laquelle on m'en donne une autre, ce Traité n'a ni les caractères ni la nature d'un échange où chaque chose est représentée par l'objet contr'échangé ; mais c'est, de mon côté, une vente au prix dont nous sommes convenus ; & de l'autre, un bail en paiement (h) : conséquemment chacune de ces aliénations donne ouverture aux lods, puisque la vente y est sujette, & le bail en paiement aussi (i). Nous ne devons pourtant pas dissimu-

Bail en paiement.

(e) L. 25, §. 1 ; & L. 28, *ff. de contrah. empt.* L. 30, §. 1, *ff. de act. empt.* Potier, de la vente, n°. 7--154.

(f) Recueil judiciaire de Toulouse, tom. 2, p. 334.

(g) Dumoulin, sur la Coutume de Paris, §. 23, *hodiè* 33, Gl. 2., n°. 59 & 60 ; & §. 55, Gl. 1, *hodiè* 78, n°. 106. Dargentré, sur celle de Bretagne, art. 73, note 1, n°. 5 ; & art. 300, n°. 2 ; & art. 65, n°. 11. Lalande, sur celle d'Orléans, art. 13, n°. 16.

(h) L. 1, *Cod. de rer. permut.* Potier, de la vente, n°. 617, *infrà* n°. 792.

(i) Dumoulin, sur la Coutume de Paris, §. 23, *hodiè* 33, Gl. 2, n°. 59 & 60. Dargentré, *de laudimiis*, cap. 1, §. 2 & 49. Grimaudet, du retrait, liv. 5, ch. 8. Tiraqueau, du retrait lignager, §. 1, Gl. 14, n°. 19.

muler que malgré l'évidence de ces principes, l'Auteur du Dictionnaire du Domaine indique deux Arrêts du Conseil des 2 Aout 1755, & 6 Janvier 1756, qui, suivant cet Auteur, adjugent les lods en pareil cas au Fermier du Domaine, comme d'un échange (*k*), en vertu des Edits dont nous parlerons dans une des sections suivantes. Il peut se faire que l'Auteur, homme de finance, n'a pas bien pris l'espece de ces Arrêts. En effet, en prescindant de la perception des lods sous le double rapport de vente & de bail en paiement, ce seroit le moyen de priver dans cette espece les Seigneurs & les lignagers du retrait.

C C C X X V.

Don mutuel.   Si deux amis se font mutuellement un don, sans s'occuper de la valeur réciproque des choses données, ce n'est pas un échange, mais une donation mutuelle (*l*). Nous parlerons des donations dans la suite de ce Traité.

C C C X X V I.

Echange contre une jouissance.   L'échange d'un immeuble contre la jouissance à tems d'un autre immeuble, n'est pas véritablement un échange ; l'un acquiert la propriété, & prend la chose à ses risques ; au lieu que l'autre est déchargé de son obligation par la perte de ce qu'on lui a baillé à jouir : c'est un contrat mêlé de vente & de louage (*m*).

Ainsi si l'on baille à une douairiere un immeuble en propriété, en représentation de son douaire, ce traité n'est pas un échange, mais une vente sujette aux lods (*n*).

C C C X X V I I.

Contre un meuble   Dans la rigueur des termes, l'échange d'un immeuble contre un meuble ne peut avoir les caractères d'une vente, puisque le prix

---

(*k*) Dictionnaire du Domaine, *verbo*, Echanges, §. 3, n°. 6.
(*l*) Potier, de la vente, n°. 618.
(*m*) Fusé Potier, du louage, n°. 493, & *bis* 493.
(*n*) Chopin, sur la Coutume de Paris, liv. 1, tit. 3, n°. 8. Maynard, liv. 4, ch. 37.

en argent est de l'essence de la vente, selon le Droit Romain,
(*suprà* n°. 208) ; au lieu que dans cet échange, ainsi que dans
tout autre, chaque chose tient lieu de prix & d'objet (*o*) : mais
en ce qui concerne la perception des lods, ce contrat est considéré comme une vente, puisque le bientenant se dépouille de
même, & qu'il ne prend point de bien fonds qui représente dans
ses mains le bien aliéné. Le preneur du fonds est donc sujet aux
lods comme d'une vente (*p*) ; puisque la perception de ce droit
dérive de la nécessité de la permission du Seigneur pour le quitter
ou pour se dépouiller du bien tenu de lui (*q*) ; & que d'ailleurs,
selon nos principes, contraires à cet égard à ceux du Droit Romain, nous considérons comme vente celle dont le prix est ac-
quitté en choses mobiliaires ou réductibles en deniers (*r*).

C C C X X V I I I.

» Les principales bagues & joyaux, reliques & livres des
» maisons des Princes & hauts Barons, sont réputé immeubles,
» selon Loisel (*s*). » Tels sont aussi les diamans de la Couronne
Ainsi l'échange d'un immeuble contre un de ces meubles précieux que la Loi met au rang des immeubles, jouit du privilege
des échanges par rapport aux lods (*t*) ; ensorte que la fiction du
Droit a procuré cette exemption, au détriment des profits de
fief.

Contre un meuble
précieux.

Il nous reste à remarquer, 1°. que les progrès des arts & les
rafinemens d'un luxe immense ayant déprécié toutes choses, &

(*o*) *L.* 7 , *Cod. de rerum permut. L.* 2 , §. 1 , *ff. de contrah. empt.*

(*p*) Dumoulin , sur la Coutume de Paris , §. 13 , *hodiè* 20 , Gl. 5 , n°. 47 ,
49 ; & §. 55 , Gl. 1 , *hodiè* 78 , n°. 89. Dargentré , sur celle de Bretagne , art.
66 , note 2 , n°. 2. Lalande , sur celle d'Orléans , art. 386 , n°. 4. Coquille , sur
celle de Nivernois , tit. 31 , art. 19.

(*q*) *Suprà* n°. 14--17.

(*r*) *Suprà* n°. 208 & 201.

(*s*) Loisel , liv. 2 , tit. 1 , reg. 10.

(*t*) Lalande , sur la Coutume d'Orléans , art. 386 , n°. 4. Coquille , sur celle
de Nivernois , ch. 31 , art. 19. Dumoulin , sur celle de Paris , §. 13 , *hodiè* 20 ,
Gl. 5 , n°. 49. Dargentré , *de laudimiis , cap.* 1 , §. 1 & 49. Guyot , des lods ,
ch. 1 , n°. 15.

rendu les fortunes plus précaires, il eſt bien peu de meubles qui, dans le commerce, ſoient réputé immeubles, & qui puiſſent conſéquemment procurer le privilege d'exemption des lods : 2°. que conformément au langage de Loiſel, il n'y a que les Grands qui puiſſent joüir de ces immeubles par fiction; parce qu'un meuble précieux eſt un objet de commerce, & non d'un luxe d'état dans les mains d'un particulier.

C C C X X I X.

Contre un Office.   Les Offices Royaux ſont réputé immeubles (*v*), quoique cette aſſertion ne ſoit pas ſans difficulté (*x*) : conſéquemment l'échange d'un immeuble contre un pareil Office jouit du privilege de tout autre échange d'immeubles (*y*) : enforte que la fiction de droit a fait violence à la Loi féodale en faveur de l'exemption des lods.

Mais ſi l'Office baillé en échange étoit ſeigneurial, (*ſuprà* n°. 117) & qu'il fût tenu du même Seigneur que les biens échangés, alors l'exemption des lods ſeroit rigoureuſement conforme aux principes ci-devant poſés, (*ſuprà* n°. 320 & 321.)

C C C X X X.

Contre une rente   Les rentes conſtituées ſont, par leur nature, dans la claſſe des
conſtituée meuble. meubles (*z*), ſoit parce qu'elles ſont perpétuellement rachetables à la volonté du débiteur, ſoit parce qu'il n'y a d'immeubles que ce qui fait partie du ſol, ou ce qui y eſt phyſiquement adhérant, comme les bâtimens; enfin, ce qui y eſt inhérent par la fiction de droit, par exemple, les droits fonciers (*a*) ; au lieu que ces rentes ſont une dette perſonnelle au débiteur, & que l'hypotheque établie accidentellement ſur ſes biens ne change pas la na-

---

(*v*) Potier, du retrait, n°. 40.
(*x*) *Vide* Ferriere, ſur la Coutume de Paris, art. 95, Gl. 1, n°. 11--175.
& Fortin, ſur ledit article.
(*y*) Lalande, ſur la Coutume d'Orléans, art. 13, n°. 19.
(*z*) Dargentré, ſur la Coutume de Bretagne, art. 61, note 1, n°. 5.
(*a*) Bouteiller, liv. 1, tit. 74, p. 434.

ture de la dette, non plus que celle des autres dettes personnelles, avec l'affectation subsidiaire & accidentelle de biens fonds : conséquemment l'échange d'un meuble contre une pareille rente est regardé comme une vente dont le capital de la rente est le prix (*b*). Un Arrêt du 22 Juillet 1612 juge la question (*c*). Il est inutile de répéter ce que nous avons dit à ce sujet au n°. 183.

Au reste, nous nous conformons à la nature des choses en considérant ces rentes comme meubles dans les pays de Droit écrit.

C C C X X X I.

1°. En pays de Coutume les rentes constituées sont réputé *Pays de Coutume,* immeubles, quand même elles ne seroient assises sur aucun héritage, à cause qu'elles sont perpétuelles, s'il n'y a point de rachat (*d*) : elles sont de même immeubles dans les Coutumes muettes, suivant des Arrêts des 23 Février & 24 Mai 1577 (*e*), même dans les pays gouvernés par le Droit Ecrit, qui ressortissent au Parlement de Paris, suivant des Arrêts des 4 Février 1572, & 16 Juillet 1668 (*f*) ; même celles qui sont établies sur des billets privés (*g*). 2°. Comme leur assiette les rend meubles ou immeubles, comme on l'a dit ; dès qu'il s'agit de déterminer cette assiette, l'on considere le domicile du créancier en qui réside l'action, pour en fixer la nature relativement aux dispositions de chaque Coutume, suivant des Arrêts de 1571, 1598, & 1607 (*h*). 3°. Et si le créancier a changé de domicile, on considere celui de son décès, parce que la rente étoit attachée à sa personne (*i*). 4°. Mais à l'égard des rentes établies sur le Roi,

---

(*b*) Boissieu, ch. 80, p. 402. Chopin, sur la Coutume d'Anjou, liv. 1, art. 1, n°. 7. Boutaric, Institutes, liv. 3, tit. 23, §. 2, p. 475.

(*c*) Guyot, du retrait, ch. 4, n°. 2.

(*d*) Dumoulin, sur la Coutume de Paris, §. 57, *hodiè* 94, n°. 3, 20, & 21 ; & *voyez* ses notes dans Fortin, sur ledit article 94 ; Ferriere, sur ledit article 94, Gl. 1, n°. 1.

(*e*) Ferriere, sur la Coutume de Paris, art. 94, Gl. 1, n°. 5.

(*f*) Ferriere, *ibidem*, n°. 6.

(*g*) Ferriere, *ibidem*, n°. 7 & 8.

(*h*) Ferriere, *ibidem*, n°. 9. Fortin, sur ledit article.

(*i*) Ferriere, *ibidem*, n°. 10.

elles ont une affiette certaine au bureau du paiement, fuivant les Arrêts des 21 Mars 1603, & 23 Août 1549 (*k*); & c'eft ce Bureau qui en fixe l'affiette, & non le domicile du créancier : 5°. enforte que ces dernieres font réputé meubles ou immeubles felon la Coutume territoriale du lieu où eft affis le Bureau du paiement ; au lieu qu'à l'égard des autres on confidere le domicile du créancier.

<h2 style="text-align:center">CCCXXXII.</h2>

Contre des rentes conftituées immeubles.

A l'égard des pays où les rentes conftituées font réputé immeubles, les plus grands Jurifconfultes, tels que Dumoulin & Coquille avoient cru que l'échange de ces rentes contre d'autres immeubles devoit être regardé comme une vente, fujette par conféquent aux lods, à caufe de la faculté de rachat dont jouit le débiteur (*l*).

Mais l'opinion contraire a prévalu, nonobftant la demande de la Nobleffe aux Etats de Blois ; & l'échange d'un immeuble contre une vente conftituée jouit des privileges de ces fortes de contrats dans les pays où la Loi met ces rentes au rang des immeubles (*m*) ; parce que la faculté de les racheter dépend du débiteur qui peut ne pas l'exercer (*n*) ; auffi l'Edit de Mai 1645, & la Déclaration du 20 Mars 1673 les affujettiffent-ils aux lods en faveur du Roi ou des acquéreurs de Sa Majefté, du droit nouvellement établi fur les échanges. Ceci fera confirmé par le contenu au n°. 822.

<h2 style="text-align:center">CCCXXXIII.</h2>

Due par le copermutant.

Si la rente conftituée eft dûe par le copermutant, qui s'en li-

---

(*k*) Ferriere, *ibidem*, n°. 12.

(*l*) Dumoulin, fur la Coutume de Paris, §. 55, Gl. 2, *hodiè* 78, n°. 6 ; & §. 58, *hodiè* 83, n°. 50. Coquille, queft. 31.

(*m*) Boiffieu, ch. 80, p. 401. Chopin, fur la Coutume d'Anjou, liv. 1, art. 1, n°. 7. Lalande, fur celle d'Orléans, art. 13, n°. 8. Henrys, liv. 3, queft. 52. Livoniere, liv. 3, ch. 2, p. 145.

(*n*) Dargentré, *de laudimiis*, cap. 1, §. 49, & fur la Coutume de Bretagne, art. 73, note 1, n°. 4.

(*o*) *Infrà* n°. 345.

bere au moyen de l'échange, c'est la vraie dation en paiement, qui tient lieu de la vente selon la Loi (*p*) : conséquemment cette espece d'échange est sujette aux lods comme d'une vente (*q*) ; puisque le copermutant n'acquiert pas une rente qui lui tienne lieu de l'héritage échangé, mais la libération de la rente dont il étoit débiteur.

C C C X X X I V.

Par la même raison, si l'on donne en échange d'un héritage la libération d'une rente fonciere servie par le copermutant, soit qu'elle soit rachetable ou non, ce contrat, analysé & réduit à sa juste valeur, est la vente de l'héritage dont le prix est la libération de la rente, & non l'échange de cet héritage contre l'acquisition du droit actif d'une rente qui n'existe plus : ce n'est pas l'échange de l'héritage contre la rente, puisqu'elle est éteinte par le contrat ; conséquemment celui-ci est mixte, & mêlé de vente & d'échange, comme nous l'expliquerons au n°. 833.

Contre une rente fonciere qu'on sert.

C C C X X X V.

1°. Mais si la rente fonciere est dûe par un tiers, le transport de cette rente, en représentation d'un immeuble, a tous les caractères d'un échange, puisque ces sortes de rentes sont évidemment inhérentes au sol qui les doit, & conséquemment immeubles (*r*). 2°. Quand même elle seroit rachetable, puisque le rachat est un événement purement possible & fortuit de la part du débiteur, qu'en attendant la rente n'est pas moins attachée au sol :

Dûe par un tiers, rachetable ou non.

(*p*) *L.* 4, *Cod. de evictionibus.*

(*q*) Dumoulin, sur la Coutume de Paris, §. 57, *hodiè* 94, n°. 14. Dargentré, sur celle de Bretagne, art. 73, note 1, n°. 4. Boissieu, ch. 80, p. 401 & 402. Lalande, sur celle d'Orléans, art. 13, n°. 13. Brodeau, lettre L. somm. 18, n°. 13. Livoniere, liv. 3, ch. 5, sect. 1, p. 185. Henrys, liv. 3, quest. 75, n°. 1--4.

(*r*) Dumoulin, sur la Coutume de Paris, §. 23, *hodiè* 33, Gl. 2, n°. 86, 87 ; & §. 55, Gl. 2, *hodiè* 78, n°. 6 ; & §. 58, *hodiè* 83, n°. 50, 82--90. Dargentré, sur celle de Bretagne, art. 73, note 1, n°. 4. Lalande, sur celle d'Orléans, art. 13, n°. 5.

conséquemment l'échange d'un meuble contre une rente fonciere rachetable, jouit de tous les privileges des échanges (*s*), puisqu'il en jouit de même si l'immeuble est baillé contre une rente constituée qui n'est immeuble que par fiction (*t*), & qui, par son essence, est perpétuellement rachetable. 3°. Si toutefois la faculté de rachat n'avoit pas été déclarée dans l'échange, l'héritage baillé en contre, seroit sujet aux lods & aux retraits dans le cas où la rente seroit rachetée, comme nous le dirons au n°. 826.

SECTION III.

DES différentes clauses qu'on peut ajouter à l'échange, & des suites de ce Traité.

CCCXXXVI. Retour en échange.
CCCXXXVII. Clause résolutive.
CCCXXXVIII. Clause de reprendre d'un côté.
CCCXXXIX. Faculté de substituer.
CCCXL. Fixation d'une somme en cas d'éviction.

Vide infrà n°. 822, & suivans.

CCCXXXVI.

Retour en échange. S'il y a de l'argent donné à titre de retour en échange, ce contrat a tous les caracteres d'une vente à concurrence de cet argent, puisque c'est le prix de l'excédent de valeur de la chose baillée en contre, & qu'elle est conséquemment vendue à concurrence de l'argent donné ; ainsi les lods sont incontestablement dûs du montant de ce retour au Seigneur de l'immeuble pour lequel

---

[*s*] Dumoulin & Dargentré, *locis suprà* ; & Dargentré, art. 61, note 1, n°. 5. Lalande, sur la Coutume d'Orléans, art. 15, n°. 6.
[*t*] *Suprà* n°. 332.

on

on l'a stipulé (*v*). Baron rapporte un Arrêt conforme à cette doctrine (*x*): pareil Arrêt du Parlement de Toulouse, du 15 Février 1737, au rapport de M. Devic, entre Noble Raphaël de Seignan, Seigneur de Maupas & de Gayan, & Me. Laborde, Receveur-Général des domaines & bois à Auch: celui-ci prétendoit étendre le droit royal des échanges sur ce retour. Autre Arrêt sur pied de requête du premier Août 1769, au profit du sieur Antoine de Marsan: celui-ci casse une Ordonnance de M. l'Intendant d'Auch, du 18 Décembre 1745, qui avoit adjugé au Fermier du Domaine les lods de ce retour dans la terre du sieur de Marsan.

C C C X X X V I I.

La clause résolutoire apposée à l'échange, & que chaque Partie *Clause résolutoire.* reprendra son bien s'il plaît à l'une d'elles, est une résolution de l'échange en vertu d'une clause inhérente au contrat: conséquemment elle n'opere nuls droits; c'est comme dans les ventes, l'exercice de la faculté de rachat (*y*) dont nous parlerons dans un des Chapitres suivans: mais comme cette vente est sujette aux lods, nonobstant l'exercice de la faculté, comme nous le dirons au même endroit, l'échange susdit est sujet à tous les droits des échanges par la même raison.

C C C X X X V I I I.

La clause qu'une Partie pourra reprendre son héritage en baillant une somme, opere la résolution & la conversion de l'échange *Clause de reprendre d'un côté.* en un traité différent; c'est la vente de l'héritage baillé pour de l'argent: ensorte que les droits de l'échange sont d'abord dûs des

---

(*v*) Boissieu, ch. 80, pag. 402. *Bene*, Dumoulin, sur la Coutume de Paris, §. 23, *hodiè* 33, Gl. 2, n°. 59, 60; & §. 55, Gl. 1, *hodiè* 78, n°. 11--106; & Gl. 2, n°. 10. Dargentré, *de laudimiis, cap.* 1, §. 34 & 49; & sur la Cout. de Bretagne, art. 59, note 2, n°. 22; & art. 73, Gl. 1, n°. 10. *Idem*, sur celle d'Orléans, art. 13. Lalande, *ibidem*, n°. 15. Legrand, sur celle de Troyes, art. 55, Gl. 2, n°. 6.

(*x*) Baron, sur Guy-Pape, quest. 92.

(*y*) Dumoulin, sur la Coutume de Paris, §. 55, *hodiè* 78, Gl. 1, n°. 98.

Tome I.   O o

deux côtés, comme nous l'expliquerons à la Section suivante : & par la conversion du traité en vente, il sera dû au Seigneur du bien vendu le complément des lods à concurrence de la somme baillée, & rien au Seigneur du bien repris.

1°. Il n'est rien dû pour la reprise du bien repris, puisque cette reprise est la résolution de l'échange en vertu d'une clause inhérente au contrat : or, pareille résolution est exempte de toute espece de droits, comme nous l'avons dit au n°. précédent. 2°. Mais, selon les principes du n°. 829, du jour de la reprise, il est dû le complément des lods du bien vendu au Seigneur, dont ce bien est tenu ; puisque ce n'est pas simplement la résolution du premier traité, mais un traité différent ; c'est-à-dire, une vente : or, cette vente ne peut être affranchie par la clause qui l'avoit préparée ; comme la promesse volontaire ou l'obligation de vendre imposée dans un testament, ne peut affranchir des lods la vente faite en conséquence. 3°. Mais le Seigneur doit déduire sur les lods de la vente, ce qu'il aura reçu sur l'échange de l'héritage vendu de fait, puisqu'il ne peut être sujet aux entiers droits d'un échange, & à ceux d'une vente, nul ne devant payer les droits d'un double titre de propriété : & si le Seigneur jouit des nouveaux droits des échanges, & qu'il les ait perçus, ils seront confondus avec ceux de la vente dont ils tiendront lieu. Dumoulin n'assujettit aux droits ce second traité, que dans le cas de fraude (7) ; en quoi il contredit ses propres principes rapportés au n°. suivant. 4°. A l'égard du concours des droits des échanges avec ceux des ventes, lorsque le Seigneur du bien vendu de fait n'aura pas les droits des échanges, nous en parlerons aux numeros 834 & 835.

CCCXXXIX.

1°. L'échange avec clause qu'on pourra substituer un autre héritage à la place du premier, n'opere pas, le cas arrivant, la résolution du premier contrat, mais un second échange différent de

---

[7] Dumoulin, sur la Coutume de Paris, § 41, *hodiè* 51, Gl. 2, n°. 26, *in fine*, & 27. Tiraqueau, du retrait lignager, §. 1, Gl. 4, n°. 39. Coutume d'Anjou, art. 354.

celui-là, quoique fait en vertu d'une clause apposée au premier : conséquemment celui-ci est sujet à tous les droits auxquels donne ouverture un second échange (a) ; comme la vente faite en vertu d'une promesse antécédente, ou en vertu de la clause d'un testament, n'en est pas moins sujette aux droits des ventes.

2°. Mais l'héritage dont l'échange subsiste en vertu du premier contrat, ne sauroit être sujet à de nouveaux droits, nul n'étant tenu de payer deux fois les droits de mutation du même bien.

3°. Enforte que les deux héritages compris dans le premier traité sont sujets aux droits des échanges ; & l'héritage substitué par le second acte, y est pareillement sujet.

4°. Mais à l'égard de l'héritage baillé par le premier contrat, & repris en exécution du second, il pourroit être exempt de tous droits si la substitution étoit faite tandis que les choses sont encore entieres, selon les regles qui seront expliquées dans la quatrieme partie de ce Traité.

C C C X L.

1°. S'il a été convenu dans l'échange de la numération d'une somme en cas d'éviction d'un des immeubles échangés, & que le cas arrive, l'acte sera réputé vente par rapport à l'immeuble non évincé, qui est réellement vendu en vertu de la clause apposée au contrat d'échange ; puisque, par la nature de l'échange, chacun des copermutans doit transporter la propriété de ce qu'il baille, comme nous l'avons dit au n°. 322.

Fixation d'une somme en cas d'éviction.

C'est le cas d'une vente conditionnelle d'une condition suspensive, dont l'événement a un effet rétroactif au tems du contrat : conséquemment les droits sont dûs à compter de la date de l'échange, puisque c'est alors qu'on a convenu de la vente à venir ; le tout conformément aux principes des numeros *bis* 355, 356, & 357.

2°. Mais le Seigneur tiendra en compte ce qu'il aura reçu sur les droits de l'immeuble vendu en vertu de l'échange qui de-

----

[a] Dumoulin, sur la Coutume de Paris, §. 55, Gl. 1, *hodiè* 78, n°. 97, 98, & 99.

meure nul & sans effet par cette éviction, suivant le contenu au n°. 322.

3°. Il ne doit pourtant pas tenir en compte ce qui aura été payé au Roi ou à son acquéreur, en vertu des Edits des échanges ; sauf à l'acquéreur son recours pour la restitution s'il y a lieu ; parce que nul n'est obligé de prendre en paiement de son dû l'exercice d'une action bonne ou mauvaise contre tout autre que son débiteur.

4°. Mais si le Seigneur est lui-même acquéreur du droit des échanges, il n'aura rien à demander ; puisque les entiers lods de l'héritage vendu lui auront été payés comme d'un échange, & qu'ils tiendront lieu de ceux de la vente, qui seule sortira à effet.

5°. A l'égard des lods de l'héritage évincé, ils seront ou ne seront pas dûs, selon les regles propres aux contrats résolus par l'éviction de l'acquéreur. Nous les examinerons dans la quatrieme partie de ce Traité.

6°. Enfin, à l'égard du concours des droits des échanges avec ceux des ventes, nous en parlerons aux numeros 834 & 835.

SECTION IV.

DES droits imposés sur les échanges, par le Roi Louis XIV.

CCCLIV. Droit des Seigneurs conservé.
Bis CCCLIV. Quid ? en Guienne.
Ter CCCLIV. Quid ? des fiefs exempts.

Voyez le n°. 384 ci-après.

C C C X L V.

1°. La Nobleſſe demanda aux Etats de Blois, à l'art. 56 de *Origine de cet établiſſement.*
ſon cahier, que l'échange des immeubles contre des rentes conſ-
tituées fût aſſujetti aux lods ; mais cette demande ne produiſit
rien, & l'exemption de cette eſpece d'échange ſubſiſta (*b*).

2°. Les fraudes qui avoient occaſionné les plaintes de la Nobleſſe furent le fondement de l'Edit de Mai 1645, regiſtré au
Parlement de Paris le 7 Septembre même année : cet Edit porte
» aſſujettiſſement à tous les droits pécuniaires des ventes à rai-
» ſon des échanges d'immeubles contre des rentes rachetables,
» ou non conſtituées à prix d'argent, de bail d'héritage, ou autres,
» tant dans les domaines du Roi, que dans les directes des Sei-
» gneurs particuliers, avec la faculté aux Seigneurs féodaux ou
» cenſiers d'acquérir ces droits dans leurs directes, & avec clauſe
» que les échanges d'immeubles contre d'autres immeubles n'é-
» toient pas compris dans les diſpoſitions de cet Edit ». La
Déclaration du 20 Mars 1673, regiſtrée dans un Lit de Juſtice
le 23 Mars même année, contient la même limitation (*c*).

C C C X L V I.

1°. Mais l'Edit de Février 1674 « établit les mêmes droits *Extenſion de ces droits.*
» pour toute ſorte d'échanges, même d'héritages contre d'autres
» héritages, ou contre des droits, rentes & redevances, ſoit qu'il
» y ait ſoute ou non ; & il ordonne que les Seigneurs féodaux ou

---

[*b*] Boiſſieu, ch. 80. Chopin, ſur la Coutume d'Anjou, liv. 1, art. 1, n°. 7.
[*c*] Rapportés dans le recueil du Domaine, tome 1, ſous leur datte.

» censiers jouiront des susdits droits dans leurs directes, en payant
» les taxes arrêtées au Conseil (d).

2°. La Déclaration du 20 Juillet 1674 ordonne la vente des susdits droits aux Seigneurs pendant l'année ; & passé ce terme, à tous autres prétendans.

3°. La Déclaration du premier Mai 1696, en ordonnant l'exécution des reglemens susdits, ajoute « que dans les Coutumes où » les Seigneurs ont sur les échanges des droits moindres que » ceux des ventes, *le surplus* sera payé aux acquéreurs des nou- » veaux droits (e).

CCCXLVII.

Préférence & retrait des Seigneurs.

La Déclaration du 20 Juillet 1674 donne la préférence de l'acquisition desdits droits aux Seigneurs dans leurs fiefs & directes (f). La Déclaration du 4 Septembre 1696 leur donne la même préférence pendant trois mois (g) : & celle du 20 Mars 1748 la leur donne pendant un an (h).

Même la Déclaration du 11 Mai 1705 leur permet de rembourser pendant trois mois les particuliers qui auroient acquis lesdits droits dans les directes desdits Seigneurs, à la charge par ceux-ci de payer au Roi une double finance, outre le montant du remboursement ; & cette grace ou faculté de retrait leur a été renouvellée par la Déclaration du 16 Février 1715 (i).

CCCXLVIII.

Coseigneurie & droits des acquéreurs.

La Déclaration du 20 Mars 1748 porte « que les acquéreurs » des droits des échanges, autres que les Seigneurs de fief, pour-

---

[d] Rapporté sous sa datte dans le recueil du Domaine.

[e] *Vide* l'Edit de Décembre 1683, & la Déclaration du premier Mai 1696, au recueil judiciaire de Toulouse, tome 2, p. 133 & 234.

[f] Dans l'Edit de Décembre 1683, recueil judiciaire de Toulouse, tome 2, p. 133.

[g] Recueil judiciaire, tome 2, p. 236.

[h] Recueil judiciaire, tome 2, p. 237.

[i] *Vide* celle du 20 Mars 1748, au recueil judiciaire, tome 2, p. 237.

„ ront fe dire Seigneurs en partie des terres où ils les ont ac-
„ quis (*k*) „. Il avoit même été prétendu qu'ils avoient droit de
chaffe, droit de litre, & autres femblables ; mais le Mémoire qui
contenoit cette prétention, fut fupprimé par un Arrêt du Confeil du 29 Juillet 1704 ; & en enregiftrant la Déclaration de
1748, le 23 Mars de la même année, le Parlement de Paris ordonna qu'ils ne jouiroient que des droits honorifiques dans l'E-
glife, tels qu'ils appartiennent aux Seigneurs de fief (*l*), relativement à l'Arrêt du Confeil du 29 Juillet 1704. Il eft évident
qu'il faut s'en tenir au contenu en ces Arrêts.

C C C X L I X.

Si les Seigneurs féodaux ou cenfiers ont acquis les droits des *Fief à part foi.*
échanges dans leurs fiefs ou directes, cette acquifition forme dans
leurs mains un fief diftinct & féparé de leur ancien fief, fuivant
les Déclarations des 13 Mars 1696, & 4 Septembre même année, & 20 Mars 1748 (*m*) ; & ce fief eft mouvant du Roi à caufe
de fon domaine le plus prochain, fuivant la fufdite Déclaration
de 1748 (*n*).

C'eft une appartenance de leur fonds comme fonds, & non de
leur fief comme fief (*o*) ; puifque celui-ci peut être mouvant du
Roi à caufe de fes hauts domaines, ou d'un Seigneur particulier ;
au lieu que le droit des échanges eft tenu de Sa Majefté, à caufe
de fon domaine le plus prochain.

C C C L.

Les droits des échanges ne font ni féodaux, ni vraiment do- *Eft-il domanial ?*
maniaux, mais des droits d'impofition que le Roi peut fuppri-

---

[*k*] Recueil judiciaire, tome 2, p. 237.
[*l*] Dictionnaire du Domaine, *verbo*, Echanges, §. 2, n°. 5.
[*m*] Dictionnaire du Domaine, *verbo*, Echanges, §. 2, n°. 5. Guyot, des
engagemens du Domaine, n°. 41.
[*n*] Dictionnaire du Domaine, *verbo*, Echanges, § 2, n°. 5.
[*o*] Guyot, des engagemens du Domaine, n°. 41. Dumoulin, fur la Coutume
de Paris, §. 1, Gl. 5, n°. 15.

mer, & que les besoins de l'état l'ont forcé d'établir (*p*) : il est pourtant vrai que tant qu'ils subsistent ils sont réputé domaniaux dans les fiefs & directes du Roi : de là vient que les privilégiés jouissent de l'exemption de ces droits dans les susdits fiefs & directes ; & que les engagistes du Domaine ont droit d'en jouir, comme nous le dirons dans le moment. L'article suivant confirmera cette assertion.

C C C L I.

Est-il patrimonial aux Seigneurs ?

1º. La Déclaration du 13 Mars 1696 veut que les droits des échanges soient aliénés ; savoir, dans les directes des Seigneurs particuliers, à titre de propriété incommutable ; & dans celles du Roi, à faculté de rachat (*q*) : ensorte que ce droit n'est domanial que dans celles-ci, quoique Guyot ait prétendu que même les Seigneurs particuliers n'en jouissent que comme engagistes dans leurs fiefs & directes, & qu'ils peuvent en être dépossédés dans tous les tems (*r*) ; prétention qui n'est fondée sur rien, & d'ailleurs contredite par la Déclaration que nous venons de citer.

2º. A l'égard des acquéreurs autres que les Seigneurs féodaux ou censiers dans leurs directes, Guyot les met à plus forte raison au rang des simples engagistes ; & les Déclarations des 11 Août 1705, & 16 Février 1715, ont permis auxdits Seigneurs féodaux ou censiers dans leurs directes, de rembourser ces acquéreurs dans un brief délai (*s*) ; mais passé ce terme, nous ne voyons ni motif ni prétexte pour leur contester la propriété incommutable que leur assure la Déclaration du 13 Mars 1696, d'autant mieux qu'il n'y a de vrai domaine & inaliénable, que celui qui a été expressément uni à l'ancien, ou administré pendant dix ans par les Officiers du Roi (*t*).

[*p*] Guyot, des lods, ch. 3, nº. 4, 5, & 6, & des engagemens du Domaine, nº. 41.

[*q*] Recueil judiciaire, tome 2, p. 236.

[*r*] Guyot, des engagemens du Domaine, nº. 41.

[*s*] Recueil judiciaire, tome 2, p. 236.

[*t*] Edit de Février 1566, art. 1 & 2.

CCCLII.

CCCLII.

1°. Les engagistes dont l'engagement datte depuis 1674, sont présumé acquéreurs des droits des échanges dans les fiefs & directes engagés depuis cette époque, & non ceux dont l'engagement est antérieur, selon les Arrêts du Conseil des 7 Mai 1746, & 3 Janvier 1747, & la décision du Conseil du 2 Février 1757 (*v*).

2°. Les privilégiés ne jouissoient pas du privilege d'exemption dans les directes des Seigneurs particuliers, mais seulement dans celles du Roi (*x*) : la question a été ainsi jugée par des Arrêts des 21 Mars 1682, 7 Avril 1699, & par un Arrêt solemnel du 23 Décembre 1738 (*y*); pareils Arrêts des 12 Juin 1744 & 21 Décembre 1745 (*z*) ; nouvelles preuves que ces droits sont domaniaux dans les directes du Roi, & patrimoniaux dans celles des Seigneurs particuliers.

3°. A l'égard des Princes appanagers & des échangistes, ils doivent en jouir à plus forte raison que les engagistes, lorsque l'appanage ou l'échange est postérieur à l'établissement de ces droits.

Engagistes privilégiés, appanages, échanges.

CCCLIII.

1°. La Province de Champagne se racheta de l'établissement des droits des échanges moyennant 80000 livres (*a*).

2°. Le Languedoc s'en racheta de même moyennant une somme de 120000 livres, & il obtint un Edit de Décembre 1683, registré au Parlement de Toulouse le 15 Avril 1684, portant " qu'il en seroit usé dans cette Province comme avant les
" susdits Edits ; ce faisant, que tant le Roi que les Seigneurs par-
" ticuliers ne pourront prétendre les droits des échanges, s'ils ne

Abonnemens en Languedoc & en Champagne.

(*v*) Dictionnaire du Domaine, *verbo*, Echanges, §. 2, n°. 2.

(*x*) Guyot, des lods, ch. 15, n°. 7 & 8.

(*y*) Dictionnaire du Domaine, *verbo*, Casuels, §. 5, n°. 10 ; & *verbo*, Ordre du Saint-Esprit. Guyot, des engagemens du Domaine, n°. 41.

(*z*) Dictionnaire du Domaine, *verbo*, Echanges, §. 5.

(*a*) Guyot, des lods, ch. 3, n°. 2.

Tome I.   P p

,, sont fondés en titre ou en usage établi par actes, & suivant le-
,, dit usage, ou suivant les reconnoissances (*b*) ,,. Nous remar-
quons à cette occasion que les expressions de l'Edit de Décembre
sont purement déclaratives, & non limitatives : on en convint
lors de l'Arrêt du 11 Mai 1750, rapporté au nº. 318.

CCCLIV.

Droits des Sei-
gneurs conservés.

1º. Les Seigneurs particuliers ont conservé les droits des
échanges dont ils jouissoient avant les Edits (*c*). La Déclaration
du premier Mai 1696 ordonne que dans les Coutumes où ils
jouissoient des droits des échanges moindres que ceux des ventes, le surplus sera payé aux acquéreurs desdits droits (*d*).

2º. A plus forte raison conservent-ils ces droits en Languedoc,
où les rentes constituées ont conservé le caractère qui leur est
propre d'effets mobiliers, & où il n'y a pas conséquemment lieu
de craindre les fraudes qui ont donné lieu à ces Edits ; d'ailleurs
tel est le sens de celui de 1683, cité au nº. précédent : ensorte
qu'il faut s'en tenir à la distinction du nº. 318 dans cette Province.

Bis CCCLIV.

Quid ? en
Guienne.

Nous avons dit qu'en Languedoc les Seigneurs jouissent des
lods des échanges, selon la distinction exprimée au nº. 318. Il en
est de même en Guienne, où le droit des échanges est perçu au
profit du Roi ou des acquéreurs de Sa Majesté, dans les directes
des Seigneurs particuliers. Nous ne pouvons pourtant dissimuler
qu'un Arrêt du 11 Février 1737, au rapport de M. Devic, entre
Me. Laborde, Receveur-Général du domaine à Auch ; & Noble
Raphaël de Seignan, Seigneur de Maupas & de Gayan, en réfor-
mant les jugemens des Trésoriers de France d'Auch, des 30 Mars
1734, & 4 Août 1735, n'adjuge les lods au Seigneur de Sei-

(*b*) Recueil judiciaire, tome 2, p. 137.
(*c*) Guyot, des lods, ch. 3, nº. 4. Livoniere, liv. 3, ch. 2, p. 145.
(*d*) Recueil judiciaire, tome 2, p. 234. Dictionnaire du Domaine, *verbo*,
Echanges, §. 3, nº. 1 & 2.

gnan qu'à concurrence du retour : pareil Arrêt de la Grand'Chambre, du premier Août 1769, à la requête du sieur de Marsan, qui
casse une Ordonnance de M. l'Intendant d'Auch, du 8 Décembre
1745, & défend au Fermier du domaine de percevoir les lods du
retour, & aux redevables de le payer qu'audit sieur de Marsan ;
mais ces Arrêts ont été rendus sans doute dans des circonstances
où il y a exemption des lods des échanges, soit par titre, soit
par coutume : ce qui nous confirme dans cette idée, c'est que
nous connoissons des pays en Guienne où les Seigneurs jouissent
de ce droit, en conformité de la distinction ci-dessus.

Ter C C C L I V.

A l'égard des fiefs dans les pays où ils sont exempts de lods, *Quid ? des fiefs*
& simplement d'honneur, il est évident que le nouveau droit des *exempts,*
échanges ne peut y avoir lieu, puisque ce droit est le supplément
de celui des ventes, comme nous l'avons établi aux numeros 345,
346, 347, 353, & 354, & non l'établissement d'un droit unique
& isolé sur les biens exempts : c'est comme si l'on vouloit étendre
les droits des échanges aux biens allodiaux.

C H A P I T R E XI.

DES conditions de toute espece apposées aux Ventes.

S E C T I O N P R E M I E R E.

DES différentes especes de conditions.

CCCLIX. Condition résolutive casuelle.
CCCLX. Potestative.
CCCLXI. Autre condition potestative.
CCCLXII. Dépendante d'un tiers.
CCCLXIII. Condition mixte.

Voyez le Chapitre III ci-devant.

CCCLV.

Résolutives ou suspensives.

1°. Considérées dans leur essence & dans leur fin, on distingue les conditions apposées aux ventes, en résolutives & suspensives : la premiere résout la vente légitimement contractée, & la rend de nul effet pour l'avenir seulement ; & l'événement de la seconde doit décider s'il y aura une vente, ou s'il n'y en aura pas, l'engagement des Parties demeurant suspendu jusqu'alors.

2°. Il résulte de cette différence, que dans le cas d'une vente résoluble sous condition, l'acquéreur a fait les fruits siens (e) ; au lieu que si la condition est suspensive, c'est précisément le contraire (f).

3°. Dans la vente sous une condition suspensive, si la chose est détériorée avant la délivrance, c'est pour l'acquéreur ; parce que le débiteur d'un corps certain ne doit le remettre que tel qu'il est, sans fraude : mais si elle a péri, c'est pour le compte du vendeur ; parce que l'événement de la condition ne peut confirmer la vente de ce qui n'est plus (g).

4°. Mais si la condition est résolutive, la chose périt pour l'acheteur, qui ne peut rendre ce qui n'existe plus (h).

(e) L. 2, §. 1, ff. de in diem addict. L. 1, §. 4, ff. pro empt.
(f) L. 4, ff. de in diem addict.
(g) L. 8, verf. quod si, ff. de periculo & commodo rei vendita; L. 5, Cod. eodem.
(h) Potier, de la vente, n°. 166.

Bis CCCLV.

1°. Confidérées dans leur principe & dans l'événement qui *Cafuelles, po-* doit les remplir, il en eft de purement fortuites & cafuelles, c'eſt- *teſtatives,* & à-dire, celles qui font dépendantes du hafard, ou attachées au *mixtes.* fait, & dépendantes de la volonté d'un tiers. Or, l'événement des unes & des autres a un effet rétroactif au tems du contrat (*i*); parce qu'étant indépendantes de la volonté des Parties, elles doivent nécéffairement fe reférer au traité qui forme leur engagement, puifque l'événement de la condition n'ajoute rien à ce traité qui leur foit perfonnel : il faut donc faire rétrograder cet événement au tems où les Parties ont contracté.

2°. Il en eft d'autres qu'on appelle poteftatives, parce qu'elles dépendent de la volonté d'une des Parties ; ou mixtes, parce qu'elles font attachées au concours de cette volonté avec celle d'un tiers. Or, dans ces deux cas, c'eſt ce fait libre & perfonnel à l'une des Parties qui met le fceau au traité ; & jufqu'alors ni l'une ni l'autre n'eft obligée, puifqu'il dépend de cette Partie d'empêcher l'événement qui doit confirmer le marché ; d'où il réfulte que fa date n'eft fixée que du jour de ce fait libre & volontaire qui le valide, puifque ce n'eft que dès ce jour qu'il eft clos & confommé par la volonté de la Partie dont le fait a rempli la condition (*k*).

3°. Conféquemment à ce principe, fi ces dernieres font fimplement réfolutives, le fait volontaire de la Partie qui remplit la condition ne peut effacer ni anéantir un traité parfait par un confentement mutuel, quoiqu'il puiffe le réfoudre pour l'avenir en vertu de la claufe qui impofe la condition (*l*).

CCCLVI.

1°. Si la condition fufpenfive appofée aux contrats eft for- *Lods des fufpen-* *fives cafuelles.*

(*i*) L. 8, verf. *quod fi pendente*, ff. *de peric. & commodo.* L. 18 & L. 144, ff. *de reg. jur.* L. 78, ff. *de verb. oblig. infrà* n°. 356 & 362.

(*k*) *Infrà* no. 360, 361, & 363.

(*l*) *Infrà* n°. 360.

tuite & casuelle, l'événement de la condition a un effet rétroactif au tems du contrat (*m*) : ensorte que la vente, lorsqu'elle a acquis toute sa perfection, est censé parfaite du jour de sa date, par l'événement fortuit de la condition ; parce que cet événement, étranger aux Parties, & indépendant de leur volonté, se réfere au moment où elles ont librement contracté.

2°. Conséquemment les lods sont dûs du jour du contrat, suivant des Arrêts des 8 Mars 1632 (*n*), & 24 Juillet 1629 (*o*), & suivant Dargentré (*p*), quoique Dumoulin n'y donne ouverture que du jour de l'événement de la condition (*q*) : c'est ainsi qu'il est échappé des inadvertances à ce grand homme, l'oracle du Droit François, & sur-tout du Droit féodal.

CCCLVII.

1°. Avant l'événement de la condition suspensive & casuelle, le Seigneur ne peut demander les lods ; parce que jusqu'alors le fait & la validité de la vente est en suspens, quand même la délivrance s'en seroit suivie ; parce qu'elle est censée conditionnelle comme la vente (*r*) : & lorsque la délivrance est faite dans cette circonstance, la propriété ni la possession civile ne passent pas à l'acquéreur (*s*).

2°. Autre chose est, si dans cette espece, outre la délivrance, il y a paiement du prix ; parce qu'alors la condition suspensive est convertie en résolutive (*t*).

[*m*] *L.* 18 & *L.* 144, *ff. de reg. juris. L.* 78, *ff. de verb. obligat.*

[*n*] Duperier, abrégé d'Arrêts, *verbo*, Lods.

[*o*] Brodeau, lettr. L. somm. 18, n°. 29.

[*p*] Dargentré, *de laudimiis*, cap. 1, §. 5, & cap. 3, & sur la Coutume de Bretagne, art. 64, n°. 8, 12 & 13.

[*q*] Dumoulin, sur la Coutume de Paris, §. 55, Gl. 1, *hodiè* 78, n°. 40.

[*r*] Dumoulin, sur la Coutume de Paris, §. 13, *hodiè* 20, Gl. 5, n°. 23 ; & §. 55, Gl. 1, *hodiè* 78, n°. 40. Dargentré, *de laudimiis*, cap. 1, §. 5 ; & sur la Coutume de Bretagne, art. 64, n°. 12 & 13. Tiraqueau, du retrait lignager, §. 1, Gl. 2, n°. 33. *L.* 213, *ff. de verb. significat.*

[*s*] *L.* 38, §. 1, *ff. de acquir. vel amitt. possess.*

[*t*] Dumoulin, sur la Coutume de Paris, §. 13, *hodiè* 20, Gl. 5, n°. 23 & 24 ; & §. 55, Gl. 1, *hodiè* 78, n°. 40. Dargentré, sur celle de Bretagne, art. 64, n°. 13 ; & *de laudimiis*, cap. 1, §. 3.

3°. Quand même, selon nous, ce paiement ne seroit que partiel ; puisque, dans ce dernier cas, les choses ont cessé d'être entieres à l'égard des deux Parties, comme nous le dirons dans la quatrieme partie de ce Traité ; & que les Parties sont censé avoir mis le sceau à la vente, en l'exécutant, de part & d'autre, de leur plein gré.

CCCLVIII.

1°. La condition suspensive purement potestative vicie la vente où elle est apposée ; parce que cette vente ne peut être valable que par le concours d'un consentement mutuel : *nulla promissio potest consistere quæ ex voluntate promittentis statum capit* (v).

Condition suspensive & potestative.

2°. Ainsi la vente faite sous la condition *si la chose plaît* à l'acquéreur, est nulle de plein droit (x), à moins que la clause ne doive être entendue *arbitrio boni viri*, comme elle doit l'être en these, si le sens de l'acte n'y résiste pas (y) ; parce que, dans le doute, on doit donner aux actes le sens le plus favorable à leur validité (z), suivant le vœu des contractans.

3°. Indépendamment de cette considération, ces conditions ne vicient pas toujours la vente ; par exemple, la clause que l'acte vaudra *si l'acheteur va à Paris* (a) ; parce qu'il n'est pas totalement en son pouvoir d'empêcher l'effet de la clause, & qu'il ne peut aller à Paris sans confirmer le contrat (b).

4°. Enfin, ces clauses peuvent être purement résolutives, comme nous l'avons expliqué au n°. 214.

CCCLIX.

1°. La condition résolutive attachée à un événement fortuit, n'altere pas la substance d'un acte parfait ; mais elle le résout pour

Condition résolutive casuelle.

(v) *L.* 108, §. 1, *ff. de verb. obligat.*, *suprà* n°. 208.
(x) *L.* 13, *Cod. de contrah. empt.*; & *L.* 7, & *L.* 35, §. 1, *ff. eodem. L.* 3, *ff. de obligat. & actionib.*
(y) *L.* 7, *ff. de contrah. empt.*
(z) *L.* 67, *ff. de reg. jur. L.* 80, *ff. de verb. obligat.*
(a) *L.* 3, *ff. de legatis* 2°.
(a) Potier, des obligations, n°. 48--205.

l'avenir, en le rendant sans effet, à compter de cet événement (*c*) : enforte que les lods font dûs de la vente sans espoir de répétition, puisqu'elle a été parfaite (*d*) : mais la réfolution étant fondée fur une caufe inhérente au contrat, cette réfolution eft exempte des droits, comme nous l'expliquerons au n°. fuivant.

2°. Si cependant la réfolution avoit lieu, les chofes étant encore entieres, c'eft-à-dire, avant l'exécution totale ou partielle du contrat, les lods ne feroient pas dûs même de la vente, conformément aux principes que nous établirons en traitant de la réfolution des contrats.

C C C L X.

Potestative. 1°. Si la condition réfolutive eft purement poteftative, fon événement réfout de même pour l'avenir la vente, fans l'anéantir pour le paffé ; parce que le contrat ayant été parfait par un confentement mutuel, la volonté d'une Partie peut bien le réfoudre fi tel eft le marché ; mais cette réfolution volontaire ne peut effacer, anéantir, & réduire à rien un traité parfait.

Ainfi l'exercice de la faculté de rachat réfout la vente où elle eft appofée, fans l'anéantir ; enforte qu'elle dure jufqu'au moment du rachat.

Il en eft de même de la vente, avec la faculté à l'acquéreur de rendre *fi la chofe lui déplaît* ; enforte que l'exercice de cette faculté réfout la vente pour l'avenir, félon la Loi (*e*).

2°. A l'égard des lods, foit de la vente, foit de la réfolution, il en eft de cette hypothefe comme de la vente à faculté de rachat, & de l'exercice de cette faculté. Or, les lods font dûs de cette vente qui n'eft réfolue que pour l'avenir, fans être anéantie ni effacée par le rachat ; mais ils ne font pas dûs de l'exercice dudit rachat, parce qu'il fe fait en vertu d'un pacte inhérent au contrat, comme nous le dirons en traitant de cette faculté : enforte

---

(*c*) L. 2, *per totum*, *ff. de in diem addict.*

(*d*) Dumoulin, fur la Coutume de Paris, §. 13, *hodiè* 20, Gl. 5, n°. 24. Dargentré, fur celle de Bretagne, art. 64, n°. 12 & 13. Tiraqueau, du retrait conventionnel, §. 6, Gl. 2, n°. 19.

(*e*) L. 3, *ff. de contrah. empt.* L. 6, *ff. de refcind. vendit.* L. 31, §. 22, *ff. de ædilit. edicto.*

qu'en

qu'en appliquant cette double regle au cas présent, il en résulte, 1°. que les lods sont dûs de la vente qui a reçue toute sa perfection, & est sortie à effet. 2°. Mais qu'il n'en est pas dû de la résolution qui est une suite de la faculté apposée au contrat (*f*). 3°. Si cependant la reprise ne devoit pas être faite au même prix, ce ne seroit pas la résolution de la premiere vente, mais une revente à un prix différent ; conséquemment sujette à de nouveaux lods (*g*).

C C C L X I.

Si la condition suspensive dépend d'un fait étranger au contrat, & qui soit pourtant au pouvoir d'une partie ; par exemple, la condition *si elle va à Paris*, l'obligation vaut ; car quoiqu'il soit libre à cette partie de ne pas y aller, elle est pourtant obligée d'exécuter le marché si elle y va (*h*).

Autre condition potestative.

Mais si la condition arrive, la vente ne vaut qu'à compter de ce jour ; puisque ce n'est qu'alors que le fait dépendant de la volonté d'une des Parties, a confirmé leur engagement (*i*).

Ainsi les lods d'une pareille vente sont dûs à compter de l'événement de la condition seulement.

C C C L X I I.

La vente est valable quoiqu'elle se réfere à l'arbitrage ou au consentement d'un tiers, & qu'elle en dépende (*k*) : telle est la vente dont nous avons parlé au n°. 213, & dont l'accomplissement est attaché à l'estimation d'Experts ou de la personne dont on a fait choix ; mais la condition une fois remplie par l'estimation ou le consentement de cette personne, la vente vaut à compter de sa datte ; parce que le fait de ce tiers étant indépendant de la

Dépendante d'un tiers.

[*f*] Dumoulin, sur la Coutume de Paris, §. 55, Gl. 1, *hodiè* 78, n°. 98. Sudre, sur Boutaric, tit. des lods, §. 10, n°. 23. *Vide* le no. suivant.

[*g*] Dumoulin, sur la Coutume de Paris, §. 55, Gl. 1, *hodiè* 78, no. 99.

[*h*] *L.* 3, *ff. de legatis* 2°. Potier, des obligations, n°. 205.

[*i*] *L.* 11, *ff. qui potior. in pign. L.* 4, *ff. quæ res pignori.* Mornac, *ad L.* 1, *ff. qui potior. in pign.*

[*k*] *L.* 43, §. 1 ; & *L.* 44, *ff. de verb. obligat.*

Tome I.   Qq

volonté des Parties, il a un effet rétroactif au tems du contrat, selon les regles des numeros *bis* 355 & 356.

CCCLXIII.

Condition mixte.   Si la condition eſt mixte & dépendante en partie du fait d'une des Parties, & en partie du fait d'un tiers ; par exemple, *ſi elle eſt attachée au mariage d'une des Parties avec la perſonne déſignée*, l'événement de la condition met le ſceau à la vente, & lui donne ſa perfection du jour de cet événement, & ſans effet rétrograde ; parce que l'événement étant en partie dépendant de la volonté de la Partie, il n'y a d'engagement véritable qu'autant que cette volonté a confirmé le projet de vente : conſéquemment il n'y a ouverture aux lods qu'à compter de ce jour (*l*).

SECTION II.

DE l'addiction à jour ou de la vente, avec réſervation de recevoir des offres.

CCCLXIV.

Définition &   1°. L'addiction à jour eſt la vente d'un objet déterminé au prix
eſſence.   convenu entre Parties, ſauf ſi dans un brief délai un autre prétendant fait la condition du vendeur meilleure (*m*).

[*l*] *Vide* le no. *bis* 355.
[*m*] *L.* 1, *ff. de in diem addict.*

2°. Cette clause emporte une condition résolutive ou suspensive, selon ce qui résulte de l'intention des Parties & de l'expression de l'acte, interprete naturel de cette intention (*n*).

3°. Lorsque la clause est simplement résolutive , les risques sont sur le compte de l'acheteur (*o*), qui profite des fruits & des augmentations, & qui peut prescrire (*p*) : il peut de même hypothéquer le bien vendu (*q*) : en un mot, il a tous les avantages & les inconvéniens de la propriété (*r*).

4°. Au lieu que si la condition est suspensive , il ne prescrit ni ne fait les fruits siens (*s*) : en un mot, il n'a ni les profits, ni les charges de la propriété.

5°. Mais dans le doute elle est censé résolutive plutôt que suspensive, si l'expression est équivoque (*t*). Il en est de même du pacte commissoire (*u*), & de la vente, sauf si la chose déplaît à l'acquéreur (*v*) ; parce que, dans tous ces cas, le fait de la vente est le premier acte des Parties ; & le *sauf* ou la condition ne tombe que sur la résolution (*x*).

6°. Si l'addiction à jour est sans terme , il doit être fixé à l'arbitrage du Juge, (*infrà* n°. 373) ; toutefois avec la modification exprimée au n°. 368.

7°. Enfin, si l'acheteur est évincé par un surdisant, il ne peut répéter les loyaux-coûts de l'achat ; parce qu'en acquiesçant à la clause, il s'est assujetti à cet inconvénient.

C C C L X V.

Si nul n'offre la condition meilleure dans le terme convenu , la *S'il n'y a point d'offre.*

(*n*) L. 2 , *ff. de in diem addict.*
(*o*) L. 2 , §. *fin. & L. 3 , ff. eodem.*
(*p*) L. 2 , §. *fin. ff. eodem.*
(*q*) L. 4 , §. 3 , *ff. eodem.*
(*r*) L. 4 , §. 4 , *ff. eodem.*
(*s*) L. 4 , *ff. eodem.*
(*t*) L. 2 , §. 4 , *ff. pro empt. L. 41 , ff. de rei vendicat.*
(*u*) L. 1 , *ff. de lege commiss.*
(*v*) L. 3 , *ff. de contrah. empt.*
(*x*) Bretonnier , sur Henrys , liv. 3 , quest. 73 , n°. 16.

vente fort fon plein & entier effet, & les droits en font dûs du jour de fa date (*y*), comme de toute autre vente, quand même il n'y auroit pas de terme fixe (*z*) ; la fixation de ce terme n'étant ni de l'effence du pacte commiffoire (*a*), ni de celle de l'addiction à jour ; & la condition, foit réfolutive, foit fufpenfive, devant fe référer au tems du contrat, parce qu'elle eft cafuelle, & non poteftative.

CCCLXVI.

Quand eft-elle réfolue ?

Pour réfoudre cette vente, il faut qu'il foit fait une offre avantageufe au vendeur ; par exemple, celle d'un plus grand prix, ou d'un prix égal à de meilleures conditions, même d'un prix moindre fi d'autres avantages excedent cette diminution (*b*).

Il faut encore qu'il fe préfente un fecond acheteur non fuppofé (*c*) & folvable ; autrement on préfume la fraude au préjudice de l'acquéreur (*d*) ; mais le vendeur eft le maître de ne point recevoir d'offre (*e*) ; parce que la claufe eft cenfé appofée uniquement pour lui, & que l'acquéreur ne peut s'en réclamer (*f*), à moins qu'il n'y ait claufe expreffe en fa faveur (*g*) : toutefois, en ce cas, fi le prétendant eft infolvable, le vendeur peut le refufer (*h*). Enfin, il faut notifier les furdites à l'acquéreur, avec offre de préférence qu'il peut refufer (*i*). S'il y a plufieurs vendeurs, un d'eux peut furdire (*k*) : & s'il y a plufieurs acquéreurs,

---

[*y*] Dumoulin, fur la Coutume de Paris, §. 23, *hodiè* 33, Gl. 2, n°. 9. Guyot, des lods, ch. 4, fect. 4, n°. 5.

[*z*] *ut in* L. 41, *ff. de rei vendic.*

[*a*] Dumoulin, fur la Coutume de Paris, §. 23, *hodiè* 33, Gl. 2, n°. 13.

[*b*] *Vide in Pandectis juftiniancis*, tit. *de in diem addict.* n°. 8, 9, 10, 11.

[*c*] *Vide* L. 4, §. 5 ; & L. 6, ff. *de in diem addict. Juncta* L. 55, ff. *de contrah. empt.* ; & L. 225, ff. *de verb. fignific.*

[*d*] L. 35, ff. *de contrah. empt.* L. 14, §. 1 & 2, ff. *de in diem addict.*

[*e*] L. 9, ff. *de in diem addict.*

[*f*] Potier, de la vente, n°. 449.

[*g*] L. 9, ff. *de in diem addict.*

[*h*] L. 10, ff. *de in diem addict. Argum.* L. 14, §. 1, *eodem.* L. 55, ff. *de contrah. empt.*

[*i*] L. 7 & 8, ff. *de in diem addict.*

[*k*] L. 13, §. 1, ff. *de in diem addict.*

& qu'un d'eux furdife en feul, en ce cas la vente eft réfolue de même *(l)*.

CCCLXVII.

Si, s'étant préfenté un enchériffeur, il a été fait vente à fon fon profit, la premiere eft comme non avenue, quand même la condition n'auroit été que réfolutive *(m)* ; & la feconde feule donne ouverture aux lods *(n)* ; parce que l'ancien propriétaire n'ayant pu ni entendu faire qu'une vente, & ayant rempli fon objet au moyen de la feconde, on feint que la premiere a été réfolue par voie d'annihilation en vertu du pacte (*vide* le nº. fuivant) : & quoique régulierement le premier acquéreur ait toutes les charges & les avantages de la propriété, & qu'il faffe les fruits fiens, (*fuprà* nº. 364), cependant s'il eft évincé par un enchériffeur, on le condamne à la reftitution des fruits *(o)* ; parce que fon droit eft réfolu *retro* du jour de fon achat.

Vente à un enchériffeur.

CCCLXVIII.

1º. Mais fi la premiere vente a duré plus d'un an, & que la feconde foit faite à un tiers, on demande s'il y a ouverture aux doubles lods.

Durée de la premiere vente.

D'abord, la Loi Romaine fuppofe que dans le délai du pacte, l'acquéreur a pu cueillir les fruits *(p)* ; mais cette même Loi dit : *nifi intrà Kalendas Januarias proximas (q)* ; ce qui ne peut pas porter à une année entiere : auffi Dumoulin, qui a fait la même remarque, & Guyot, décident-ils que fi la premiere vente dure quelques années, les lods en font dûs comme de la feconde, &

(*l*) L. 18 , *ff. de in diem addict.*

(*m*) L. 6 , *ff. de in diem addict.*

(*n*) Dumoulin, fur la Coutume de Paris , §. 23 , *hodiè* 33 , Gl. 2 , nº. 9 ; & §. 55 , Gl. 1 , *hodiè* 78 , nº. 161. Dargentré , *de laudimiis , cap.* 1 , §. 5 , & fur celle de Bretagne , art. 64 , nº. 15. Brodeau, lett. V , fomm. 12 , nº. 5. Maynard, liv. 6 , ch. 29.

(*o*) L. 6 & L. 16 , *ff. de in diem addict.*

(*p*) L. 6 , §. 1 ; L. 14 , §. 4 ; & L. 16 , *ff. de in diem addict.*

(*q*) L. 1 , *ff. de in diem addict.*

que l'acheteur n'est pas tenu à la restitution des fruits (*r*) ; &
M. Maynard rapporte un Arrêt de 1574, qui les adjuge d'une
vente faite sous le pacte commissoire, qui avoit duré six ans (*s*).

Quant à nous, il nous paroît que l'acheteur étant véritablement
maître, & ayant tous les avantages & les inconvéniens de la propriété (*suprà* n°. 364), il doit irrévocablement les lods lorsque
la vente a duré plus d'un an ; qu'il y a par conséquent ouverture
aux doubles droits. 1°. Le terme d'un an est plus que suffisant
pour remplir l'objet du pacte, & se procurer des enchérisseurs.
2°. Ce n'est que par fiction que la premiere vente est réputé résolue par voie d'annihilation, comme nous l'avons remarqué au
n°. précédent ; puisqu'elle a été exécutée au moins par la délivrance, & qu'une vente ainsi exécutée ne sauroit être réduite à
rien, quoiqu'elle puisse être résolue pour l'avenir, (*infrà* n°. 620).
3°. Or, il est de regle que les ventes ainsi résolues, & en vertu
d'une clause inhérente au contrat, sont irrévocablement sujettes
aux lods, quoique la résolution qui en est exempte anéantisse les
hypotheques des créanciers de l'acquéreur : telle est la vente à faculté de rachat, (*infrà* n°. 379, 380, 385, 386, 670, 671).
4°. Enfin, il est de la nature des fictions de Droit de n'être pas
susceptible d'extension (*t*).

2°. Le premier acheteur n'a contre son vendeur, nulle répétition à exercer de ces lods, non plus que des autres loyaux-coûts
de son achat ; parce que c'est un inconvénient auquel il s'est volontairement assujetti.

Enfin, si les lods de la premiere vente sont encore dûs, le Seigneur a le privilege à raison d'iceux sur le bien vendu, comme nous
l'établirons au n°. 682.

C C C L X I X.

Adjudication au premier acqué-reur.

1°. Si le premier acquéreur surdit, & qu'il l'emporte sur les
prétendans, alors il demeure le maître en vertu de cette seconde

---

(*r*) Dumoulin, sur la Coutume de Paris, §. 55, Gl. 1, *hodiè* 78, n°. 162---
166. Guyot, des lods, ch. 4, sect. 4, n°. 5.

(*s*) Maynard, liv. 6, ch. 29.

(*t*) L. 14, *ff. de legibus.* L. 141, *ff. de reg. Juris.*

adjudication, quoiqu'on doive considérer l'état des choses à ce sujet, selon la Loi (*v*). Nous expliquerons dans l'instant le fondement de cette modification. Donc de droit commun les lods ne sont dûs que du jour de cette seconde vente (*x*) ; & cette position est sûre si les choses étoient entieres avant celle-ci ; " parce » que les changemens faits au prix de la vente, tandis que les » choses sont entieres, l'annullent, & en constituent une nou- » velle (*y*) : mais si les choses ne sont pas entieres, c'est-à-dire, » si le premiere vente a été exécutée en tout ou en partie par la » numération totale ou partielle du prix, ou par la délivrance de » la chose vendue ; en ce cas, les changemens faits au prix de la » vente sont censé en faire partie (*z*) ; » c'est pour cela que la Loi dit, en parlant de l'addiction à jour, qu'on doit considérer l'état des choses (*a*) : donc dans ce dernier cas les lods sont dûs tant sur le premier prix, que sur celui de l'enchere, à compter du premier contrat (*b*). Nous avons employé le même principe pour résoudre la question proposée aux numeros 220, 637 & 638.

2°. Mais sur quoi peut être fondée cette distinction du Droit Romain ? C'est que tant que les choses sont encore entieres, la vente peut être résolue & réduite à rien, par la volonté des Parties, (*infrà* n°. 616) ; au lieu qu'elle ne peut plus être effacée & annihilée dès que les choses ont cessé d'être entieres, (*infrà* n°. 620) : donc dans le premier cas, les changemens faits à la vente, tandis que les choses sont entieres, en constituent une nouvelle ; au lieu que les changemens faits à la vente lorsque les choses ne sont plus entieres, doivent se référer à cette vente, puisqu'elles ne peuvent l'anéantir.

Il faut suivre le fil des vérités morales en fait de Jurisprudence, & en envisager l'ensemble, pour en apprécier les résultats.

(*v*) L. 6, §. 1, *ff. de in diem addict.*

(*x*) Dumoulin, sur la Coutume de Paris, §. 23, *hodiè* 33, Gl. 2, n°. 9. Dargentré, sur celle de Bretagne, art. 64, n°. 15 ; & *de laudimiis, cap.* 1, §. 5.

(*y*) L. 72, *verf. an, idem, ff. de contrah. empt.*

(*z*) L. 72, *ff. de in diem addict.* ; & Potier, *tit. de pactis,* n°. 36, *in notis.*

(*a*) L. 6, §. 1, *ff. de in diem addict.*

(*b*) Dargentré, sur la Coutume de Bretagne, art. 64, n°. 14.

SECTION III.

DU pacte commissoire.

CCCLXX. Définition & usage.
CCCLXXI. Nature & effet, variation.
CCCLXXII. Restitution des fruits & du prix.
CCCLXXIII. Terme du pacte.
CCCLXXIV. Délai de purger la demeure.
CCCLXXV. Quid? des lods & du retrait.
CCCLXXVI. Durée de la vente.
Bis CCCLXXVI. Pacte commissoire en engagement.

CCCLXX.

Définition & usage.

Le pacte commissoire est une clause portant que la vente sera résolue si l'acheteur ne paye au tems convenu (*c*) : cette clause est valable selon nos usages (*d*): elle vaut encore quand même elle seroit ajoutée, faute de remplir un engagement autre que le paiement du prix (*e*). Il a même été jugé par un Arrêt du 30 Mars 1703, qu'elle est valable si elle est apposée à une transaction (*f*). Il suffit en effet qu'il conste de l'intention des Parties (*g*), notamment dans une vente où chacun est le maître d'imposer telle Loi qu'il veut au bail de son bien (*h*).

(*c*) L. 4, *ff. de lege commissoriâ.*
(*d*) Catellan & Vedel, liv. 5, ch. 20. Boutaric, *Instit.* tit. *de empt. vendit.* §. 4.
(*e*) Dumoulin, sur la Coutume de Paris, §. 23, *hodiè* 33, Gl. 2, n°. 13.
(*f*) Nouveau Journal du Palais de Toulouse, tom. 2, art. 230.
(*g*) Dumoulin, sur la Coutume de Paris, §. 23, *hodiè* 33, Gl. 2, n°. 14. Dargentré, *de laudimiis, cap.* 1, §. 4.
(*h*) L. 48, *ff. de pactis.* L. 9, *Cod. de pactis inter emptorum.*

CCCLXXI.

CCCLXXI.

1º. Ce pacte n'impose pas une condition suspensive, mais simplement résolutive ; ensorte qu'il fait résoudre la vente par l'événement de la condition (*i*).

2º. Il est établi en faveur du vendeur, qui peut y renoncer & demander le paiement (*k*).

3º. Et s'il a opté pour la résolution, il ne peut plus varier, selon le Droit Romain (*l*) : il en est de même dans notre usage, selon Potier ; parce que la faculté de purger la demeure jusqu'à la contumace, n'est pas établie en faveur du vendeur ; mais c'est une grace au profit de l'acquéreur (*m*). Pour nous, il nous paroit que le vendeur peut corriger sa demande, & demander le paiement du prix ; parce que cette correction est de droit dans tout état de cause, & parce que le fait d'une partie n'est obligatoire que par le concours de l'acceptation de la partie contraire (*n*).

4º. Au reste, le pacte commissoire est de rigueur ; ensorte que si le vendeur a demandé le paiement après le délai convenu, il ne peut plus demander la résolution (*o*) : toutefois dans notre usage il pourroit corriger sa demande dans le cas où l'acheteur auroit persisté dans le retard de payer, puisque la correction des libelles est de droit dans tous les tems, & que l'acheteur n'a pas déféré à la demande en paiement du prix.

CCCLXXII.

1º. L'effet du pacte commissoire est tel, qu'il emporte la nullité de l'acte avec restitution des fruits, parce que l'acquéreur n'a pu jouir de la chose & du prix (*p*).

Nature & effet. Variation.

Restitution des fruits & du prix.

(*i*) L. 1, *ff. de lege commissoriâ.*
(*k*) L. 3, *ff. eodem.*
(*l*) L. 4, §. 2, *ff. eodem.*
(*m*) Potier, *de la vente*, no. 461.
(*n*) L. 55, *ff. de obligat. & action.* L. 11. *Cod. de rebus creditis.* L. 1, *ff. de rescind. vendit.*
(*o*) L. 7, *ff. de lege commissoriâ.*
(*p*) L. 4, *ff. de lege commissoriâ.*

Tome I.   R r

2°. Si cependant il avoit payé partie du prix ; par exemple, le quart, cet acquéreur ne devroit rendre que les trois quarts des fruits (*q*).

3°. De même dans le cas de la résolution susdite en vertu du pacte, le vendeur doit rendre la partie du prix qu'il a reçue s'il n'y a clause contraire (*r*).

4°. Mais s'il a été convenu que ce que le vendeur a reçu sur le prix lui demeureroit à titre de dommages, il est indemnisé par ce gain, & l'acquéreur est dispensé de la restitution des fruits (*s*), quoique cette clause ne soit valable qu'autant que la somme retenue n'excede pas ; ce à quoi l'indemnité a pu être raisonnablement fixée au plus cher ; autrement, ce seroit un dédommagement usuraire & défendu (*t*).

<h2 style="text-align:center">C C C L X X I I I.</h2>

Terme du pacte.   Le pacte commissoire est valable sans terme, & alors on a action pour faire résoudre la vente, faute de paiement dans le tems qui sera fixé par le Juge (*v*) : il en est de même de l'addiction à jour (*x*) ; le tout sous les modifications rapportées aux numeros 368 & 376, par rapport aux droits des Seigneurs.

<h2 style="text-align:center">C C C L X X I V.</h2>

Délai de purger la demeure.   Par le Droit Romain, le contrat étoit résolu de plein droit faute de paiement au terme (*y*) ; pourvu que le vendeur voulût

---

(*q*) L. 4 , §. 1 , *ff. eodem & Gotoph. ibidem.*
(*r*) Potier, *de la vente*, n°. 469.
(*s*) L. 4 , §. 1 , *ff. de leg. commiss.*
(*t*) Dumoulin, *in tract. de interesse* , n°. 495, & suivans. Potier, *des obligations* , n°. 345.
(*v*) Dumoulin , sur la Coutume de Paris , §. 23 , *hodiè* 33 , Gl. 2 , n°. 13.
(*x*) L. 41 , *ff. de rei vendic.*
(*y*) L. 4 , §. 4 , *ff. de lege commiss.* L. 51 , §. 1 , *ff. de action. empti.* L. 10 , *ff. de rescind. vendit.*

uſer de ſon droit (*γ*), & qu'il n'eût pas mis obſtacle au paiement par ſon fait (*a*).

Par notre uſage il faut un jugement de déchéance, & l'acheteur peut purger la demeure dans un brief délai (*b*), même après la Sentence de déchéance, & pendant l'appel de cette Sentence, juſqu'à l'Arrêt définitif (*c*). M. de Catellan rapporte un Arrêt qui donne quinzaine après la date du ſuſdit Arrêt (*d*); & Louet & Brodeau en rapportent pluſieurs de 1607, 1614, 1627, & 1630, qui déclarent le pacte purement comminatoire (*e*).

C C C L X X V.

1°. Il eſt évident que la vente à pacte commiſſoire a donné d'abord ouverture aux lods, puiſqu'elle a été parfaite : de là vient que la Loi Romaine donne au vendeur l'action *ex vendito*, pour la faire réſoudre, & pour la reſtitution des fruits & le rembourſement des dégradations (*f*) : mais étant réſolue par une clauſe inhérente au traité, le droit du Seigneur, qui eſt attaché à cette vente, eſt réſolu de même, & il y a lieu à la reſtitution des lods s'ils ont été perçus (*g*) : c'eſt ainſi que la queſtion fut jugée par un Arrêt de Juin 1539, ſur les écritures de Dumoulin (*h*), quoique l'exemption des lods, fondée ſur la raiſon d'équité, ſoit con-

Quid ? des lods & du retrait.

(*γ*) L. 2 & 3 ; & L. 4 ; §. 2, *ff. de lege commiſſ.*

(*a*) L. 8, *ff. de lege commiſſ.* L. 10, *in princip.* ; & §. 1, *ff. de reſcind. vendit.* L. 51, §. 1, *ff. de actione empti.*

(*b*) Boutaric, Inſtitutes, tit. *de empt. vendit.* §. 4.

(*c*) Potier, de la vente, n°. 459--475. Arrêt du 11 Août 1770, dans une eſpece parallele. Rodier, queſtions ſur l'Ordonnance de 1667, à l'Inſtruction ſur les ſaiſies, §. 12, p. 672.

(*d*) Catellan, liv. 4, ch. 20 ; & Vedel, *ibidem.*

(*e*) Louet & Brodeau, lettre P, ſomm. 50.

(*f*) L. 4, *ff. de lege commiſſ.*

(*g*) Dumoulin, ſur la Coutume de Paris, §. 23, *hodiè* 33, Gl. 2, n°. 9 ; & §. 55, Gl. 1, *hodiè* 78, n°. 162. Dargentré, ſur celle de Bretagne, art. 64, n° 16, *de laudimiis, cap.* 1, §. 4. Maynard, liv. 6, ch. 29. Brodeau, lettre V, ſomm. 12, n°. 5 & 6.

(*h*) Dumoulin, ſur la Coutume de Paris, §. 23, *hodiè* 33, Gl. 2, n°. 9, 10, 11 ; & §. 55, Gl. 1, *hodiè* 78, n°. 162.

traire à la rigidité des principes lorsque la vente a été exécutée au moins par la délivrance, comme nous l'expliquerons au n°. suivant.

2°. Quant au retrait, le Seigneur ou les lignagers peuvent incontestablement l'exercer sur cette vente, selon les principes que nous avons posés au n°. 683.

CCCLXXVI.

Durée de la vente. Un Arrêt de 1574 condamne au paiement des lods dans le cas où la vente, quoique résolue par le pacte, avoit duré six ans, (*i*). Pour nous, en appliquant à ce dont il s'agit, autant que la matiere le comporte, les principes de l'addiction à jour (*suprà* n°. 368), il nous paroît que la vente, quoique résolue en vertu du pacte, est irrévocablement sujette aux lods lorsqu'elle a duré plus d'un an; 1°. parce qu'il n'y a pas lieu de faire durer le pacte commissoire plus que l'addiction a jour, avec exemption des droits : 2°. parce que la vente n'est régulierement censée nulle du jour de sa date, qu'autant que le vendeur auroit espéré d'être payé incontinent, & que ce n'est qu'en ce cas que la délivrance a été conditionnelle d'une condition suspensive (*infrà* n°. 672); auquel cas il n'y a ouverture aux lods que par l'événement de la condition : 3°. que le pacte est illusoire lorsqu'elle a duré un certain tems, par la tolérence du vendeur (*verbo, infrà* n°. 673), puisqu'il résulte de cette tolérance que de fait il s'est contenté de l'obligation de l'acheteur, & que la condition suspensive, si elle avoit été apposée à la vente, auroit été convertie en condition purement résolutive par le consentement du vendeur, à cette longue jouissance de l'acheteur : 4°. d'autant mieux que, selon la Jurisprudence la plus conforme à l'équité, tout vendeur a de même le droit de faire résoudre la vente faute de paiement du prix, quoiqu'elle demeure sujette aux lods nonobstant cette résolution. (*Infrà* n°. 676, 677). 5°. Une vente exécutée au moins par la délivrance, ne peut être résolue que pour l'avenir; parce que les choses ne sont plus entieres. (*Infrà* n°. 620). Or, en

---

(*i*) Maynard, liv. 6, ch. 29. Sudre, sur Boutaric, tit. des lods, §. 4, n°. 27.

pareil cas, l'affujettiffement aux lods de la vente fubfifte, quoique la réfolution de cette vente éteigne les hypotheques des
créanciers de l'acheteur. (*Infrà* n°. 670, 671). 6°. La vente fous
pacte commiffoire, réfolue avant l'an, n'étant exempte des lods
que par un motif d'équité contraire à la rigueur des principes,
(*fuprà* n°. précédent), il n'y a pas lieu d'étendre cette exemption (*k*).

2°. L'acquéreur évincé en exécution du pacte commiffoire doit
les lods fans aucune répétition contre le Seigneur ni contre le
vendeur, puifque c'eft par fa faute qu'il a fouffert l'éviction.

3°. Toutefois le Seigneur conferve fon privilege fur les biens
vendus à raifon des lods de la vente ainfi réfolue, comme nous le
prouverons au n°. 682.

Bis C C C L X X V I.

L'engagement fait avec claufe que fi le bailleur en engagement *Pacte commiffoire*
ne paye dans un certain tems, la chofe fera vendue au prix qu'elle *en engagement.*
fera eftimée, n'eft qu'une vente conditionnelle d'une condition
fufpenfive, quand même elle feroit faite au profit de celui qui a
cautionné pour le vendeur (*l*), ou plutôt c'eft une fimple pro-
meffe de vendre en vertu du pacte commiffoire : enforte que le
bailleur peut purger la demeure jufqu'à la vente effective (*m*) :
conféquemment ce n'eft que de ce moment qu'il y a ouverture
aux lods (*n*).

Section IV.

De la vente à faculté de rachat.

CCCLXXVII. *Effence de cette faculté.*

(*k*) L. 14, *ff. de legibus.* L. 41, *ff. de reg. Juris.*

(*l*) L. 16, §. 9, *ff. de pignor. & hypoth.* L. 81, *ff. de contrah. empt.* Dumoulin, *in tractatu contract. ufur. quæft.* 52. Henrys, quæft. pofth. quæft. 2.

(*m*) Dumoulin, *ibidem*, quæft. 52, n°. 358.

(*n*) Mornac, *ad* L. 34, *ff. de pignor. actione.* Henrys, quæft. pofth. quæft. 2.

C C C L X X V I I.

Essence de cette faculté.   La vente à faculté de rachat est connue dans le Droit Romain (*o*) ; c'est une vente pure, résoluble, sous une condition qui dépend de la volonté du vendeur ; & la preuve qu'elle est parfaite, c'est que le vendeur n'a pas l'action vendicatoire contre l'acheteur, mais seulement l'action *ex vendito vel in factum* (*p*).

C C C L X X V I I I.

Réalité du pacte.   L'action résultant de ce pacte est réelle, & elle peut être exercée contre le possesseur quelconque, du bien sujet au rachat (*q*) ; assertion confirmée par deux Arrêts de 1707, & du 20 Février 1736 (*r*) ; & cette action ne peut être prescrite par le tiers possesseur, que dans trente ans, suivant un Arrêt du 10 Mars 1523 (*s*).

(*o*) L. 2 & 7, *Cod. de pactis inter emptor.* L. 1, *Cod. quando decreto*, L. 12, *ff. de præscriptis verbis.*

(*p*) L. 1, *Cod. de pactis inter empt.* L. 12, *ff. de præscrip. verbis.*

(*q*) Damoulin, sur la Coutume de Paris, §. 22, *hodiè* 33, Gl. 1, n°. 16 ; & §. 41, *hodiè* 51, Gl. 2, n°. 23. Lapeyrere, lettre R, n°. 3.

(*r*) Nouveau Journal du Palais, tome 6, Arrêt 310.

(*s*) Papon, liv. 12, tit. 3, Arrêt 14.

C C C L X X I X.

Cette vente étant parfaite, quoiqu'elle soit résoluble par le ra- *Lods de la vente.* chat, les lods en sont dûs du jour de sa date (*t*) ; parce que la résolution n'a lieu que pour l'avenir, & que la dette des lods est irrévocable à raison d'un contrat ainsi résolu (*v*). On cite dans notre espece un Arrêt conforme de Noël 1584 ; autre du 12 Juillet 1603 ; autre du 5 Décembre 1595 (*x*) ; autre du 31 Mars 1555 (*y*) : enfin, un Arrêt de 21 Juillet 1648, rapporté par Boissieu (*z*).

C C C L X X X.

La position ci-dessus a lieu quand même la vente seroit faite *Même pour un* pour un tems court & moindre de dix ans ; parce que c'est une *tems court.* vente pure, résoluble sous une condition (*a*) dépendante de la volonté du vendeur, quand même il seroit dit qu'en cas de rachat le contrat seroit comme non avenu, cette clause ne pouvant changer la nature des choses (*b*), ni donner un effet rétroactif à une clause purement dépendante de la volonté du vendeur (*c*) : d'ailleurs les ventes à tems sont sujettes aux lods, comme nous l'avons dit au n°. *bis* 201.

C C C L X X X I.

Par l'usage du Dauphiné, les lods ne sont pas dûs si le rachat *Dauphiné, & Coutumes singulieres.*

(*t*) Loisel, liv. 3, tit. 4, reg. 19 ; & liv. 4, tit. 2, reg. 6. Faber, liv. 4, tit. 43, défin. 28. Maynard, liv. 4, ch. 38. Lapeyrere, lettre V, n°. 35 & 36. Dumoulin, sur la Coutume de Paris, §. 41, *hodiè* 51, Gl. 2, n°. 13--23. Dargentré, *de laudimiis*, *cap.* 1, §. 7.

(*v*) *Infrà* n°. 670.

(*x*) Louet & Brodeau, lettr. V, somm. 12, n°. 1, 2, 3, 4.

(*y*) Laroche, des droits seigneuriaux, ch. 38, art. 4.

(*z*) Boissieu, ch. 85, *bene*.

(*a*) Dumoulin, sur la Coutume de Paris, §. 23, *hodiè* 33, Gl. 2, n°. 7 & 30 ; & §. 55, *hodiè* 78, Gl. 1, n°. 47 & 48. Dargentré, sur celle de Bretagne, art. 64, n°. 4.

(*b*) Despeisses, des droits seigneuriaux, tit. 4, sect. 5, part. 7, n°. 7.

(*c*) *Suprà* n°. *bis* 355.

se fait dans le tems du statut, qui est de quatre mois pour les ventes, au prix de 100 livres, & au-dessus ; & de deux mois pour les ventes, au prix de 50 liv. jusqu'à 100 (d). Il est inutile de s'occuper d'un usage local que nulle raison prise dans l'ordre des vérités morales ou philosophiques ne peut autoriser. Nous ne parlerons pas non plus des Coutumes qui contiennent des dispositions singulieres sur cet objet (e).

C C C L X X X I I.

1°. L'ancienne Jurisprudence du Parlement de Paris adjugeoit indistinctement les lods de ces ventes, suivant des Arrêts de Noël 1584, du 12 Juillet 1603, & du 7 Décembre 1595 (f).

2°. Mais comme l'art. 41 de l'ancienne Coutume de Paris permettoit au Vassal de se jouer de son fief sans démission de foi, & sans être sujet aux profits, Dumoulin, pour utiliser ce texte de la Coutume, décide que le Vassal peut aliéner son fief pour neuf ans, en retenant la foi sans être sujet aux droits (g) : il décide la même chose en censive, pourvu que le terme de la vente n'excede pas neuf ans, qu'il n'y ait pas clause d'investiture ni de divestiture, & que le vendeur demeure sujet aux charges du bien vendu (h).

3°. L'avis de ce grand homme a fixé la nouvelle Jurisprudence du Parlement de Paris sur cet objet, & l'on y prononce constamment l'exemption des lods de toute vente à pacte de rachat, qui ne dure pas plus de neuf ans, même sans le concours des circonstances requises par Dumoulin pour cette exemption (i). Le premier Arrêt connu qui la prononce est du 7 Mars 1616 (k). Il

____

(d) Boissieu, ch. 85.

(e) Dumoulin, sur la Coutume de Paris, §. 23, *hodiè* 33, Gl. 2, n°. 8 ; & §. 55, Gl. 1, *hodiè* 78, n°. 47--51. Guyot, des lods, ch. 4, sect. 4, n°. 1.

(f) Louet & Brodeau, lettre V, somm. 12, n°. 1, 2, 3, 4. Bretonnier, sur Henrys, liv. 3, quest. 55, n°. 10--12.

(g) Dumoulin, sur la Coutume de Paris, §. 41, *hodiè* 51, Gl. 2, n°. 13--25.

(h) Dumoulin, sur la Coutume de Paris, §. 55, Gl. 1, *hodiè* 78, n°. 49--54.

(i) Bretonnier, sur Henrys, liv. 3, quest. 55, n°. 10--12. Dargentré, *de laudimiis*, cap. 1, §. 7, & sur la Coutume de Bretagne, art. 64, n°. 1.

(k) Brodeau, lettre V, somm. 12, n°. 4.

est

est évident que cette Jurisprudence est contraire à la pureté des principes rapportés au n°. 379.

CCCLXXXIII.

Mais si le rachat n'est pas exercé dans les neuf ans, la Juris- *Après neuf ans.* prudence du même Parlement adjuge les lods du jour du contrat, & non du jour de l'expiration du délai (*l*). Un Arrêt de Noël 1584, & plusieurs autres, prononcent en conformité (*m*) ; parce qu'en effet c'est du jour de sa date qu'une vente parfaite doit donner ouverture aux lods.

CCCLXXXV.

Le rachat conventionnel est la résolution de la vente en vertu *Nature du rachat.* d'une clause inhérente au contrat (*n*) : de là vient que les hypothèques établies par l'acquéreur s'évanouissent par le rachat (*o*), quand même le vendeur rembourseroit des améliorations faites par l'acheteur ; parce que ce remboursement ne change pas la nature du rachat, non plus que celui des loyaux-coûts, que le vendeur doit pareillement rembourser (*p*), quand même l'héritier du vendeur racheteroit, parce qu'il représente le défunt (*q*).

CCCLXXXVI.

Conséquemment aux principes que nous venons de poser, *Exemption de* l'exercice du rachat n'est pas sujet à de nouveaux lods ; parce que *droits.* ce n'est pas une seconde vente, mais la résolution de la première

---

(*l*) Dargentré, sur la Coutume de Bretagne, art. 64, n°. 7 & 8. Livoniere, liv. 3, ch. 4, sect. 3, p. 163 & 164. Bretonnier, sur Henrys, liv. 3, quest. 55, n°. 15.

(*m*) Montholon, Arrêt 30. Anne Robert, liv. 3, ch. 18. Charondas, liv. 7, rép. 80 ; & liv. 12, rép. 39. Supplément d'Henrys, liv. 1, ch. 12, n°. 4.

(*n*) L. 2 & 7, *Cod. de pactis inter empt.* L. 1, *Cod. quando decreto.*

(*o*) Dumoulin, sur la Coutume de Paris, §. 41, *hodiè* 51, Gl. 2, n°. 21. Catellan, liv. 5, ch. 18.

(*p*) Faber, liv. 4, tit. 34, défin. 77.

(*q*) L. 2, *Cod. de pactis inter empt.*

Tome I.   S s

en vertu d'une clause qui en fait partie (*r*) : tel est le prononcé d'un Arrêt du 31 Mars 1555 (*s*). (*Idem infrà* n°. 671).

Quand même l'héritier du vendeur racheteroit, parce qu'il représente le défunt (*t*).

Et ce retrait n'est pas même sujet au relief ou rachat, parce qu'il n'y a pas de revente proprement dite, mais une simple résolution réservée par le premier contrat (*v*).

CCCLXXXVII.

Vendeurs solidaires.

Si la vente a été solidairement faite par deux ou plusieurs personnes, une d'entr'elles peut retraire le tout, suivant un Arrêt du 15 Mars 1698 (*x*) ; parce que chaque créancier solidaire est créancier du total (*y*), sauf aux autres l'action en partage contre lui (*z*) : il est même obligé de retraire le tout, si telle est la volonté de l'acheteur, suivant un Arrêt du 7 Février 1546 (*a*) ; parce que celui-ci n'est pas obligé de cisailler son achat (*b*).

Et le retirement du total par un des vendeurs solidaires ne donne ouverture ni aux lods ni au relief (*c*).

CCCLXXXVIII.

Non solidaires.

Si les vendeurs d'un fonds joui par indivis ne sont pas solidai-

---

(*r*) Dumoulin, sur la Coutume de Paris, §. 22 , *hodiè* 33, Gl. 1, n°. 11--17; & §. 23 , *hodiè* 33, Gl. 2, n°. 7; & §. 55 , Gl. 1, *hodiè* 78 , n°. 47--56 ; & §. 41 , *hodiè* 51 , Gl. 2 , n°. 21. Catellan , liv. 3 , ch. 32 ; & Vedel , *ibidem*. Boissieu , ch. 85. Dargentré , *de laudimiis , cap.* 1 , §. 8.

(*s*) Laroche, des droits seigneuriaux, ch. 38 , Arrêt 4 Maynard, liv. 4, ch. 38.

(*t*) Dumoulin , sur la Coutume de Paris , §. 23 , *hodiè* 33, Gl. 2, n°. 30.

(*v*) Dumoulin , sur la Coutume de Paris , §. 23 , *hodie* 33, Gl. 2, n°. 33 ; & §. 22 , *hodiè* 33 , Gl. 1, n°. 18 , *infrà* n°. 671.

(*x*) Catellan , liv. 5 , ch. 58.

(*y*) *L.* 2 & 16 , *ff. de duobus reis.*

(*z*) Catellan , *ibidem.* Regles de Livoniere , titre des retraits , n°. 8.

(*a*) Charondas, liv. 2 , réponse 68. Lapeyrere , lettre R , n°. 6--12.

(*b*) Dumoulin, *in tractatu dividui & individui* , part. 3 , n°. 582, 583, 584; & sur la Coutume de Paris , §. 55 , Gl. 1, *hodie* 78 , n°. 77.

(*c*) Dumoulin , sur la Coutume de Paris , §. 55 , Gl. 1, *hodie* 78 , n°. 68--77.

res, ou si ce sont des cohéritiers, ils ne peuvent exercer ce rachat que pour leur part (*d*), quoique l'acheteur soit le maître de les obliger à retraire le tout pour ne pas diviser malgré lui son achat (*e*) ; mais soit que quelqu'un d'eux retire le tout par la volonté de l'acheteur, ou en vertu de la cession de ses associés, dans l'un ni dans l'autre cas, il n'est sujet ni aux lods, ni au relief, par la raison susdite que ce n'est pas une nouvelle vente, mais la résolution de la premiere (*f*).

Section V.

Du rachat stipulé après la vente, ou dans un billet privé.

CCCLXXXIX. Dans un acte séparé.
CCCXC. Du lendemain.
CCCXCI. Dans un acte privé.

CCCLXXXIX.

Les pactes faits incontinent, & dans le tems de l'acte, quoiqu'ils n'y soient pas insérés, sont censés en faire partie, selon la Loi (*g*) : ainsi le pacte de rachat stipulé au tems du contrat, ou dans un acte séparé, s'identifie, & ne fait qu'un avec la vente (*h*) : conséquemment le rachat exercé en vertu de ce pacte est réputé inhérent au contrat ; & comme tel, il est exempt de lods (*i*) :

Dans un acte
séparé.

[*d*] Dumoulin, *in tract. dividui & individ.*, part. 3, n°. 582, 583, 584.

[*e*] Dumoulin, *in tract. dividui & individ.*, part. 3, n°. 583 ; & sur la Coutume de Paris, §. 55, hodiè 78, Gl. 1, n°. 7.

[*f*] Dumoulin, sur la Coutume de Paris, §. 55, Gl. 1, hodiè 78, n°. 68--77.

[*g*] L. 4, *ff. si certum petatur.* L. 17, *Cod. de pactis.* L. 3, *Cod. de ac dilitiæ edicto.*

[*h*] Dumoulin, sur la Coutume de Paris, §. 55, Gl. 1, hodiè 78, n°. 57. Dargentré, sur celle de Bretagne, art. 64, n°. 9.

[*i*] Dumoulin, sur la Coutume de Paris, §. 22, hodiè 33, Gl. 1, n°. 11--17. Dolive, liv. 2, ch. 22, note 2. Dargentré, *de laudimiis, cap.* 1, §. 9. Vedel, liv. 3, ch. 32. Lapeyrere, lettre V. n°. 35.

cette exemption a été prononcée par un Arrêt du 16 Mars 1616 (*k*).

CCCXC.

1°. Mais en donnant à la fiction de droit une étendue contraire à son esprit & à la nature des choses, ce seroit en abuser; parce que le terme incontinent employé par les Jurisconsultes Romains, suppose que le pacte ou la contre-lettre date du même jour; & c'est ainsi que l'entendent Dolive & Dumoulin (*l*).

2°. Il est vrai que vis-à-vis des Parties contractantes, la faculté de rachat, stipulée quelques jours après la vente, est obligatoire (*m*); parce que nul ne peut se soustraire à l'exécution d'un engagement légitime qu'il a contracté volontairement (*n*).

3°. Mais les changemens faits par les Parties à leurs premieres conventions, ne peuvent nuire au droit acquis à de tierces personnes, par ces mêmes conventions : *actio quæsita non intercidit* (*o*).

4°. Si donc la faculté de rachat n'a pas été stipulée incontinent, mais réservée quelque tems après, ce prétendu rachat n'est pas la résolution de la premiere vente, en vertu d'une clause qui en fasse partie, mais une seconde vente qui dérive d'un nouveau marché; conséquemment les lods sont dûs de cette revente (*p*): cette position est confirmée par un Arrêt du 26 Octobre 1596 (*q*).

5°. Enfin, cette position a lieu quand même le pacte de rachat dateroit du lendemain de l'achat (*r*).

[*k*] Brodeau, lettre V, somm. 12, n°. 4.

[*l*] Dumoulin, sur la Coutume de Paris, §. 55, Gl. 1, *hodiè* 78, n°. 57. Dolive, liv. 2, ch. 22, no. 2.

[*m*] Catellan, liv. 5, ch. 5; & liv. 7, ch. 3. Tiraqueau, du retrait conventionnel, §. 1, Gl. 7, n°. 49. Boutaric, Instit. *tit. de empt. vendit.* §. 4.

[*n*] L. 1, *ff. de pactis.*

[*o*] L. 63, *ff. de jure dotium & Gotophr. ibidem.*

[*p*] Ferron, sur la Coutume de Bordeaux, tit. des fiefs, art. 16, n°. 3. Despeisses, des droits seigneuriaux, tit. 4, sect. 5, part. 7, n°. 20.

[*q*] Expilli, Arrêt 117.

[*r*] Dargentré, *de laudimiis*, cap. 1, §. 9; & sur la Coutume de Bretagne, art. 64, n°. 9--17. Sudre, sur Boutaric, tit. des lods, §. 10, n°. 2 & 24.

CCCXCI.

1°. Un écrit privé n'a point de date vis-à-vis d'un tiers, s'il Dans un écrit privé. n'en conste par quelque monument authentique (*s*), par le contrôle, ou par le décès d'une des Parties qui l'ont signé, & du jour du contrôle ou du décès susdit (*t*) ; parce que tout homme est réputé suspect dès qu'il peut, par son fait, préjudicier à un tiers ; & tel est l'avis unanime des Auteurs (*v*), confirmé par un Arrêt du 17 Janvier 1582 (*x*). Si donc la faculté de rachat est insérée dans un écrit privé dont la date ne soit pas authentique, elle est réputée postérieure au marché, conséquemment nulle vis-à-vis du Seigneur ; & le rachat fait en conséquence est une vraie revente, sujette à de seconds lods (*y*).

2°. On n'est pas non plus reçu à la preuve vocale de la stipulation de la faculté de rachat, parce que cette preuve n'est pas admise outre ni contre le contenu aux actes (*z*).

Section VI.

De la prorogation légale ou volontaire du rachat.

CCCXCII. Eloignement du rachat.
CCCXCIII. Prorogation légale à Paris.
CCCXCIV. Droit Romain, Dijon & Bordeaux.
CCCXCV. Parlement de Toulouse.
CCCXCVI. En dot.

[*s*] L. 11, *Cod. qui potior. in pign.*

[*t*] Potier, des obligations, n°. 715.

[*v*] Dargentré, sur la Coutume de Bretagne, art. 96, Gl. 7. Tiraqueau, du retrait conventionnel, §. 1, Gl. 7, n°. 57, 58, 59.

[*x*] Laroche, des droits seigneuriaux, ch. 13, Arrêt 7.

[*y*] Catellan, liv. 3, ch. 32. Tiraqueau, du retrait conventionnel, §. 1, Gl. 7, n°. 48. Bretonnier, sur Henrys, liv. 3, quest. 53. Nouvelles observat. p. 40.

[*z*] Ordonnance de 1667, tit. 20, art. 2. *Argum. L. 10, ff. de probat.*

CCCXCVII. Cessionnaire.
CCCXCVIII. Prescription dans trente ans.
CCCXCIX. Mineurs & pupilles.
CD. Quid ? des lods en prorogation légale.
CDI. En prorogation volontaire.

CCCXCII.

Éloignement du rachat.

La clause portant que le vendeur ne pourra racheter que dans un certain tems, est nulle & réprouvée (*a*) ; ce qui dérive de la faveur attachée au rachat d'un bien dont on ne s'est dépouillé qu'à regret.

CCCXCIII.

Prorogation légale à Paris.

1°. L'ancienne Jurisprudence du Parlement de Paris n'accordoit point de prorogation légale au pacte de rachat, selon les Arrêts de 1608 & 1645, rapportés par Brodeau (*b*) ; hors le cas d'une vexation visible, ou d'une lésion énorme, comme dans l'Arrêt de Décembre 1597, qui fut rendu pour certaines considérations (*c*).

Mais des Arrêts de 1650 & 1651 ont prorogé à trente ans la faculté conventionnelle & limitée du rachat (*d*).

2°. Toutefois à l'échéance du terme convenu le vendeur peut faire prononcer un jugement de déchéance ; auquel cas la faculté n'est pas prorogée, suivant les susdits Arrêts de 1650 & de 1651 (*e*), quoiqu'une interpellation ne suffise pas pour empêcher la prorogation légale, quand même le Juge auroit accordé plusieurs délais, suivant le susdit Arrêt de 1650 (*f*).

(*a*) Catellan, liv. 5, ch. 5. Boutaric, Instit. *tit. de empt. vendit.* §. 5.
(*b*) Brodeau, lettre V, somm. 12, n°. 10.
(*c*) Peleus, liv. 4, action. 49.
(*d*) Brodeau, lettre V, somm. 12, n°. 11. Lalande, sur la Coutume d'Orléans, art. 269, n°. 4.
(*e*) Brodeau & Lalande, *ibidem.*
(*f*) Brodeau, lettre V, somm. 12, n°. 11.

CCCXCIV.

Les principes moraux qui conſtituent les droits & les devoirs reſpectifs des Citoyens, forment, dans l'ordre des vérités éternelles, une chaîne de maximes & de conſéquences dont l'eſprit philoſophique peut ſuivre le fil : c'eſt ce qu'avoient fait les Juriſconſultes Romains ; & de là vient la prééminence de leurs Loix civiles, ſur celles de tous les peuples de l'univers. *Droit Romain ; Dijon & Bordeaux.*

Or, les Loix Romaines n'accordent point de prorogation légale, mais elles s'en tiennent littéralement au marché (g) ; ce qui fournit un grand préjugé contre cette prorogation ; d'autant mieux qu'en accordant au vendeur une faveur déplacée, on prépare des armes contre lui, par la méfiance qu'on donne à l'acheteur : de là vient qu'on voit ſi peu de ventes à pacte de rachat parmi nous.

Auſſi l'illuſtre & profond Préſident Bouhier s'éleve-t-il avec force contre ces prorogations, & il rapporte des Arréts du Parlement de Dijon, conformes à ſon avis (h).

Le Parlement de Bordeaux n'en admet pas non plus, ſuivant un Arrêt du 10 Juillet 1655 (i) ; & Bretonnier & Guyot les condamnent, comme contraires au marché (k) & à l'obligation que s'impoſe chaque Partie, de l'exécuter de bonne foi : *quid enim tam congruum fidei humanæ quam ea quæ inter eos placuerunt ſervare* (l) : l'intérêt public s'oppoſe d'ailleurs à cette prorogation, pareils biens étant dans un état précaire, & pour ainſi dire ſans maître durant trente ans.

CCCXCV.

L'ancienne & la nouvelle Juriſprudence du Parlement de Tou- *Parlement de Touloufe.*

(g) *L. 2 & 7, Cod. de paćtis inter empt.*
(h) Préſident Bouhier, ch. 77, n°. 9--104.
(i) Lapeyrere, lettre R, n°. 13.
(k) Bretonnier, ſur Henrys, liv. 3, queſt. 55. Nouvelles obſervations, p. 17 & 18. Guyot, des lods, ch. 4, ſect. 5, n°. 11.
(l) *L. 1, ff. de paćtis.*

louſe proroge à trente ans le délai du rachat conventionnel (*m*), quand même la faculté auroit été ſtipulée dans un acte ſéparé (*n*).

CCCXCVI.

En dat.   1°. Mais ſi l'on a donné un bien à titre de dot, avec faculté de le retirer pour une certaine ſomme dans un an, le pacte doit être rigoureuſement obſervé : telle eſt la déciſion de Dumoulin (*o*), confirmée par un Arrêt du 13 Mai 1715 (*p*). En effet, le mari qui reçoit la dot eſt plus favorable qu'un acheteur, & l'on ne doit pas tirer à conſéquence une prorogation contraire aux principes du droit (*q*).

2°. A mon avis, un légitimaire aſſujetti à cette faculté par la dation en paiement de ſa légitime, doit jouir de la même faveur.

CCCXCVII.

Ceſſionnaire.   Le ceſſionnaire du vendeur doit jouir de la même prérogative (*r*), puiſqu'il eſt ſubrogé à ſon droit.

CCCXCVIII.

Preſcription dans trente ans.   1°. Mais la faculté de rachat, même indéfinie, eſt preſcriptible dans trente ans, nonobſtant toute clauſe d'impreſcriptibilité ; parce que c'eſt le terme ordinaire des preſcriptions (*s*), & que nul ne peut, par des arrangemens privés, intervertir l'ordre établi pour le bien public (*t*) : telle eſt la déciſion unanime des

---

(*m*) Maynard, liv. 4, ch. 39, à la fin. Catellan, liv. 3, ch. 7 & 32 ; & liv. 7, ch. 3. Nouveau Journal du Palais, tome 6, Arrêt 310.

(*n*) Catellan, liv. 7, ch. 3. Boutaric, Inſtit. *tit. de emptione venditione*, §. 4.

(*o*) Dumoulin, *in tractatu contractuum uſurar. queſt.* 52, n°. 372, *in fine*.

(*p*) Recueil de Juriſprudence de Lacombe, *verbo*, Faculté de rachat, n°. 4.

(*q*) L. 14 & 39, *ff. de legibus*. L. 141, *ff. de Regul. Juris*.

(*r*) Potier, de la vente, n°. 439.

(*s*) L. 3, Cod. *de preſcript. triginta vel quadraginta ann.*

(*t*) L. 38, *ff. de pactis*.

Auteurs

Auteurs (*v*), confirmée par des Arrêts des 15 Décembre 1582 (*x*), 28 Août 1599 (*y*), & 14 Août 1631 (*z*), bien entendu que ces trente ans courent du jour de la vente qui contient cette réservation (*a*) : conséquemment la prorogation légale ne peut durer plus de trente ans, à compter du susdit jour.

2°. Nous observons, d'après Dargentré, que les facultés qui dérivent du droit public, du droit naturel, ou de l'essence des contrats, sont imprescriptibles (*b*) ; au lieu que le pacte de rachat donne, non une faculté proprement dite, mais un droit résultant d'un engagement privé ; c'est pour cela que ce droit se perd par la prescription de trente ans (*c*) : ce sont les facultés imprescriptibles dont nos Auteurs disent *fas est*, *jus non est* ; au lieu que les actions résultant d'un contrat sont des droits, proprement dits, *jura* ; conséquemment prescriptibles.

3°. M. de Catellan a prétendu, au reste, qu'il ne suffisoit pas d'avoir intenté l'action dans les trente ans, si l'on n'avoit consigné dans le même délai ; & il cite un Arrêt du 27 Juin 1662, en faveur de son avis (*d*) ; mais Vedel rapporte un Arrêt contraire de 1721 (*e*) ; & c'est à celui-ci qu'il faut s'en tenir, puisqu'il est trivial que la prescription est interrompue par une assignation.

CCCXCIX.

La prescription de trente ans ne court pas contre les pupilles.

Mineurs & pupilles.

(*v*) Loisel, liv. 5, tit. 3, reg. 8. Potier, de la vente, n°. 433. Maynard, liv. 4, ch. 53. Faber, liv. 7, tit. 13, définit. 11.

(*x*) Lalande, sur la Coutume d'Orléans, art. 269, n°. 5.

(*y*) Ferriere, sur la quest. 46 du Président Duranti.

(*z*) Cambolas, liv 6, ch. 24.

(*a*) Potier, de la vente, n°. 437.

(*b*) Dargentré, consultation 2, n°. 3, 4, 5, 6. Potier, de la vente, n°. 391. Boissieu, ch. 94, p. 355, 356. Regles de Livoniere, tit. de la prescription, n°. 47. Dunod, des prescriptions, part. 1, ch 8, p. 50 & 51.

(*c*) Dargentré, Boissieu, & Dunod, *ibidem*. Papon, liv. 12, tit. 3, Arrêt 11.

(*d*) Catellan, liv. 7, ch. 3.

(*e*) Vedel, liv. 7, ch. 3.

Tome I.   T t

& les mineurs en font relevés dans les pays où la prorogation légale a été fubrogée à la conventionnelle (*f*).

Mais dans les pays où l'on n'admet pas de prorogation légale, la prefcription conventionnelle court contre les pupilles & contre les mineurs ; parce que la furvenance d'une minorité ne peut aggraver l'obligation de l'acheteur (*g*), conformément aux Arrêts des 5 Mars 1537, & premier Avril 1597 (*h*) : conféquemment, fi l'on a ftipulé la faculté de rachat pour trente ans, la prefcription trentenaire eft conventionnelle : elle court donc utilement contre les pupilles & contre les mineurs (*i*).

C D.

Quid ? des lods en prorogation légale.

1°. Si le rachat eft exercé dans le tems de la prorogation légale, il ne donne pas ouverture aux lods ; parce que la Jurifprudence fupplée cette prorogation par une fiction de droit, comme inhérente au contrat (*k*) ; autrement fon exercice feroit vifiblement injufte & contraire à la convention. M. de Catellan rapporte un Arrêt de 1694, qui prononce l'exemption (*l*).

2°. Il en eft de même dans le cas où la prorogation légale eft prolongée encore par la minorité, fuivant un Arrêt de Juin 1585 (*m*) ; parce que l'interruption qui dérive de la Loi dans le cas où elle peut avoir lieu, arrête le cours de la prefcription, & proroge le délai du rachat en faveur du pupille ou du mineur.

C D I.

En prorogation conventionnelle.

1°. La prorogation conventionelle ne peut avoir lieu dans les

---

(*f*) Potier, de la vente, n°. 438. Faber, liv. 7, tit. 13, définit. 3. Coutume d'Orléans, art. 169.

(*g*) *Argum. L. 2, Cod. fi adverfus vendit. pignor.* Coquille, fur la Coutume de Nivernois, ch. 14, art. 23. Faber, liv. 7, tit. 13, définit. 3.

(*h*) Brodeau, lettre P. fomm. 36, n°. 3.

(*i*) Potier, de la vente, n°. 431.

(*k*) Livoniere, liv. 3, ch. 4, fect. 3, p. 163.

(*l*) Catellan, liv. 3, ch. 32.

(*m*) Chopin, fur la Coutume d'Anjou, liv. 2, tit. des lods & ventes, n°. 4.

pays où la Jurisprudence étend la faculté de rachat, & où elle la proroge de plein droit ; parce que la prescription trentenaire étant le terme ordinaire des actions, il n'est pas possible de proroger celle-ci au-delà de ce terme, comme nous l'avons prouvé au n⁰. 398.

2⁰. Mais dans les pays où l'on n'admet point de prorogation légale, l'exercice du rachat, en vertu de la prorogation conventionnelle, donne essentiellement ouverture aux lods ; & telle est l'opinion de Dargentré (*) ; parce que les changemens faits par les Parties à un premier traité, ne peuvent nuire au droit acquis à de tierces personnes en vertu de ce même traité, selon la Loi (*n*) ; ou, comme dit une autre Loi, la collusion ni la négligence d'une Partie ne peuvent préjudicier au droit d'un tiers (*o*) : cette raison nous paroît décisive ; elle tranche les distinctions indiquées par Dumoulin, Tiraqueau, Bretonnier, & Guyot (*p*). Et comment une prorogation conventionnelle postérieure pourroit-elle affranchir des droits le rachat fait en conséquence, puisqu'une faculté de rachat, accordée le lendemain de la vente, ne le peut pas, suivant les principes du n⁰. 390 ?

3⁰. Il résulte de ce dessus, l'inconvénient que dans les pays où l'on n'admet point de prorogation légale, & où l'on peut vendre pour 9 ans, avec exemption des lods, la reprise faite dans ce délai en vertu d'une prorogation conventionnelle, sera sujette aux lods, tandis que la vente ne l'aura pas été ; mais l'exemption de la vente est contraire à la pureté des principes, comme nous l'avons prouvé aux n⁰. 369 & 382. Or, un droit singulier, & contraire à l'analogie des regles, ne doit pas tirer à conséquence dans d'autres cas (*q*) : de là vient que le relief court sur la tête de cet ac-

---

(*) Dargentré, sur la Coutume de Bretagne, art. 64, n⁰. 11.

(*n*) L. 63, *ff. de jure dotium & Gotoph. ibid.*

(*o*) L. 9, *ff. de liberali causâ.*

(*p*) Dumoulin, sur la Coutume de Paris, §. 41, *hodiè* 51, Gl. 2, n⁰. 58, 59 ; & §. 55, Gl. 1, *hodiè* 78, n⁰. 62 & 63. Tiraqueau, du retrait conventionnel, §. 1, Gl. 7, n⁰. 24 & 25. Bretonnier, sur Hentys, liv. 3, quest. 55. Nouvelles observations. Guyot, des lods, ch. 4, sect. 5, n⁰. 10.

(*q*) L. 14, *ff. de legib.* L. 141, *ff. de regul. Juris.*

quéreur, comme il eſt prouvé au n°. 404 : enforte qu'il eſt ſujet au relief, quoiqu'il ait joui de l'exemption des lods.

4°. D'ailleurs les bons Auteurs conviennent, & il eſt évident que quoique le terme primitif avec la prorogation n'excedent pas neuf ans, ſi elle eſt accordée après l'échéance du ſuſdit terme, les lods ſont dûs du rachat fait dans les neuf ans, en conféquence de cette prorogation ; parce que l'on n'a pu proroger une faculté qui n'exiſtoit plus (r). Or, en ce cas les lods ſont dûs du rachat, quoique la vente en ait été exempte, puiſqu'elle n'a pas duré neuf ans (s) : ainſi l'inconvénient eſt le même, parce que l'exemption eſt fondée ſur un droit ſingulier.

5°. A plus forte raiſon l'exercice du rachat, en vertu de la prorogation, donne-t-il ouverture aux lods ſi cette prorogation a été accordée à prix d'argent (t). Il feroit fort ſingulier en effet que le vendeur pût affranchir des lods le rachat dont l'exercice feroit le fruit d'une prorogation qu'il auroit acquiſe argent comptant, tandis que ce rachat ne feroit plus la réſolution de la premiere vente, moyennant la reſtitution du prix & des loyaux-coûts, & que le vendeur auroit payé encore le prix de la prorogation.

SECTION VII.

DES ceſſion, donation, ou amortiſſement de la faculté de rachat, & des mutations du côté de l'acheteur.

CDII. *Amortiſſement de la faculté.*
CDIII. *Donataire de la faculté.*
CDIV. *Mutations du côté de l'acheteur.*
CDV. *Revente de ſa part.*
CDVI. *Ceſſionnaire de la faculté.*

(r) Dumoulin, ſur la Coutume de Paris, §. 41, *hodiè* 51, Gl. 2, n°. 38 ; & §. 55, *hodiè* 78, n°. 62 & 63. Tiraqueau, du retrait conventionnel, §. 1, Gl. 7, n°. 24 & 25. Dargentré, ſur celle de Bretagne, art. 64, n°. 11.

(s) *Suprà* n°. 382.

(t) Dumoulin, ſur la Coutume de Paris, §. 23, *hodiè* 33, Gl. 2, n°. 52. Dargentré, *de laudimiis, cap.* 1, §. 13.

C D I I.

1°. L'amortissement fait à prix d'argent de la faculté de ra- Amortissement de la faculté.
chat est le complément du prix de la vente, qui devient incommutable du jour de ce traité ; conséquemment les lods sont dûs à concurrence de ce complément, comme du surplus (*v*). Charondas cite un Arrêt conforme de la Noël 1554 (*x*) ; & M. de Catellan en rapporte un autre du 11 Mai 1652 (*y*).

2°. L'Arrêt de 1554 fait courir les lods de ce complément du jour du second contrat ; & M. Maynard cite trois Arrêts conformes des 5 Janvier 1563, 14 Juillet 1582, & 30 Octobre 1576 (*z*) : mais Guyot a très-justement fondé cet avis (*a*) ; parce qu'en partant des principes du Droit Romain, que nous avons développés aux nᵒˢ. 220 & 369, les changemens faits à la vente lorsque les choses ne sont plus entieres, se réferent à cette vente, consommée par l'exécution totale ou partielle d'une des Parties, & sont censé en faire partie : ensorte que les lods du supplément sont dûs du jour de cette vente.

Si cependant les choses étoient encore entieres lors de l'amortissement de la faculté, ce n'est que du jour de la date de cet amortissement que les lods de la vente & du supplément auroient été dûs ; & c'est d'après cette distinction, fondée sur les textes du Droit, qu'on doit fixer l'époque des lods, du prix & du supplément. [*Suprà* n°. 220 & 369].

3°. Ce n'est pas non plus le cas de dire qu'il y a autant de ventes que de prix (*b*), & d'adjuger les lods de chaque traité du jour de sa date ; parce que l'extinction de la faculté de rachat n'est pas une seconde vente, mais la confirmation de la premiere, & qu'elle est d'ailleurs par elle-même exempte de lods, comme

---

(*v*) Dargentré, *de laudimiis*, *cap.* 1, §. 16. Livoniere, liv. 3, ch. 4, sect. 3. p. 165.

(*x*) Charondas, observations du Droit François, *verbo*, Droits.

(*y*) Catellan, liv. 3, ch. 18.

(*z*) Maynard, liv. 6, ch. 18.

(*a*) Guyot, des lods, ch. 4, sect. 5, n°. 11, à la fin.

(*b*) L. 29, *ff. de verb. obligat.*

toute vente d'actions. Nous avons traité des questions parallèles aux nᵒˢ. 807, 809, 810, 811, & suivans.

CDIII.

Donataire de
la faculté.

1ᵒ. Si la faculté de rachat est exercée par le donataire de cette faculté, ce rachat est un contrat mixte, qui tient de la nature du don à concurrence de la moins value du bien vendu sous cette faculté, & de la nature de la vente à concurrence de ce qu'il en coûte au donataire pour le racheter ; conséquemment il est sujet aux lods, puisque ce n'est pas, à son égard, la résolution de la premiere vente, mais une revente faite en conséquence de la faculté (c) : ce rachat est pareillement sujet au retrait (d).

Ainsi le donataire doit les lods de l'entier prix du rachat, c'est-à-dire, de tout ce qu'il a compté à l'acheteur pour l'indemniser tant du paiement du prix, que du montant des loyaux-coûts ; puisque c'est cette somme totale qui forme le prix de son achat.

2ᵒ. M. de Catellan rapporte un Arrêt de 1694, qui décharge des lods l'exercice fait par le donataire de la faculté de rachat ; parce, dit-il, que le cessionnaire représente le cédant (e) ; mais le rachat fait par le cessionnaire ne sauroit être, à son égard, la résolution de la premiere vente, qui lui est étrangere ; c'est donc une revente qui dérive de la cession : d'ailleurs, l'argument de M. de Catellan prouveroit que l'acheteur de la faculté de rachat seroit exempt de lods en exerçant cette faculté ; erreur qui sera réfutée au nᵒ. 406.

3ᵒ. Il n'y a qu'un cas où le donataire de la faculté seroit exempt de lods ; c'est celui de la donation faite de cette faculté au fils ou à l'héritier présomptif du vendeur (f) ; parce que chacun peut contracter pour soi ou pour son héritier (g), & que le pere & le

____

(c) Dumoulin, sur la Coutume de Paris, §. 55, Gl. 1, *hodiè* 78, nᵒ. 132 & 133. Guyot, des lods, ch. 4, sect. 5, nᵘ. 11.
(d) Potier, du retrait, nᵒ. 38.
(e) Catellan, liv. 3, ch. 31.
(f) Dargentré, *de laudimiis, cap.* 1, §. 11.
(g) L. 10, *ff. de pactis dotalib.* L. 38, §. 14, *ff. de verb. obligat.*

fils ne font qu'un (*h*) ; c'est à cette hypothefe que doit être borné l'Arrêt de M. de Catellan : on entend par héritier préfomptif, celui que des prédilections marquées défignent comme tel (*).

4°. Dumoulin a prétendu encore que fi le donataire étoit un collatéral du vendeur, il feroit fujet au relief à concurrence du don, à moins que le bien eût été vendu fa jufte valeur (*i*) ; mais nous prouverons au n°. fuivant qu'il ne peut, en aucun cas, être fujet au relief.

C D I V.

1°. Dans les pays où le Vaffal peut aliéner pour neuf ans avec exemption de lods, fi avant les neuf ans de la faculté le fief eft ouvert, par exemple, par la mort de l'acheteur, ou par toute autre mutation à titre gratuit du chef dudit acheteur, ou des fiens, en ce cas le relief ou l'acapte font dûs, de leur chef, à raifon de cette mutation, felon tous les Auteurs (*k*) : la raifon en eft évidente ; c'eft que le relief étant une portion des fruits, il ne peut être dû que par le poffeffeur du fief, qui perçoit ces fruits ; d'autant mieux qu'en admettant le contraire, l'action du Seigneur feroit vaine & fans effet, puifqu'il ne pourroit affeoir fa main fur fon fief (*l*).

Ainfi, quoique ce poffeffeur foit exempt de lods dans certains pays, par un privilege fingulier & contraire aux principes du droit (*m*), il n'eft pas moins fujet au relief ou à l'acapte, à raifon des mutations furvenues de fon chef, quand même fa poffeffion ne dureroit que neuf ans ; parce qu'il n'y eft pas fimplement fujet comme poffeffeur, mais comme propriétaire, en vertu d'une

Mutations du côté de l'acheteur.

[*h*] L. *finali*, *Cod. de impubl. & aliis fubftit.*

[*] Rodier, fur l'Ordonnance de 1667, tit. 24, art 10, queft. 7. L'Ordonnance de Blois, art. 122, dit *préfomptifs ou apparans héritiers.*

[*i*] Dumoulin, fur la Coutume de Paris, §. 55, Gl. 1, *hodiè* 78, n°. 132 & 133.

[*k*] Dumoulin, fur la Coutume de Paris, §. 22, *hodiè* 33, Gl. 1, n°. 115, 116, 117. Dargentré, fur celle de Bretagne, art. 64, n°. 7. Bretonnier, liv. 3, queft. 55; nouvelles obfervations.

[*l*] *Suprà* n°. 100 & 101.

[*m*] *Suprà* n°. 379, 382.

vente parfaite, quoique résoluble ; vérité qui sera confirmée par le contenu au n°. suivant : enforte qu'il est vassal & sujet au relief sans avoir payé les lods de son acquisition.

2°. Il résulte de ce dessus que si le vendeur donne la faculté de rachat, ce don ne peut être sujet au relief, dont la charge & l'expectative court sur la tête de l'acheteur propriétaire, & non sur celle du vendeur, qui n'a qu'une action sur le fief ; parce que le Seigneur ne peut jouir de l'expectative de ses droits cumulativement sur le vendeur & sur l'acheteur (n).

C D V.

Revente de sa part.

1°. Mais si cet acheteur, dans le cas & dans les pays où il jouit de l'exemption des lods, revend dans les neuf ans l'héritage sujet à la faculté de rachat, on demande si cette vente est ou n'est pas sujette aux lods ?

Il paroît qu'elle doit l'être, en partant des principes du n°. précédent & de l'analogie des lods au relief : il est vrai que la Jurisprudence de ces pays exempte des lods une vente à pacte de rachat pour neuf ans ; mais elle n'en affranchit pas une revente ; & l'exemption de la premiere étant contraire à la raison du droit, elle ne doit pas tirer à conséquence, selon la Loi (o).

2°. A plus forte raison cette revente est-elle sujette aux lods, si la vente à pacte de rachat a donné ouverture auxdits lods, ou parce qu'elle excede neuf ans, ou parce que la Jurisprudence y assujettit toute vente à faculté de rachat.

3°. On peut opposer que cette revente est souvent temporaire ; mais la vente même à tems est sujette aux lods lorsqu'elle porte sur la propriété ; témoin la vente à pacte de rachat, qui, de droit commun, est sujette à cette charge ; parce que l'assujettissement aux lods court sur la tête du propriétaire, & non sur celui qui a

_____

[n] Dumoulin, sur la Coutume de Paris, §. 11, *hodiè* 33, Gl. 1, n°. 149, 150, 151 ; & §. 55, Gl. 5, *hodiè* 78, n°. 14, *fusè infrà* n°. 406.
[o] L. 14, *ff. de legib.* L. 141, *ff. de regul. juris.*

action

action pour le devenir (*p*) : de là vient que la vente d'actions en est exempte de droit.

4°. Au reste, si le rachat est exercé sur le second acquéreur, il lui est dû le même remboursement qu'à son auteur, dont il exerce les droits, quand même le prix de son achat seroit moindre, suivant un Arrêt rendu le 13 Juin 1693, en matiere de rabattement (*q*) ; mais il ne lui est rien dû au-delà, puisque le rachat s'exerce sur la vente de son auteur, & non sur la sienne.

C D V I.

Cessionnaire de la faculté.

1°. La simple vente de la faculté de rachat est une vente d'actions, conséquemment exempte des lods (*r*) ; & si elle est faite à deux, le premier occupant l'emporte, quoique dernier cessionnaire, conformément au Droit Romain (*s*), & à un Arrêt de la Pentecôte de 1594 (*t*).

2°. Mais si l'acquéreur de la faculté rachete, il est bien certain qu'il doit les lods du rachat sur le pied de ce qu'il compte à l'acquéreur à pacte de rachat, puisque c'est cette somme qui est le prix de l'acquisition faite par ce cessionnaire de la faculté.

3°. Nous disons qu'il doit les lods du rachat, puisque ce n'est pas, à son égard, la résolution de la premiere vente, qui lui est étrangere, mais une revente forcée en vertu de sa cession (*v*). Un Arrêt du 6 Mai 1608 a prononcé en conformité (*x*).

[*p*] Dumoulin, sur la Coutume de Paris, §. 22, *hodiè* 33, Gl. 1, n°. 117. Guyot, des lods, ch. 7, n°. 5. *Junge suprà* n°. *bis* 201.

[*q*] Nouveau Journal du Palais, tome 1, Arrêt 144.

[*r*] Dumoulin, sur la Coutume de Paris, §. 55, Gl. 1, *hodiè* 78, n°. 128.---131. Dargentré, sur celle de Bretagne, art. 59, note 3, n°. 5, & art. 64, n°. 6 & 10.

[*s*] L. 15, *Cod. de rei vendicat.*

[*t*] Charondas, liv. 3, rép. 6.

[*v*] Faber, liv. 4, tit. 43, définit. 60. Chopin, sur la Coutume d'Anjou, liv. 2, tit. des lods & ventes, n°. 4. Dumoulin, sur la Coutume de Paris, §. 55, Gl. 1, *hodiè* 78, n°. 60 ; & note sur l'art. 178 de la Coutume du Maine. Dargentré, sur celle de Bretagne, art. 64, n°. 10 ; *& de laudimiis, cap.* 1, §. 15. Livoniere, liv. 3, ch. 4, sect. 3, p. 164 & 165.

[*x*] Brodeau, sur Louet, lettre V, somm. 12, n°. 7.

4°. Mais doit-il encore les lods de l'achat de la faculté ? Dumoulin & Dargentré décident pour l'affirmative, non pas comme de deux ventes, mais comme d'une seule dont ces deux forment le prix total, & dès le jour du rachat (*y*), qui donne ouverture aux lods ; parce que c'est son titre de propriété.

Au contraire, Maynard, Papon & Charondas n'adjugent les lods au Seigneur que du prix de la cession seulement, & non de celui du rachat, & ils rapportent un Arrêt conforme du 14 Août 1546 (*z*).

Quant à nous il nous paroît que le cessionnaire ne doit les lods qu'à concurrence de ce qu'il rembourse à l'acheteur, tant à raison du prix, que des loyaux-coûts, comme nous l'avons dit, *suprà* n°. 403 ; mais qu'il ne doit rien du prix de la cession de la faculté.

Il doit les lods du prix du rachat, parce que ce prix est celui de son acquisition.

Mais il n'en doit point à raison de l'achat de la faculté, parce que l'expectative des lods court sur la tête de l'acheteur, qui est maître & vassal, & non sur celle du vendeur, qui n'a qu'une action pour le devenir.

En un mot, le Seigneur ne peut avoir cette expectative que sur la tête du vendeur ou sur celle de l'acquéreur ; & ce seroit le comble de l'injustice qu'il pût percevoir les lods des deux côtés (*a*).

Or, nous venons de prouver qu'il a l'expectative des lods & du relief en la personne de l'acheteur, son vassal : il ne peut donc revendiquer la même expectative du côté du vendeur, & prendre double droits sur l'acheteur, propriétaire & vassal, & sur le vendeur, qui n'est ni l'un ni l'autre.

5°. Il est vrai que si l'on exerce le retrait sur cet acquéreur, il faudra lui rembourser même le prix & les loyaux-coûts de l'achat

---

(*y*) Dumoulin, sur la Coutume de Paris, §. 55, *hodiè* 78, Gl. 1, n°. 60. Dargentré, sur celle de Bretagne, art. 64, n°. 10.

(*z*) Maynard, liv. 4, ch. 38. Papon, liv. 13, tit. 2, Arrêt 23. Charondas, sur la Coutume de Paris, art. 76.

(*o*) *Suprà* n°. 100.

de la faculté ; mais cette obligation ne tire pas à conséquence pour la fixation des lods ; parce qu'en fait de retrait il faut que l'acquéreur fur lequel on l'exerce reçoive une pleine & entiere indemnité ; au lieu que la fixation des lods fe fait par d'autres regles, comme on vient de le voir.

Section VIII.

DE la faculté appofée pour un tiers, & de la claufe de préférence, ou retrait conventionnel.

CDVII. Appofée pour un tiers.
CDVIII. Claufe de préférence.
CDIX. Revente au vendeur.

CDVII.

Si la faculté de rachat eft appofée pour un tiers, & qu'il ra- *Appofée pour un tiers.* chete, ce n'eft pas la réfolution de la premiere vente, mais la re-vente faite au tiers en vertu du pacte appofé au premier contrat ; conféquemment elle eft fujette aux lods (b) ; c'eft-à-dire, qu'ils feront fixés fur l'entier prix de l'exercice du rachat, en y com-prenant les loyaux-coûts qu'il rembourfe, puifque ce prix total eft celui de la vente à fon égard.

Si toutefois la faculté de rachat eft appofée pour un enfant, ou pour l'héritier préfomptif du vendeur, ils font exempts de lods (c) : favoir, l'héritier préfomptif, parce que chacun peut traiter pour foi & pour fon héritier (d) ; & l'enfant, parce que le pere & le fils ne font qu'un (e). Nous avons expliqué au n°. 403 ce qui caractérife l'héritier préfomptif.

(b) Dumoulin, fur la Coutume de Paris, §. 55, Gl. 1, *hodiè* 78, n°. 59, 60, 61. Dargentré, fur celle de Bretague, art. 64, n°. 10 ; *& de laudimiis*, cap. 1, §. 11.

(c) Dargentré, *de laudimiis*, cap. 1, §. 11.
(d) L. 10, *ff. de pactis dotalib.* L. 38, §. 14, *ff. de verb. obligat.*
(e) L. *ult. Cod. de impub. & aliis fubftit.*

CDVIII.

La vente faite avec claufe qu'en cas de revente le premier vendeur fera préféré, étant une vente pure, avec la faculté d'un retrait conventionnel ; ce retrait, s'il a lieu, n'emporte pas la réfolution de la premiere vente, mais l'exercice d'un droit réfervé par le vendeur ; & cet exercice donne ouverture à de nouveaux droits, puifque c'eft une feconde vente qui peut être faite à un prix différent (*f*), & qu'il n'éteint pas les hypotheques des créanciers de l'acheteur.

Au refte, cette claufe n'eft pas fufceptible de prorogation légale, mais elle donne au vendeur la préférence fur le Seigneur qui voudroit retraire, & fur les lignagers (*g*) ; puifqu'en recevant les lods de cette vente, le Seigneur a approuvé la réfervation du retrait conventionnel ; & qu'à l'égard des lignagers, le vendeur lui-même, ou fes héritiers, doivent leur être vifiblement préférés : en un mot, l'ancien poffeffeur invefti eft préférable au Seigneur comme à fes lignagers, puifqu'il n'a confenti à la vente qu'à cette condition, & qu'il rentre en vertu d'une claufe inhérente au bail de fon bien.

CDIX.

La revente volontairement faite au vendeur eft fujette aux lods & au retrait feigneurial, comme fi elle étoit faite à un tiers ; & rien ne peut l'exempter de cette feconde obligation, conformément à des Arrêts des 28 Avril 1584, & 23 Décembre 1585 (*h*).

[*f*] Dumoulin, fur la Coutume de Paris, §. 22, *hodiè* 33, Gl. 1, n°. 18.

[*g*] Loifel, liv. 3, tit. 5, regl. 4. Potier, du retrait, n°. 542, 544, 576. Dumoulin, fur la Coutume de Paris, §. 23, *hodiè* 33, Gl. 2, n°. 53. Livoniere, liv. 5, ch. 1, fect. 4, p. 417. *Paftor, de feudis, lib.* 6, *tit.* 6.

[*h*] Supplément d'Hentys, liv. 2, ch. 12, n°. 25.

CHAPITRE XII.

Des Transactions.

Vide plurà n°. 707, & suivans.

C D X.

1°. La transaction est un traité dont l'objet est celui de terminer un Procès commencé, ou de prévenir un Procès à venir (*i*). *Définition & faveur.*

2°. Conséquemment l'intérêt & le repos des familles se réunissent pour les favoriser, & l'on ne doit pas facilement permettre aux Seigneurs de remettre en question des contestations terminées par une transaction (*k*).

[*i*] *L. ult. Cod. de transact.*
[*k*] Guyot, des lods, ch. 10, n°. 10, sur la faveur des transactions. *Vide* LL. 19, 28, 29, 33, & 43, *Cod. de transact.*

CDXI.

Parallele avec les jugemens.

1°. Elles font plus favorables que les jugemens, felon Papon ; parce qu'elles font libres & volontaires ; au lieu que l'obéiffance aux jugemens eft forcée (*l*).

Au lieu que, felon Dumoulin, les jugemens contradictoires ont plus d'autorité, parce qu'ils font l'ouvrage des Tribunaux, dépofitaires de la puiffance publique, & du pouvoir fouverain (*m*).

Mais cette préférence dépend du point de vue fous lequel on voit ces deux objets.

Confidérées du côté de l'intérêt des Parties contractantes, les tranfactions font plus favorables, puifqu'elles font le fruit d'un confentement libre & volontaire ; au lieu que la prévention & l'erreur peuvent avoir dicté les jugemens ; mais en les envifageant du côté de l'intérêt d'un tiers, l'autorité des jugemens eft, à tous égards, fupérieure ; parce qu'il eft auffi facile aux Parties de traiter en fraude des droits d'autrui, qu'il leur eft difficile d'engager les Tribunaux à s'y prêter. 2°. Il s'agit ici des jugemens contradictoires ; car à l'égard des jugemens volontaires, ou de ceux qui font rendus par défaut, nous en parlerons aux numeros 709 & 710 de ce Traité.

CDXII.

Prix du repos.

L'acquifition du repos des familles, & l'avantage de terminer des Procès font un motif légitime & fuffifant pour valider les facrifices qu'on fait uniquement dans cette intention : *& quidem quod tranfactionis nomine datur licet res nulla media fuerit non repetitur nam fi lis fuit hoc ipfum quod à lite difceditur caufa videtur effe (*n*).*

[*l*] Papon, liv. 19, tit. 9, Arrêt 1.

[*m*] Dumoulin, fur la Coutume de Paris, §. 22, *hodiè* 33, Gl. 1, n°. 68. Bretonnier, fur Henrys, liv. 3, queft. 73, nouvelles obfervations, page 132.

[*n*] L. 65, §. 1, *ff. de condict. indebiti.* Dumoulin, fur la Coutume de Paris, §. 22, *hodiè* 33, Gl. n°. 67.

CDXIII.

C'eſt la préſomption de ces ſacrifices qui valide une tranſac- *Pieces recouvrées*
tion nonobſtant-le recouvrement de nouvelles pieces (*o*) ; parce *ou fauſſes.*
que les Parties ſont cenſé avoir reſpectivement renoncé aux droits
qu'une recherche plus exacte auroit pu leur procurer.

Toutefois cette regle reçoit des exceptions ; 1°. s'il étoit
prouvé que ces pieces étoient détenues par le fait de la Partie
contraire, auquel cas on a contre elle l'action de dol dans le tems
de droit (*p*).

2°. S'il conſte que la tranſaction n'a été fondée que ſur l'erreur ;
par exemple, ſi l'on a traité ſur pieces fauſſes, & dont la fauſſeté
ait donné lieu au traité (*q*) ; ou ſi l'on a tranſigé ſur une hérédité,
& qu'on trouve enſuite un teſtamment ou un codicille ; parce que
les Parties ne ſont pas cenſé avoir renoncé au droit réſultant
d'une diſpoſition teſtamentaire qu'elles ne connoiſſent pas (*r*).

CDXIV.

Si la poſſeſſion d'une Partie eſt confirmée par une tranſaction *Garantie, quand*
ſur Procès, elle n'a aucune garantie à exercer en cas d'évic- *due.*
tion (*s*).

Mais elle eſt en droit de demander la garantie à raiſon des
fonds qu'on lui remet par cette voie ; parce que autre choſe eſt
d'abandonner à quelqu'un un fonds dont il jouit ; & autre choſe,
de lui remettre (*t*).

Cette diſtinction eſt lumineuſe relativement à la queſtion des
lods. Dans le ſecond cas la Loi regarde le traité comme une vente
ou un tranſport dont le bailleur eſt garant : dans le premier c'eſt
une renonciation pure & ſimple dont il ne garantit pas la validité.

[*o*] L. 19, *Cod. de tranſactionibus.*
[*p*] L. 19, *vers ſané , Cod. de tranſact.*
[*q*] L. 42, *Cod. de tranſact.*
[*r*] L. 3, § 1 ; & L. 12, *ff. de tranſact.*
[*s*] L. 33, *in fine, Cod. de tranſact.* ; & Mornac, ſur cette Loi.
[*t*] Mornac, *ad L. 33 , Cod. de tranſact.*

C D X V.

Sans changement de main. La transaction est par elle-même exempte de lods, puisque son objet n'est pas une aliénation, mais la terminaison d'un Procès [v] ; s'entend lorsqu'il n'y a point de changement de main ; parce qu'il n'y a point de transport de propriété ; & telle est la décision d'un Arrêt de Mars 1574 [x] ; d'autre Arrêt du 15 Mai 1607 [y] ; & de deux autres Arrêts des 30 Septembre 1589, & 17 Janvier 1623 [z] : cette vérité sera confirmée encore par le contenu au n°. suivant.

C D X V I.

Ampliation. Quand même elle contiendroit la clause de cession, qui est du style des Notaires [a] ; quand même il y auroit de l'argent donné pour se redîmer d'un Procès, puisque cette considération seule est un motif suffisant pour valider ce sacrifice [b] : & tel est l'avis unanime des Auteurs [c].

En effet, si la Partie qui donne de l'argent est évincée du bien dont le traité lui confirme la possession, elle n'a aucune garantie à exercer contre la Partie contraire [d] : ce traité n'est donc pas réputé vente, puisque la vente oblige de plein droit à la garantie le vendeur [e].

(v) Dumoulin, sur la Coutume de Paris, §. 22, *hodiè* 33, Gl. 1, no. 64, 67, 68. Dargentré, *de laudimiis*, *cap.* 1, §. 55. Ferriere, sur Guy-Pape, quest. 48. Livoniere, liv. 3, ch. 4, sect. 7, p. 179.

(x) Laroche, des droits seigneuriaux, ch. 38, Arrêt. 3.

(y) Expilly, Arrêt 139.

(z) Brodeau, lettr. T. somm. 5, n°. 1, 2.

(a) Dumoulin, sur la Coutume de Paris, §. 22, *hodiè* 33, Gl. 1, no. 67 ; & §. 55, *hodiè* 78, Gl. 3, no. 15, 16. Ferriere, sur Guy-Pape, quest. 48.

(b) L. 65, §. 1, *ff. de condict. indebiti.*

(c) Dumoulin, sur la Coutume de Paris, §. 22, *hodiè* 33, Gl. 1, n°. 67 ; & §. 55, Gl. 3, *hodiè* 78, n°. 15 & 16. Louet & Brodeau, lettre T, somm. 5 ; Arrêt dans Expilly ; Arrêt 139. Graverol, droits seigneuriaux, ch. 38, Arrêt 3. Livoniere, liv. 3, ch. 4, sect. 7, p. 179.

(d) L. 33, *in fine*, Cod. de transact. ; & Mornac, sur cette Loi.

(e) L. 66, *ff. de contrah. emptione.* L. 11, §. 1, *ff. de action. empti.*

CDXVII.

CDXVII.

La transaction étant un acte purement volontaire, qui peut être passé par collusion, & en fraude des droits du Seigneur, il est reçu à prouver cette collusion (*f*); parce que la perte ou la conservation de ses droits ne doit pas dépendre de la bonne foi des débiteurs, & de la tournure artificieuse d'un traité déguisé sous la forme d'une transaction (*g*).

Collusion & fraude.

CDXVIII.

1°. Par exemple elle est sujette aux lods s'il est prouvé que le contendant qui renonce au profit du possesseur, à la demande en délaissement de l'objet du litige, en étoit vraiment le maître (*h*); & la question a été ainsi jugée par un Arrêt du 9 Septembre 1601 (*i*); non pas que le Seigneur puisse renouveller le Procès assoupi; mais il peut exiper des clauses de l'acte, qui prouvent la propriété du contendant susdit (*k*) : de même si le possesseur confirmé par la transaction n'avoit qu'une possession violente ou précaire, il sera sujet aux lods (*l*). En un mot, le Seigneur peut prouver sommairement que celui qui renonce pour de l'argent étoit le maître; & cette preuve emporte l'assujettissement aux lods de la part de l'acquéreur (*m*) : cette question a quelque rapport au contenu au n°. 577.

Exemples.

(*f*) L. 29, §. 2, *ff. de inoff. testam.* L. 3, *ff. de transact.* L. 1, *Cod. eodem.* L. 2, *Cod. inter alios acta.*

(*g*) Dumoulin, sur la Coutume de Paris, §. 22, *hodiè* 33, Gl. 1, n°. 68; & §. 55, *hodiè* 78, Gl. 1, n°. 28, 29, 30. Bretonnier, sur Henrys, liv. 3, quest. 73, nouvelles observations, p. 136.

(*h*) Dumoulin, sur la Coutume de Paris, §. 22, *hodiè* 33, Gl. 1, n°. 67. Laroche, des droits seigneuriaux, ch. 38, Arrêt 3. Guyot, des lods, ch. 10, n°. 4.

(*i*) Ferriere, sur Guy-Pape, quest. 48.

(*k*) Guyot, des lods, ch. 10, n°. 4.

(*l*) Livoniere, liv. 3, ch. 4, sect. 7, p. 179, 180.

(*m*) Dumoulin, note sur l'art. 360 de la Coutume d'Anjou. Graverol, des droits seigneuriaux, ch. 38, Arrêt 3. Bretonnier, liv. 3, quest. 73, nouvelles observations, p. 135. Despeisses, des droits seigneuriaux, tit. 4, sect. 5, part. 7, n°. 38.

Tome I.   X x

CDXIX.

Autre exemple. Une autre preuve de la fraude, c'est la numération faite par le possesseur confirmé, d'une somme à peu près égale à la valeur de la chose abandonnée ; parce qu'alors c'est une vraie vente dont les caractères sont mis en évidence par cette égalité (*n*).

CDXX.

Changement de main. Si la transaction opere changement de main, & qu'il soit fait à prix d'argent, lods à concurrence (*o*).

En effet, en pareil cas celui qui remet le bien pour de l'argent est tenu à la garantie selon la Loi (*p*) ; parce qu'autre chose est d'abandonner à quelqu'un un fonds dont il jouit ; & autre chose, de le lui remettre : dans le premier cas il n'a aucune garantie à exercer, & dans le second elle lui est dûe à concurrence de ce qu'il compte : il est donc, dans ce dernier cas, réputé acheteur en vertu de la regle qui veut que tout cessionnaire soit garanti (*q*).

Dumoulin & Ferriere rejettent cette position, quoique, selon eux, le Seigneur soit reçu à prouver la propriété de celui qui la transporte à prix d'argent (*r*) ; mais il est plus sûr sans doute de s'en tenir à ce qui résulte des principes du Droit Romain, indépendamment de cette considération que le possesseur de mauvaise foi est tenu indéfiniment à la restitution des fruits, même le possesseur de bonne foi, du jour du trouble (*s*) ; d'où il résulte que le

---

(*n*) Lapeyrere, lettre T, n°. 137. Mornac, *ad L. 3*, *Cod. de transact.* Livoniere, liv. 3, ch. 4, sect. 7, p. 180. Potier, du retrait, n°. 111. Guyot, des lods, ch. 10, n°. 3, *in fine*, & n°. 4.

(*o*) Lapeyrere, lettre T, n°. 137. Expilly, Arrêt 139. Laroche & Graverol, des droits seigneuriaux, ch. 38, Arrêt 3. Guyot, des lods, ch. 10, n°. 5.

(*p*) Mornac, *ad L. 33*, *Cod. de transact. junctâ dictâ lege.*

(*q*) *Suprà* n°. 414, 415.

(*r*) Dumoulin, sur la Coutume de Paris, §. 22, *hodiè* 33, Gl. 1, n°. 67, 68. Ferriere, sur Guy-Pape, quest. 48. Bretonnier, sur Henrys, liv. 3, quest. 73, nouvelles observations, p. 135.

(*s*) *L.* 25, *in principio*, *&* §. 1, *ff. de usuris.*

maître auroit dû recevoir cette reſtitution, bien loin de donner de l'argent pour rentrer dans ſon bien.

D'autant mieux qu'en comptant cet argent pour ſe faire remettre le bien en litige, on rend hommage au droit du poſſeſſeur qui nous en fait la remiſe, & l'on dépoſe contre ſa propre prétention : on s'eſt donc reconnu acquéreur & ſujet aux lods à concurrence (t) ; d'ailleurs on a la garantie à exercer en cas d'éviction, comme on vient de le voir : on eſt donc réputé acheteur.

La doctrine de Dumoulin & de Ferriere ne peut avoir lieu que dans un cas ; c'eſt celui où, à la vue des titres du nouveau poſſeſſeur, il paroîtroit évidemment qu'il étoit maître, & qu'il n'a compté de l'argent que pour ſe redîmer d'un Procès, auquel cas ce ſeroit aggraver l'injuſtice qu'il a ſoufferte de le ſurcharger encore des lods. C'eſt ici le cas inverſe des deux numeros précédens.

C D X X I.

1°. Mais ſi quelqu'un a été dépoſſédé par violence, ou de voie *Limitations.* de fait, & qu'il ait intenté l'action dans l'an & jour, il eſt réputé poſſeſſeur ; conſéquemment il eſt exempt de lods, quoiqu'il ait donné quelqu'argent pour rentrer dans ſon bien, & ſe redîmer d'un Procès, parce qu'il n'y a nulle mutation de propriété ni de poſſeſſion (v).

2°. De même ſi, imputation faite de la reſtitution des fruits qui pouvoit lui être dûe, il a payé le montant d'améliorations, dont il a profité, & ſans fraude ; ce n'eſt pas un achat, & il ne doit pas les lods du montant des réparations faites ſur ſon propre bien.

C D X X I I.

1°. La tranſaction paſſée avec le prétendant droits ſur un bien, *Avec un preten-* & la numération d'argent qu'on lui fait pour acquérir ſon droit, *dant droits.*

(t) Livoniere, liv. 3, ch. 4, ſect. 7, p. 180. Guyot, des lods, ch. 10, n°. 5 , infrà n°. 576.

(v) Livoniere, liv. 3, ch. 4, ſect. 7, p. 181. Sudre, ſur Boutaric, tit. des lods, §. 9, n°. 18.

& se rédimer d'un Procès, est exempte de lods, suivant un Arrêt du 17 Février 1605 (*x*); pareil Arrêt du 15 Mai 1607 (*y*); autre du 15 Mai 1565 (*z*); autre du 17 Juin 1569 (*a*); autre du dernier Février 1586, qui prononce l'exemption en faveur de l'acquéreur d'un droit de chasse & de lignerage sur un bien fonds dont il avoit payé les lods (*b*). La raison de ce dernier Arrêt est celle-ci : que l'extinction d'une servitude est exempte de lods (*c*). Il en est de même de l'extinction d'un usufruit sans fraude, comme nous l'avons dit au n°. 176.

En un mot, tous les traités qui n'ont pas la propriété pour objet en sont exempts (*d*) : telle est l'extinction d'une hypotheque sur les biens vendus, comme nous l'avons expliqué au n°. 184.

2°. A l'égard de la ratification du maître, elle est exempte de lods, ou elle ne l'est pas, selon la distinction établie au n°. 185.

CHAPITRE XIII.

Des différentes especes de ratification & du supplément du prix.

CDXXIII. En vente attaquée.
CDXXIV. En vente non attaquée.
CDXXV. De quel jour les lods ?
CDXXVI. En vente non exécutée.
CDXXVII. Vente par un étranger.
CDXXVIII. Par le Procureur fondé.

(*x*) Livoniere, liv. 3, ch. 4, sect. 7, p. 180, 182.
(*y*) Expilly, Arrêt 139.
(*z*) Charondas, liv. 7, rép. 111.
(*a*) Papon, liv. 13, tit. 2, Arrêt 35.
(*b*) Chopin, sur la Coutume d'Anjou, liv. 2, tit. des lods, n°. 12.
(*c*) Dumoulin, sur la Coutume de Paris, §. 23, *hodiè* 33, Gl. 2, n°. 41. Livoniere, liv. 3, ch. 6, sect. 7, §. 6, p. 239. Guyot, des lods, ch. 2, n°. 14.
(*d*) Dargentré, sur la Coutume de Bretagne, Arrêt 71, n°. 5.

CDXXIX. En vente faite par un mineur.

CDXXX. Du bien d'un pupille, ou dont l'aliénation est défendue.

CDXXXI. Après la rescision par lésion.

CDXXXII. Après la cassation prononcée.

CDXXXIII. Après l'éviction.

Autres ratifications, *voyez* les numeros 185 & 422.

C D X X I I I.

Si la vente est attaquée par lésion, ou autrement, & qu'on compte une somme pour la faire ratifier, les lods sont dûs tant à raison du prix, que du supplément qui en fait partie, & qui assure la propriété de l'acheteur (*e*). Il en est de même d'une vente judiciaire attaquée par nullité, selon un Arrêt du 15 Mai 1563 (*f*).

En vente attaquée.

Pareil Arrêt du 30 Octobre 1576 (*g*) ; autre du 14 Janvier 1564 (*h*), en ventes attaquées par d'autres moyens ; autre du 15 Mai 1565 (*i*) ; & autre du 17 Juin 1569 (*k*).

C D X X I V.

Si le supplément est compté volontairement par un pur motif de délicatesse & de bonne foi, quoique la vente ne soit ni ne puisse être attaquée, les lods du supplément sont pareillement dûs, puisque ce supplément fait partie du prix dont l'augmentation a son principe dans la probité de l'acquéreur (*l*) ; à plus forte

En vente non attaquée.

(*e*) Loisel, liv. 4, tit. 2, reg. 11. Dargentré, *de laudimiis, cap.* 1, §. 19 ; & *cap.* 2 ; & sur la Coutume de Bretagne, art. 71, n°. 5. Livoniere, liv. 3, ch. 6, sect. 1, p. 205.

(*f*) Charondas, liv. 7, rép. 111.

(*g*) Charondas, observations du Droit François, *verbo*, Lods.

(*h*) Supplément d'Henrys, liv. 1, ch. 12, n°. 11.

(*i*) Charondas, liv. 7, rép. 111.

(*k*) Papon, liv. 13, tit. 2, Arrêt 35.

(*l*) Dumoulin, sur la Coutume de Paris, §. 55, Gl. 5, *hodiè* 78, n°. 1. Livoniere, liv. 3, ch. 1, p. 141, 142.

raison si l'objet direct ou indirect du supplément est la confirmation & l'acquisition de la validité de l'achat.

C D X X V.

De quel jour les lods ?

1°. Mais on demande de quel jour sont dûs les lods tant de la vente que du supplément. Un Arrêt du 5 Janvier 1565, & un autre du 30 Octobre 1576 adjugent les lods de chaque contrat du jour de sa date [m] : pareil Arrêt du 4 Juin 1564 [n] ; autre du 5 Janvier 1595 [o]. L'on trouve plusieurs Arrêts conformes dans Livoniere & dans Henrys [p] ; & cette Jurisprudence est fondée sur cette regle du Droit Romain, que la stipulation de deux sommes à deux reprises n'emporte pas novation de dette, mais une double stipulation [q] : ensorte qu'on a pris pour regle en cette matiere les principes des stipulations qui y sont étrangeres, au lieu de recourir à ceux qui sont propres à la vente, puisque la vente & le supplément ne peuvent être considérés comme deux ventes. C'est à peu près dans le même esprit que Dargentré décide que si le supplément est nécessaire, les entiers lods sont dûs du jour du premier contrat ; & s'il est volontaire, les lods du supplément sont dûs du jour de la ratification ; parce que les contrats qui, relativement aux Parties, n'en font qu'un, sont pourtant censés en faire deux, relativement à des tiers [r] : or, le supplément est nécessaire lorsqu'il a été réservé lors du premier contrat ; autrement, il est volontaire [s].

2°. Mais en partant des principes propres au contrat de vente, qui n'a rien de commun avec la stipulation, toute convention faite

---

[m] Chopin, sur la Coutume de Paris, liv. 1, tit. 1, n°. 32. Charondas, liv. 7, réponse 113. Maynard, liv. 6, ch. 28.

[n] Chopin, du Domaine, liv. 2, tit. 5, n°. 6. Charondas, liv. 7, réponse 113.

[o] Charondas, liv. 6, rép. 67.

[p] Livoniere, liv. 3, ch. 1, p. 142. Henrys, liv. 3, quest. 29, n°. 3. Lapeyrere, lettre S, n°. 17.

[q] L. 29, ff. de verb. obligat.

[r] Dargentré, *de laudimiis*, cap. 1, §. 19, & cap. 2.

[s] Charondas, liv. 7, rép. 113.

à fuite de la vente, les chofes n'étant plus entieres, & qui change quelque chofe à fa fubftance, eft cenfé en faire partie, felon la Loi [t], dont nous avons expliqué les motifs au nº. 369 ; conféquemment à cette regle, fi la vente a été exécutée en tout ou en partie, & que le fupplément la confirme, les lods, tant du prix que du fupplément, font dûs du jour du premier contrat dont ce fupplément fait partie ; parce qu'en effet il n'y a qu'une vente unique, un feul titre de propriété auquel la confirmation fe réfere : & tel eft l'avis de Bretonnier, de Guyot, & de Boutaric [v]. Nous avons développé ce principe aux numeros 220, 369, 637, & 638.

C D X X V I.

Mais fi les chofes font entieres lors de la ratification, & que la vente n'ait été exécutée ni par la délivrance de la chofe, ni par le paiement total ou partiel du prix, en ce cas la réformation du prix fait une nouvelle vente, felon la Loi [x] ; car puifqu'on a pu la réfoudre ou l'anéantir en entier, on a pu de même la réformer [y] ; conféquemment les lods, tant de la vente que de la ratification, font dûs du jour du fecond contrat, qui feul fort à effet [z].

En vente non exécutée.

C D X X V I I.

1º. Si quelqu'un vend & livre le bien d'autrui fans mandat, & que la vente foit ratifiée par le maître ; par exemple, en vente faite par le mari du bien de fa femme, qui ratifie, il n'y a ouverture aux lods & aux retraits que du jour de la ratification [a].

Vente par un étranger.

---

[t] *Argumento*, L. 72, *ff. de contrah. emptione*. Potier, *ad tit. de pactis*, nº. 36.

[v] Bretonnier, fur Henrys, liv. 3, queft. 29, nº. 7. Guyot, des lods, ch. 12, nº. 24, 35--37. Boutaric & Sudre, tit. des lods, §. 10, nº. 4, p. 168.

[x] L. 72, *ff. de contrah. emptione*. L. 7, §. 6, *per totum*, *ff. de pactis*.

[y] L. 7, §. 6, *ff. de pactis*.

[z] Guyot, des lods, ch. 12, nº. 36.

[a] Ferriere, fur Guy-Pape, queft. 257, nouv. addition. Dumoulin, fur la Coutume de Paris, §. 23, *hodiè* 33, Gl. 2, nº. 42. Dargentré, *de laudimiis*, cap. 1, § 21. Livoniere, liv. 3, ch. 4, fect. 7, p. 183 ; & ch. 1, p. 142. Guyot, des lods, ch. 10, nº. 9 ; & ch. 12, nº. 33, 34, 35, 36. Paftor, *de feudis, liv. 6, tit. 3*, nº. 2. Tiraqueau, du retrait lignager, §. 1, Gl. 10, nº. 64--69.

C'est conformément à cette regle qu'un Arrêt de Pâques 1560 ne fait courir le retrait que du jour de la ratification [b] : pareils Arrêts des 4 Décembre 1568, & 22 Janvier 1607 [c] : pareil Arrêt du 20 Mars 1633 [d].

Quoiqu'on trouve dans Maynard & dans Catellan des Arrêts du 27 Juin 1603, & de Septembre 1680, qui font courir le retrait du jour de la vente [e].

2°. Mais il est aisé de concilier cette contradiction au moyen des distinctions ci-après. 1°. Si quelqu'un contracte sans mandat pour un absent qui ratifie ensuite, la ratification n'a pas un effet rétroactif au préjudice des créanciers intermédiaires, à qui elle n'a pu nuire [f] ; & c'est une modification à la maxime ordinaire, que la ratification équipolle le mandat [g]. En un mot, dans cette espece les lods du prix & de la ratification ne sont dûs que du jour du second contrat ; parce qu'il n'y a point de vente avant la ratification [h], ni de transport de propriété que du jour de sa date [i]. 2°. Si cependant dans cette derniere espece la vente a été exécutée par la délivrance du bien vendu, en ce cas, nonobstant le défaut de mandat de la part du maître, les lods sont dûs du jour de la vente, conformément à la doctrine de Catellan & de Maynard ; parce qu'alors la délivrance du bien vendu fournit la preuve du consentement effectif du maître à la vente avant toute ratification écrite de sa part ; & que d'ailleurs l'acheteur ne peut contester les droits d'une vente en vertu de laquelle il jouit. (*Infrà* n°. 666 & 667). Si au contraire il n'y a point de déli-

____

[b] Pithou, sur la Coutume de Troyes, art. 114, *verbo*, de la réception. Guyot, des lods, ch. 12, n°. 34.

[c] Guyot, des lods, ch. 12, n°. 34. Lommeau, liv. 3, maxime 201. Charondas, liv. 7, rép. 36 ; & liv. 2, rép. 76.

[d] Albert, *verbo*, Retrait, Arrêt 5.

[e] Maynard, liv. 7, ch. 33. Catellan, liv. 3, ch. 12.

[f] Barthole & Basnage, des hypotheques, ch. 3, n°. 3. Maynard, liv. 7, ch. 33, n°. 2. Lommeau, liv. 3, maxime 211. Tiraqueau, du retrait lignager, §. 1, Gl. 10, n°. 69.

[g] *Voyez* le n°. suivant.

[h] *Textus insimili in L. 58, ff. de solutionibus. L. 34, §. 4 & 6, ff. eodem. L. 14, ff. de conditione causa data. L. 8, Cod. de condict. indebiti.*

[i] *L. 44, §. 1, ff. de usurpat. & usucap.*

vrance dans le cas de la vente faite par un tiers au nom du maître, fans mandat de celui-ci, dans cette derniere efpece les lods
ne font dûs que du jour de la ratification, qui n'a point d'effet rétroactif, puifque le maître n'a pu être obligé par le fait d'un tiers:
cette feconde diftinction eft étayée du fuffrage de Dumoulin [*k*],
& elle concilie la contradiction des Arrêts ci-devant cités à l'é-
gard de la vente faite par le mari, du bien de fa femme.

3°. Nous avons fuppofé jufqu'à préfent que le vendeur traite
au nom d'autrui ; car s'il vendoit à fon nom propre le bien d'autrui, cette vente feroit valable, felon la Loi [*l*], quoiqu'elle ne
pût transporter la propriété à l'acquéreur [*m*] ; conféquemment
elle eft fujette aux lods du jour de fa date ; s'entend fi elle eft exécutée, comme nous l'expliquerons au n°. 660.

C D X X V I I I.

Si quelqu'un vend le bien d'autrui en vertu d'une procuration
du vendeur, l'an & jour du retrait lignager court du jour de la
vente, foit qu'elle foit ratifiée ou non [*n*] ; parce que c'eft le vrai
cas de la regle que la ratification équipolle le mandat [*o*].

Par le Procureur fondé.

Des Arrêts des premier Juin 1585, & 11 Mars 1600, font
courir le retrait du jour du premier contrat [*p*] ; & tel eft l'avis
unanime des Auteurs [*q*] : conféquemment les lods font évidemment dûs du même jour.

C D X X I X.

En vente faite par un mineur fans autorité de Juftice, les lods

En vente faite par un mineur.

[*k*] Dumoulin, fur la Coutume de Paris, §. 55, Gl. 1, *hodiè* 78, n°. 22,
23.

[*l*] L. 28, *ff. de contrah. emptione.*

[*m*] L. 28, *ff. de contrah. emptione. L.* 54, *ff. de regulis juris.*

[*n*] Lommeau, liv. 3, maxime 202.

[*o*] *Cap.* 10, *de regulis juris, en* 6°. L. 6, §. 9 ; *L.* 9 & *L.* 24, *ff. de negotiis geftis.*

[*p*] Charondas, liv. 2, rép. 76.

[*q*] Potier, du retrait, n°. 123. Defpeiffes, de l'achat, fect. 6, n°. 10, verf.
2, *infrà* n°. 666.

Tome I.   Y y

sont dûs du jour de ladite vente, & non du jour de la ratification, soit parce que la vente subsiste du côté de l'acquéreur, soit parce que le mineur est le maître de ne pas l'attaquer (r) : plusieurs Arrêts ont jugé de même la question en matiere de retrait (s) ; & Lommeau en rapporte un du premier Juin 1585 (t). Un autre Arrêt du 23 Juillet 1667, rapporté sous sa date au Journal du Palais, jugea que la vente a son effet du jour de sa date, & non du jour de la ratification ; & tel est l'avis d'Henrys (v).

C'est conséquemment au même principe qu'il a été jugé par un autre Arrêt du 23 Août 1689, que si l'obligation faite par un mineur n'est pas attaquée, elle vaut du jour de sa date (x).

Enfin, tant qu'il jouit sans trouble, l'acquéreur ne peut se soustraire à l'acquittement des droits, suivant le n°. 666.

C D X X X.

En vente du bien du pupille, ou dont l'aliénation est défendue.

Il résulte de ce que nous venons de dire, que la vente faite sans formalité de Justice des biens d'un pupille, tient du jour de sa date tant qu'elle n'est pas attaquée, parce qu'elle est obligatoire pour l'acheteur, sans que le pupille soit réciproquement obligé (y).

Or, en fait de ventes, l'acquéreur ne peut se plaindre du vice de son titre tant qu'il n'est pas troublé : il est d'ailleurs possesseur, & les droits courent sur sa tête ; au lieu que le pupille peut ne pas exercer son action : enfin, l'acquéreur commence à prescrire l'action hypothécaire du jour de sa possession.

2°. Il en est de même de la vente du bien d'Eglise, ou autre, dont l'aliénation est défendue.

(r) L. 13, §. 28, ff. action. empti.
(s) Charondas, liv. 7, rép. 172.
(t) Lommeau, liv. 3, maxime 103.
(v) Henrys, liv. 3, quest. 30, n°. 3.
(x) Basnage, des hypotheques, ch. 3, n°. 3.
(y) L. 13, §. 29, ff. de action. empti.

CDXXXI.

Si, après la Sentence qui prononce la rescision par lésion, & *Après la rescision par lésion.* avant l'exécution de cette Sentence, le vendeur ratifie moyennant finance, les lods du prix & du supplément sont dûs du jour du premier contrat (ƶ), relativement à la regle énoncée au n°. 425.

Parce qu'en vertu de la Sentence de rescision, le bien ne rentre dans le patrimoine du vendeur, que lorsqu'il en a restitué le prix à l'acquéreur (*a*), & que d'ailleurs celui-ci est le maître de suppléer ce qui manque pour parfaire le juste prix (*b*); ensorte que la vente étant confirmée au lieu d'être pleinement annullée, la ratification se réfere au tems du premier contrat (*c*).

CDXXXII.

Mais si la vente a été cassée par nullité; par exemple, en vente *Après la cassation.* des biens d'un mineur, sans permission de Justice, ou en vente du bien d'Eglise; & qu'après la Sentence qui prononce la cassation, la vente soit ratifiée, c'est une nouvelle vente, & non la ratification de l'ancienne, qui demeure annullée par un jugement, & les lods en sont dûs du jour du deuxieme contrat (*d*), qui seul a son effet.

C'est conséquemment à cette regle que dans le cas où un mineur avoit obtenu Sentence de cassation d'un contrat à constitution de rente qu'il avoit établie sur ses biens, & ratifié ensuite cette constitution, un Arrêt de Juillet 1666 n'accorde l'hypotheque au créancier de la rente constituée, que du jour de la ratification (*e*).

(ƶ) Guyot, des lods, ch. 12, n°. 46, 37.
(*a*) L. 9, ff. de rescind. vendit.
(*b*) L. 2, Cod. de rescind. vendit.
(*c*) Suprà n°. 425, vers. 2.
(*d*) Guyot, des lods, ch. 12, n°. 36.
(*e*) Basnage, des hypotheques, ch. 3, n°. 3.

CDXXXIII.

Après l'éviction.

De même après l'éviction exécutée, soit que la vente ait été annullée par lésion ou autrement, si l'acquéreur reprend l'héritage à prix d'argent, même dans un très-brief délai, c'est un nouveau prix, & l'acte une nouvelle vente (*f*), sujette aux lods du jour de sa date, parce qu'il n'est pas possible de ratifier l'ancienne, qui n'existe plus depuis l'éviction.

CHAPITRE XIV.

DES engagemens ou contrats pignoratifs.

SECTION PREMIERE.

DE l'engagement proprement dit.

Verbo, suprà bis n°. 376.

(*f*) Guyot, des lods, ch. 12, n°. 36, à la fin.

CDXXXIV.

L'engagement est un contrat par lequel le débiteur baille un *Sa nature.*
fonds à jouir à son créancier, pour en compenser les fruits avec
les intérêts légitimes de la créance de celui-ci (g) ; conséquemment ce contrat n'est pas translatif de la propriété, qui demeure
dans les mains du bailleur (h) : la possession civile lui demeure de
même (i), & le preneur n'a que la possession naturelle (k) : de là
vient que l'engagiste ne peut prescrire la propriété contre le
maître.

CDXXXV.

1°. Dès que l'engagement n'est pas translatif de la propriété, *Exemption des*
il est de droit exempt de lods (l), qui ne sont dûs que du contrat *lods, & droit an-*
de vente, ou équipollent à vente. *cien.*

2°. Cependant s'il dure plus de trois ans, Bouteiller le déclare
sujet aux lods (m) : 3°. & la Coutume de Toulouse, rédigée dans
le treizieme siecle, en adjuge le demi-lods dans tous les cas (n).

CDXXXVI.

1°. Par le droit actuel, si l'engagement dure dix ans, la Juris- *Lods passé dix*
prudence de tous les Tribunaux l'assujettit aux lods (o) ; & M. *ans.*
Dolive rapporte un Arrêt conforme du 30 Août 1633 (p).

(g) L. 1, §. 3, ff. *de pignoribus.* Dargentré, art. 61, note 1, n°. 2.

(h) L. 35, §. 1, ff. *de pignor. actione.* L. 9, *Cod. eodem.* L. 12, ff. *de distract.*
pignorum.

(i) L. 16, ff. *de usurpat. & usucap.* L. 36, ff. *de acquir. vel amitt. possess.*

(k) L. 35, §. 1, ff. *de pignor. actione.* L. 16, ff. *de usurpat. & usucap.*

(l) Dumoulin, sur la Coutume de Paris, §. 23, *hodiè* 33, Gl. 2, n°. 8.
Dargentré, sur celle de Bretagne, art. 62, note 2, n°. 1. Faber, liv. 4, tit.
43, défin. 60. Maynard, liv. 4, ch. 40. Dolive, liv. 2, ch. 18. Bretonnier, sur
Henrys, liv. 3, quest. 75, n°. 10.

(m) Bouteiller, liv. 2, tit. 40, p. 865.

(n) Coutume de Toulouse, *part.* 4, *tit. pénult. de feudis.*

(o) Dargentré, sur la Coutume de Bretagne, art. 62, note 1, n°. 1. Catellan, liv. 3, ch. 20 ; & Vedel, *ibidem.* Albert, *verbo*, Lods, Arrêt 1.

(p) Dolive, liv. 2, ch. 18.

2°. Les Auteurs du Parlement de Toulouse, faute de combinaisons & de digestion des regles propres à la matiere, fondent cet assujettissement sur la crainte des fraudes, comme si ce pouvoit être un titre pour établir un droit qui ne seroit pas dû, ou qu'il y eût de la fraude à bailler son bien en gage pour se procurer de l'argent, & à faire un traité légitime sous prétexte qu'une vente auroit été plus avantageuse au Seigneur.

3°. Mais quoi qu'il en soit, lorsque l'engagiste a fait les fruits siens, ou lorsqu'il a payé les lods (q), ils sont dûs après dix ans de la durée de l'engagement, parce que le terme de dix ans est un long terme, selon la Loi (r), & que l'expectative des droits court alors, non sur la tête du maître, mais sur celle du possesseur (s), puisqu'ils sont attachés à la permission de vendre, que la nécessité de cette permission doit suivre la possession du fief, & que la glebe répond des droits, & non une propriété vaine, qui n'est pas le fief, ni ne peut répondre au Seigneur des droits du fief.

4°. Le bailleur peut d'ailleurs ne pas libérer le gage; & quoique, dans le concours entre les créanciers du bailleur, l'hypotheque de l'engagiste ne date que du jour de l'obligation (t), il n'est pourtant pas réputé simple créancier : de là vient que l'engagement se partage noblement avec la prérogative du droit d'aînesse, suivant un Arrêt du 10 Mai 1608 (v); parce que l'engagement est réputé immeuble dans la succession de l'engagiste, selon un Arrêt du 23 Août 1585 (x); autre Arrêt sans date, & autre du 21 Juillet 1601 (y), quoique Lapeyrere rapporte deux Arrêts contraires (z).

(q) *Infrà* n°. 649.

(r) *L.* 16, §. 3, *ff. qui & aquibus toto*, *tit. Cod. de longi temp. prescript.*

(s) *Suprà* n°. 101, *fusè* Bretonnier, liv. 3, quest. 75, n°. 12, 13. *Voyez* Sudre & Boutaric, tit. des lods, §. 12, n°. 8.

(t) *L.* 11, *ff. qui potiores in pignore.*

(v) Brodeau, lettre D, somm. 30, n°. 2. Bacquet, des droits, ch. 12, n°. 19. Lebrun, des successions, liv. 2, ch. 2, sect. 1, n°. 56.

(x) Anne Robert, liv. 2, ch. 8, à la fin.

(y) Arrêts prononcés en robes rouges, lettre D, somm. 8.

(z) Lapeyrere, lettre M. n°. 24.

Enfin, les actions à raison du bien baillé en gage résident sur la tête de l'engagiste (*a*), & il n'est pas possible de faire courir les lods ni le relief sur la tête du maître, à raison d'un bien dont il ne jouit pas : il faut donc en attacher la charge à l'engagiste, qui tient le fief à titre d'immeuble dans ses mains ; d'autant mieux qu'autrement si l'engagement duroit cent ans, ou davantage, toute expectative des droits casuels seroit perdue pour le Seigneur, & que l'engagiste est si fort réputé vassal ou censitaire, qu'après dix ans de jouissance de sa part, la dette des lods rétrograde au tems de son contrat (*b*).

CDXXXVII.

1°. On demande de quel jour sont dûs les lods d'un engage- *De quel jour.*
ment qui dure dix ans : Dargentré décide que si l'engagement est indéfini, ou qu'il soit fait pour plus de neuf ans, les lods sont dûs, & peuvent être demandés au moment du contrat (*c*) ; & un Arrêt du 9 Août 1701 a prononcé en conformité dans le cas d'un engagement déguisé, & accompagné de bien des marques de fraude (*d*).

Le vrai est qu'ils sont dûs du jour du contrat, suivant un Arrêt de Noël 1584 (*e*) ; & M. de Catellan en rapporte autres deux (*f*), parce que l'engagiste étant détenteur & possesseur, il est réputé censitaire ou vassal, du jour de sa possession ; & que c'est conséquemment de ce jour qu'il est sujet aux droits.

2°. Toutefois, avec ce tempéramment établi par la Jurisprudence du Parlement de Toulouse, que dans aucun cas les lods ne pourront être demandés qu'après dix ans (*g*) ; parce que, jusqu'a-

---

(*a*) L. 2, *Cod. communi dividundo.*
(*b*) *Voyez* le n°. suivant.
(*c*) Dargentré, sur la Coutume de Bretagne, art. 62, note 3, n°. 1.
(*d*) Nouveau Journal du Palais, tom. 2, Arrêt 164.
(*e*) Montholon, Arrêt 30.
(*f*) Catellan, liv. 3, ch. 20 ; & Vedel, *ibidem.* Albert, *verbo*, Lods, Arrêt 1.
(*g*) Sudre, sur Boutaric, tit. des lods, §. 12, n°. 3, 4, 5. Catellan, liv. 3, ch. 20 ; & Vedel, *ibidem.* Albert, *verbo*, Lods, Arrêt 1. Dolive, liv. 2, ch. 18.

lors, le bailleur eſt toujours le maître de ſe libérer, quelles que ſoient les clauſes de l'engagement, ſelon un Arrêt du 28 Mai 1721 (h).

C D X X X V I I I.

Jouiſſance du bailleur.

Un Arrêt du 22 Juin 1731 relaxe de la demande des lods l'engagiſte, qui n'avoit pas encore joui dix ans, le bailleur s'étant réſervé la jouiſſance, & l'ayant effectivement eue pendant quatre années des dix (i). Cet Arrêt eſt plein de juſtice : il n'y avoit, dans cette eſpece, ni tranſport de propriété, ni poſſeſſion de l'engagiſte pendant dix ans.

C D X X X I X.

Vente par l'engagiſte.

L'acheteur à titre de propriété de l'engagiſte preſcrit cette propriété contre le bailleur dans trente ans, parce qu'il jouit comme maître, & qu'il y a, à ſon égard, interverſion de poſſeſſion.

Maintenant on ſuppoſe que l'engagiſte ait cédé à titre de vente le bien engagé, dans les dix ans de l'engagement ; & l'on demande, 1°. ſi cette circonſtance doit anticiper la perception des lods de l'engagement : 2°. ſi ceux de la vente ſont pareillement dûs. Le Préſident Faber réſout les deux queſtions pour la négative (k). M. de Catellan rapporte au contraire un Arrêt du 18 Août 1667, qui condamne l'engagiſte aux lods avant les dix ans ; parce, dit-il, qu'on préſume qu'il a acquis la propriété (l).

Pour nous, en adoptant cette déciſion nous croyons que dès le moment de cette vente les doubles lods ſont exigibles, ſoit à raiſon d'icelle, ſoit à raiſon de l'engagement, non pas préciſément par le motif qu'allegue M. de Catellan, mais parce que l'engagiſte a fait acte de propriété en vendant, & tranſmis la faculté de preſcrire à ſon acquéreur : c'eſt donc le cas d'appliquer la doctrine de Dargentré, qui aſſujettit d'abord aux lods un engage-

---

(h) Nouveau Journal du Palais, tome 4, Arrêt 134.
(i) Nouveau Journal du Palais, tome 5, Arrêt 119.
(k) Faber, liv. 4, tit. 43, défin. 67 & 74.
(l) Catellan, liv. 3, ch. 20.

ment

ment pour plus de neuf ans, ou indéfini (*m*) ; d'autant mieux que l'engagiste ni son acquéreur ne peuvent opposer le vice de leur titre tant qu'il n'est pas attaqué, comme nous l'expliquerons au n°. 666.

2°. Si cependant l'un & l'autre étoient évincés avant dix ans de jouissance totale (*n*), il faudroit, conformément aux principes que nous développerons au n°. *bis* 611, leur restituer les lods qu'ils auroient payés.

3°. Si l'engagiste cede simplement son droit, les lods sont dûs de cette cession, parce que tous les droits casuels courent sur la tête du possesseur après les dix ans (*o*) ; autrement, si l'engagement duroit un siecle, ou davantage, le Seigneur seroit privé de toute expectative des droits casuels.

4°. Mais comme le second engagiste n'acquiert ni n'entend acquérir que les droits de son auteur, c'est-à-dire une jouissance à titre de gage, & non la propriété, il n'est sujet aux droits que comme tout autre engagiste ; ensorte que les lods ne sont exigibles à son égard qu'après dix ans de jouissance de sa part, parce qu'il est indifférent qu'il ait acquis les droits du premier engagiste, ou qu'il ait pris le bien des mains du maître à titre d'engagement.

C D X L.

1°. M. de Catellan rapporte un Arrêt du 5 Mai 1665, qui adjuge les lods d'un engagement à brief délai, & prorogé, lorsqu'avec la prorogation il dure dix ans (*p*).

2°. Si toutefois après le premier terme le débiteur paye une partie de la dette, & proroge pour plus de dix ans, en y joignant le tems du premier engagement, le même Arrêt affranchit ce traité des lods ; parce, dit l'Auteur, que c'est une ferme ou bail de fruits ; & un autre Arrêt du 16 Juillet 1705 l'affranchit de même des droits (*q*).

Engagement prorogé.

(*m*) Dargentré, sur la Coutume de Bretagne, art. 62, note 3, n°. 1.
(*n*) *Suprà* n°. 101.
(*o*) *Suprà* n°. 100, 101, 405, 406, 281, 283, 284, 285.
(*p*) Catellan, liv. 3, ch. 20.
(*q*) Nouveau Journal du Palais, tom. 5, Arrêt 165.

Mais Guyot fronde cette derniere propofition (*r*), comme contraire aux principes, même en partant du motif de M. de Catellan, puifque le bail des fruits à un prix unique pour plus de dix ans, eft fujet aux lods, comme nous l'avons dit aux numeros 157 & 530. Dumoulin, dans un cas parallele, adjuge les lods, conformément à la doctrine & à l'efprit de la Novelle feptieme (*s*); & tel eft auffi l'avis de Dargentré (*t*) : enforte qu'il doit paffer pour conftant que fi le premier terme avec la prorogation font un efpace de dix ans, la multiplication artifée des contrats ne fauroit affranchir des lods un engagement qui, par le fait, dure dix ans; & c'eft ainfi que la queftion a été jugée par Arrêt du 12 Mai 1703, au rapport de M. Dagueffeau, depuis Chancelier (*v*).

<h2 style="text-align:center">C D X L I.</h2>

Eviction de l'engagifte.

Si l'engagifte eft évincé par les créanciers du bailleur, il eft en droit de répéter les lods, même à concurrence de la remife faite en fa faveur, autre que la remife ordinaire (*fuprà* n°. 262); & ces lods lui font alloués par privilege fuivant un Arrêt du 6 Mars 1733 (*x*) : cet Arrêt fuppofe qu'il a été évincé avec reftitution des fruits, ou que fon engagement a duré moins de dix ans; autrement, les lods ayant été attachés à fa poffeffion, il ne peut répéter une charge de fa détention.

<h2 style="text-align:center">*Bis* C D X L I.</h2>

Retirement par le maître.

Mais fi le bailleur en engagement rentre dans fon bien, quand même le contrat auroit la forme d'une revente, cette rentrée n'en feroit pas une, mais la fimple réfolution de l'engagement (*y*), en

---

(*r*) Guyot, des lods, ch. 4, fect. 7, diftinct. 3, n°. 7, p. 373, 374.

(*s*) Dumoulin, fur la Coutume de Paris, §. 41, *hodiè* 51, Gl. 2, n°. 36, 37, 38. La Novelle 7, cap. 3, § fin, décide la même chofe.

(*t*) Dargentré, fur la Coutume de Bretagne, art. 62, note 3, n°. 2, 3. Sudre, fur Boutaric, tit. des lods. §. 12, n°. 1.

(*v*) Bretonnier, fur Henrys. liv. 3, queft. 75, n°. 16.

(*x*) Nouveau Journal du Palais, tome 5, Arrêt 209.

(*y*) L. 40, ff. *de pignor. actione.* L. 39, ff. *de contrah. emptione.*

vertu d'une cause ancienne & inhérente au contrat ; conséquemment elle seroit exempte de lods & de relief (ζ), quelle qu'ait été la durée de l'engagement, cette circonstance n'en ayant pas changé la nature, ni altéré les droits du maître, qui rentre dans la possession de son bien par la simple levée de l'obstacle qui l'empêchoit de jouir.

CDXLII.

Si l'engagiste, avant ou après dix ans de jouissance, achete la propriété, il doit les lods de cet achat, dont le prix fait le complément de la valeur totale de la chose. *Achat de la propriété.*

A l'égard de l'époque de la dette à raison de l'un & de l'autre contrat, elle sera fixée aux numeros 807 & 808, où cette question sera traitée plus au long.

Section II.

Des engagemens déguisés.

Bis CDXLII. *Leurs caractères.*
CDXLIII. Quid ? *des lods.*
CDXLIV. *Tant que le contrat tient.*

Bis CDXLII.

Plusieurs choses concourent pour faire déclarer simple contrat pignoratif, un contrat masqué sous la forme d'une vente apparente : 1°. la vilité du prix : 2°. la faculté de rachat : 3°. la reconduction au vendeur : 4°. l'obligation qu'il contracte de payer les charges : 5°. l'usage de l'acheteur, de prêter à usure. *Leurs caractères.*

Mais trois de ces circonstances suffisent pour le faire déclarer contrat pignoratif, selon deux Arrêts des 10 Février 1602 (a),

---

(ζ) *Verbo*, infrà n°. 575.
(a) Peleus, liv. 5, action 18.

& 10 Février 1694 (*b*). 1°. La vilité du prix: 2°. la faculté de rachat: 3°. la reconduction au vendeur ; & telle est aussi la doctrine de M. de Catellan (*c*): cet Auteur ajoute au même endroit, que la reconduction à un proche parent du vendeur, ou diverses prorogations de la faculté de rachat, ou l'usage de l'acheteur de prêter à usure, produisent le même effet (*d*).

Ou l'obligation du vendeur, de payer les charges, quoique l'acheteur soit en possession (*e*), sur-tout avec la faculté de rachat, selon Maynard & Chopin (*f*).

Mais la vilité du prix avec la faculté de rachat ne seroient pas seules déclarer le contrat pignoratif (*g*).

Au reste, la Loi Romaine avoit proscrit ces ventes simulées, dont on doit considérer l'essence plus que les apparences trompeuses (*h*) ; & la Jurisprudence des Arrêts annulle ces contrats comme usuraires & frauduleux (*i*).

C D X L I I I.

Quid ? des lods.

On demande si ces contrats sont sujets aux lods ? mais tous les Auteurs se réunissent à décider pour la négative, dans le cas où le vendeur a retenu la possession en exécution du contrat (*k*) ; & tel est le prononcé d'un Arrêt du 11 Juillet 1610 (*l*) ; parce qu'en effet le traité n'a pas même l'apparence d'une vente, puisqu'elle n'a pas dépouillé le vendeur apparent.

(*b*) Anne Robert, liv. 1, ch. 8.

(*c*) Catellan, liv. 5, ch. 5.

(*d*) Catellan, liv. 7, ch. 24.

(*e*) L. 80, §. 3, *ff. de contrah. emptione.* L. 8, §. 7, *ff. quibus modis pignus.*

(*f*) Maynard, liv. 4, ch. 39, n°. 1. Chopin, des privileges des rustiques, liv. 2, ch. 6, n°. 4.

(*g*) Catellan, liv. 5, ch. 5.

(*h*) L. 3, *Cod. plus valere quod agitur.*

(*i*) Chopin, des privileges des rustiques, liv. 2, ch. 6, n°. 4.

(*k*) Maynard, liv. 4, ch. 39. Dargentré, sur la Coutume de Bretagne, art. 64, n°. 4, *& de laudimiis, cap.* 1, §. 18. Sudre, sur Boutaric, tit. des lods, §. 10, n°. 10.

(*l*) Despeisses, des droits seigneuriaux, tit. 4, sect. 5, part. 7, n°. 26.

CDXLIV.

Mais si le prétendu acquéreur jouit sans trouble, & que l'acte *Tant que le con-* ne soit pas attaqué, dans ce cas, un Arrêt du 2 Mars 1723 juge *trat tient.* qu'il peut prescrire ; mais un second Arrêt du 20 Mars 1725 juge le contraire, parce que nul ne peut prescrire contre son titre ; & l'Auteur est de l'avis du dernier Arrêt, comme seul fondé en principe (*m*), quoique M. de Catellan rapporte un Arrêt conforme à celui de 1723 (*n*).

Quoi qu'il en soit de cette contrariété, il est constant que les lods sont exigibles (*o*) ; parce que nul ne peut alléguer sa turpitude (*p*), & le vice de son titre, tant qu'il jouit en vertu de ce titre, quoique vicieux. Cette vérité sera développée encore au n°. 666.

Au reste, nous ne devons pas dissimuler que la plûpart des Auteurs se réunissent à dire qu'il peut prescrire la propriété dont il a un titre apparent (*q*) ; ce qui se réfere à l'Arrêt de 1723, & à celui de M. de Catellan.

———————————————

(*m*) Serres, Institutes, liv. 3, tit. 15, §. 4.
(*n*) Catellan, liv. 7, ch. 24.
(*o*) Dargentré, *de laudimiis, cap.* 1, §. 18. Charondas, sur la Coutume de Paris, art. 76.
(*p*) L. 30, *Cod. de transact.*
(*q*) Maynard, liv. 4, ch. 39. Charondas, sur la Coutume de Paris, art. 76. Lapeyrere, lettre R, n°. 7.

Fin du Tome premier.

ERRATA du Tome I.

Pag.	lig.	
7	2	ensorte que ; *lisez* toutefois.
Idem	21	*Après les mots* au-dessus de 1000 liv. *ajoutez* jusqu'.
9	18	sous la premiere & deuxieme race , *lis.* sous la premiere & la deuxieme race.
10	4	*Même correction.*
11	14	*Même correction.*
11	8	la troisieme espece , *ajoutez* de biens.
12	8	donner ou changer , *lis.* donner ou échanger.
Idem	3	*Aux Notes* , tit. 7. art. 6. *lis.* tit. 7. art. 16.
16	4	& des articles , *lis.* & les articles.
18	6	ni depuis , puisqu'en , *lis.* & depuis ; & qu'en.
31	7	*Aux Notes* , *leg.* 31 , 20 , *lis. leg.* 31 , §. 20.
35	2	*Aux Notes* , & *vide* la Conférence , *ajoutez* dans Ferriere.
48	17	puisqu'il n'auroit , *lis.* puisque le dernier possesseur n'auroit.
51	18	de ventes foncieres , *lis.* de rentes foncieres.
55	2	*Aux Notes* , pr. 108 , *lis.* page 108.
59	2	*Aux Notes* , Potier , *lis.* dans Potier.
66	3	*Aux Notes* , Coutume de Paris , ch. 2 , Arrêt 32 , *lis.* Coutume de Lorris , ch. 2 , article 32.
67	3	*Aux Notes* , *ibidem* Feriere , *lis. idem* Ferriere.
68	22	& 23 , discontinuée , *lis.* discontinue.
73	1	*Aux Notes* , *au lieu de* p. 252 , 255 , *lis.* p. 252 , 253.
88	22	*Après les mots* qu'on lui en feroit , *ajoutez* (ff.).
Idem		*Après la derniere lig. des Notes* , *lis.* (ff.) Dumoulin sur la Coutume de Paris , §. 45. *hodie* 63. n°. 1. *argumento* , L. 122. ff. *de verbor. obligat.*
95	2	La Salle & de Lile , *lis.* La Salle de Lile.
Idem	10	les fiefs heterogenes , *lis.* ces fiefs heterogenes.
99	23	tant dans les pays , *lis.* tant des pays.
101	8	*Aux Notes* , la Theumassiere , *lis.* la Thaumassiere.
113	4	n'y peut être , *lis.* ne peut être.
114	17	& 18 , dans le Comté de Carcassonne , suivant l'usage , *lis.* suivant l'usage , dans le Comté de Carcassonne.
115	25	possesseurs des fiefs , *lis.* possesseurs de fiefs.
123	3	du Prince appanage , *lis.* du Prince appanager.
127	10	1302 , *lis.* 1352.
129	21	Valois , *lis.* Valon.
130	7	*Aux Notes* , Vidam , *lis.* Vidame.
133	20	Senegat , *lis.* Senegas.
135	7	Provence , *lis.* Province.
145	3	*Aux Notes* , *au lieu de* p. 437 , *lis.* p. 434.
147	12	des foudres , *lis.* les foudres.
150	9	*Aux Notes* , non sunt ædium ornatus , enim , *lis.* non sunt ædium ; ornatus enim.
153	2	*Aux Notes* , quæ & quibus , *lis.* qui & à quibus.
155	8	des fruits , *lis.* des lods.
160	20	Segneur , *lis.* Seigneur.
171	10	*en marge* , Bacs , *ajoutez* principes de l'Enclave.
172	7	*Aux Notes* , 1699 , *lis.* 1669.
190	13	sur le principe , *lis.* sur ce principe.
Idem	15	ainsi Philippe , *lis.* aussi Philippe
201	13	de l'estimation , *lis.* de l'estimateur.

Tom. I.   A a a

Pag.	lig.	
205	2	de l'acheteur, *ôtez* : vendeur.
211	11	forcément, qui dépend, *effacez* forcément, & *lis.* ce qui dépend.
227	21	s'est étouffée, *lis.* s'est étoffée.
233	16	1579, *lis.* 1570.
236	4	*Aux Notes*, Arrêt 12, *lis.* article 12.
245	6	à cet époque, *lis.* à cette époque.
252	3	*Aux Notes*, de communi dividundo, *lis.* communi dividundo.
255	3	*Aux Notes*, *même correction.*
173	7	statuaires, *lis.* statutaires.
279	3	*Aux Notes*, totis supra laudatis, *lis.* locis supra laudatis.
287	2	de la vente, *lis.* de vente.
289	4	*Aux Notes*, *Idem* sur celle, *supprimez* sur celle.
310	21	susceptible, *lis.* susceptibles
315	13	de laudimiis, *lis.* & de laudimiis.
317	5	*Aux Notes*, de pignor. actione, *lis.* de pigner. actione.
357	2	& 5 *Aux Notes*, *même correction.*
321	11	par le rachat, *lis.* par ce rachat.
323	5	*Aux Notes*, ac dilitio, *lis.* ædilitio.
333	10	fondé, *lis.* frondé.
343	21	de lui remettre, *lis.* de le lui remettre.
345	12	exiper, *lis.* exciper.
352	25	nº. 666 & 667, *lis.* nº. 666 & 661.
355	1	*Aux Notes*, nº. 46, 37, *lis.* nº. 36, 37.
356	21	verbo supra, *lis.* vide supra.
358	6	*Aux Notes*, des droits, *ajoutez* de justice.